DATE DUE			

GAYLORD M-2   PRINTED IN U.S.A.

709

TEATRO COMPLETO
DE
PEDRO SALINAS

COLECCION
LITERARIA
NOVELISTAS
DRAMATURGOS
ENSAYISTAS
POETAS

PEDRO SALINAS

TEATRO
COMPLETO

LA FUENTE DEL ARCÁNGEL
LA CABEZA DE MEDUSA / "LA ESTRATOESFERA"
LA ISLA DEL TESORO / EL CHANTAJISTA / EL PARECIDO
LA BELLA DURMIENTE / EL PRECIO
ELLA Y SUS FUENTES / CAÍN / SOBRE SEGURO
JUDIT Y EL TIRANO / EL DIRECTOR

Prólogo de
JUAN MARICHAL

AGUILAR

MADRID·1957

NOTA PRELIMINAR

NOTA PRELIMINAR

En este volumen se recogen todas las obras de teatro del poeta Pedro Salinas (1891-1951), excepto Los santos, publicada en la revista mexicana Cuadernos Americanos. XIII, 3 (mayo-junio de 1954). Casi en su totalidad han permanecido inéditas hasta ahora y sólo algunas han sido representadas, por teatros universitarios de España y de América. La editorial Insula reunió en un volumen, hoy agotado, tres piezas de un acto (1952): La cabeza de Medusa, La estratoesfera y La isla del tesoro. La revista Número, de Montevideo, ha publicado en 1952, en su homenaje a Pedro Salinas, Ella y sus fuentes. En cuanto a las representaciones, deben mencionarse los estrenos respectivos en 1951, de La fuente del arcángel y de Judit y el tirano por el grupo teatral español de Barnard College (Columbia University, Nueva York) y por la compañía cubana de teatro universitario dirigida por el profesor Baralt. El primero de estos estrenos, el de Nueva York, fué presenciado por Pedro Salinas, siendo así La fuente del arcángel la única obra suya que llegó a ver representada en español. El profesor y académico español Dámaso Alonso ha descrito esa noche de estreno, tan importante para el poeta y dramaturgo, en su emocionada y bella semblanza "Con Pedro Salinas", Clavileño, número 11 (septiembre-octubre de 1951). En dicho artículo Dámaso Alonso se refiere además en general al teatro de Salinas y a su significación dentro de la obra del escritor español. Recuerda que Salinas, "en estos casi quince años fuera de España" (1936-1951), "ha escrito con frenética actividad: poesía, teatro, novela, cuento, ensayo..." La que Dámaso Alonso llama "capacidad de expresión diferenciada" de Salinas ("el literato español de más facetas y más aptitudes variadas del momento presente") le lleva forzosa y gozosamente a la creación dramática. Pero, según recordaba también Dámaso Alonso, Salinas pensaba que "el teatro no representado es imperfecto", es decir, una pieza teatral sólo existe potencialmente, sin alcanzar su auténtico ser en sí misma y para su creador, antes de la representación.

De ahí que Salinas se resistiera a publicar sus obras de tea-
tro: eran para él textos previos a su estreno efectivo (que
podría aportar modificaciones al desarrollo del argumento
y sobre todo a la expresión misma), a la realización plena,
"en sentido espacial y temporal a la vez", como decía Dá-
maso Alonso. Sin embargo, poco antes de morir en Boston,
accedió a los ruegos de su amigo Enrique Canito y envió
a Madrid el pequeño tomo de Teatro *publicado por* Insula.
Porque, sin resignarse aún a la publicación de sus obras
dramáticas, Pedro Salinas esperaba así facilitar su repre-
sentación, dado que él estaba alejado geográficamente de
los teatros de lengua castellana. El presente volumen ha de
considerarse, por tanto, como un conjunto de textos dra-
máticos "previos", en el sentido antes indicado, cuya reali-
zación final está desde ahora en manos de sus posibles ac-
tores.

Pedro Salinas repetía, doloridamente, en cursos y confe-
rencias, que el gran desconocido de la literatura de lengua
castellana era el teatro español clásico, puesto que no se
representaba. La dimensión poético-dramática de nuestra
lengua se perdía en los países hispánicos, que tenían así
mermado su común patrimonio espiritual. Además, la co-
media española, como decía repetidamente en sus clases
universitarias Pedro Salinas, testimonia en su existencia
misma "que se insulta la capacidad comprensiva del pueblo
cuando se le brinda sólo simplezas o chocarrerías, creyendo
que es incapaz de otra cosa". Hoy, observaba el poeta, pa-
rece dominar en todos los países—pero más aún en Espa-
ña e Iberoamérica—el teatro que él llamaba "ratero",
utilizando la dual acepción del adjetivo, el teatro del éxito
fácil. El auténtico dramaturgo ha de evitarlo, aun a costa
de no tener éxito o de no lograr siquiera la representación
de sus obras (como le sucede aún al de Valle-Inclán), ya
que sólo queda en la literatura viva para siempre el teatro
"escrito desde arriba", decía Salinas, en el alto nivel de lo
poético. Ahí está el móvil creador de las obras teatrales de
Salinas, y así se explica su aspiración a fundir "poesía" y
"realidad". La poesía dramática es una operación transfigu-
rada, anagógica, de la vida real e inmediata. Según Salinas,
el dragaturgo español del Siglo de Oro sentía que "el hom-
bre sólo se salva viéndose superior a su mera actividad
consuetudinaria", revelándose así su propia y original in-

12

tención dramática. Se pregunta entonces Salinas si la co-media tiene una doble y contrapuesta faz, si es realista e ilusionista, si hay en ella a la vez costumbrismo y fantasía. Y contesta el poeta: "Realidad fabulizada." Esta podría ser la mejor definición de su teatro y de su voluntad de trans-figuración poético-dramática. Su mismo gusto por el géne-ro chico madrileño de Arniches, Casero y López Silva —aparte de corresponder al intenso sentimiento nostálgico del poeta por su ámbito natal—, ¿no revelaba acaso su in-tento de trasmutación de una realidad local, aparentemente la menos poética? "En esta pieza, donde todo parece co-piado, reproducido de la realidad más concreta y local" —escribe la profesora Edith Helman a propósito de La es-tratoesfera, en el número de homenaje a Pedro Salinas de la revista argentina Buenos Aires Literaria—, *el poeta rebasa los límites del pequeño mundo."* Acción trascendente que se manifiesta siempre en toda la obra, tanto en la poesía como en la novela, el teatro e incluso el ensayo, del escritor español. Salinas busca el *"más allá"* de las situaciones vi-tales del hombre, el más allá unitario de la experiencia hu-mana. Un cafetín madrileño, bien castizo, es también el centro del universo: allí se juega el drama humano de to-dos los días y de todos los tiempos. *"Salinas parece decir-nos: el arte y la sabiduría no son nada, si no se ponen al servicio de la fraternidad"*—concluía Mario Maurín en su artículo *"Tema y variaciones en el teatro de Salinas"*, Ín-sula, núm. 104—; fraternidad que es, para Salinas, el sen-timiento ejemplar del gran creador literario hispánico: la pasión, diríase, de Cervantes. El paso del monólogo lírico, característico de la poesía de Salinas, la poesía anterior a 1936, a las múltiples voces del teatro ha sido determinado en gran medida por un afán de comunión cervantino, por un deseo de encontrar el más allá del prójimo. *"La línea de elevación del acto trascendente"*, así definía Salinas el propósito cervantino ejemplificado en la forma de ser del *"caballero de la unidad"*: y ahí está también el tema, la honda orientación espiritual, del poeta español en todas sus creaciones literarias.

JUAN MARICHAL.

Bryn Mawr College.
Bryn Mawr, Pa.

LA FUENTE DEL ARCÁNGEL

COMEDIA EN UN ACTO

LA FUENTE DEL ARCÁNGEL [*]

PERSONAJES

ESTEFANÍA.
CLARIBEL.
CÁSTULA, criada.
DOÑA GUMERSINDA, tía de Estefanía y Claribel.
DON SERGIO, su hermano.
MADAME PHILOMENE, aya de las niñas.

DOÑA DECOROSA.
PADRE FABIÁN, su hermano.
JUANILLO.
EL CABALLERO FLORINDO, tropelista.
HONORIA, moza del pueblo.
ANGELILLO, mozo.
"EL ARCÁNGEL".

La acción en Alcorada, pueblo de Andalucía, a principios del siglo XX. Es verano. Empieza recién acabada la cena, a eso de las siete de la tarde, aún con luz del día.

La escena representa una gran sala de un caserón de pueblo; se ve de perfil, porque la escena está partida. La sala, con mobiliario del XIX. Mecedoras, butacas, una consola, un velador, etc., En la pared del fondo, frente al espectador, un gran cuadro de las Ánimas del Purgatorio, y puerta practicable. A la derecha, otra puerta. En la otra pared, perpendicular al espectador, un enorme mirador, o cierro, rasgado hasta el suelo, con su reja. En la segunda parte de la escena, más pequeña (un cuarto de la otra), un rincón de la plaza del pueblo. Pared, y en ella una fuente adosada. La domina una imagen de San Miguel Arcángel con coraza, casco y una espada flamígera. A sus pies, la taza semicircular de la fuente. El agua mana de tres caños, en la pared. Donde termina la taza hay cuatro gradas, que siguen el contorno de la taza.

ESCENA PRIMERA

CLARIBEL y ESTEFANÍA, sentadas frente a frente en dos mecedoras, cada una con un libro en la mano, repasan la lección. CÁSTULA acaba de limpiar el cuarto y va quitando el polvo con mucho cuidado a los cachivaches de la consola.

ESTEFANÍA.—Ahora tú lees y yo traduzco.

CLARIBEL.—Bueno. *(Empezando a leer.)* "Il faisait froid, il faisait sombre; la pluie tombait fine et serrée... Deux enfants dormaient au bord d'une grande route... sous un

(*) Esta obra fué estrenada en Nueva York en el teatro de Columbia University, en el invierno de 1951, por el grupo dramático del departamento español de Barnard College. La dirección estuvo a cargo de la señora Laura de los Ríos de García Lorca. Las señoras Amelia Agostini de Del Río y Concha García Lorca, viuda de Montesinos, desempeñaron, respectivamente, los papeles de *Doña Gumersinda* y *Doña Decorosa*. Las señoritas Isabel García Lorca,

vieux chêne touffu." *(Cástula se queda quieta, mirándolas pasmada.)*

CÁSTULA.—Niña, Claribel, y eso que hablaih, ¿qué es?

ESTEFANÍA.—*(Riéndose.)* Francés, mujer, francés, ¿qué va a ser?

CÁSTULA.—¿Y hay gentes que hablan así..., vamos, de verdad?

CLARIBEL.—*(Riéndose también.)* Pues claro, Cástula. ¿Cómo quieres tú que hablen los franceses?

CÁSTULA.—¡Como tó er mundo!

ESTEFANÍA.—*(Con más risa.)* Pero tú te figuras que en todo el mundo hablan español.

CÁSTULA.—Misté, niña Estefanía, yo no entiendo de ná, pero en mi pueblo se habla así. En la capital, y misté que yo he estado dos veces, tós hablan igual, y los que vienen de Madrid, lo mismito. Y hasta mi sobrino que fué allá cerca del finibisterra, a las Américas, dice que se entienden tós como nosotros.

CLARIBEL.—Pero, Cástula, en España se habla español, y en Francia, francés, y en Alemania, alemán. En cada país, su idioma.

CÁSTULA.—Será como usted dise, señorita; usted sabe más, pero ¡vaya guasa! Ca una hablando de una manera... y naide se entiende... *(Acercándose.)* ¿Y a ustedes les parece eso bien, señoritas?

ESTEFANÍA.—¿Que si nos parece bien? Es lo natural.

CÁSTULA.—¡Naturá, naturá! Señor, lo naturá es llamar ar vino vino, y ar jinojo jinojo, y ar pan hogasa. ¡Como Dios manda! *(Las dos muchachas se ríen.)*

CLARIBEL.—Pero, mujer, cuando vas a misa, ¿tú sabes todo lo que dice el cura?

CÁSTULA.—Yo, no, señorita; pero no lo creo tó. El habla así pa que no se le entienda. Son cosas de la Iglesia, que tié sus secretos...

ESTEFANÍA.—Pues así hablaban todos hace muchos siglos, en Roma. ¿Tú no lo sabías?

CÁSTULA.—Bueno, eso sería porque tó eran curas... *(Las chicas se ríen a más no poder.)* ¡Hay que ver lo que le

Conchita Montesinos, Carmen del Río, Graciela Valenti y Anne Chaillon representaron los de *Cástula, Estefanía, Claribel, Honoria* y *Mme. Fhilomène.* Los señores Eugenio Florit, Ernesto Da Cal, Francisco Carvajal, Aníbal Casás y Manuel Montesinos, los de *Padre Fabián,* el *Caballero Florindo* y el *Arcángel* (ambos, el señor Da Cal), *Don Sergio, Juanillo* y *Angelillo.*

18

disen ustedes a esa señora, a la maestra!... ¿Cómo es que le disen?

ESTEFANÍA.—Pues por su nombre... Madame Philomène.

CÁSTULA.—¿Y eso e un nombre? Si paese cosa de botica... Y er caso es que un nombre debe e ser, porque cuando ustedes se lo disen ella entiende... *(Siguen las risas.)* ¡Con lo clarito que está tó en español! Más de sesenta años yevo yo hablando así, y tan güena y tan sana y tan honrá como la primera... *(Escuchando.)* Ahí me creo que viene...

ESTEFANÍA.—¿Quién?

CÁSTULA.—Esa... Madame...; eso..., lo que sea. Vaya, niñas, yo ya he acabao mi trajín. Ea, pues con Dió... Ustedes sabrán lo que hasen... *(Sale. Deja paso antes a Madame Philomène, que entra, muy tiesa.)*

PHILOMENE.—*(Con marcado acento francés.)* Buenos días, mes enfants.

ESTEFANÍA Y CLARIBEL.—*(Se ponen en pie y hacen una leve referencia.)* Bonjour, madame Philomène.

CÁSTULA.—¡Buenos los tenga usted. *(A las niñas.)* Señoritas, la he entendío, la entendí! ¡Ha dicho "Buenos días"!

ESTEFANÍA.—*(Por lo bajo.)* ¿Ves, ya la entiendes?

CLARIBEL.—¡Y tan raro que te parecía!

CÁSTULA.—*(Saliendo.)* ¡Pues tié gracia esto! A ver si resurta que yo sabía er fransé y no me había dao cuenta. ¡A mis años! *(Sale.)*

ESCENA II

ESTEFANÍA.—*(De pie.)* ¿Quiere usted que demos la lección aquí, madame?

PHILOMENE.—Francés, Estefanía, francés, es preciso que hablemos francés.

ESTEFANÍA.—Sí, señora... Es que como aún no estábamos en la lección... Excusez-moi, madame.

PHILOMENE.—Bien, empecemos. Asseyez vous.

ESTEFANÍA Y CLARIBEL. — Merci, madame. *(Se sientan.)*

CLARIBEL.—¿Quién empieza hoy? *(Corrigiéndose.)* Ay qué tonta. Usted dispense. Qui commence aujourd'hui?

PHILOMENE.—Tu peux commencer; et Claribel fera la traduction.

ESTEFANÍA.—*(Bajo, a Claribel.)* Rabia, que a ti te toca traducir. *(Abre el libro y empieza.)* Il faisait froid, il faissait sombre; la pluie tombait fine et serrée. *(Se detiene.)*

CLARIBEL.—Hacía frío y estaba muy oscuro; caía una lluvia finita y apretada...

ESTEFANÍA.—... deux enfants dormaient au bord d'une grande route sous un vieux chêne touffu.

CLARIBEL.—Dos niñitos dormían al borde de la ancha carretera, bajo una... touffu, touffu... No encuentro la palabra... *(En este momento se abre la puerta y entran doña Gumersinda y doña Decorosa. La primera es una señora alta, delgada, vestida de oscuro, aire imperioso y enérgico. Doña Decorosa, una mujer pequeñita, vivaracha, de ademanes remilgados, vestida de luto con mantilla o velillo, y abanico.)*

GUMERSINDA.—*(Sorprendida.)* Ustedes dispensen, madama. Se me olvidó que tenían ustedes la lección a esta hora...

PHILOMENE,—*(Se pone en pie, así como las niñas.)* Podemos cambiar de lugar, doña Gumersinda...

CLARIBEL.—Sí, sí, dar la lección en la huerta, en el cenador.

DECOROSA.—*(Curiosa.)* ¡De modo que éstas son las señoritas de Arredondo! ¡Vaya, vaya!

GUMERSINDA.—Niñas, esta señora es doña Decorosa, hermana del padre Fabián, el que os confirmó.

ESTEFANÍA y CLARIBEL. — *(Reverencia.)* Para servir a Dios y a usted, señora.

DECOROSA.—¡Muy monas, y muy creciditas, y muy modositas, las dos! Bueno, no os quiero distraer de vuestro trabajo. A esta edad lo que se necesita es aplicación, mucha aplicación.

ESTEFANÍA y CLARIBEL.—*(Saliendo.)* Quede con Dios, mi señora doña Decorosa. Con su permiso... *(Salen y al cruzarse con Madame Philomène las dos señoras se hacen una leve inclinación de cabeza.)*

ESCENA III

GUMERSINDA.—Siéntate a tu gusto, Decorosa.

DECOROSA.—*(Se sienta en una mecedora.)* Aquí en la mecedora estaré muy bien. Y óyeme, Gumer, ¿esa señora es... la madama?

GUMERSINDA.—Ella es...

DECOROSA.—¿Y te sientes tú tranquila, teniendo a una extranjera, peor aún, a una francesa, en tu casa?

GUMERSINDA.—Mujer, tú te crees que mi hermano la tomó así como así. ¿Cómo iba él a confiar a sus hijas a una persona que no viniera precedida de informes inmejorables de personas de todo respeto? Es hermana de un señor canónigo de Chartres, y viuda de un capitán. La recomendó el señor obispo.

DECOROSA.—Ya, ya...; hay que abrir cien ojos, Gumer... Ahora dicen que vienen tantas de allá a bailar y a cantar indecencias en Madrid...

GUMERSINDA.—¡Pero cómo vas a comparar!

DECOROSA.—Claro que no..., por lo que tú me dices. Al menos ésta no será de París, la capital del lujo y del placer.

GUMERSINDA.—No, es de Orleáns.

DECOROSA.—Menos mal, entonces... Las niñas son preciosas, preciosas. *(Acercando la mecedora.)* Y... ¿no salen a su madre?, ¿a la danzarina?

GUMERSINDA.—Ni Dios que lo quiera, hija. Él la perdone todos los sinsabores que nos dió en este mundo.

DECOROSA.—Me acuerdo de que apenas la eché la vista encima te dije que no estaba en sus cabales. Esa cabeza no funcionaba bien...

GUMERSINDA.—Figúrate. ¡Qué cuna! Hija de un domador de circo... Así salió ella... Bailarina, tripudiante... ¡Qué más da que fuera de ópera! ¡Pero estas niñas, salvo el recuerdo que se debe tributar a una madre en sus diarias oraciones, no saben nada de ella. Mi hermano Juan las educa que no cabe más. Diez meses en el convento de las Reverendas Madres, y dos meses de vacaciones en el cortijo, siempre con madame. A la capital dos veces al año, y siempre bien acompañadas.

DECOROSA.—¿Y ahora las vas a tener mucho?

GUMERSINDA.—Pues las vacaciones, completas. Juan tendrá que estarse en el sanatorio dos meses... Y a cuenta de esto te llamé, Decorosa. ¿Tú te acuerdas de esta sala?

DECOROSA.—*(Mirando alrededor.)* Vaya que si me acuerdo. Aquí vivían cuando se casaron tu hermano Juan y... la madre de las niñas... Y todo está igualito, su cuadro de las Animas, el que ella quería que quitaran de ahí porque era triste... ¡Vamos, señor, mire usted que decir que es triste un cuadro de las Animas Benditas... ¡Y el velador con su tapete de encaje..., el que bordó tu madre, que Dios haya...; qué manos tenía para el encaje... Haciendo randas la tendrá Dios en el cielo..., y los dos perritos de porcelana y... todo igual.

GUMERSINDA.—Bueno, pues tú sabes que después de la muerte de mi cuñada, como nos sobraba casa a Sergio y a mí, y además... los recuerdos..., pues cerramos todo este lado del casón. Y figúrate qué idea me daría de poner aquí a las niñas ahora. ¿Por qué le mandará Dios a una estas ocurrencias?

DECOROSA.—Pero a mí me está que es muy aparente.

GUMERSINDA.—Sí, hija, sí; como aposentos, muy bien, sus dos alcobas, la sala, y el cuarto de aseo, de baño, como le dicen ahora...

DECOROSA.—¿También vosotros os habéis vuelto modernistas?

GUMERSINDA.—Sí, hija, sí. Hay que transigir con muchas cosas... Bueno, pues todo muy aparente, como tú dices; pero, hija, no contábamos con eso... *(Señalando al cierro.)* Claro, como una no se aparecía nunca por esta sala, y menos de noche...

DECOROSA.—No sé lo que dices.

GUMERSINDA.—Pues la fuente, hija, la fuente.

DECOROSA.—¿Cuál fuente?

GUMERSINDA.—¿Qué fuente tiene que ser? La maldita... Dios me perdone. La fuente del pueblo, la Fuente del Arcángel.

DECOROSA.—Nada, que sigo sin entenderte, Gumersinda. ¡Tan preciosa como es! *(Mira hacia la ventana.)*

GUMERSINDA.—Preciosa, sí, requetepreciosa, archipreciosa, y sigo echando... En esto estamos todos... Y una agua fina, que corta... Y fresca que parece nieve... Aquí no se bebe otra cosa.

DECOROSA.—Y dicen que es buena para el dolor de bazo...

GUMERSINDA.—Bueno, dale a la fuente todo lo que quieras, que ella se lo merece. Pero lo malo es... los milagros. Vamos, como le dice la gente, que nosotras no vamos a caer en esas paparruchas...

DECOROSA.—¿Lo de los novios?

GUMERSINDA.—Lo de los novios; eso mismito, hija... Esa

superstición de que novios que vengan a hablarse una noche lunera al pie de la fuente todo les saldrá bien... Antes, venían muy comedidos, se sentaban en las gradas un rato sin tocarse el pelo de la ropa, sin arrimarse siquiera... Pero ahora..., hija; ahora tú no sabes lo que está pasando en el mundo. Claro, con tanto teatro, con tantas artistas, así las llaman (de arte de Satanás será), con tanta revista ilustrada.

DECOROSA.—¡Ese *Blanco y Negro!*

GUMERSINDA.—Total, que anoche me apercibí de lo que pasa. Estos novios ya no son aquéllos. Saben mucho, están maliciados... Menos mal que Dios quiso tener a las niñas apartadas de aquí en ese momento... Si no, hubieran visto lo que vi... con estos ojos.

DECOROSA.—¿Y qué es lo que viste?

GUMERSINDA.—Pues, hija mía, lo que no tenía yo visto en Alcorada, ni creí que se vería nunca en Alcorada, ni se figurarían tus padres, ni los míos, que podía ocurrir jamás en Alcorada. Dos novios que llegan, cogidos de la mano (eso ya me dió mala espina), se sientan en la grada, ahí enfrentito, ahí mismo, y poco a poco, como el que no quiere la cosa, se van acercando, acercando..., hasta no poder estar ya más juntos, de juntos..., y, por fin, ¡pásmate, Decorosa de mi alma!, se dan un beso. Ahí, en plena plaza, delante de todo el mundo que podía haberlos visto, aunque, claro, a esa hora no había nadie... ¡Indecentes, impúdicos!

DECOROSA.—Pero... ¿se besaron?

GUMERSINDA.—¡Vaya si se besaron! Como tú lo oyes.

DECOROSA.—¿Pero besarse, lo que se llama besarse?

GUMERSINDA.—Con todas sus letras, sí, señora.

DECOROSA.—Un beso, de veras...

GUMERSINDA.—Tan de veras que a mí se me comían las ganas de salir a darles dos bofetadas bien dadas...

DECOROSA.—¿Pero dices que un beso...? ¿Los dos al mismo tiempo?

GUMERSINDA.—Al mismitísimo tiempo, hija. No se retrasó ninguno...

DECOROSA.—Jesús mío... ¡Nada, como si se hubieran puesto de acuerdo!

GUMERSINDA.—¡Ya lo creo que se pusieron!

DECOROSA.—¿Y fué..., vamos..., reparo me da el preguntarlo..., en la boca?

GUMERSINDA.—Sí, hija mía, en la boca de él y en la boca de ella..., en las dos, y sin chispa de ruido...

DECOROSA.—¡Qué afrenta, qué bochorno, para Alcorada! ¡Cuándo se ha visto eso! Para mí, que no serían del pueblo... Anda por ahí tanto trajinante, titiriteros y... republicanos...

GUMERSINDA.—No me tires de la lengua, Decorosa. Dios nos manda no ser chismosos. Los vi muy bien. Tan del pueblo como tú y como yo y como el agua de la fuente, y como la fuente, y como el mismísimo Arcángel...

DECOROSA.—¡Ay pueblo mío, quién te conoce! Claro..., los excesos del libertinaje... Lo dijo Fabián en el púlpito... ¡Un beso de puertas afuera..., a la luz de la luna! Y a veinte varas de la iglesia...

GUMERSINDA.—Tú comprenderás mi cargo de conciencia. ¿Qué hago yo ahora con las niñas? Esmérese usted por educarlas a lo cristiano, sin leer las revistas de Madrid, sin haber ido al teatro más que dos sábados blancos, y ahora aquí, en el pueblo de sus mayores, donde nos creíamos que no llegaban los vicios de las grandes urbes, no podrán asomarse al cierro de su casa sin exponerse a ver una indecencia...

DECOROSA.—¿Y no has pensado en mudarlas de habitaciones?

GUMERSINDA.—¿Y qué razón les doy para el cambio, Decorosa? Ellas están contentísimas en estos cuartos; son los más frescos. Pero es que aparte del peligro en que se ven estas niñas, Decorosa, nosotras, las señoras de Alcorada, no podemos mostrarnos indiferentes a lo que viene sucediendo. ¿Tú no lo sabías?

DECOROSA.—Ni asomo... No sé si Fabián...

GUMERSINDA.—¡Mujer, cómo crees tú que si Fabián lo supiera lo iba a consentir! ¡Pues bueno es tu hermano!

DECOROSA.—Mucha razón tienes, Gumersinda. Eso es el principio del fin...

GUMERSINDA.—Lo es. ¡Se empieza así y se acaba Dios sabe cómo...; en esa porquería que llaman el amor libre o el matrimonio civil! Por eso, te he llamado para que me hablas a Fabián, que se venga por aquí cuanto antes, con objeto de pedir su consejo... Yo no creas que me he estado con los brazos cruzados..., no. Tengo mis planes...

DECOROSA.—¿Quitar a las niñas?

GUMERSINDA.—No, Decorosa, no. Las niñas son una cosa, lo más urgente a que atender, claro. Pero el foco de corrupción está ahí, ahí mismo. *(Señalando a la ventana.)* Yo me tengo mi idea: no voy a tocar a las niñas, es a la fuente.

DECOROSA.—¡Ave María! Pero no querrás que la desmantelen...! La Fuente del Arcángel...!

GUMERSINDA.—El alcalde de ahora es Juanillo, el de los Monsalves, que fué cortijero de mi hermano Sergio muchos años... Ya despaché a Sergio para que me lo trastee y convenza al Ayuntamiento...

DECOROSA.—Pero la fuente se necesita... Dónde...

GUMERSINDA.—Claro, mujer, que sí. No me hagas más lerda de lo que soy... Quitarla, es un decir. ¡Imposible...! Mi idea es reformarla... Como se dice ahora, modernizarla. Me repugna usar la palabreja, pero, hija, es de mucho efecto y la empleo con buen fin, Dios lo sabe.

DECOROSA.—¡Cómo te admiro esa energía que Dios te ha dado, Gumersinda! No hay dos como tú.

GUMERSINDA.—No digas esas cosas... Lo que me ha concedido el Señor es deseo de luchar contra la ola de la impiedad y el vicio, que nos arrollan, que vienen aquí a la misma puerta de tu casa, a desafiarte...

DECOROSA.—*(Mirando por la ventana.)* ¡Qué sacrilegios, Dios mío! ¡Que vengan a ampararse, como quien dice, bajo las alas del Arcángel para esas porquerías! Quién sabe si una noche, cuando menos se piense, el Señor no les da su merecido... Yo tendría miedo, Gumersinda. Esa espada del Arcángel, es espada en el aire..., como si fuera a caer sobre las cabezas...

GUMERSINDA.—¡Ya saben ellos que es de lata, hija! *(Mirando por la ventana.)* Ahí vienen.

DECOROSA.—¿Quién?

GUMERSINDA.—Mi hermano y Juanillo el alcalde.

DECOROSA.—*(Haciendo ademán de levantarse.)* Entonces yo...

GUMERSINDA.—¿Para qué te vas a ir, mujer? Quédate. Veremos si viene bien dispuesto.

DECOROSA.—No, no, voy a dar tu razón a Fabián. Y me llegaré por aquí en cuantito que pueda... *(Besándola.)* Sí, Gumersinda, ¿por qué nos mandaría el Señor tanta tribulación? ¡Y que sea por uno de sus servidores, por el Santo Arcángel Miguel! Quédate con Dios.

GUMERSINDA.—*(Acompañándola a la puerta.)* Él vaya contigo. Y de esto, nada a nadie, ¡eh! Hasta que hable con Fabián.

DECOROSA. — Estate descuidada, Gumer. ¡Con Dios! *(Sale.)*

ESCENA IV

Entran SERGIO y JUANILLO. Sergio es un viejo pulcro y delgado: viste de oscuro con cuello de pajarita y espejuelos. Juanillo, de oscuro, sin corbata, y lleva en la mano el sombrero cordobés.

JUANILLO.—Con permiso...

GUMERSINDA.—Tú lo tienes, Juanillo; pasa adelante...

SERGIO.—Hermanita, aquí te lo traigo...

GUMERSINDA.—Mucho me alegro siempre de verte por esta casa, Juanillo. ¿Y cómo están Manuela y los chicos?

JUANILLO.—Tan majos como están tós, doña Gumersinda, gracias a Dios... Por aquí ya la veo a usted tan güena y la compañía... *(Mirando alrededor.)*

GUMERSINDA.—Bueno, hombre, bueno. Siéntate. Pues ya te habrá dicho el señorito Sergio lo que pasa con la fuentecita, ¿no?

JUANILLO.—Sí que me lo ha dicho, doña Gumersinda.

GUMERSINDA.—¿Y a ti te parece bien eso?

JUANILLO.—Quítese usted allá... Una vergüenza... pa tós..., pa el pueblo... y pa los sinvergüensas esos que se atreven...

GUMERSINDA.—Ya sé yo que tú has sido siempre un hombre de bien, y muy recto...

JUANILLO.—Yo... lo que me enseñaron..., na más...

GUMERSINDA.—Entonces, el Ayuntamiento está dispuesto... Don Sergio... te habrá dicho...

JUANILLO.—*(Dando vueltas al sombrero.)* Pos misté, doña Gumersinda, yo no me sé explicá como ustedes los señores con letra..., pero esto es complicao... Er municipá se retira del servicio a las siete. Poné un sereno... especiá pa er caso ese..., vamos, un sereno pa los besos..., se presta a mucha murmurasión. Vamos, lo que quió decí es que sería llamá la atención y...

GUMERSINDA.—Tienes razón, hijo, tienes razón. No hay que señalar con el dedo al león del pecado, a la gente...

JUANILLO.—Y luego... los disgustos que traería... ¡Que si Fulano le mira a uno mal porque a su niña la cogieron..., que si Perengano viene a protestar porque su sobrino..., qué sé yo! Hoy día tó er mundo protesta..., doña Gumersinda. Y la toman con uno... Además, con eso que anda por ahí de la libertad... Yo no sé a punto fijo qué é eso de la libertad. Pero me paese mal...

GUMERSINDA.—Claro, hijo, claro... Por eso mi idea es más sencilla, más práctica. Y de lucimiento para ti, como alcalde. Nos presentamos una comisión de señoras a pedirte que la Santa Imagen del Arcángel San Miguel se traslade a la iglesia y con ese motivo se hacen reformas en la fuente. Se pone una pila nueva de cemento, se quita el templete, vamos, se moderniza. Y se le añaden dos caños más, para satisfacción del público.

JUANILLO.—Misté, doña Gumersinda, con tó respeto..., esa idea é mu güena..., ¡sí, señor! Pero yo en el Ayuntamiento tengo una política... y hasta ahora no me pué ir mejó...

GUMERSINDA.—¿Cuál, Juanillo, cuál?

JUANILLO.—Po hasé lo meno posible...

GUMERSINDA. — *(Sonriendo.)* Hombre, hombre, hasta cierto punto...

JUANILLO.—Se lo oí a mi padre... Er mejó arcarde é er que no toca ná de ná... Y esa é mi idea, dejá ar pueblo tal y como lo cogí... Despué de tó, no está tan mal... Ya ve usted la lú elétrica los disgustos que nos ha traío... ¡Que si se apaga..., que si no se apaga..., que si no alumbra na...! ¡Y la curpa la tié el arcarde! Antes, si a la lámpara se le acababa er petróleo, naide le echaba la curpa al arcarde... ¡Como si tuvía la lu en er borsillo! Créame, doña Gumer, y con perdón sea dicho..., no hasiendo ná, no se peca...

SERGIO.—Con tu permiso, Gumersinda, a mí se me ha ocurrido cierta cosita que... quién sabe... si podría resolvernos el problema, que es espinoso, espinoso, no hay duda.

GUMERSINDA.—Tú dirás. *(Seca y como sin confianza.)*

SERGIO.—Precisamente viene por el lado de la luz eléctrica. Cuando estuve yo en Madrid a las fiestas de la coronación me chocaron mucho esas farolas nuevas, lo que llaman los focos...

GUMERSINDA.—¿Y qué es eso?

SERGIO.—Pues una gran lámpara, un globo de cristal blanco, que emite una luz radiante, así como cien veces la que da una bombilla de gran potencia, y muy blanca...

GUMERSINDA.—Bueno, ¿y qué?

SERGIO.—Pues, hija mía, ¿por qué los buenos cristianos no hemos de aprovechar los recursos del progreso? Imagínate tú un foco de esos, ahí encimita de la fuente. ¡Quién se iba a atrever a la comisión de ningún acto contra la moral en el lugar más iluminado del pueblo? Y si al Ayuntamiento se le irroga algún gasto, la familia estaría dispuesta a...

GUMERSINDA.—Hombre, así a primera vista no me parece mal... ¿Y a ti, Juanillo?

JUANILLO. — (Rascándose.) Yo no me hago bien a la idea... ¿Pero dice usted, don Sergio, que esos globos son de cristal?

SERGIO.—Sí, de cristal esmerilado, para quitar el resplandor.

JUANILLO.—Pue... entonse no pué sé...

SERGIO.—¿Y por qué, hijo, por qué?

JUANILLO.—Porque no iba a ganá er Ayuntamiento pa globo... A pedrás me rompían uno cá noche... Pue menudo tino tienen los niños der pueblo... pa las pedrás. Tó eso, y ustedes me dispensen, es dar que hasé, revorvé ar pueblo...

GUMERSINDA.—Juanillo, no se puede negar que tu argumento es muy fuerte. Pero, entonces, ¿quiere decirse que el Ayuntamiento acepta esa situación vergonzosa y no le pone ningún remedio? ¿Tú no sabes que como autoridad tú tienes obligaciones morales que cumplir?

JUANILLO.—Sí, señora, así debe sé como usted lo dise. Y a mí me gusta que tós vivan conforme a la ley de Dió... Pero miren los señores que muchas veces pa remediá una cosa mal hecha se hase otra peó... Así desía mi padre... de la política.

GUMERSINDA.—Juanillo, nosotros no queremos echarte los caballos encima. Nos constan tus buenas intenciones. Vamos a seguir pensando en esta cuestión a ver si se nos ocurre algo más práctico...

JUANILLO. — Doña Gumersinda, deje usted eso por mi cuenta... Yo lo vi a arreglá sin que haya que mentá pa ná al Ayuntamiento y al arcarde... Si yo no he entendido ma, er Santo estorba..., sin Santo no pasaría ná... Y lo que ustedes quieren é quitarle de enmedio...

GUMERSINDA.—¡Pero, Juanillo, no interpretes mal mis palabras! ¿Cómo voy yo a decir que el Santísimo Arcángel Miguel estorba, ni que deseo deshacerme de él?... En lo que pensaba era en un traslado...

JUANILLO.—Muy bien, doña Gumersinda, no se sofoque... Ya estoy viendo la cosa... Descuide usted... que eso se arregla de acá a mañana... En cuanto hable yo con cuatro amigo..., y con su permiso, me tengo que di pa casa... Dejen ustedes mandao.

GUMERSINDA. — Adiós, Juanillo... Pero mucho cuidado con hacer nada sin consultarme antes... Es muy delicado... No te precipites...

JUANILLO.—No hay que hablá, doña Gumersinda, no hay que hablá... Yo también tengo mi diplomasia... Eso es lo que se necesita..., diplomasia. Ea, pue con Dió... *(Sale.)*

GUMERSINDA. — Dios mío, ¿qué entenderá este zoquete por diplomacia? ¡Quiera Dios que no se le ocurra alguna barrabasada!

SERGIO.—Pues yo, Gumersinda, salvo tu mejor parecer, sigo creyendo que eso de los focos...

GUMERSINDA.—Quita allá, hombre. A Juanillo le sobra razón. Conoce a la gente. Y vuelvo a mi idea. Si la aprueba el padre Fabián, a hacerlo sea como sea, y si Juanillo está reacio, otro alcalde y se acabó... ¡No faltaría más...!

SERGIO.—*(Mirando por el cierro.)* ¡Caramba, caramba, con el Arcángel de mi alma, y en qué laberinto nos ha metido...!

GUMERSINDA.—Sergio, no digas tonterías. ¿A qué hora sale la luna esta noche?

SERGIO.—Te lo voy a decir. *(Va al calendario de la pared.)* Sale la luna a... a... las ocho y treinta y siete..., se pone a...

GUMERSINDA.—Eso de cuando se pone déjalo... No nos importa... ¡Mala hora! Las niñas después de cenar se ponen aquí a repasar la lección. ¡Qué más natural que echen una miradita por el cierro y... Dios, Dios mío, qué abominación!

SERGIO.—Yo te propondría una cosa... pero...

GUMERSINDA.—Dila, a ver...

SERGIO.—Esta noche hay una función en el Casino...

GUMERSINDA.—¡El Casino! Ya sabes que no me gusta. Allí va toda clase de gente.

SERGIO.—Pero, mujer, esta noche es una función para familias. Un prestimano, de paso hacia la capital, da una sesión de juegos de fantasía y magia, para los socios y sus familias. Yo puedo mandar que me tengan reservadas tres sillas de primera fila y... así se pasa la hora del peligro...

GUMERSINDA.—La cosa no me acaba de gustar... *(Pausa.)* Pero puede que nos salve la noche... Por supuesto, yo no voy, ¿eh? Las llevas tú solo, con madame.

SERGIO.—Sí, mujer, sí... Verás cómo se alegran cuando se lo diga. Voy a...

GUMERSINDA.—Espera..., espera... *(Sergio se detiene.)* Pero bueno..., díselo... *(Sale Sergio. Gumersinda se queda sentada en la mecedora un momento... Luego va al cierro y mira hacia fuera.)*

ESCENA V

Entran ESTEFANÍA Y CLARIBEL, cada una de una mano de su tío SERGIO, con rostro muy alegre.

ESTEFANÍA.—Tía Gumersinda, ¡qué alegría, qué alegría!

CLARIBEL.—Vamos a ir a una función de magia. ¡De magia!

ESTEFANÍA.—¡Qué bueno es el tío Sergio! Y usted, por supuesto. Porque usted nos da permiso para ir, ¿verdad, tía Gumersinda?

GUMERSINDA. — Sí, hijitas, sí. Pero mucha formalidad. Vosotras sois forasteras y no tenéis por qué hablar con nadie del pueblo. Veis la función, y a casita derechas con tío Sergio y madame.

CLARIBEL.—¡Sí, sí, tía, como usted diga! *(A SERGIO.)* ¿Y qué hará ese señor artista, tío Sergio? Yo nunca he visto un artista. ¿Cómo será?

SERGIO.—Creo que el programa debe de andar por alguno de mis bolsillos. *(Busca y saca un papel de color de rosa, que ofrece a Claribel. Su hermana lo mira por encima del hombro.)*

CLARIBEL. — *(Leyendo.)* Gran sesión extraordinaria de juegos de prestidigitación, magia y fantasía a cargo del Caballero Florindo, prestidigitador de cámara de Su Alteza el Príncipe de Mónaco, y que ha actuado en varias cortes y en Repúblicas ultramarinas. ¿Oye usted, tía, oye usted? En varias cortes europeas.

ESTEFANÍA.—Primera parte. Juegos de manos, escamoteos y prestigios de varias clases. Segunda: Los pensiles de Babilonia. En este famoso número, invención del Caballero Florindo, éste extrae de un sombrero de copa un hermoso conjunto de flores, de las que exornaban los jardines colgantes de Semíramis.

CLARIBEL.—El sombrero puede ser examinado por el público para cerciorarse de que no tiene doble fondo.

ESTEFANÍA.—¿Y cómo lo hará, tía?

CLARIBEL.—Tercera parte: Las metamorfosis. Juego de transformación. En dos minutos, el Caballero Florindo aparece en escena, caracterizado con rigurosa propiedad, de varios personajes, con los más lujosos indumentos, ora antiguos, ora modernos, dando a los espectadores la ilusión de que se halla frente a toda una compañía de diferentes actores. Terminará la sesión con *El Velo Mágico*, acto de ilusionismo y policromía en cuyo desempeño pone el Caballero Florindo tal arte que le ha ganado el título de primer tropelista mundial de nuestra era. El señor Presidente de la República de Tronjelandia, arrebatado de entusiasmo por la ejecución de este juego, le condecoró en el mismo teatro con la Gran Cruz del Gavilán Caucásico, que esta noche ostentará el Caballero Florindo, amén de otras concedidas en las naciones extranjeras. *(Se interrumpe y palmotea.)* ¡Ay qué alegría, tío Sergio, ay qué gusto!

ESTEFANÍA.—Sigue, sigue, que hay más.

CLARIBEL.—Una vez finalizada la función, y como especialísimo obsequio al ilustrado público de Alcorada, se pondrá a la venta un reducido número de ejemplares de la obrita "Confidencias del Caballero Florindo. Recuerdos y anécdotas de sus actuaciones en las cortes europeas. Trucos, ilusiones y tropelías de fácil ejecución para niños y adultos, de gran lucimiento en sociedad. Con siete grabados ilustrativos en madera. Precio especial para Alcorada:

25 céntimos." *(Acaba de leer.)* ¿Lo compraremos, verdad, tío Sergio? Yo tengo dinero...

GUMERSINDA.—¡Mucho cuidadito con los libros! Comprarlo podéis comprarlo, pero luego se me entrega a mí para que me cerciore de que es lectura propia de señoritas...

CLARIBEL.—Sí, sí, tiíta, lo que usted diga... ¿Y qué trajes nos vamos a poner? ¿El de organdí con volante, el...?

GUMERSINDA.—¡Moderación, niñas, moderación! ¿Acaso se os figura que vais a pisar los salones de la corte? Vestiditas a lo sencillo. Nada de llamar la atención. Vosotras a distancia, hijas mías, como cumple a vuestra clase. Hoy ya no se guardan las distancias... *(A su hermano.)* Y tú abre los ojos y vela bien a las niñas. Podéis is a vestiros... *(Las niñas abrazan a su tía y salen con Sergio.)*

ESCENA VI

GUMERSINDA.—*(Se sienta en una mecedora. Ve el programa que se ha quedado en la mesa, lo coge, lo recorre con la vista y lo vuelve a dejar.)* Pues Señor, qué flaquezas tiene una. Pero ¿por qué les habré dado permiso para ir a esa paparrucha? Juegos de manos, magia... Filfa, trampantojos, una filfa todo, impropio de personas formales... Este Sergio, con sus cincuenta y pico a cuestas... A lo mejor es cosa condenada por la Santa Iglesia... Y aunque no lo esté, todo es embeleco, supercherías... Caballero Florindo... Lo que más me molesta es lo de caballero... ¡A saber qué caballero será ése! Las metamorfosis..., ilusionismo..., el gran tropelista... Nada, nada, eso me huele mal, pero que muy mal... *(Se levanta.)* Y ahora, Gumersinda, ¿cómo vas a quitarles de que vayan? ¿Qué van a pensar de ti? Que la tía Gumersinda es una veleta, que ahora que sí y a los dos minutos que no, que dice y se desdice... De ninguna manera. No hay que perder la autoridad ante la juventud... Ejemplo, y siempre ejemplo... Nada, iré yo con ellas. Sí, iré. No hay escape. Y al menor barrunto de licencia o chocarrería, las cojo de la manita, y a casa. Nunca he pisado ese dichoso Casino... Atufa a plebeyez... Otra claudicación, Gumersinda, otra transigencia con la época... ¡Este siglo XX, este siglo XX! Tanto hablar del siglo XX... Raro será que el tal siglecito no nos vuelva la cabeza a todos y acabe el mundo en una república! Bueno, es mi deber. Harta debilidad has tenido en consentirlo... *(Llama a la campanilla y en seguida entra Cástula.)*

Cástula.—A lo que guste mandar la señorita... Pacá venía yo.

Gumersinda.—Cástula, voy a salir...

Cástula.—¡A salí! Pos misté, cuando sonó la campanilla que ya venía yo pacá a desí a la señorita que el padre está en la sala y dise que quié verse con usted.

Gumersinda.—¿El padre? Ah, sí, ¿el padre Fabián?

Cástula.—Er mismo... ¿Cuá va a sé?

Gumersinda.—Pues, mujer, dile que pase... ¿Cómo haces esperar al padre?

Cástula.—Vi en seguía, señorita. No se sofoque usted, que está entretenío hablando con er loro...

Gumersinda.—Anda, anda y no gastes más conversación. *(Sale Cástula.)* Pues señor, ya no hay más remedio. ¡Que vayan solas! ¡Estará de Dios!

ESCENA VII

Aparece en la puerta el padre Fabián. Hombre de aspecto bondadoso, modales suaves, de unos sesenta años. Gumersinda se adelanta y le besa la mano.

Gumersinda.—¡Dios le traiga, padre Fabián!

Fabián.—¡Con Él te encuentre, hija mía, con Él te encuentre! Vine en seguida porque Decorosa me habló de tu apuro..., aunque la hora es tan intempestiva...

Gumersinda.—No sabe lo que se lo agradezco, padre. Siéntese aquí, en esta mecedora estará mejor. *(Le señala el asiento.)* Sí, me siento muy apurada, a lo mejor es una exageración..., se atolondra una..., la responsabilidad de las niñas...

Fabián.—Ya veremos, ya veremos... *(Va hacia la ventana y mira a la fuente.)* ¿De modo que ése es tu quebradero de cabeza? Vaya, vaya... Y como bonito, el Arcángel lo es... (*Se vuelve y toma asiento. Desde ese momento ya no hablarán el padre y Gumersinda, pero harán los ademanes propios de dos personas que conversan, cuya voz*

33

no se oye. Permanecerán completamente ajenos a lo que ocurre en el escenario del fondo, como si no se enteraran de nada.)

ESCENA VIII

El cuadro de las *Animas del Purgatorio* que está colgado al fondo desaparece y deja ver un pequeño escenario que representa un estrado de salón. Allí aparece FLORINDO, sesgado con respecto al espectador, como dirigiéndose a su público. Es un mozo guapo, pelo rizado, facciones clásicas, vestido de frac, con unas varias condecoraciones y cintajos. A su lado un velador forrado de peluche y en él el sombrero de copa y varios objetos propios del oficio: cubiletes, vasos, etc. Se oyen aplausos.

FLORINDO.—Gracias, gracias. *(Se inclina.)* Y ahora, distinguido público, revelado el secreto de que todos estos fabulosos personajes que acaban de desfilar ante sus ojos, desde el persa Darío al caballeresco Don Juan, son uno y el mismo—este servidor de ustedes—, pasemos a la gran atracción del programa, al número intitulado *El Velo Mágico,* la obra maestra del ilusionismo científico cenestésico. Ruego al público se prevenga contra toda idea de maquinaria o truco. Este número es ilusionismo puro... Porque, señoras y caballeros, todos sabemos, desde que lo afirmó en sus inmortales décimas don Pedro Calderón de la Barca, que las cosas no son lo que parecen. Y mucho menos las personas. ¿Qué, ese árbol que nos seduce con la pompa de su verdura? ¿Qué, ese ave que recorre los espacios desplegando sus alas multicolores? ¿Qué, ese astro que se alza majestuoso de las ondas? Todo apariencias, señoras y caballeros. Porque al tronco lo habita la ninfa, al ave la anima el espíritu, y al nocturno satélite lo impulsa la divinidad. ¡Ilusión, todo ilusión! Un instante hace no más que ustedes me vieron pasar de fisonomía a fisonomía, de figura a figura, en un abrir y cerrar de ojos... ¿Quién era yo, quién, señoras y señores, de todos esos personajes que tuve el honor de encarnar ante ustedes? ¿Quién es el caballero Florindo, que en estos momentos se honra dirigiendo la palabra al cultísimo pueblo de Alcorada? Acaso no sea yo mismo, sino un céfiro que susurra de flor en flor, una chispa que cabrillea de ola en ola, la ilusión que palpita de alma en alma... ¡Ilusiones, todo ilusión! ¡Cuidado con las apariencias! *(Se apaga el escenario del cuadro y hablan doña Gumersinda y el padre, como continuando la conversación.)*

GUMERSINDA.— ... de ese modo el pueblo sigue teniendo su fuente, se da al traste con la superstición, se ataja la inmoralidad, y se rinde culto a San Miguel Arcángel en la Colegiata, quitándoselo a la calle y devolviéndolo al templo, al que pertenece...

FABIÁN.—Admiro, Gumersinda, tu fe cristiana, tan venturosamente aliada por Dios con tu sentido práctico. Eres de la buena madera, modelo de mujeres.

GUMERSINDA.—Cállese, padre, por Dios, que me sonroja...

FABIÁN.—Sí, verdad es..., pero en este caso... *(Saca un pañuelo, se limpia con él toda la cabeza, y lo guarda.)* Tu plan es impracticable. Gumersinda, te voy a revelar un secreto.

GUMERSINDA.—¡Un secreto, padre!

FABIÁN.—Sí, un secreto arqueológico, nada más que arqueológico. Pero en interés de la Santa Madre Iglesia y del pueblo de Alcorada, has de asegurarme de tu total discreción...

GUMERSINDA.—No diga más, padre. No saldrá palabra de mi boca...

FABIÁN.—Tú harto sabes que, sin menoscabo ni daño de mis deberes religiosos, he dedicado muchos ratos perdidos a la arqueología regional... Aficionado, nada más modesto aficionado...

GUMERSINDA.—¿Aficionado, padre Fabián? Un sabio, un maestro... ¿Cómo, si no, le habría nombrado su correspondiente perpetuo en Alcorada la Real Academia de Bellas Artes? Todo el pueblo está orgulloso de usted.

FABIÁN.—Fué merced inmerecida de los señores académicos de Madrid... Por humildad la acepté, como cumple a mi condición... Y tengo un remordimiento, un escrúpulo, que se me iba adormeciendo en conciencia y tú me despiertas ahora. Has de saber que en mi *Reseña sumaria histórico-arqueológico-monumental de las antigüedades de Alcorada* oculté un documento. Sí, lo oculté. Maliciosamente. No lo di a la estampa. Pero bien sabe Dios que su pensamiento me guiaba al hacerme reo de esa falta... Gumersinda, las cosas no son todas lo que parecen... Ni siquiera las personas... ¿Cómo van a serlo, cuantimenos las estatuas? Al fin y al cabo, una estatua, por santo que sea lo que representa, es apariencia, pura ilusión... ¿Tú ves esa escultura del Arcángel San Miguel, con su coraza de plata, su espada flamígera en alto, su casco? Pues, hija mía, no es un arcángel...

GUMERSINDA.—Padre, ¿qué me dice usted? *(Continúan sin hablar, fingiendo la conversación, como antes. En el escenario reaparece, como antes, Florindo. A su lado, sentada en una silla, inmóvil y sonriente, CLARIBEL, muy tiesa.)*

FLORINDO.—Gracias a la gentilísima colaboración de esta señorita, que me ha hecho el señalado favor de prestarse al experimento, van ustedes a presenciar uno de los fenómenos más singulares del ilusionismo cenestésico. He aquí el velo mágico. *(Lo despliega y lo enseña por los dos lados.)* Transparente como el más delicado cendal. Tejido en Damasco con seda de Persia, en el siglo XII perteneció a Leonor de Aquitania. Enrique VIII se lo presentó como regalo de boda a la desdichada Ana Bolena; un rey Luis de Francia mandó cometer seis asesinatos para hacerlo suyo y ponerlo a las plantas de su célebre concubina mademoiselle de la Vallière, por otro nombre la Montespan. Pasó los Pirineos con los cien mil hijos de San Luis, en la valija de un teniente de dragones. Para explicar a ustedes cómo vino hacia mí tendría que atentar a mi modestia de familia, relatando una heroica hazaña de mi antepasado el general conde Brimponte, en la rota del pinar de Fables... Pues bien, señoras y señores: basta que yo tienda este velo ante las juveniles gracias de la señorita de Alcorada para que se transforme en la mujer famosa que ustedes deseen y aparezca como tal a sus pasmados ojos, sin que ella se aperciba del más mínimo cambio de su persona, ni sufra la más leve molestia. A la una, a las dos, a... ¿Está usted preparada, señorita? A las tres... Desciende, velo de la ilusión, y ejerce tus mágicos poderes seculares dando a la señorita la semblanza aparente de la mujer que el respetable público designe... *(Suelta el velo ante Claribel.)* Piensen, señores, piensen... A elegir... entre las damas famosas de la historia universal... ¿A quién desean ustedes ver en Alcorada esta noche? ¿Acaso a aquel ilustre femenino vástago de los Tolomeos, a Zenobia Septimia, reina de Palmira, que fué a acabar sus días presa en las orillas del Tíber? ¿Quizás a Adelaida de Susa, a la par mujer y guerrera, que se revistió la férrea armadura para defender a sangre y fuego los estados de su respetable padre, el marqués Olderico de Turín? ¿Será Hildegarda, más conocida por la profetisa o la sibila del Rin, que tenía remedios para todas las enfermedades y aún asombra al protomedicato de nuestras más ilustradas facultades? ¿O pasaremos los mares a contemplar a la Malinche, doña Marina por nombre cristiano, que rindió a don Hernán Cortés todo un nuevo mundo, entre lúbricas caricias? Digan, señoras y señores, digan. Si por acaso se inclinaran sus deseos a los tiempos más modernos, puedo presentarles, cual si en carne y hueso estuviera, a la Camargo, la bailarina de los pies de viento, tan adorada por cardenales cual Richelieu, como por sacrílegos impíos, cual monsieur de Voltaire, y que sin embargo consagró el final de su existencia pecadora a la caridad. Si lo prefieren, veremos a Josefina de Beauharnais, flor exótica de las selvas de la Martinica, legítima esposa ante Dios y ante los hombres del gran corso, y que repudiada por la implacable razón de Estado, aún quiso seguir a su antiguo esposo al triste cautiverio de la isla de Elba. *(A Claribel.)* Un momento de paciencia, señorita, un momento. El público suele ser indeciso. *(Al público.)* Apelemos entonces al sorteo. En mi sombrero hay cuarenta tarjetas con sendos nombres de ilustres damas. La señorita se servirá sacar una. *(Ofrece el sombrero. Claribel saca la papeleta y se la entrega.)* Veamos lo que reza... Atención, señores. Apenas vuelva a tender el velo, la señorita va a representarse ante ustedes por designio de la suerte, cual ustedes la vieron, en la figura de... de... *(Se apaga la luz del escenario alto y sigue la conversación de Gumersinda y el padre Fabián.)*

FABIÁN.—Extrañas son las vías del Señor, Gumersinda. Figúrate mi asombro al descubrir que debajo de esos pegotes de yeso, la coraza, el casco, con que lo cristianizaron unas almas ingenuas y bienintencionadas, yacía en verdad una imagen de mármol de Eros, del propio Eros...

GUMERSINDA.—Eros, el...

FABIÁN.—Sí, hija, sí. El dios pagano del amor, en cuyo nombre tantos pecados se cometieron, se cometen y, por desgracia, si Dios no lo remedia, se cometerán... Llamando al folklore o saber popular en auxilio de la arqueología, se explica así que por una tradición pagana, de origen desconocido hasta la presente, se haya atribuído a esa estatua una virtud protectora de los enamorados. ¡Pura paganía, Gumersinda, pura paganía! Trueques del maligno, que todo lo aprovecha para sus pérfidas tropelías.

GUMERSINDA.—Entonces, padre, razón de más hay para acabar con la superchería y...

FABIÁN.—¿Pero no ves que eso echa por tierra tu proyecto? ¿Cómo vamos a ascender a los altares, a rendir cristiano culto a un dios pagano, al dios del amor carnal?

GUMERSINDA.—*(Cruzando las manos.)* Santo Dios, Santo Dios... Y de dónde demonios... *(Cogiendo la mano al padre y besándosela)*, perdóneme, padre, de dónde ha venido...

FABIÁN.—El mármol parece que es de la decadencia, alejandrino... Perteneció a la casa imperial de Bizancio, un mercader lo trajo a Nápoles y allí don Alonso de Barahona, virrey que fué de Sicilia, lo adquirió para su palacio de Laviana, esas ruinas que están yendo de aquí a Troncoso. En Troncoso le perdí la pista... *(Siguen como si hablaran. Se vuelve a encender el escenario del cuadro. Claribel está vestida de emperatriz bizantina, con diadema hierática, en su sitial y toda sonriente.)*

FLORINDO.—He aquí ante sus justamente asombrados ojos a la gran basilisa Teodora, ocupando el trono de la imperial Bizancio. ¡En cuán humilde cuna nació esta Emperatriz que aquí ven, señoras y señores! ¿Quién fué el autor de sus días? ¿Un guerrero coronado de laureles? ¿Un acaudalado miembro del patriciado? No, señores, no. Un simple guardián de osos, sí, guardián de los feroces osos que luchaban en las bárbaras fiestas del circo. Y ella, Teodora, que pisó los escenarios, que hechizó a los libertinos con sus voluptuosas danzas, tiene ahora a sus pies a la crema de la alta sociedad de Bizancio, el París de su tiempo. La obedecían los Papas, la acataba Belisario, los monofisitas la adoraban como a su salvadora. Observe el respetable público la pompa mayestática de que la rodeaba su esposo el gran Justiniano. Su corte era la más suntuosa, qué diré, la más fastuosa de la Cristiandad. ¡Qué tiempos aquéllos, señoras y señores. El Oriente azotado por el flagelo de los paganos vicios, el Occidente apenas iluminado por el resplandor de la cruz! *(A Claribel.)* Mueva la cabeza, señorita, un poco a la izquierda. Así, gracias. *(Al público.)* Aprecien, señores, la diadema que ostenta la basilisa. Oro purísimo del Ganges, engastados a profusión diamantes rebolludos, piedras zafiras del aún desconocido Brasil, crisólitos y granates almandinos de Bohemia, berilos, grosularias, jacintos de Ceilán..., amén de otras mil piedras preciosas de menor cuantía... Las trenzas de su cabello están entretejidas con perlas traídas del golfo pérsico por caravanas de camellos, para el exorno de la hija del guardián de plantígrados del circo. ¡Ah Teodora, Teodora, las vueltas que da el mundo! Por algo Teodora, respetable público, quiere decir en la antigua lengua de los griegos nada menos que regalo de Dios, regalo que Dios nos envía... *(Hacia la mitad del parlamento, Gumersinda y el padre Fabián van despacio hacia la puerta, hablando, y hacen mutis. La luz se apaga, y la escena queda a oscuras un momento: un reloj de cuco da las diez.)*

ESCENA IX

Al volver a encenderse la luz, ya el cuadro presenta su aspecto normal. En escena, CLARIBEL y ESTEFANÍA, cada una en una mecedora, con los pies extendidos y aire de cansancio, pero sonriendo y mirando al aire. CLARIBEL está frente por frente al cierro.

CLARIBEL.—¿Será verdad, Estefanía, que todo es ilusión? Empiezo a creérmelo... Mentira me parece estar aquí en casa..., ser yo misma... ¿Soy yo la misma, Estefanía?

ESTEFANÍA.—¡No digas bobadas! Pues claro que eres la misma... ¿quién vas a ser?

CLARIBEL.—Yo no sé, pero siento como si me bailaran dentro del cuerpo tres o cuatro Claribeles juntas..., vamos, como si yo fuese otras cuantas más que yo...

ESTEFANÍA.—Claribel, si te oye la tía..., nos manda para el cortijo a la carrera... Se te ha subido a la cabeza Teodora... *(Pensativa.)* La verdad es que si no lo ve una no es para creído...

CLARIBEL.—¿Pero de veras se me veía a mí así...?

ESTEFANÍA.—Todito, hija, tal y como lo iba diciendo el artista... ¡Cuidado que era preciosa la diadema...!

CLARIBEL.—*(Llevándose la mano a la frente.)* ¡Y no pesaba nada!

ESTEFANÍA.—¡Claro, como que era de mentira!

CLARIBEL.—De mentira, pero preciosa, tú misma lo reconoces. *(Suspira, fijándose en el balcón.)* Mira, mira, ¿qué hacen ahí esos dos?

ESTEFANÍA.—*(Mirando.)* Yo no sé. Están muy juntitos... Ella tiene apoyada la cabeza en el hombro de él. ¡Qué raro!

CLARIBEL.—*(Se levanta, va hacia el cierro. Estefanía la sigue con cautela.)* Ven, vamos a ver lo que dicen... *(Se ponen a escuchar.)*

ESCENA X

En las gradas de la fuente, HONORIA y ANGELILLO hablan. Vestidos a lo campesino, de apariencia como de veinte años.

HONORIA.—¡Ojalá Dios y que te toque gran número!

ANGELILLO.—¡Ojalá Dió! Si sargo libre de quinta... ya tós están conformes en casa... Pa San Juan la boda...

ESTEFANÍA.—*(Bajo.)* ¿Qué dicen? Yo no oigo.

CLARIBEL.—Ella dice que anoche contó las estrellas y faltaba una...

ESTEFANÍA.—¿Y él?

CLARIBEL.—Que es muy raro, porque a él también se le ha escapado un mirlo de la jaula.

HONORIA.—Mía tú, Angelillo, con los doscientos reales que mandó er tío de las Américas lo que me querría mercá é un armario de eso de dos luna que nos poemos mirá lo dó, ca uno en la suya.

ANGELILLO.—Honoria, eso son fantasía... ¿Qué farta nos hase a nosotros un armario e dos luna...?

CLARIBEL.—El dice que le pueden preguntar lo del pájaro al caballero Florindo, que sabe dónde está todo...

ESTEFANÍA.—Yo no oigo nada, chica...

CLARIBEL.—Pues yo lo oigo todito... sin perder palabra...

HONORIA.—Si no quiés el armario, no poemo comprá un aguamaní con una jofaina pintá de flore pa lavarno la mano con jabón de oló...

ANGELILLO.—Y dale con la fantasía... ¿Pero qué te crees tú, que vamos a está lavándono la mano a ca rato... Mía la señorita...

CLARIBEL.—Ella dice que don Florindo lo puede todo y

que de seguro tiene a la estrella y al mirlo guardados en su sombrero.

ESTEFANÍA.—¡Pero qué disparates oyes, Claribel!

ANGELILLO.—Bueno, ahora dame lo prometío...

HONORIA.—*(Con coquetería.)* ¿Er qué?

ANGELILLO.—¡Mía tú, qué va a sé...; Er beso...

HONORIA.—¡Atrevío eres tú, niño! ¿Y si nos ven?

ANGELILLO.—¿Y quién nos va a ver? No hay nadie a la reonda.

HONORIA.—Er santo... *(Mirando al Arcángel.)*

ANGELLILO.—¿Er santo? Si pa eso está..., pa ayuarnos a los novios..., pa que tó nos sarga bien... Si é er santo de los besos.

HONORIA.—No diga eso, que no pué oí...

CLARIBEL.—Ahora le van a pedir al santo de la fuente que les diga dónde vive Florindo...

ESTEFANÍA.—Quítate de ahí, Claribel. Vamos a acostarnos. Yo estoy rendida. Y además, a mí no me gusta ver eso... No es para nosotras...

CLARIBEL.—¿Que no es para nosotras?

ESTEFANÍA.—Claro que no... Vamos. *(Coge a Claribel por el talle y la lleva hacia la alcoba. Claribel, antes de entrar, vuelve la cabeza en el momento en que se besan los novios al pie de la fuente.)*

CLARIBEL.—¡Es verdad! No es para nosotras... *(Entran.)*

ESCENA XI

ANGELILLO y HONORIA se levantan y miran al santo.

ANGELILLO.—Ahora, San Miguel, a vé cómo te porta...

HONORIA.—¡Lástima que no se te puean poné vela como a otro santo! *(Se van despacio, cogidos de la mano. Se oye ruido del agua de la fuente. Entra Gumersinda con bata de noche, muy despacio.)*

GUMERSINDA.—No, no puedo conciliar el sueño sin verlas... Sergio dice que han estado muy formales y no se movieron del asiento. *(Se acerca a la puerta de la alcoba, que está cerrada, y escucha.)* No se oye nada..., deben de estar durmiendo. Más vale no entrar... Para qué voy a despertarlas... Mañana me lo contarán todo... ¡Pobrecillas, lo que hay que velar por ellas hoy día... ¡Todo se vuelven peligros! *(Va al mirador y lo cierra. Echa las cortinas.)* Si es noche cerrada, peligro, porque está oscuro... y el Malo se complace en las tinieblas... La luna llena también es un peligro..., por lo menos en Alcorada... ¡Señor, Señor, si resulta que hasta al Arcángel hay que tenerle miedo... *(Apaga la luz y sale. La habitación, a oscuras un momento.)*

ESCENA XII

Sale de la alcoba CLARIBEL, en bata de noche, con el pelo suelto. Enciende la luz, va al cierro, lo abre y apaga. Se sienta en la mecedora de antes y se queda mirando a la plaza. Se lleva la mano a la frente, como si buscara la diadema.

CLARIBEL.—¡Qué hermosa es la luna! Debía salir todas las noches... En algún sitio habrá luna todas las noches... *(La estatua del Arcángel sale de su nicho y desciende las gradas de la fuente. Se quita la coraza, el casco, los deja caer al suelo, así como la espada. Queda vestido como una especie de trapecista, con una malla. Se acerca al cierro hasta tocar las rejas.)*

ARCÁNGEL.—*(Con voz suave.)* Teodora, Teodora...

CLARIBEL.—*(Yendo hacia el cierro, como una sonámbula sonriente.)* Yo ya no soy Teodora. No te hagas ilusiones... ¿Y tú? ¿No eres tú el Arcángel?

ARCÁNGEL.—Lo parecía, nada más que lo parecía. Todos son apariencias...

CLARIBEL.—Entonces, ¿quién eres? ¿No vas a decírmelo? Yo soy Claribel...

ARCÁNGEL.—¿No me reconoces? ¿No ves quién soy?

CLARIBEL.—Sí... y... no. Te he visto y no te he visto... Debe de ser una ilusión. ¿Serás uno de aquellos que entraban y salían, y se iban otra vez, con los trajes preciosos, y decían su nombre tan ligero que no me acuerdo? ¿Serás?... ¿Cuál de ellos?

ARCÁNGEL.—Igual da... Todos somos uno... Ven.

CLARIBEL.—Pero date cuenta... Yo soy Claribel... Si tú buscabas a Teodora... *(Se pasa la mano por la frente.)*

ARCÁNGEL.—¡Y qué importa! Yo busco lo que encuentro..., a ti... Tú estás en todos los nombres, como todos los nombres están en ti... Todas sois la misma... Una... Ven...

CLARIBEL.—¿Adónde?

ARCÁNGEL.—Por la carrera del agua..., la de la fuente. Tu camino es ése, y ése es mi camino... y el de todos... Allí van todos...

CLARIBEL.—¿Todos?

ARCÁNGEL.—Sí, todos. Es tu hora... A ti la luna te da las horas... igual que a mí... Los dos oímos... Vamos...

CLARIBEL.—*(Cediendo.)* Sí, vamos... ¿Pero adónde?

ARCÁNGEL.—Donde están el mirlo y la estrella... Al fondo de la copa del sombrero..., el de Florindo.

CLARIBEL.—¡Yo creí que no tenía fondo...!

ARCÁNGEL.—Puede..., ya lo veremos...

CLARIBEL.—¿Cuándo?

ARCÁNGEL.—Alguna vez... Con el tiempo... Vamos... *(Sale por la puerta de la izquierda Claribel y un momento después se la ve por la ventana dar la mano al Arcángel. Se van lentamente, cogidos de la mano.)*

ESCENA XIII

ESTEFANÍA.—*(Sale de la alcoba, en bata. Mira alrededor y ve el cierro abierto.)* ¿Claribel, dónde estás, dónde estás, hermana? *(Alza la voz y va al cierro.)* Claribel, Claribel...

GUMERSINDA.—*(Entra seguida de Sergio, con batas los dos.)* ¿Dónde está, dónde está, Dios mío?

SERGIO.—*(Señalando a la ventana.)* Mira, falta el santo... no está en su sitio...

GUMERSINDA.—¡Pero ésas son sus armas, la coraza, el casco! ¡Válgame Dios!

SERGIO.—¡El santo hecho pedazos! Esos son pedazos del Santo! ¿Pero quién ha hecho ese estropicio? ¡Sacrilegio! ¡Ah, ya lo sé!

GUMERSINDA.—*(Que estaba llorando quieta, y va a él.)* ¿Que lo sabes? ¿Quién?

SERGIO.—El bárbaro de Juanillo... Ya nos dijo que él lo quitaría de en medio... Lo ha hecho trizas...

GUMERSINDA.—Calla, infeliz, calla...

SERGIO.—¿Pero quién va a ser el loco, el atrevido, que...?

GUMERSINDA.—El de siempre, nos tenía engañados a todos... Es el de siempre... *(Se oye el ruido del agua que corre. Telón lento.)*

FIN DE
"LA FUENTE DEL ARCÁNGEL"

LA CABEZA DE MEDUSA

COMEDIA EN UN ACTO

Para Teresa Guillén de Gilman.

LA CABEZA DE MEDUSA

PERSONAJES

CRIADA.	JUANITA.	RAFAEL.
LUCILA.	PEPITA.	ROSAURA.
ANDRENIO.	GLORIA.	VALENTINA.

La acción, en una gran ciudad moderna, en nuestros días.

ACTO ÚNICO

La acción representa la sección de sombrerería de lujo de un gran almacén. Decoración de estilo moderno, pero refinado con el tono mundano de las revistas de moda. Mobiliario: Cuatro tocadores con sus espejos y banquetas para probarse sombreros, dos a la derecha y dos a la izquierda; juego de diván y butacas para las parroquianas que hayan de esperar. En el centro de la escena, un poco hacia el segundo término, sobre una plataforma de un metro de altura, una mesa-pupitre y detrás un sillón de respaldo alto. Está aparentemente destinado al cajero, pero plásticamente se ha de considerar como el eje de la escena, y al personaje que ocupe este sillón, en situación de observar y dominar todo lo que pasa alrededor. Conviene dar a estos muebles cierto aire de extrañeza, de suerte que por la diferencia de estilo y líneas parezcan pertenecer a otro ambiente. Al foro, puerta de corredera, que corresponde a la parada del ascensor, y que se abre y se cierra automáticamente para dar entrada a los parroquianos. En los laterales derecho e izquierdo, puertas franqueables, que se supone dan a los depósitos de sombreros una, y la otra a entrada de empleados. A los lados de la puerta del foro, dos vitrinas con dos o tres modelos de sombreros; han de estar brillantemente iluminadas, de modo que se destaquen los sombreros, expuestos vistosamente. Encima de la puerta del ascensor, y pintado en una gran cartela, el nombre de esta sección del almacén: *La Cabeza de Medusa*; y a modo de emblema, como una variante moderna de la clásica representación medusesca, una testa de modelo sonriente con un sombrero adornado de serpientes estilizadas. Al comenzar le obra serán las nueve y media de la mañana.

ESCENA PRIMERA

Una criada va y viene, dando los últimos toques al arreglo del salón. Entra, por la izquierda, LUCILA, la directora de la tienda, de unos cuarenta años. Vestida con sobriedad y elegancia, pero de hermosura notoria. Ademanes desenvueltos y enérgicos. Se quita el abrigo y se lo da a la criada, que se lo lleva al irse.

LUCILA.—Buenos días.

CRIADA.—Buenos días, señorita Lucila.

LUCILA.—Soy la primera.

CRIADA.—Sí, señorita; hoy sí. *(Entra por la izquierda Andrenio; bien vestido, alto, buena presencia, con modales tímidos y falta de soltura. Aparenta unos veinte años.)*

ANDRENIO.—Buenos días, Lucila.

LUCILA.—Buenos días. Hoy le he ganado a usted, Andrenio; llegué yo antes.

ANDRENIO.—Sí, hoy me ganó usted. ¡Ese tranvía! Me ha tenido esperando en la esquina un cuarto de hora, y con este frío de lobos. *(Se dirige al pupitre del centro, abre el cajón y empieza a arreglar papeles, lápices, etc., en el tablero, como preparando el trabajo del día.)*

LUCILA. — *(Irónica.)* Conque el tranvía, ¿eh? ¡Pobre Andrenio, tener que andar arriba y abajo en tranvías atestados de gente y en días de nieve! ¿No le dan a usted envidia los poderosos que pueden gastarse el lujo de un automóvil? ¿No le gustaría a usted tener un coche de ésos, con chófer y todo?

ANDRENIO.—*(Sin alzar la cabeza.)* Sí, vaya si me gustaría.. Pero me lo dice usted con un tonillo... raro.

LUCILA.—*(Mirándole con fijeza.)* Vamos, vamos, criatura. ¿Qué edad tiene usted? Veinte, ¿no? ¿Y quiere usted engañar a una mujer cargada de años y experiencia como esta servidora?

ANDRENIO.—*(Mirándola un poco azorado.)* ¿Yo, Lucila, engañarla a usted? ¿Y cómo? *(En ese momento entran por la izquierda Pepita y Juanita, dos dependientas jóvenes, de buena figura.)*

JUANITA.—Buenos días, doña Lucila; buenos días, Andrenio.

PEPITA.—Muy buenos días.

LUCILA.—Buenos días, muchachas.

ANDRENIO.—Buenos días, señoritas.

LUCILA.—¿Quieren ustedes ir al almacén y empezar a clasificar los modelos de invierno? Si llega alguna clienta, yo la atenderé.

PEPITA.—Muy bien, doña Lucila. *(Salen. Un momento de silencio. Lucila se acerca a la mesa de Andrenio, y poniendo las dos manos en ella le clava los ojos con fijeza.)*

LUCILA.—¿Me estaba preguntando que cómo me engaña? Pues le voy a contestar contándole a usted una cosa que me pasó anoche, si usted me lo permite.

ANDRENIO.—Con mucho gusto, Lucila, cuente.

LUCILA.—Pues verá usted. A eso de las siete y media pasaba yo por la Avenida Nacional, frente a ese restaurante que, según dicen, es el más elegante, el más lujoso de la capital, "Trianón". ¿Le conoce usted?

ANDRENIO.—Sí...; bueno, he oído hablar de él..., como usted.

LUCILA.—*(Todo este parlamento, en tono irónico.)* Eso es, como yo. Pues bueno, cuando yo cruzaba por delante de la puerta veo pararse un automóvil magnífico, con un chófer muy bien puesto, y bajan tres señores vestidos de etiqueta. Dos mayores, otro joven, así de su edad. Y el jovencito dice a uno de los otros: "Papá, ¿a qué hora quieres que venga Pérez a buscarnos? ¿Te parece bien a las nueve y media?" El caballero mayor le contesta que sí, y el joven dice al chófer: "Vete a casa y vuelve a las nueve y media, Pérez." A usted no se le escapa la importancia de estos pequeños detalles, ¿verdad?

ANDRENIO.—A mí, no..., aunque...

LUCILA.—Pues voy a decirle a usted lo que significan. Primero, que el caballero joven es hijo del señor de edad. Segundo, que ese magnífico coche, con chófer y todo, es suyo.

ANDRENIO.—La deducción es rigurosa, no cabe duda.

LUCILA.—¡Sí, sí, rigurosa! Ya lo creo. Y los tres entran en el restaurante y el portero al abrirles la puerta les hace un gran saludo, chorreando sonrisas como a parroquianos conocidos y de fuste. Qué, ¿le va gustando el cuento?

ANDRENIO.—Rodea usted de tanto misterio un incidente

tan usual en la vida urbana: tres ciudadanos que se proponen comer bien, que no puedo por menos de esperar ansiosamente el desenlace.

LUCILA.—Claro, como que es lo mejor, la revelación... ¿Sabe usted quiénes eran los personajes de mi cuento? Uno de los dos señores de edad era don Julio, el dueño de este almacén donde usted y yo nos ganamos la vida. Y el joven... ¿a ver si lo adivina usted?

ANDRENIO.—¿Y cómo quiere usted que yo lo sepa?

LUCILA.—Pues era la mismísima persona a quien estoy dirigiendo la palabra y que me escucha con esa carita de santo de palo. ¡Usted, Andrenio, con un sombrero de copa deslumbrante y un abrigo impecable! ¡Usted!

ANDRENIO.—Pero usted está confundida.

LUCILA.—Ni lo estoy, ni lo estuve anoche, cuando le vi a usted, como le digo. Consecuencia ineludible: usted no es lo que aparenta, usted no es un joven modesto que acepta un empleo de cajero para ayudar a su familia, como todos creemos en la sección. Es usted un ricacho, con automóvil de lujo, parroquiano del restaurante más caro de aquí y amigo de don Julio, el archimillonario y dueño de estos almacenes "Emporio".

ANDRENIO.—¡Qué imaginación, Lucila!

LUCILA.—¿Imaginación? Lógica de la más pobre, de novela policíaca. Ahora, mi joven amigo, el porqué usted se hace pasar por lo que no es, el porqué pierde usted nueve horas al día en esta sección de sombreros, entre nosotras, pobres mujeres, tan lejos de su verdadera posición y cuando podría usted hacer lo que hacen sus iguales, jugar, divertirse, es un misterio que no se me alcanza. No, no le pregunto nada. Además, creo que no está usted aquí para nada malo. No le conozco más que hace cuatro días, pero sé que es usted una persona honrada. Una novelera se pensaría que usted está aquí para espiar, dedicado al espionaje del personal.

ANDRENIO.—¿Y le extraña? Eso sí que sería de novela policíaca con tendencia social. ¡El capitalismo espiando arteramente al trabajo! No, Lucila, no. Mi espionaje es de otra índole.

LUCILA.—(Azorada.) Pero... ¿es espionaje?

ANDRENIO.—Voy a ser franco con usted. Se lo merece.

Usted es una persona culta, una profesora de literatura inglesa, cansada de enseñanza y que ha tenido la idea de esta tienda de lujo, de tanto gusto, tan original. *(Con intención.)* También usted parece ser más de lo que aparenta.

LUCILA.—*(Vagamente inquieta.)* ¿Yo? Qué disparate. No me cuelgue usted una novela para escaparse de la suya...

ANDRENIO.—No, Lucila. Nada de eso. Voy a decirla a usted la verdad, porque usted es una mujer de experiencia y me entenderá bien...

LUCILA.—*(Se sienta en el diván.)* Muchas gracias. Le escucho y ojalá no venga ningún parroquiano, aunque esto perjudique los intereses de la casa.

ANDRENIO. — *(En pie delante de ella mientras habla.)* Pues tiene usted razón. No soy lo que aquí represento. Ese señor con quien usted me vió, mi padre, en efecto, es José Urrutia, el...

LUCILA.—¿Urrutia? ¿El banquero, el dueño de la naviera, de...?

ANDRENIO.—Sí, y de muchas cosas más.

LUCILA.—¡Pero es uno de los hombres más ricos del país!

ANDRENIO.—Eso dicen. Yo soy su hijo único. Y mi padre tiene una manía muy extraña. Aborrece las escuelas, la pedagogía, la enseñanza organizada. De modo que nunca me permitió poner los pies en una escuela.

LUCILA.—¿Pero es posible? ¿Quería conservarle a usted analfabeto?

ANDRENIO.—¿Qué más hubiera querido yo? Debe ser maravilloso. Yo ya no puedo acordarme del tiempo en que lo fuí. Estoy atiborrado de letras. Todo lo contrario del analfabeto, Lucila. Mi padre sostiene que nosotros, los hijos de las grandes fortunas modernas, ocupamos en la sociedad de hoy un rango de príncipes, aunque sin título. Y que, por consiguiente, se nos debe enseñar principescamente. He tenido maestros en casa desde los seis años. ¡Qué lista! Frau Steinert, una dama vienesa de pelo blanco que me enseñó música; míster Warren, un atleta britano de Cambridge, de Saint Johns College, para iniciarme en el atletismo. El doctor Van Hausen, que me llevó de la mano por la filosofía escolástica. ¿Qué la voy a usted a decir? Mi padre puso a sueldo todos los países, todas las culturas para mi perfeccionamiento espiritual. Se empeñó en hacer conmigo experimentos de anacronismo, y ya ve usted adónde ha ido a parar su víctima.

LUCILA.—¿Su víctima?

ANDRENIO.—Claro, aquí me tiene usted. Traduzco a libro abierto a Jenofonte, hablo cuatro idiomas modernos, pero un día mi padre y yo nos dimos cuenta, felizmente al mismo tiempo, que había en esta educación de príncipe una falla; yo era un príncipe sin corte y me quedaba por conocer una cosa: el mundo, nada menos que el mundo, la gente de carne y hueso, los hombres y mujeres de verdad; en resumen, la vida. Me sé de memoria las motivaciones psicológicas de Hamlet, el curso de la pasión de Fedra, pero viví tan encantado aprendiendo todo eso, tan apartado de mis prójimos, que ahora necesito ganar el tiempo perdido.

LUCILA.—¡Me deja usted pasmada! ¿Y a eso ha venido usted aquí? ¿Aquí, a este comercio, que es uno de los más grandes del mundo?

ANDRENIO.—Pues sí, señora. No olvide usted que mi padre es un hombre original y sistemático a la vez. Puesto en el trance de tener que conocer el mundo y la naturaleza de sus habitantes pensó dónde podía adquirir mejor tan preciosa enseñanza. Darme un talonario de cheques y dispararme hacia París o Londres o Nueva York por primera providencia hubiera sido sumirme, sin más ni más, en el mismo piélago social, con enorme riesgo. Según él, hay que conocer la vida observándola desde afuera y no dejándonos arrastrar en su torbellino, objetivamente.

LUCILA.—Sí, pero ¡aquí!

ANDRENIO.—Precisamente aquí, Lucila. Una tienda monstruo como ésta cree mi padre es una encrucijada de las pasiones humanas, un verdadero laboratorio de acciones y reacciones psicológicas incomparable. A un lado, la oferta, los innumerables productos, los más acabados, del ingenio y de la industria humana hechos valer diestramente en los escaparates, en las vitrinas, de modo que pongan en marcha, necesariamente, lo que hay del otro lado: las ganas, los apetitos, las necesidades, el capricho, esto es, la demanda. Acuden aquí los humanos desnudos en sus intenciones, claros en sus propósitos como los infantes, rectos, igual que la flecha hacia lo que quiere. ¡Nada de fingimientos! Apenas entran, solicitan en "información" el lugar donde se encuentra el objeto de su deseo. Salen disparados en el primer ascensor hacia el piso X y allí, después de un cortejo apasionado, en que las miradas se pasean sobre las cosas como se paseaba el gran señor por un mercado de esclavas, se consuma el acto final del gran drama del querer, la compra: la posesión, la felicidad propietaria. Estas gentes han hecho algo suyo, lo han arrancado de esa triste condición de no ser de nadie; por tener algo más sienten que son algo más. Aquí, alrededor nuestro, se ultiman a cada instante pactos entre los dos enemigos que lidian incansablemente en las entrañas del hombre: desear y alcanzar, querer y poder, soñar y tener. De acuerdo con la teoría de mi padre, en una de estas tiendas se anudan y se enlazan, a cada momento, los más sutiles conflictos psicológicos, muchos más que los que ofrece toda una biblioteca de novelas de análisis. ¿Qué observatorio puede ofrecer vistas más dilatadas, qué miradero más panorámico que éste?

LUCILA.—Me deja usted embobada. ¡Qué idea! Perdone usted aquello del espionaje.

ANDRENIO.—No, si después de todo quizá no ande usted tan descaminada. Espía, pero por mi cuenta, en provecho mío. Me introduzco en el otro campo para averiguar cómo es el enemigo y prepararme a... *(En este momento se abre la puerta del ascensor y aparece Gloria. Muchacha joven, de belleza clara y radiante, movimientos vivos, animada y graciosa. Bien vestida. Da muestra de cierta excitación.)*

ESCENA II

LUCILA.—¡Vaya! ¡Una parroquiana! Cuando estábamos en lo mejor...

ANDRENIO.—No necesito decirla que todo esto...

LUCILA.—*(Tocando un timbre.)* Entre nosotros, esté usted tranquilo. *(Dirigiéndose a Gloria, que se adelanta hacia el centro, mientras Andrenio va a sentarse en su puesto. De ahora en adelante, Andrenio permanecerá sentado en el sillón en actitud rígida, siguiendo, sin embargo, con leves movimientos de cabeza, y con la mirada, las palabras y actos de los personajes. Ha de dar la impresión de que su participación en la obra no se cumple en el mismo plano que la de los otros personajes y que, estando su atención totalmente inmersa en lo que sucede, no toma parte sino como absorto observador en el juego escénico. Sólo se apartará de esta actitud de observación casi impasible en los momentos que indiquen las acotaciones.)* Buenos días, señorita. ¿En qué podemos servirla? Ya viene la dependienta a atenderla a usted. *(A Pepita, que entra.)* Haga el favor de encargarse de esta señorita. *(Se retira.)*

PEPITA.—¿Deseaba ver sombreros, señorita?

GLORIA.—Sí, quiero un sombrero de primavera.

PEPITA.—¿De primavera ha dicho usted?

GLORIA.—Sí, muy de primavera, lo más de primavera que tenga.

PEPITA.—Dispense la señorita la pregunta, pero como estamos en enero, y nieva...

GLORIA.—*(Riéndose.)* Claro, se le figura a usted prematuro, ¿verdad? Por su almanaque puede que lo sea, pero para mí la primavera está tan cerca, tan cerca, que... Vamos, tan cerca que tengo que comprarme un sombrero de primavera. Usted, que es joven, me entiende, ¿verdad? Además... me voy de viaje, a un país donde es primavera perpetua.

PEPITA.—¡Qué suerte! Entonces necesitará usted dos o tres. Claro, que como es un poco pronto no tenemos aún modelos de primavera de este año. La puedo a usted ofrecer unos de la primavera del año pasado.

GLORIA.—Ah, ¿pero hay una primavera cada año? Vamos, quiero decir, un sombrero de primavera distinto cada año. ¿No es siempre igual la primavera?

PEPITA.—Sin duda, pero... los negocios son los negocios. Y la primavera es un negocio excelente, de los mejores... Pero usted me perdonará si tardo unos momentos, porque he de buscar esos sombreros en el almacén. *(Indicándola el sofá.)* Puede usted sentarse. Aquí tiene el último número de "Vogue"... *(Sale.)*

GLORIA.—Gracias. *(Se mira al espejo y luego se sienta, y sin hacer caso del periódico mira al vacío, sonriente.)*

Por la puerta del foro entra RAFAEL. Es un mozo alto, guapo, vestido con un cierto tono artista. Entra mirando a todas partes, como quien busca, y al descubrir a GLORIA, sentada, se acerca por detrás, sin hacer ruido. Inclinándose hasta hablar casi al oído a GLORIA.

RAFAEL.—¿Se figura usted, señorita, que en este establecimiento puede haber sombrero merecedor de posarse en esa cabeza?

GLORIA.—*(Asustada, primero, se vuelve y al ver a Rafael sonríe y le tiende las dos manos.)* ¿Y usted podría darme las señas de una sombrerería digna de esa cabeza, caballero?

RAFAEL.—Eso es cosa de astrónomos. Debe de haber alguna perdida por los espacios, donde se surten los ángeles que gastan sombreros. No he visto más que su anuncio luminoso; es el arco iris.

GLORIA.—Los ángeles nunca han usado sombreros, señor mío. No tienen miedo al sol ni al agua.

RAFAEL.—Permíteme que te contradiga... *(Señalando al sombrero de ella.)* porque por lo menos hay una excepción...

GLORIA.—Bueno, calla, tonto, y dime cómo se te ha ocurrido venir por aquí.

RAFAEL.—Muy sencillo: me dijiste esta mañana que lo primero que ibas a hacer hoy era comprarte un sombrero de primavera en esta tienda, y para ver si me engañabas subí. Sabes, me cogía de paso... Voy aquí cerca, a Cook, a... tomar los billetes.

GLORIA.—*(Poniéndose seria.)* ¡Ah, sí..., los billetes!

RAFAEL.—*(Serio él también.)* Sí, Gloria, si tú quieres... Si sigues queriendo. Ya sabes que yo...

GLORIA.—*(Señalando el diván.)* Ven, siéntate aquí a mi lado. *(Lo hace Rafael y ella le coge las manos y le mira a los ojos.)*

RAFAEL.—*(Indicando con un movimiento de cabeza a Andrenio, que sigue en su escritorio, rígido y como ausente.)* No estamos solos, chiquilla.

GLORIA.—¡Bah, ese pobre hombre no nos ve! Está mirando a las musarañas. Ni oye ni entiende. *(Da un beso a Rafael. En este momento Andrenio, que ha estado mirando a Gloria y a Rafael, pero con mirada tan indiferente y fría* como si nada viera, cambia completamente de expresión, se le ilumina la cara de asombro y alegría y mira hacia arriba como si hubiera tenido una revelación.) Sí, quiero que tomes los billetes, para esta noche, como hemos quedado, Rafael. Lo tengo bien pensado. Mis padres me dan pena, pero... vamos a casarnos mañana, en cuanto lleguemos a Vorofontén, y se conformarán. Al fin y al cabo ellos tienen la culpa por su oposición. Después de todo, una mujer tiene derecho a su vida, a su felicidad. Yo... tengo derecho a vivir... ¿Verdad, Rafael?

RAFAEL.—¿Y tú estás segura de que tu dicha soy yo, yo el que te la puedo dar? Gloria, siempre te hablé claro, no soy nada, no soy más que un hombre que quiere ser *pintor*. Apenas tengo medios de fortuna.

GLORIA.—¿Y no te he dicho cien veces que eso no me importa?

RAFAEL.—Sí, Gloria, y por eso te quise cien veces más. Pero a ratos pienso que tú, ahora, eres una, y hablas de todo corazón, pero que con el tiempo... puedes ser otra...

GLORIA.—¡El tiempo! Y ¿quién cree en el tiempo? *(En este momento un reloj da la hora, las diez. Los dos se quedan callados un momento.)* ¿Ves? Eso, un reloj, nada más que un reloj. El tiempo no manda más que en los que no saben mandar en él. ¡Que pase, que pase el tiempo! Tú y yo le veremos pasar, quietecitos, desde la orilla, sin movernos de nosotros, queriéndonos como ahora. No sé por qué me vuelves a hablar de eso. ¡Lo tenemos tan hablado! *(Le echa los brazos al cuello.)*

RAFAEL.—Sí, Gloria, me das confianza... Y me voy, me voy en seguida... No vine más que a comprobar que existes, que eres, que no te has volado como un sueño de la noche, que me quieres, que me vas a querer toda tu vida...

GLORIA.—*(Cogiéndole de la mano y levantándole del sofá.)* Sí, sí..., y que me compro sombreros, sombreros de primavera, aquí en *La Cabeza de Medusa* también, lo cual es la mejor prueba de que hoy, igual que ayer, soy, existo, no me he volado como un sueño de la noche, te quiero, te querré toda mi vida. ¿Has visto tú alguna ilusión que se compre sombreros...? Y ahora, señor mío, tú a tu negocio y yo al mío. Vete a tus compras y no me estorbes la mía. ¡Ya verás qué preciosidades adquiero! No los verás más que puestos, allí, donde vamos...

RAFAEL.—Sí, me voy. No vaya a ser que llegue tarde, que todos los trenes estén esta noche llenos, todos los billetes tomados, y se retrase la felicidad un día más en llegar... Adiós...

GLORIA.—Sí, ve, Rafael, y que te den los billetes bonitos, eh, de esos que tienen muchos cartoncitos de colores. Son los que traen buena suerte... ¡Adiós, hasta las doce, donde siempre...! *(Sale Rafael, volviendo la cabeza. Al mismo tiempo regresa Pepita con varios sombreros; le ve, nota la sonrisa con que se despiden los novios.)*

PEPITA.—*(En tono gracioso y delicado, cuando ya ha desaparecido Rafael, a Gloria.)* ¿La primavera? ¿No es esa que baja en el ascensor... la primavera? Aquí tiene usted sus sombreros.

GLORIA.—*(Radiante.)* Muchas gracias... A ver. *(Toma uno.)*

PEPITA.—Ese es un modelo originalísimo. De la federación de artistas sombrereros de vanguardia. Modelo Jorge Sand. Alas anchas y en la copa cuatro letras árabes que designan los cuatro puntos cardinales. Tres cintas, de tres colores. Cada una por uno de los meses de la primavera... abril, verde; mayo, rosa; junio, azul...

GLORIA.—Es precioso *(Probándoselo.)* ¡Qué buena sombra dan las alas...! Porque allí el sol será muy fuerte, muy fuerte... Ya lo estoy sintiendo un poco. ¡Y las cintas! Allí hará aire, y el aire vivo moverá las cintas y por ellas me reconocerán a lo lejos, sabrán quién soy yo. *(Se mira. En este momento entra, saliendo del ascensor, otra parroquiana, Rosaura. De unos treinta años, guapa, con aspecto de vago cansancio, bien vestida, pero sin lujo. La sale al encuentro la otra dependienta, Juanita, y sin hablar nada, dando a entender la conversación por medio de gestos, la lleva hasta una mesa tocador, y la deja allí sentada; ella se va a buscar sombreros. Rosaura se quita el suyo y se queda mirándose al espejo, como preocupada. Entre tanto, Gloria sigue probándose el sombrero de varias maneras.)*

PEPITA.—Este es muy nuevo, también, de idea. A algunos les parece muy atrevido... La forma de paja rígida. Y el adorno, una guirnalda de flores. Pero no una sola. Con el sombrero se dan seis guirnaldas, de flores diferentes, una para cada día de la semana. Aquí están...

GLORIA.—¡Encantador! *(Examina las guirnaldas.)*

PEPITA.—Naturalmente, cada flor tiene su significación simbólica en relación con el día de la semana. Lleva un folletito explicativo. *(En tono confidencial.)* A mí me gusta mucho... Pero mi madre no me deja llevarlo..., sabe usted, señorita. Es muy a la antigua... Y además, este sombrero resulta muy práctico. No hace falta almanaque, basta con mirar a la guirnalda y se sabe qué día...

GLORIA.—Sí, pero eso es lo de menos... Oiga usted, ahora noto que no hay más que seis guirnaldas...

PEPITA.—¡Ah, claro! Está explicado en el folleto. Se deja el domingo libre para la iniciativa particular de la dueña del sombrero. ¡Es un día festivo!

GLORIA.—Me llevo los dos. ¡Pero qué ocurrencia tan bonita! Parece que los han hecho a propósito... para...

PEPITA.—Sí, así es. No crea la señorita que se los ofrecemos a todas las clientas. Hay que tener un poco de vista, distinguir... Yo en cuanto usted me dijo eso de la primavera, y le miré a la cara, comprendí... *(Bajando la voz.)* En cambio... ¿Ve usted a esa señora que está ahí al lado? Yo no sé por qué, pero yo no la propondría un sombrero así... *(Señalando a Rosaura, que sigue frente al espejo distraída. Desde este momento, ya no hablarán más Pepita y Gloria. Por ademanes y gestos sobrios se termina su papel. Pepita saca una libreta, toma nota de las señas y, sonriendo, muy solícita, acompaña a Gloria, que se ha puesto ya su sombrero y sonríe muy contenta a la puerta del ascensor. Gloria sale. Pepita vuelve y se dirige a Rosaura.)*

ESCENA IV

PEPITA.—¿La atienden a usted, señora?

ROSAURA.—Sí, gracias. Estoy esperando. *(Entra Juanita, la segunda dependienta, llevando varios sombreros y sale Pepita.)*

JUANITA.—Aquí traigo algunos de diferentes estilos, a ver si le gustan.

ROSAURA.—*(Mirando.)* Ya sabe usted lo que busco, un sombrero que no sea así enteramente de invierno, ni de primavera, que se pueda llevar en todo tiempo.

JUANITA.—*(Enseñando uno.)* Acaso éste... La forma es moderna, para una cara joven y agraciada como la de usted, pero al mismo tiempo es serio, por el género, fieltro y el color gris. Favorece y no es comprometido.

Rosaura.—*(Probándoselo.)* Sí, algo de eso hay... *(Dejándolo y volviendo los ojos hacia la vitrina que hay en el fondo.)* No se puede comparar con aquél... *(Señalando un precioso modelo.)*

Juanita.—Desde luego que no, señora. Aquél es una "creación" auténtica. Estoy segura de que le irá muy bien, pruébeselo. *(Se dirige a buscarlo y, mientras, Rosaura habla, pero sin mucha convicción.)*

Rosaura.—Bueno. Pero... no..., déjelo, no se moleste. He visto el precio y es más de lo que quiero gastar... ¿Para qué...?

Juanita.—*(Volviendo con el sombrero.)* Aunque no sea más que por gusto, pruébeselo, para verse con él. Le va a caer muy bien...

Rosaura.—*(Se pone el sombrero y se mira muy complacida al espejo. Cambio de fisonomía, todo el rostro se le alegra.)* Sí, sí, éste es precisamente el estilo que yo quería..., éste y... *(Se lo quita muy despacio, y muy despacio y sonriendo melancólicamente, se lo da a Juanita, con cuidado, con un aire casi ritual.)* Tenga usted.

Juanita.—¿Pero no lo va a llevar la señora? ¡Tan bien como la sienta! ¡Si parece otra! Le alegra mucho la expresión. ¡Qué lástima!

Rosaura.—*(Sonriendo.)* ¡Qué lástima, verdad! Pero cuesta tres veces más que el otro. Imposible... Mire usted, este sombrero es un regalo que me hace mi marido para mi cumpleaños...

Juanita.—Razón de más. El querrá que se compre usted lo que más la realce y le agrade...

Rosaura.—Sí, es verdad, eso es lo que él querría. Pero querer no es todo, jovencita. Hay que contar con otras cosas. Sería un sacrificio para él, y no quiero abusar... Usted es muy niña, ya comprenderá usted estas cosas. *(Sonríe tristemente.)*

Juanita.—*(Con súbita decisión y voz conmovida.)* Señorita, usted me es simpática. Voy a hacer una cosa, si usted me lo permite. Buscar a la encargada y ver si le puede rebajar una buena cantidad... En seguida vengo... *(Se va sin esperar que conteste Rosaura.)*

Rosaura.—¡Pero...! ¡Qué arrebatada! Debe de ser nueva. Pobre muchacha... *(Mientras se queda sola se vuelve a probar el sombrero bueno, y otra vez se le transfigura el rostro, al verse embellecida.)*

ESCENA V

Se adelantan LUCILA y JUANITA, saliendo de la derecha. ROSAURA no las oye acercarse.

JUANITA.—*(Señalando con la cabeza, y en voz baja.)* Esta es la señora que...

LUCILA.—Buenos días... Veremos, señora, si puedo hacer algo... *(Rosaura, sorprendida, sin quitarse siquiera el sombrero, se vuelve, y Lucila la reconoce.)* ¡Pero es usted, Rosaura!

ROSAURA.—¡La señorita Lucila! ¡Qué sorpresa! *(Levantándose y besándola.)* ¿Cómo está usted, señorita Lucila? *(Juanita mira embobada.)*

LUCILA.—*(Un poco desconcertada.)* Muy bien, ¿y usted?

ROSAURA.—¿Por qué no me tutea como entonces...?

LUCILA.—Bueno, Rosaurita. *(Dándose cuenta de que Juanita sigue al lado.)* Juanita, gracias, yo atenderé personalmente a la señora. Puede usted seguir allí dentro con su trabajo. *(Juanita se retira.)*

ROSAURA.—¡Quién me iba a decir que la iba a usted a encontrar aquí!

LUCILA.—¡Ya ves! Después de todo no es tanto cambio.

ROSAURA.—¡Que no! ¿De profesora de literatura inglesa en una escuela de señoritas a... ¿Qué es usted aquí?

LUCILA.—Directora de la sección especial de sombreros de lujo de los Almacenes Emporio, nada menos que jefa de *La Cabeza de Medusa*. Todo esto que ves alrededor es invención mía. Le propuse al dueño crear dentro del departamento de sombreros esta tienda especial, de gran lujo, para que se vea que no todo es vulgaridad ni producción en serie en un almacén. Producción de primera calidad y para público selecto. El decorado es de una decoradora francesa, María Lorentín. El título, de un escritor superrealista. Y las dependientas, escogidas. No anunciamos más que en las revistas literarias y de alta moda. Pero siéntate. Ven. *(La lleva al diván y se sientan.)*

ROSAURA.—*(Mirando alrededor.)* La verdad es que todo

es precioso. ¡Qué buen gusto...! Pero qué cambio tan grande, señorita Lucila, de su profesión de antes a esto de ahora...

LUCILA.—Pues, hija mía, si bien lo miras, el objeto inmediato de mi trabajo allí en la escuela de señoritas, y en este establecimiento, es el mismo. Las cabezas femeninas. Antes, mi obligación era adornarlas por dentro, con todo el maravilloso surtido de fantasías de la literatura inglesa. Meteros aquí *(Señalando a la frente de Rosaura.)* novelerías, poemas, ¡qué se yo! Y ahora sigo haciendo lo mismo, pero por fuera, desde fuera. Os coloco sobre las mismas encantadoras cabezas alas, flores, plumas, pero de verdad, no de esas que vienen y se van en seguida, por los versos, sino plumas verdaderas. Es mucho más realista... Los años, Rosaurita, los años. Y además, más discreto, de menos responsabilidad. Vender sombreros no afecta a las almas tanto como leer poesía romántica. ¿Qué, te parece ahora que he cambiado tanto?

ROSAURA.—Bueno, de humor no. Sigue usted tan ocurrente, tan lista como antes, eso sí, pero...

LUCILA.—Y no sabes la alegría que me da esto que ha ocurrido hoy. Que una discípula mía, de las antiguas, a la que yo enseñé a modular correctamente el monólogo de Desdémona, vuelva a mis manos diez años después, a confiarme de nuevo su preciosa cabeza con un propósito tan distinto. Y ahora, ¡nada de tragedias! ¡Una fiesta! Porque comprar un sombrero nuevo es una gran fiesta, ¿no te parece, Rosaurita?

ROSAURA.—Sí, señorita Lucila, lo es..., puede serlo... ¡Ojalá!

LUCILA.—Y yo, tonta de mí, aquí sigo, llamándote con tu nombre de pila, como entonces, cuando estoy segura de que llevas un nombre de casada, que tienes un marido muy guapo, muy rico, unos niños preciosos, que vives muy bien... ¿Me equivoco?

ROSAURA.—*(Cambiando de expresión.)* De todo hay. Sí, me casé. Hace ya diez años... Mi marido se llama Manuel Ventura...

LUCILA.—¿Manuel Ventura? ¡No es artista, pintor...?

ROSAURA.—*(Con tono seco.)* Sí, artista, *pintor...* *(Suspira.)* Ay, me gustaría que viniera usted a casa una noche, ya que la he vuelto a encontrar, a contarla muchas cosas...

No se me han olvidado aquellas tertulias que teníamos cuatro o cinco chicas con usted en su cuarto, en el internado.

LUCILA.—¡Pabellón norte, cuarto 54, vistas al lago!

ROSAURA.—¡Qué hermoso era aquello! ¡Y usted, qué buena para nosotras, qué consejos nos daba siempre tan justos y de qué manera tan..., vamos, así, tan natural...! No parecía usted una maestra.

LUCILA.—Es que no lo era, hija, como queda demostrado. *(Señalando alrededor.)* Pero cuéntame, cuéntame. ¡Vamos, si nos dejan en paz!

ROSAURA.—No, señorita Lucila, ya tengo reparo de haberle entretenido demasiado, me da vergüenza. Usted aquí tiene mucho trabajo.

LUCILA.—A esta hora de la mañana hay muy poco movimiento, sobre todo estos días, los martes. Sí, iré a tu casa, charlaremos despacio, pero ahora déjame que te reconozca, que vuelvan las cosas del pasado. También a mí me gusta recordar.

ROSAURA.—Yo, con mucho gusto. Y dígame, señorita Lucila, ¿usted no se casó?

LUCILA.—¡Qué pregunta, Rosaurita! *(Riendo.)* Es a mí a la que le toca preguntar. ¡Como antes! Privilegio de profesora. La maestra pregunta siempre... ¿De modo que tu marido es pintor...? He oído su nombre, pero te confieso que no he visto cuadros suyos... ¡Serás muy feliz, al lado de un artista...!

ROSAURA.—Sí, sí..., he sido muy feliz... Sabe usted, mi marido es uno de esos pintores que llaman artistas puros. Expone poco, es muy exigente consigo mismo... El dice que una obra es cosa de una vida entera y que aún es joven; que no tiene por qué darse prisa... Su pintura es muy interesante, sabe usted. Y, desde luego, difícil. Pero no le preocupa. A veces dice, mirando a un cuadro... Puede que guste hacia 1965... Y claro, una pintura así ya comprenderá usted que no da dinero...

LUCILA.—No, no debe de dar mucho, claro. Dará nombre, fama, gloria...

ROSAURA.—Sí, algún día... Manuel tiene eso que se llama el sentido religioso de su arte. Es un retirado. Desprecia a los críticos, a los periodistas, y se ha negado una infinidad de veces a que le hagan entrevistas, a que publiquen fotografías suyas, de sus cuadros... Ya ve usted, hace poco, vino esa señora que tiene la sección de arte en "Vogue", donde sacan a pintores muy modernos, y quería hacer una información con fotos de la casa, nuestras, de los niños. Pues no consintió. Claro, hace bien, desde su punto de vista, pero así no se alcanza nombre, no se tienen encargos. *(Se queda de pronto mirándola y cambia de tono.)* Señorita Lucila, séame usted franca. ¿A usted le gustaría eso?

LUCILA.—¿El qué?

ROSAURA.—¿El qué? Esa vida. Esa vida de retraimiento. Antonio Sierra—Sierra, sabe usted, es un amigo nuestro, pintor también, pero muy gracioso, muy de mundo—, pues Antonio nos llama los cenobitas... y a nuestra casa el Cenobio. El es el que me saca a bailar algunas veces, a ver un poco el mundo... ¿A usted le parece eso bien?

LUCILA.—¿Que te lleve a bailar de cuando en cuando? ¿Por qué no?

ROSAURA.—*(Ruborizándose.)* No, no digo eso, ¿qué va a tener de malo salir a bailar con un buen amigo, cuando a una le gusta el baile y al marido no? Me refería a esa clase de vida, tan recluída. Yo admiro su arte, quiero ayudarle en lo que pueda, pero, al fin y al cabo, una mujer tiene derecho a vivir, tiene derecho a la felicidad...

LUCILA.—Ahí dices tú nada, la felicidad, nada menos que la felicidad...

ROSAURA.—Bueno, si no la felicidad así, en grande, en singular, como sueña una cuando está enamorada, las felicidades, en plural, pequeñas, sí, pero felicidades al fin y al cabo. Mire usted, señorita Lucila, para mí la felicidad, con mayúscula, se me figura como un espejo muy grande, hermoso, claro, en que no podemos vernos enteros sin empaño. Lo otro, las felicidades, son como pedazos del espejo grande, roto, de formas muy variadas, irregulares... No nos cabe la persona entera en ninguna, pero nos podemos ver a pedacitos, un poco en cada una... Y no todos los trozos están limpios, en algunos nos vemos desfigurados o velados. Aquí tiene usted, por ejemplo, ¿a qué he venido yo aquí hoy? A comprarme una de esas felicidades menudas que se llama ahora sombrero... No se me va a cambiar la vida por eso, pero tendré momentos, horas, en que me sentiré mejor, más contenta. Ya sé que es por vanidad, como dicen, pero venga de donde venga, alegría es...

LUCILA.—Tienes razón... Vamos, hasta cierto punto. Yo

algunas veces, despachando sombreros, se me sube el humo a la cabeza, y al ver cómo salen de contentas las mujeres, gracias a esa prenda que se llevan en una cajita, siento como si tuviera poderes de diosa, dispensadora de gozos y desdichas, que reparto con indiferencia de diosa, sin ternura humana, sin debilidades, es decir, por dinero. *(Pausa.)* ¿De modo, Rosaurita, que si tú te llevas ese sombrero...? *(Señalando al que tiene aún puesto.)*

ROSAURA.—¡Ay, calle usted! ¡Pues no lo tenía aún en la cabeza! Usted perdone; con la sorpresa del encuentro... Pero no, no me lo puedo llevar. Vivimos de la renta, muy justa, de Manolo, y él quiere regalarme un sombrero para mi cumpleaños—treinta ya, señorita Lucila, treinta—, pero yo sé muy bien que no debo gastarme tanto... ¡Hay tantas obligaciones en la casa...

LUCILA.—Llévatelo... No te preocupes del precio..., yo lo arreglaré...

ROSAURA.—*(Sería.)* No, Lucila, la conozco a usted muy bien. Sé lo que haría usted por mí, poner la diferencia de su bolsillo. No.

LUCILA.—No, criatura, no. Es que me daría tanto gusto verte contenta. Al cabo de tantos años de no haber visto a una de mis estudiantas, quiero verla feliz, y...

ROSAURA.—No, Lucila, pero no haga usted tanto caso de lo que la he dicho... Si yo he sido muy feliz..., no crea usted. ¡Si usted viera de qué manera tan romántica nos casamos... *(En este momento entra Valentina. Tipo distinguido, de elegancia refinada, alta, de unos cuarenta años. Se adelanta a recibirla Pepita y hace ademán de preguntarla. La coloca en una mesa tocador, sin que hayan caído dentro del campo visual de Lucila y Rosaura, que al parecer no se aperciben de su presencia y siguen hablando.)* A mi familia no le gustaba mi novio. ¡Que no tenía dinero, que no sería nunca un hombre práctico, que nunca podría darme una vida holgada, en fin, ya sabe usted! Claro, que tenían razón, si se mira a distancia. Pero yo estaba entusiasmada, loca por él, por todo eso que la palabra artista despierta en muchachas así, de esa edad... Y decidimos escaparnos, irnos a una isla del Mediterráneo, muy atrasada, muy pobre, pero llena de luz, donde Manolo podría pintar. Claro que casándonos en cuanto saliéramos de casa... Usted lo llamará una locura..., pero yo entonces no veía nada, no oía nada, más que... *(Deja de oírse a Lucila y Rosaura, aunque por los ademanes y gestos fingen seguir hablando unos momentos. Luego se despiden, después de llevarse Rosaura el sombrero barato. Lucila la acompaña hasta la puerta. Este final inaudible de su conversación es rellenado en escena por las palabras de Valentina y Pepita, que empiezan cuando dejan de oírse las de Lucila y Rosaura, de modo que empalmen en el diálogo.)*

ESCENA VI

PEPITA.—¿No tiene la señora ninguna idea de la forma o del estilo que quiere? Es para orientarme yo. ¿Lo que necesita es un sombrero de tarde, de viaje...?

VALENTINA.—Lo mismo me da. Enséñeme los modelos que mejor le parezca.

PEPITA.—Me permite la señora que vea la medida... *(Señalando al sombrero de Valentina. Esta se lo da y Pepita lo examina curiosamente.)* ¡Qué etiqueta tan extraña! En inglés, y luego unos signos que parecen chinos... Este sombrero no es europeo, ¿verdad, señora?

VALENTINA.—No; como dice usted, las letras son chinas. Está comprado en Shangai. Yo vivo allí.

PEPITA.—¡Qué interesante! La primera vez que veo un sombrero hecho en Asia. Por supuesto, el tipo es inglés, pero tiene no sé qué... Perdone usted mi curiosidad, pero aquí en esta tienda tomamos muy en serio nuestro oficio, y todo lo que se refiera al arte de la sombrerería nos interesa...

VALENTINA.—Es natural, dada la calidad del establecimiento. Dígame, la directora es la señorita Lucila Tovar, ¿no?

PEPITA.—Sí, señora. La directora y el alma del establecimiento.

VALENTINA.—¿Es casada?

PEPITA.—Mire usted, si le digo la verdad, no lo sé. Doña Lucila nos trata con mucha bondad, pero cada una está en su sitio. ¿Usted quiere conocerla? Es aquella señora que sale con esa clienta. *(Señala a Lucila, que despide a Rosaura.)* Voy a llamarla para que la conozca usted. A ella le gusta siempre hablar con las parroquianas distinguidas. *(Se dirige hacia Lucila y vuelve con ella.)*

65

ESCENA VII

LucilA.—*(Saludando con una inclinación de cabeza.)* Muy agradecidos a su visita a nuestra casa, señora. ¿Es la primera?

VALENTINA.—Muchas gracias. Sí, la primera. ¿Tengo el gusto de hablar a la señorita Lucila Tovar?

LucilA.—*(Un poco extrañada.)* Sí, ése es mi nombre...

PEPITA.—*(A Lucila.)* ¿Usted me necesita o se encarga de la señora?

LucilA.—Sí, yo la atenderé, Puede usted seguir con lo que está haciendo allí dentro. *(Sale Pepita.)* ¿De modo que usted se interesa por nuestras confecciones de sombreros de arte, señora?

VALENTINA.—*(Mirando alrededor, y con voz seca.)* Señorita Tovar, no me importan mucho los sombreros en general, ni los sombreros estos de... arte. Quien me importa es usted.

LucilA.—¿Yo?

VALENTINA.—Sí; he venido aquí, a esta tienda, para conocerla a usted, para hablar con usted, no en busca de ningún sombrero.

LucilA.—Perdone usted, señora mía, pero para hablar conmigo de asuntos particulares estaríamos mejor en mi casa... Si usted quiere...

VALENTINA.—Aunque sé que es incorrecto, he preferido venir aquí a verla a usted.

LucilA.—Ahora que suponiendo que aquí podamos hablar y yo quiera tratar aquí de cosas privadas, usted comprenderá que lo primero que necesito es saber con quién estoy hablando.

VALENTINA.—*(Suavizando el tono de voz.)* Nunca me ha visto usted..., pero nos conocemos, Lucila. *(Mirándola fijamente.)*

LucilA.—Pero..., claro..., esa fisonomía... *(Con expresión de asombro.)* ¿Es usted?...

VALENTINA.—Sí, Lucila, soy Valentina, la hermana de Lorenzo, tu cuñada. ¡Tantas fotografías nuestras como nos hemos mandado en estos años...!

LucilA.—¿Pero tú... aquí? Yo te creía en Oriente.

VALENTINA.—Sí, he llegado hace dos días, y *(Con tono*

afectuoso y sonriendo.) tú has sido el motivo de mi viaje.

LUCILA.—*(Un poco seca y en guardia.)* De un modo completamente ajeno a mi voluntad, lo reconocerás...

VALENTINA.—Sí. *(Pausa.)* Déjame que te mire. Nos hemos escrito tantas cartas como hermanas, he tenido tantos deseos de verte como eres...

LUCILA.—*(Confusa.)* ¿Y qué te parezco?

VALENTINA.—*(Sin contestar.)* Ya sabes que te admiro mucho. Lo que hiciste por Lorenzo fué tan noble, tan hermoso...

LUCILA.—¿El qué?

VALENTINA.—Mujer, tu resolución de dejar a tu familia y jugártelo todo, escapándote con Lorenzo, con un hombre tan soñador, tan poco práctico, por puro amor. Pensando en ti yo me sentía poca cosa. ¡Qué era yo más que la burguesa típica, de vida arrutinada, incapaz de riesgo, de abnegación...! Tú, en cambio, eras la mujer de excepción, la heroína... Sabes, a mí me parecías un ser extraordinario...

LUCILA.—*(Con tono de pena y desagrado.)* ¡Cuántos años hace! Calla, Valentina, haz el favor. No me hables de eso...

VALENTINA.—¿No quieres que te hable de aquella Lucila que me escribió estas cartas—las he conservado siempre—contándome con todo el entusiasmo de su corazón las horas de felicidad con mi hermano, allí en su casita junto al mar...? *(Saca un paquete de cartas y se lo enseña.)*

LUCILA.—¿Por qué has traído eso? *(Endureciéndosele la voz.)* ¿No comprendes que estás sacando el pasado de su sitio, el pasado, para intentar con él una especie de presión sobre mi ánimo? Sí, esas cartas son mías. Pero no tienes tú, ni nadie, derecho a querer usarlas como barrotes de una jaula donde tenerme encerrada.

VALENTINA.—Yo no quiero encerrarte en nada. He venido, y te aseguro que el viaje no es nada fácil, porque sé, a través de las cartas de algunos amigos, de las del mismo Lorenzo, cómo está mi hermano de desesperado desde hace cinco meses. ¡Le abandonaste tan bruscamente, sin explicación, sin motivo!

LUCILA.—Si me marché así no fué por crueldad, Valentina, al menos concédeme eso. Quise evitar los forcejeos, las desgarraduras inútiles de una confesión y unas conversaciones que ya no podían llevar a nada...

VALENTINA.—Pero ¿qué te ha hecho Lorenzo? ¿Tienes quejas de él?

LUCILA.—Ninguna.

VALENTINA.—¿No es bueno contigo?

LUCILA.—Muy bueno.

VALENTINA.—Y te quiere mucho...

LUCILA.—Sí, sé que me quiere mucho.

VALENTINA.—¿No es lo mismo que cuando le conociste?...

LUCILA.—Igual...

VALENTINA.—*(En tono suave.)* ¿Entonces...?

LUCILA.—Entonces... es muy sencillo. No tengo quejas de Lorenzo, es muy bueno conmigo, es lo mismo que quince años atrás, me quiere mucho. Pero *(Mirando a Valentina a la cara.)* ¿y yo, Valentina, y yo? Eso es lo que se te olvida preguntarme.

VALENTINA.—¿Tú? Yo suponía que tú...

LUCILA.—El no ha cambiado..., pero yo... sí.

VALENTINA.—¿Y por qué?

LUCILA.—¡Qué pregunta! ¿Preguntas tú a la tarde por qué es tan diferente de la mañana? Yo fuí como tú me ves en esas cartas, así era, en verdad. Ese es mi pasado y tengo derecho a él. Pero también tengo derecho a mi día de hoy... y a mi futuro... ¿No entiendes? He cumplido treinta y nueve años, llevo doce de casada, al año siguiente de irme del colegio. He vivido con Lorenzo en su mundo, en un aire de fábula, de ocio, de ficción, allí, en esa casita junto al mar, con los libros, la barca a la puerta, el piano y el alejamiento de esto... del mundo. ¡Paz, siempre paz! Y en el centro mismo de aquel sosiego he sentido subir en mí una desazón, un ardor de deseo por algo que no tenía, por aquellas mismas cosas que negábamos, por el mundo. Lo he sentido crecer, como una llama atizada día a día, por aquella misma felicidad de nuestro modo de vivir...

VALENTINA.—¿Pero qué querías?

LUCILA.—No sé... Esto..., el mundo. Hacer cosas, hacer algo. Esto *(Mirando alrededor.)* es mi mundo. Una encrucijada... Por allí sólo pasaban pájaros, velas en el horizonte, horas sin sentir... Por aquí pasan ambiciones, deseos, poder, dinero, suerte... Yo no sé lo que quiero de todo eso..., pero algo debo de querer. *(Poniéndose en pie y mirando a Valentina.)* Valentina, dime la verdad... ¿Tengo yo la culpa?

VALENTINA.—¿Entonces no hay esperanzas de que vuelvas a vivir con Lorenzo?

LUCILA.—No. Volver a su vida es entregarle la mía, quedarme sin la mía, Valentina; ¿es que no tiene un ser humano, es que no tiene una mujer derecho a su felicidad, a buscarla por donde pueda...?

VALENTINA.—¡Sí, ya veo! ¡Por donde puedas! Sea como sea, ¿no? ¡Pobre Lorenzo! ¡Y quién sabe si pobre de ti también!

LUCILA.—¿De mí, por qué? Compadezco a Lorenzo, no creas que soy una desalmada. Pero me siento orgullosa de mí, alegre. Me empuja una fuerza superior a la costumbre, a la compasión, una fuerza que me dice: "Tú eres tuya, tuya. Sé tuya." *(Con exaltación.)* Una fuerza irresistible.

VALENTINA.—¿Y tú sabes bien cuál es?

LUCILA.—¡Sí *(Con fiereza.)*, es la vida! *(Pausa. Bajando de tono.)* Vamos..., ¡es *mi* vida!

VALENTINA.—*(Fríamente.)* ¡Ah, *tu* vida! Sí. La que mata a otro, ¡a *su* vida! *(Pausa. Poniéndose en pie y mirando a Lucila, que sigue sentada en el diván.)* Ya está todo claro.

ANDRENIO.—*(Ha seguido la conversación hasta este momento, tan impasible como siempre, denotando que no pierde palabra y se entera de todo. Al pronunciar la última frase Valentina, Andrenio, apoyando las manos en los brazos del sillón, se incorpora a medias, muy rígido, fijando la mirada en el vacío y con voz lenta repite, como en un eco.)* ¡Ya está todo claro! *(Muy despacio se deja caer otra vez en el sillón, cerrando los ojos poco a poco, sin señal ninguna de violencia; e inclinando suavemente la cabeza sobre el hombro derecho se queda inmóvil cual si se hubiera dormido. Ni Lucila ni Valentina aparentan haberse dado cuenta de sus palabras ni de lo que hace.)*

VALENTINA.—*(Empezando a calzarse los guantes y con aire indiferente.)* Bueno, creo que no tenemos más que decirnos. Perdona mi venida. Estoy en el hotel Excelsior, si quieres algo. *(Tiende la mano a Lucila.)*

LUCILA.—*(Sin tomarla y con voz conmovida.)* ¡Adiós! Siento que me hayas visto así, tan distinta de aquella Lucila de hace veinte años. ¡Pero así fuí! Hay cosas que tardan mucho en conocerse.

VALENTINA.—Ah, y a propósito. Estas cartas... *(Señalando el paquete que dejó en la mesa.)*

LUCILA.—Son... mías.

VALENTINA.—*(Las coge y se las da.)* Tenlas. Son muy hermosas...

LUCILA. — *(Vacilante.)* Mira, Valentina, bien pensado, tuyas son, a ti te las escribí. *(Devolviéndoselas.)* Son... tuyas.

VALENTINA.—No, ya no, Lucila.

LUCILA. — *(Con las cartas en la mano, aún extendida, ofreciéndoselas a Valentina.)* Entonces, ¿de quién?

VALENTINA.—*(Las coge, va a la chimenea, las echa al fuego.)* Son... de ella, como tú, y Lorenzo, y... todos. Son de la vida, ¿no?... *(Sube la llama en la chimenea.)* Mírala, mírala qué bien arde... Adiós, Lucila. *(Va a la puerta del fondo, da al botón del ascensor, que acude en seguida, y sale.)*

LUCILA.—*(Ha seguido sentada en el diván mirando la llama, pero en cuanto desaparece Valentina se precipita con el rostro angustiado hacia la chimenea como para recogerlas. En ese instante entra Juanita con unos sombreros en la mano. Lucila, al verla, se rehace, se incorpora y adopta una actitud indiferente.)* ¿Qué es, Juanita?

JUANITA.—Nada, nada. ¿Se marchó ya la señora? *(Al mirar alrededor se fija en Andrenio. Bajando la voz.)* ¡Pero, mire usted! Andrenio se ha dormido. Y tan temprano. ¡Puede que haya trasnochado el pobre! *(Se le acerca y le tira de la manga.)* ¡Andrenio! *(Subiendo la voz al ver que no contesta.)* ¡Andrenio! ¿No me oye? *(Volviéndose hacia Lucila y dando un grito.)* ¡Se ha muerto. señorita Lucila, está muerto!

LUCILA.—*(Secamente.)* Vete al teléfono, llama... *(Sale Juanita precipitada; Lucila sube a la plataforma, toma la cabeza de Andrenio entre las manos sin mostrar sorpresa y con expresión de compasión y amor le besa en la frente; vuelve a colocarle como estaba y se sienta a sus pies en el borde de la plataforma, llorando, con la cabeza entre las manos.)*

JUANITA. — *(Entra corriendo.)* ¡Pobrecillo! ¡Tan bueno

como era! *(Al reparar en Lucila.)* Pero..., pero... ¿por qué llora usted así? Si usted no tiene la culpa. Si nadie tiene la culpa... Si es...

LUCILA.—*(Amargamente.)* ... ¡la vida!

JUANITA.—*(Mirando llorosa a Andrenio.)* Eso es..., la vida. *(Telón.)*

FIN DE
"LA CABEZA DE MEDUSA"

«LA ESTRATOESFERA»

Vinos y Cervezas

ESCENAS DE TABERNA EN UN ACTO

Para Mrs. Edith F. Helman.

«LA ESTRATOESFERA»

Vinos y Cervezas

PERSONAJES

EL SEÑOR DIMAS, dueño de la taberna.
TORPEDO, chico sirviente.
ALVARO DE TARTESO, poeta bohemio.
EL SEÑOR JULIÁN, parroquiano.
AMIGOTES 1.º, 2.º y 3.º.
EL TÍO LIBORIO, ciego, vendedor ambulante de lotería.

FELIPA LA DE LA SUERTE, su lazarillo.
CÉSAR DE RISCAL, actor de cine (Don Quijote).
RITA, actriz de cine (La Duquesa).
LUIS, actor de cine (El Duque).
RAMÓN, actor de cine (Sancho Panza).

La escena en una taberna del barrio madrileño de la Guindalera, hacia 1930. Hora, la una.

(Los cambios de escena corresponden a los cambios de conversación de mesa a mesa. Cuando los personajes permanecen callados deben actuar para dar la impresión de que siguen hablando entre ellos, pero sin llamar la atención para no distraer la del espectador del diálogo, que ha pasado a la otra mesa.)

ACTO ÚNICO

Representa el interior de la taberna titulada "La Estratoesfera". Al fondo, mostrador de cinc, con sus grifos de agua, jarros, etcétera. Anaquelería, detrás del mostrador, con botellas de licores y vinos. En lo alto, una pintura de un globo de colorines, y un letrero a modo de leyenda: "La Estratoesfera." Al lado, un retrato, muy mal hecho, que se supone que es de Picard, el aeronauta, y un letrero que dice: "Viva Monsieur Picard." La escena con varias mesas, por lo menos cinco: la de extrema derecha será la que ocupen LIBORIO y FELIPA. Luego la de ALVARO DE TARTESO. En medio una, vacía. En la siguiente el SEÑOR JULIÁN y los amigotes. En la del extremo izquierdo se sentarán los actores de cine. Taburetes alrededor de las mesas.
Al alzarse el telón, el SEÑOR DIMAS detrás del mostrador y TORPEDO, chico de unos dieciocho años, con mandil, trajinando. En la mesa segunda de la derecha, sentado, fumando una pipa, leyendo

un libro y bebiendo de cuando en cuando de una copa de vermú, ALVARO. Hombre de unos cuarenta años, con sombrero flexible y chalina, a lo bohemio, bigote, vestido con pulcritud y de aire simpático. En la mesa segunda de la izquierda, el SEÑOR JULIÁN y los amigotes, tipos de obreros vestidos decentemente, comen y beben.

ESCENA PRIMERA

Entra el Tío LIBORIO y FELIPA, "la de la suerte". Tío LIBORIO es un viejo ciego, vendedor de lotería. Va vestido a lo pobre, con gorra y un gabán viejo. Lleva en la mano derecha una tablilla con los décimos expuestos en tiras. FELIPA es una muchacha de unos veinte años, muy guapa, con gabán ceñido, bien peinada y aire desenvuelto. El Tío LIBORIO va cogido de la manga de FELIPA, que le sirve de lazarillo. Al entrar, a todos.

LIBORIO.—¡Saluz, señor Dimas y la concurrencia!

DIMAS.—*(Desde detrás del mostrador.)* Buenos días, tío Liborio.

JULIÁN.—¡Saluz al camarada y a la dizna compañía!

ALVARO. — *(Está sentado, leyendo, fumando una pipa, pero atiende a lo que pasa alrededor.)* ¡Salve, Edipo! *(Liborio y Felipa van a sentarse, después de atravesar la taberna, en la mesa de la derecha extremo, arrimada a la pared. Liborio se acomoda en el banco, y Felipa, en la banqueta.)*

LIBORIO.—¡Maldita sea el agua! *(Palpándose la ropa.)*

DIMAS.—¡Y usted que lo diga! *(Se bebe un trago de vino.)* ¡No hay na como esto!

ALVARO.—*(Al tabernero.)* Distingue, propietario. El tío Liborio se refiere a la pluvial... *(Vuelve otra vez a su lectura.)*

LIBORIO.—¿Me he mojao mucho, tú? *(A Felipa.)*

FELIPA.—Una miaja aquí, en la coronilla de la gorra. Es la gotera grande del paraguas. Ya le dije a usté que hay que llevarlo a gobernar...

LIBORIO.—*(Saca un cuaderno del bolsillo.)* Felipa.

FELIPA.—¿Qué quié usté, agüelo?

LIBORIO.—Aquí tiés el cuaderno. Hazte la suma de esta mañana. A ver cómo salimos... ¡Y cuidado con equivocarte, eh!

FELIPA.—*(Saca un lápiz del bolso que lleva y empieza a apuntar.)* Descuide, agüelo. Tres del 4.892, a cinco pesetas, hacen quince. Billete entero del 2.424, cincuenta, y quince...

LIBORIO.—Sesenta y cinco.

FELIPA.—Ele. Sumo y sigo. Ocho décimos del 1.345, cuarenta.

LIBORIO.—Y del 30 pelao.

FELIPA.—¡Ni uno! Ya sabe usté lo que dice la gente, que es pelao al cero... Manías. ¡Porque misté que es bonito, eh! La edad de Cristo. Bueno, voy a echar la suma... *(Contrariada.)* Maldita sea. ¡Pos no se me ha partido el lapicero!

ALVARO.—*(Se levanta, y la da un lápiz. Siempre hablará con tono enfático y conscientemente literario.)* Acepte momentáneamente este estilo, doncella pitagórica. ¡Es préstamo!

FELIPA.—¿Cómo dice usté, señorito? Ah, muchas gracias. De seguida se lo devuelvo. *(Sumando.)* Pos a mí me sale ciento cinco. Pué usté comprobarlo, agüelo, si quiere, en la registradora.

LIBORIO. — *(Empieza a mover los dedos, musitando los números.)* ¡Cabal! *(Saca una bolsita del pecho.)* Ahora, cuenta la recaudación.

FELIPA.—*(Cuenta.)* Ciento seis con setenta y cinco. Total de propinas, siete reales. ¡Qué miseria!

LIBORIO. — Felipa, no blasfemes. Dos seres desvalidos como tú y yo no podemos pedir más. Hoy en día, pa sacar mucho dinero tiés que ser un téznico... Encarga lo que te apetezca... *(Llamando.)* ¡Torpedo!

TORPEDO.—*(Es un chiquillo delgado y avispado el mozo de la taberna.)* Torpedo, presente.

FELIPA.—Tráete dos de callos y un cuartillo de agua de Arganda pa el agüelo. Ah, y de plato fino te traes dos torrijas...

ESCENA II

TORPEDO.—¡Disparao!

FELIPA.—*(Volviéndose a la mesa de Alvaro.)* Ay, usté dispense, señorito. Me se había olvidao el lapicero. Muchas gracias... *(Se levanta y se lo da. Lo que sigue, de pie al lado de la mesa de Alvaro, mientras el ciego lía un pitillo y fuma.)*

ALVARO.—Las gracias a esos dedos nacarinos que lo restituyen a estas manos indignas y mortales...

FELIPA.—Yo no entiendo de música, pero se me figura que usté se va a quedar con un billete entero del 34.256. ¿Quié usté que se lo traiga? No falla.

ALVARO.—No, diva de la Fortuna... Yo juego a otras cosas...

FELIPA.—¿Ah, sí? ¿A qué?

ALVARO.—A la ruleta multicolor de la rima, a los dados marfilinos de la estrofa...

FELIPA.—¿Y qué se saca de tó eso?

ALVARO.—¡La gloria póstuma! ¡Y tú que lo veas!

FELIPA.—¡In albis!

ALVARO.—¡Flor del Lacio! ¿También eres latina?

FELIPA.—¿Eso es malo? Paece un tango...

ALVARO.—Yerras en los orígenes; es un requiebro de la Roma imperial.

FELIPA.—¡Imperial! Es esa cosa que llevan arriba los autobuses nuevos, ¿no, señorito?

ALVARO.—No, joven aleatoria... Es una flor del imperio de los Césares. Donde debí haber nacido yo, y tú a mi lado... Tú habrías sido mi Lesbia y yo tu Propercio...

FELIPA.—¡Pero qué fino habla usté! Será usté de esos que escriben tós los años pa el día de los Difuntos los versos del Tenorio...

ALVARO.—Estás maculando mi dignidad estética. ¡Yo, el Tenorio! Después de todo, tiene sus cosas... Pero aquello de "No es verdad, ángel de amor. Que en esta apartada orilla..."

FELIPA.—*(Se la pone cara de angustia y se retuerce las manos.)* Cállese, cállese usté, que me hace daño...

ALVARO.—¡Sensitiva! ¿Qué mosca, o, mejor dicho, y perdóname, qué abeja áurea del Himeto te ha picado?... ¡Clásica que eres! Se te ve en la cara. Apenas te cito dos versos románticos de un bárbaro vallisoletano, tu estirpe helénica se subleva...

FELIPA.—Misté, yo no entiendo nada..., pero me parece tóo muy bonito...

LIBORIO.—*(Desde la mesa.)* Felipa, ¿ande estás? ¿No te he dicho que no te desarrimes de mi lao?

FELIPA. — ¡Va, agüelo! ¡Ea, con Dios! Quien manda manda. ¡Soy una menor!

ALVARO.—*(Se levanta.)* ¡Menor tú! ¡Eres magna! *(Ha-ciéndola un guiño.)* Hasta luego... ¡Antígona de la Guin-dalera! ¡Regresa, inmortal!

FELIPA.—*(Vuelve a la mesa y se sienta. Torpedo trae los dos platos de callos, pan y vino, y se vuelve, ligero.)* Agüelo, ya está aquí la comida. Ahí tié usté el tenedor... *(Se lo pone en la mano.)* Vaya el pan. *(Empiezan a comer.)*

ESCENA III

JULIÁN.— ... lo que yo sustento es que la justicia social consiste en darle a cada uno lo suyo... y dejaros de cleri-calismos... *(Mirando a los tres amigotes.)* ¿Estamos con-testes?

AMIGOTE 1.º—¡Contestes!

JULIÁN.—Pues entonces lo demás está mu claro: el obre-ro es el obrero, el proletario es el proletario, el trabajador es el trabajador... *(Se detiene, satisfecho.)*

AMIGOTE 2.º—Oye, Julián, ¿quiés beberte un poco de agua y descansar una miaja, no vaya a ser que te dé una jaqueca de tanto pensar?

JULIÁN.—La ironía no me ofende. Vivo por encima del humorismo... ¿Pero no os dais cuenta de que estoy des-arrollando un teorema ideológico?

AMIGOTE 3.º—¡Dejarle, hombre, dejarle! ¡Más toleran-cia!

JULIÁN.—Pues sentado lo que antecede, la premisa se impone por sí sola.

AMIGOTE 1.—¿La que...?

JULIÁN.—La premisa, la premisa... quié decirse, de otro modo, la conclusión...

AMIGOTE 1.º—¡Ah, vamos!

JULIÁN.—A saber, que si el obrero es el obrero, el pro-letario es el proletario...

AMIGOTE 2.º—Etcétera...

JULIÁN.—Etcétera..., al obrero hay que darle lo que es del obrero, al proletario hay que darle lo que es del prole-tario... Inconcuso, ¿no?

AMIGOTE 2.º—¡Inrebatible! ¿Y tiés, por casualidad, al-guna novedad más que comunicarnos?

JULIÁN.—Damián, reitero lo antedicho. Soy invulnerable

79

al sarcasmo. Tenez en cuenta que no he pasao de la mitad del sologismo... Ahora voy a abordar la segunda parte... Vamos..., si no molesto...

AMIGOTE 2.º—¡Tú no molestas! ¡Ilustras!

JULIÁN.—Pues la segunda parte dice así. Nuestra clase obrera tiene que ser ozjetiva... y no negarle al azversario lo que es de ley... Por ende, si bien es verdad que el obrero es el obrero y que el proletario es el proletario, hay que reconocer, también, señores... que el patrono es el patrono. Seamos justos... ¿O es que no soy congruente?

AMIGOTE 1.º—Lo eres.

AMIGOTE 2.º—¡Geométrico!

JULIÁN.—Pues terminando de estructurar mi idea, la solución o premisa no se le pué escapar a ningún cerebro iluminado y democrático, si bien yo no comulgo en ese credo... Lo digo por los que comulgan... Aplíquesele al patrono lo que se le ha aplicao en la parte primera del sologismo en curso al obrero. Es decir, hagamos justicia. Y entonces resultará lo siguiente: que si al obrero había que darle lo suyo, también hay que darle lo suyo al patrono...

AMIGOTE 3.º—¡Protesto, eso es un soflisma!

JULIÁN.—Oye, tú, ya expuse que no me agravia la frase jocosa. ¡Peino canas! Pero no tolero el dicterio denigrante. A mí no hay por qué decirme soflisma... La injusticia social que nos oprime me ha impedido pisar las aulas del saber. Pero me he tragao los libros... Soy un inteleztual de la clase obrera..., un harto didazto, a mucha honra... Apelo a la justicia de la asamblea a ver si me merezco que me se denigre y me se llame soflisma... *(Se vuelve hacia la puerta.)* ¡Anda Dios!

ESCENA IV

Entran envueltos en impermeables los cuatro actores de cine. Se los quitan y aparecen vestidos con trajes del siglo XVI español. CÉSAR, caracterizado de Don Quijote, pero con aire desenvuelto y modales de señorito; va vestido como corresponde al traje del palacio de los Duques, es decir, sin armadura, a lo cortesano. LUIS, de Duque; RITA, de Duquesa, y RAMÓN, de Sancho Panza, pero sin nada grosero ni exagerar la gordura o pequeñez.

FELIPA.—*(Dejando de comer, estupefacta.)* Ave María. Pero ¿me se ha trastornao la cabeza, o estamos en Carnaval?

ALVARO.—*(Desde su mesa y mirando a Felipa.)* ¡Falaz disyuntiva!

FELIPA.—¿Qué?

ALVARO.—Ni lo uno ni lo otro... Es una galaxia... del firmamento artístico nacional.

TORPEDO.—*(Se queda mirando y luego se acerca a Felipa. Por lo bajo.)* ¡Dos son estrellas!

FELIPA.—¡Estrellas!

TORPEDO.—¡Pues claro, so prima, de cine...! Vienen a comer muchos días, d'ahí enfrente donde tién los..., bueno, como le digan a eso..., los estudios...

DIMAS.—*(Sale de detrás del mostrador y se dirige a la mesa que han ocupado los artistas.)* Buenos días, señoritos. ¿En qué se les puede servir?

CÉSAR.—¡Hola, patrón...! *(A sus compañeros.)* ¡A ver qué queréis! Yo me inclino por lo de siempre, lo castizo... *(Sigue tomando el encargo Dimas. Torpedo ha venido a su lado.)*

LIBORIO.—¿Qué es toa esa algazara, Felipa?

FELIPA.—Ná, agüelo. Unos señoritos vestidos como de máscaras y tós pintaos. Son de esos que trabajan en el cine...

LIBORIO.—*(Suspirando.)* La verdad es que eso del cini, por mucho que me expliquéis, yo no lo entiendo... Eso de que en un cacho de tela blanca salgan unas figuras de verdad, pero que al mismo tiempo no son de bulto, y canten y bailen sin estar allí... ¡Vamos, que a mí no me la dan! Ahí tié c'haber algún truco, y vosotros picáis como primos, porque tenéis vista y por la vista os engañan... Si estuvierais como yo, no caíais en el garlito... ¡El que no ve sabe mucho...! Felipa, ajúntame aquí al rincón de la pared, que voy a dar una cabezá... Paece que tengo un poco de dolor de cabeza... *(Le guía hasta el rincón de la pared, el ciego apoya la cabeza.)* Bueno. Y que no te me salgas del radio de la mesa..., ¿eh? *(Se duerme.)*

ESCENA V

ALVARO.—*(Haciendo señas a Felipa que ocupe la banqueta de su mesa.)* Trasládate aquí, luz de la ceguera...

FELIPA.—*(Señala al viejo. Alvaro hace señas de que está*

dormido. Felipa, despacio, se va a él.) Misté que si se despierta... ¡Tié un genio!

ÁLVARO.—Este establecimiento es tan prosaico que no expende lo que a usted la cumple, néctar y ambrosía. ¿Pero se tomaría usted una copita de anís del Mono, que es un sustitutivo catalán muy parecido?

FELIPA.—Gracias. *(Alvaro va al mostrador y se trae dos copas. Felipa lo prueba.)* Ay, qué rico, paece talmente aguardiente dulce... Pero..., oiga usted *(Señalando a los actores.)*, esas máscaras...

ÁLVARO.—Son el enemigo..., son las avanzadas de la legión yanqui, como dijo el divino Rubén.

FELIPA.—¿Y por qué van así?

ÁLVARO. — Porque son cómicos, actores... de esos que trabajan en las funciones, chiquilla...

FELIPA.—¿En qué teatro dice usté?

ÁLVARO.—No, doncella guiadora. Eso era antes. En el cine. Esto matará aquello, que dijo el patriarca... La poesía dramática está llamada a desaparecer y el futuro es del celuloide... Como usted no me lleve de la mano al Olimpo, y allí la conservemos entre usted y yo, incólume, Venus y Apolo... Ja, ja.

FELIPA.—Oiga usté, y ese alto...

ÁLVARO.—Un apócrifo... Se hace pasar por el Hidalgo Inmortal... No lo tolero. ¡Va usted a ver! La poesía muere, pero no se rinde. Seré su último mártir... *(Se pone en pie y alza la copa en la mano. Con voz estentórea.)* ¡Viva Don Alonso Quijano! ¡Abajo la farsa! ¡San Quijote y cierra, España! *(Se sienta otra vez tan tranquilo.)* Ahora, que lleguen los esbirros y terminen mis días en la ergástula.

CÉSAR.—*(Se levanta y se acerca a la mesa llevando su copa en la mano. Inclinándose.)* Muchas gracias por esos vivas al héroe que indignamente represento. ¡Choque usted la copa!

ÁLVARO.—*(Desconcertado, la choca.)* ¡Salud, genio cervantino!

CÉSAR.—*(Mirando a Felipa.)* ¿Y la joven, no...? *(Se corta, de pronto se pone serio.)* Bueno, no quiero molestar. ¡Tanto gusto! *(Vuelve a su mesa, bruscamente, con aire grave.)*

RITA.—¿Qué te pasa, que te has vuelto así de pronto?

(Deja la copa y apoya la cara en la mano.) Nada... Cosas...

LUIS.—¿Cosas..., o personas?

CÉSAR. — ¡Fantasmas! Ilusiones que vuelven, espectros que pasan por la memoria... ¡Muertos que se quieren poner en pie!

LUIS.—Oye, no te pongas romántico..., tú..., explícate... en prosa vil.

RITA.—El fantasma es femenino, ¿verdad? La muchacha es bonita, eso sí. Se la podría sacar partido... Si la coge mistress Crowe la hace una cabeza...

CÉSAR.—*(Malhumorado.)* ¡Cállate! *(Pasa el diálogo a la mesa de Alvaro.)*

ALVARO.—¿Por qué tus labios han perdido la risa, diosa de los caminos urbanos? ¿Te empeñas en que conoces a ese Avellaneda de la pantalla?

FELIPA.—*(Con cara de duda y pena.)* No pué ser, señor, no pué ser... ¡Pero se parece tanto!

ALVARO.—¿A quién?

FELIPA.—A ése. *(Mudando de tono, con voz dura.)* Pero ¿qué sé yo quién es usté? ¿Quién es usté pa que yo le cuente lo que le pasa a una por dentro? ¡Maldita sea! Bueno, me voy con el agüelo.

ALVARO.—¡Domeña tus emociones, Felipa! Mira que tú eres progenie de Sófocles. ¡No te aplebeyes! *(Mirándola con ternura y poniéndola una mano encima de la suya.)* ¿Por qué no me cuentas lo que te pasa? ¿No te fías de mí, verdad? Pero soy tu amigo... Te conozco de tiempo... Y vas a ser mucho, chiquilla... ¿No ves que te estoy haciendo personaje? Te estoy inventando ...Déjame que te invente... Nos entendemos, ¿verdad?

FELIPA.—De tó eso que dice usté yo no entiendo papa... Habla como en los folletines... Pero... a usté..., vamos, sí que paece que le entiendo... No sé cómo...

ALVARO.—¡Predestinada que eres! *(Con tono cariñoso.)* Felipa, ¿que tú has conocido a ése antes?

FELIPA.—Si fuera él..., vaya que le he conocido. ¡Quisiá Dios que no le hubiá encontrao en mi vida...! Pero no pué ser él... *(Mira con el rabillo del ojo.)* Claro que con esa barbita y el pelo cano, y toa la pintura que lleva encima cualquiera le conoce... Va estucao... Cuando vino al pueblo...

ALVARO.—¿Qué pueblo?

FELIPA.—¿Cuál quié usté que sea? El mío, mi pueblo.

ALVARO.—¿Pero tú de dónde eres?

FELIPA.—Misté de dónde voy a ser yo. ¿No decía usté que me conocía? Provincia de Ciudad Rial..., del Toboso...

ALVARO.—¡Estaba escrito! La fuerza de los hados...

FELIPA.—Pero llevo cuatro años en Madrid. Por eso no me se nota tanto lo paleta, ¿verdá usté?

ALVARO.—¿Paleta tú, criatura ecuménica? Tú eres del universo mundo y tu patria el terráqueo... ¿Y qué, se enamoró de ti?

FELIPA.—Pos sí, señor. Con toa su alma, así lo decía él... Y quién sabe... si a pesar de la mala acción que me hizo pué que fuera verdad. Hay cosas que no se puén fingir... ¡Tenía un pico...! ¿Usté ve, antes, cuando yo me puse así como enfurruñá porque dijo eso del ángel de amor y la apartada orilla? Pues eso me lo decía él a mí... Y...

ALVARO.—¿Y te lo decía arrodillándose a tus pies, no?

FELIPA.—Pos sí, señor, que sí. ¿Y usté cómo lo sabe?

ALVARO.—¡Paloma sin mácula, piélago de inocencia, yo lo sé todo! Sé que te juró que iba a casarse contigo, que te traería a Madrid después de hacerte su esposa... Que te contó maravillas de lo bonito que era Madrid, de lo felices que ibais a ser...

FELIPA.—*(Con expresión dolorida.)* Y misté lo que ha sío Madrid pa mí... Callejera tó el día pregonándole los décimos al agüelo..., toa cascarriosa, azacaneá de la mañana a la noche, pa sacarnos que comer... ¡Y que no falte!

ALVARO.—¿Tú no te viniste con él?

FELIPA.—¡Quia, no señor! El se desapareció un día dejándome plantá... y sin honra! La del humo... Mi madre fué la que me trajo... Los pueblos son los pueblos. Yo era la deshonra de mi pueblo... A tós les daba vergüenza de mí. Porque mi familia, sabe usté, es muy honrá... y yo también..., vamos..., aunque usté no lo crea. Y me trajeron al arrimo del agüelo, para que le hiciera de lazarillo. Menos mal que le tenía a él... Si no, en el arroyo... o peor. ¡Como ésa! *(Señalando a la actriz.)* Por eso el agüelo no me deja que me desaparte de él ni un tanto así. ¡Es la mancha que lleva una!

ALVARO.—¡Mancha tú! Ya lo dijo mi homónimo: "Pura como el aliento de los ángeles que rodean el trono del Altísimo..." *(Acercando su cara a la suya.)* Oye, Felipa. Voy a ir a hablar con este tío... ¡Y como sea él...! ·

FELIPA.—¡No, por Dios, señorito! Misté que se va a enterar tó el mundo...

ALVARO.—¡Descansa en mi diplomacia! Espérame... *(Se dirige a la mesa de los artistas. Se quita el chambergo y saluda a la antigua.)* Beso las manos a vuesas mercedes, ilustres representantes de la ficción. Y me presento: Alvaro de Tarteso. Poeta. Es seudónimo... El nombre del mortal no hace al caso.

ESCENA VI

CÉSAR.—Mucho gusto. ¿Usted es el autor de "Almas de mármol", no?

ALVARO.—*(Inclinándose.)* ¡Humilde obra de mi estro!

RITA.—Tiene versos... marmóreos. ¡Su mismo nombre lo dice!

LUIS.—Aquel soneto que empieza: "Mi alma salió de un bloque del Pentélico." ¡Cómo suena eso del Pentélico...!

ALVARO.—Agradeciendo, compañeros. Porque veo que estamos entre artistas...

LUIS.—*(Ofreciéndole asiento.)* Siéntese. ¿Una copita de Rioja?

ALVARO. — Gracias. Pero dejemos las minucias contemporáneas... Quiero hablar dos palabras con el caballero andante... *(Señalando a César.)* Si ustedes me permiten que me lo lleve...

CÉSAR.—No hace falta... Mis amigos pueden oír lo que usted tenga que decirme. Vivimos fraternalmente y no tenemos secretos. Se me figura que de eso precisamente estábamos hablando...

ALVARO.—No es más que una o dos preguntas: ¿Usted ha estado en el pueblo del Toboso, en el de verdad, no en el cinematográfico, hará cosa de cuatro años? No me venga usted con esa monserga de que yo no tengo confianza con usted para hacerle esas preguntas. Aquí no estamos en *Ecos de sociedad.* Somos hermanos en la gran fraternidad del arte. *(Alzando la copa.)* Salutem plurimam! ¡Abajo las convenciones burguesas y la cortesía anglosajona!

CÉSAR.—Permítame que le conteste con otra pregunta: ¿Usted es algo de esa muchacha?

ALVARO.—¿Yo? Inédita, hasta hoy. Lo que usted ha visto: compañero de mesa puramente casual en el establecimiento de vinos y cervezas La Estratoesfera, y hermano mayor suyo en este valle de lágrimas. Poco más que nada... Pero mañana..., ¡quién sabe!

CÉSAR.—En este caso, no veo por qué no decirle a usted la verdad. Sí, estuve en el Toboso hacia esos años... Andaba yo con una compañía de cómicos: quebró en Argamasilla de Alba. Fuí a parar al pueblo, conocí a la muchacha y... usted, que es artista, me comprende. Es la aventura sentimental que brota para el caminante romántico al borde del camino...

ALVARO.—¿Y no la volvió usted a ver nunca?

CÉSAR.—No. Vicisitudes de la fortuna. Dos vidas que se encuentran empujadas por el azar, cambian un beso de amor y luego cada una sigue su destino. No crea usted, a veces la he recordado con nostalgia. ¡Los artistas de la pantalla vivimos una vida tan artificial, tan refinada!... En medio de una orgía de champagne se piensa en aquel trago de pura agua campesina...

ALVARO.—*(Señalando con la cabeza hacia Felipa.)* ¡Pues ahí tiene usted el susodicho trago! Se tuvo que ir del pueblo, por la gente, y hace cuatro años que vocea décimos de lotería en las calles de la corte, guiando a su abuelo.

CÉSAR.—Hombre..., me hace usted apretárseme el corazón... Aunque ¡quién sabe si ella no será más feliz que yo, después de todo! Nuestras vidas no son lo que el público vulgar se figura... Usted, que es psicólogo...

ALVARO. —Perdone, amigo. Milito entre los neoparnasianos. Cultivo la rima opulenta y el verso de joyel. Lo introspectivo se lo dejo a Dostoyevski y otros eslavos. ¡Nieblas del Norte! *(Con acento burlón.)* Y diga usted..., ¿no le dice nada la idea de hacer partícipe de las penalidades de su vida de artista a esa flor campesina que usted cogió al borde del camino? Son vicisitudes del vivir... Sus vidas antaño se separaron..., hogaño vuelven a encontrarse... en "La Estratosfera". ¡Hidalgo, está manifiesta la voluntad de los astros...!

CÉSAR.—¿Qué quiere usted decir?

LUIS.—Si no interpreto mal al señor, quiere decir que por qué no te casas con la criatura...

RITA.—¡Estupendo! ¡Ja, ja! ¡Qué sensación en el mundo del arte cinemático! Ya estoy viendo las titulares de los periódicos: "César del Riscal, el Valentino Ibérico, contrae nupcias con una vendedora de lotería..." ¡Un exitazo de taquilla...! Si se entera Martínez, el de Prensa y Propaganda, no te escapas...

CÉSAR.—¿Hacéis el favor de callaros? *(A Alvaro.)* No crea usted que está usted hablando con un desalmado.

ALVARO.—¡Yo creerme eso! Dialogo con Don Quijote de la Mancha, creación inmarcesible del Manco de Lepanto... Con el defensor de la honra ultrajada y la virtud escarnecida, con el amparo de los inocentes... Y compenetrado, como debe usted estar, con su personaje, calcúlese lo que en esta peripecia, tomada de la vida real, habría hecho el Caballero de la Triste Figura...

CÉSAR.—Hombre..., demasiado sabe usted que esto... *(Señalándose el traje.)* es un papel que desempeño momentáneamente... Una cosa es la literatura y otra la prosa de este mundo... Al fin y al cabo, ¿qué es el héroe que represento? Un loco... de aquellos tiempos... ¡Si fuera uno a tomarle por modelo...! Yo tengo una carrera artística por delante..., el porvenir me sonríe..., y si en el Quijote salgo con éxito, quién sabe si hasta Hollywood me abriría sus puertas. Necesito casarme con una mujer que esté a mi altura..., que tenga *chic*, que vista y que hable francés... Un hombre como yo, y como usted, se debe a su arte... ¿Qué son las incidencias humanas comparadas con el ideal artístico...? Usted me comprende...

ALVARO.—¡Basta! Su exposición me persuade... La chica, después de todo, es muy decente, y vale más que se case con uno de su clase...

LUIS.—*(A César, irónico.)* Oye, tú, aquí el señor se tira por derecho... No sé si te has dado cuenta...

CÉSAR.—¡Déjame en paz, Luis! *(A Alvaro.)* Yo estoy dispuesto a ayudar a esa chica. Le voy a dar a usted una tarjeta mía y que vaya mañana por el estudio, de diez a once, a ver si la pueden colocar en maquillaje, por ejemplo... *(Saca una tarjeta del bolsillo del impermeable.)* Ahí tiene usted.

ALVARO.—*(Coge la tarjeta y sin leerla la hace pedacitos. Mira alrededor.)* ¿Hay por este recinto alguna escupidera o receptáculo similar para depositar los restos de esta cartulina, o se los confío a la madre tierra? *(Los tira.)* Y ahora *(A César.)* a usted le voy a matar. *(Dicho con acento suave y sonriente. César se echa atrás, los otros medio se levantan del asiento.)* ¡Calma, nobles farsantes! Me estoy expresando en lenguaje traslaticio, o sea, en tropo. La efusión de sangre no es indispensable por ahora. Lo que va usted a hacer es ir a la mesa de esa chica *(Con voz autoritaria y gesto duro, mientras todos le escuchan impresionados.)* y decirla todo esto que va usted a oírme, fijándose muy bien en mis palabras y sin salirse ni una jota de la pauta. Empiezan las instrucciones. Ah, y no me replique usted, o retiro el tropo...

LUIS.—*(A César.)* ¡Oye, tú no puedes humillarte...!

ALVARO.—*(Poniéndole una mano en el hombro.)* Pollo, en casos análogos, los mejores autores, sin excepción, recomiendan el silencio... *(Luis se calla. A César.)* Lo que va usted a decir es... *(Pasa el diálogo a las mesas de los obreros.)*

ESCENA VII

AMIGOTE 1.°.—Pos mira, yo no he leído nunca la novela, pero voy a ir a verla cuando la echen en el cine, ya que es de tanto mérito...

JULIÁN.—¡Bueno, te diré! Pertenece al ciclo del arte burgués propio de una edad ya extinta. Pero dentro de esa mácula, que le viene de nacimiento, el autor se coloca del lao del proletariado de la época.

AMIGOTE 2.°.—Pero, vengamos a cuenta..., ¿la novela es social, o no es social? Porque ahí está el toque... Si no es social, dime tú pa qué sirve...

JULIÁN.—¡Qué cosas tienes! ¡Cómo quiés tú que haya arte social en la Edad Media! Son los siglos del fanático oscurantismo. Ahora, como español, a mí me paece un poco irreverente que la pongan en película, sus diré..., si bien es cierto que así llega a las masas...

AMIGOTE 2.°.—Pero se pierde la letra..., que por lo que dices debe de estar bien... en su género...

AMIGOTE 3.°.—Jolibuz es la última ciudadela del capitalismo... Allí no se respeta nada... Y esto es una sucursal burguesa de Jolibuz en la Guindalera...

César y Alvaro se levantan y se dirigen a la mesa donde sigue Felipa. Esta, al verlos llegar, se levanta y se queda en pie, rígida, mirando a César.

Felipa.—¡Juan!

César.—*(Con tono teatral.)* ¡No, señorita, no! Su hermano, nada más. Eramos hermanos mellizos... No es usted la primera que nos confunde... ¡Nos parecíamos tanto...!

Felipa.—Pero ¿es que Juan...?

César.—Sí, señorita, ha muerto. *(Felipa se demuda, pero no llora.)* Marchó a América, en busca de un porvenir... y allí... murió. Pero tengo que decir a usted, ya que la casualidad me ha hecho encontrarla..., que antes de marcharse me habló mucho de usted..., que la mentaba muy a menudo...

Felipa.—¿Sí? *(Alegrándosele el rostro.)*

César.—Es más, que su deseo más ardiente era casarse con usted, reparar su falta...

Felipa.—¿Sí? ¿Es verdad?

César.—Como la digo... Se fué por esos mundos a probar fortuna, a ver si podía juntar un capital... para ofrecérselo a usted...

Felipa.—¡Para mí! *(Radiante.)*

César.—Sí, para casarse a la vuelta... La suerte no lo quiso... Ya que nos hemos encontrado, la dejaré a usted ese retrato suyo, que llevo en la cartera... *(Se lo da.)* Se lo hizo por entonces...

Felipa.—*(Conmovida.)* Muchas gracias; usté no sabe, no pué saber, cuánto se lo agradezco... Pero ¿dice usté de verdad eso de que él se recordaba de mí... y quería...?

César.—¡Como usted lo ha oído! Y ahora, señorita, permítame que me retire... *(La saluda. Felipa está mirando el retrato. Alza la cabeza al oír la despedida de César.)* ¡Quede usted con Dios!

Felipa.—Adiós... *(Mirándole a él y al retrato.)* Misté que eran ustedes parecidísimos... ¡Es que si no le ve una no lo cree...!* (César se vuelve a su mesa y habla con sus *compañeros. A Alvaro.)* Lo que es diferente es la voz, sabe usté. El mío la tenía tan dulce, tan cariñosa... *(A Alvaro.)* ¡Ay señorito, usté no sabe lo que ha hecho!

ALVARO.—¡Puede que sí!

FELIPA.—¡Que no, señor! ¡Qué va usté a saber! Es que soy otra, es que ahora me atrevería yo a ir a mi pueblo y a mirar a tós así cara a cara, sin bajarle los ojos ni al más pintao. ¡Es que me quería, no lo ha oído usté!

ALVARO.—Sí, mujer, sí...

FELIPA.—Es que se hubiá casao conmigo, y me hubiá teníoo hecha una reina, y... Tó eso me ha dicho el hermano, ¿no, verdad? Pobrecito mío... Y eso de las Américas está mu largo, ¿no? Se va en barco... de esos de velas, ¿verdá usté?

ALVARO.—No, hija mía, vive en tu tiempo..., en piróscafo... Yo suelo ir allí todos los años, sabes, por puro solaz... en busca de exotismo... Lo digo por si alguna vez quieres...

FELIPA.—¿Quién, yo? ¿Pero qué me pasa hoy a mí? *(Con acento de asombro.)* Paece que yo..., vamos..., que yo no soy yo... *(Mira el retrato, absorta. Alvaro la mira fumando su pipa.)*

ESCENA IX

JULIÁN.—¡Torpedo!

TORPEDO.—*(Acude.)* Sí, señor Julián.

JULIÁN.—Tráete el Espasa y un frasco de lo blanco.

TORPEDO.—¡Ya está aquí! *(Va al mostrador.)*

JULIÁN. — Jugaremos de a perra gorda la mano, ¿eh? ¿Se aprueba?

AMIGOTES.—¡Por aclamación!

TORPEDO.—Ahí tién ustés el vino y la Ciclopedia. Es nueva, ustés la estrenan. *(Les da la baraja. Se levantan los cómicos, se ponen los abrigos e impermeables, pagan y salen. Al pasar por delante.)*

CÉSAR.—¡Hasta la vista...! *(Los demás saludan con la mano, menos Rita, que hace como que no mira, altivamente.)*

ALVARO.—¡Vale, suripanto! ¡Que te proyecten mucho y con salud!

FELIPA.—*(Mirando a César.)* ¡Igualito! Ahora, hasta la voz parecía la misma... *(Se lleva las manos a los ojos.)*

ALVARO.—Fíjate en el letrero. *(Señala al vacío.)* Se proscribe el llanto a las horas de las comidas. *(Saca un pañuelo y se lo da.)* Toma, Ariadna del laberinto matritense, es limpio de hoy... y de seda.

FELIPA. — Gracias, muchas gracias. *(Se seca.)* Tié usté razón, no es día pa llorar.

RAMÓN.—*(Abre la puerta, entra muy de prisa y se dirige a Felipa. Habla apresurado.)* Usted dispense, joven, ¿cuántos décimos le quedan a usted?

FELIPA.—No sé, voy a ver...

RAMÓN.—No se moleste... No serán más de cincuenta...

FELIPA.—Ca, no señor. Unos treinta y siete...

RAMÓN.—Ahí tiene usted cincuenta duros. Se los compro todos... y quédese con la vuelta. No, no me los dé usted ahora, estoy de prisa... Si tocan... usted los cobra... Bueno, no tengo tiempo. ¡Suerte, muchacha! *(Sale corriendo.)*

FELIPA.—*(Estupefacta.)* ¿Pero qué es esto? Misté... Cincuenta duros... Y se deja los décimos... Ese tío está loco...

ALVARO.—Felipa, respeta la exactitud histórica..., el loco es el otro..., Don Quijote..., el caballero ideal...

FELIPA.—¿Entonces, éste quién es?

ALVARO.—El ignaro Sancho Panza, o el grosero materialismo...

ESCENA X

FELIPA.—*(Mirándolo con admiración.)* Es que usté lo sabe tó... *(Se vuelve.)* Voy a despertar al agüelo... Cómo se va a poner de contento cuando sepa que he vendido todas las existencias en un menuto y con propina de trece duros. *(Se acerca y le toca.)* ¡Agüelo, agüelo! Despiértese, mire... *(Le sacude.)* Pero qué soñera tié usté. *(Alarmada.)* Virgen Santa, si es que se ha... ¡Socorro! *(Acuden Julián, amigotes, Dimas, Torpedo, y le rodean de modo que no se vea el cuerpo.)* ¡Me s'ha muerto, Virgen del Socorro, me s'ha muerto...!

ALVARO.—*(Que sigue sentado a la mesa, se pone en pie, pero no se mueve.)* ¡Hemiplejía! ¡Y qué sabe la ciencia! El rayo de los dioses. Ellos son. Ya los siento, ya se me transmite su orden, aquí, a la mano. ¡Alvaro, prepárate! ¡Llegó tu hora!

FELIPA. — *(Saliendo del grupo que sigue rodeando y ocultando al abuelo, se pone en el centro de la escena, cara al público.)* Aquí me tiés, Virgen de los Desamparaos, aquí tiés a Felipa, por apodo la de la suerte, sin más cobijo que tu divina mercé. Talmente ocurren los casos de este cochino mundo... Como la rueda grande de la feria, te echa la fortuna a lo más arriba, te encumbra allí a lo alto y lo ves tó precioso igual que si fuá un nacimiento, y al menuto, derrocá estás otra vez por el suelo y ya no eres na... más que Felipa, tu servidora. En bendita hora nos entremos hoy, así me lo figuré yo, en la Tratosfera, yo y el agüelo, pa el condumio, apenas hace un rato... Y en este trecho de tiempo tó empezó a pintárseme del color de la rosa... En bendita hora se aparecieron las máscaras, y la más alta me sacó del pecho aquel puñal de la deshonra que lo tenía hincao va pa cuatro años. Y en la mismísima herida, como que me empezó a brotar una alegría, parejamente a si me fuera a salir allí una flor... Y de sopetón cegá me quedé, cegá del tó, sólo con faltarme aquel agüelo mío, que la gente le llamaba el ciego... No hay prenda como la vista, que él solía decir. ¡Pero mi vista pa andar por el mundo él la tenía, no yo! Dios me ha castigado porque en este rato me se subió el orgullo a la caeza y me creí que ya veía tó por mi cuenta y tó era tan precioso, tan precioso... ¡Si no pué ser, Señor, si no pué ser! Y por eso se le abalanzó la Mala y me quitó esa gloria que estaba viendo, pa tirarme a la negra vida otra vez. Sola yo, desgarrá de mi casa, huérfana de tó amparo, en esta tierra de lágrimas... ¡Ay, vueltas del mundo, vueltas del mundo, porque nos volteáis así, como la vaca mala de la capea, corre que te corre de uno pa otro, echándolos a tós por el aire...! *(Se echa al suelo y llora.)* Virgen del Remedio, aquí me tiés, en este suelo de penas. ¿Y quién me va a valer, Virgen, dime, y quién habrá que mire por mí...?

ALVARO.—*(Se acerca a ella, y la tiende la mano.)* Levanta, Felipa de la suerte.

FELIPA.—*(Le mira como hipnotizada, sin alzarse.)* ¿Qué quié usté?

ALVARO.—*(Desde ahora, Alvaro hablará con tono grave y protector, como si fuera otro su papel.)* Vamos... Acaba el planto... Ya eres mía... *(Felipa se ha alzado y está a su lado, sin darle aún la mano.)*

FELIPA.—¿Vamos? ¿Con usté? Pero si no sé ni su nombre..., si entavía no le he preguntao a usté cómo es su gracia...

ALVARO.—¿Y qué? Una mano es lo que te ofrezco... y una mano no necesita nombre...

FELIPA.—*(Dudosa.)* Señorito, usté es mu güeno... Usté sabe mucho... Pero ¿ánde vamos?, ¿aónde quié usté llevarme?

ALVARO.—No lo sé... Ya nos lo dirán... Todo nos lo dicen a su hora... Tú toma mi mano y anda.

FELIPA.—Y usté, ¿quién es?

ALVARO.—Eso ya lo verás. A mi cargo vienes. Tu encargado soy. Tú, la que guiabas, que te guíen te toca. Difunto está el abuelo, lavada tu alma de deshonra, otra vas a ser. ¿Me conoces ya? Yo estoy siempre junto a algo que se acaba.

FELIPA.—Sí, ya me parece que le voy conociendo. Es usted mi... mi...

ALVARO.—Soy lo que te queda, tu futuro, Felipa de la suerte..., tu futuro. Toma *(Tendiéndole la mano abierta.)* lo que te ofrezco. *(Felipa sonríe y le entrega su mano, y así, cogidos van serenamente hasta la puerta. Telón.)*

FIN DE
"LA ESTRATOESFERA"

LA ISLA DEL TESORO

COMEDIA EN UN ACTO

Para Soledad Salinas de Marichal.

LA ISLA DEL TESORO

PERSONAJES

(Por orden de entrada en escena.)

JUANA, criada.
PEPA, criada.
DOÑA TULA.
MARÚ.
EMPLEADO DEL HOTEL.

ROSARIO.
SEVERINO.
LA JEFA DE PISO.
EL GERENTE.

La acción tiene lugar en una gran ciudad. Época contemporánea.

ACTO ÚNICO

La escena representa una habitación-salón espaciosa de un hotel de gran categoría. Muebles cómodos y de lujo: diván, butacas, mesa de escritorio, tocador, etc. Al foro, un gran ventanal por el que se ve un cielo con nubes. A la derecha del espectador, puerta de entrada al cuarto, que se supone da al pasillo. A la izquierda, y poco más o menos enfrente, otra de acceso a la alcoba. Hora, como las cuatro de la tarde.
Al alzarse el telón, JUANA da los últimos toques a la limpieza del cuarto. En la alcoba se supone que está, limpiándolo también, PEPA. JUANA es mujer seria, de edad madura. PEPA, jovencita, delgada, de aspecto tímido e ingenuo.

ESCENA PRIMERA

JUANA y PEPA

JUANA.—*(Asomándose a la puerta de la alcoba.)* ¿Te falta mucho?

PEPA.—*(Sale con útiles de limpieza.)* No, señora Juana, ya está. *(Se para y mira alrededor.)* En mi vida he limpiado una habitación con más pena. ¡Mentira parece! *(Se lleva el pañuelo a los ojos.)*

JUANA.—La verdad es que el pobrecito, que gloria haya,

97

si es que Dios perdona esas acciones, se hacía querer. Tan sencillo, tan callado, tan generoso. ¡Y no creas que lo digo por las propinas, no!

PEPA.—¡Ave María Purísima, qué cosas tiene usted, señora Juana! ¡Como si no la conociera! *(Acercándose con aire misterioso.)* Y diga usted, ¿es verdad eso que dicen de que no le encuentran?

JUANA.—¿Cómo que no le encuentran?

PEPA.—Vamos..., el cuerpo... Yo he oído que han buscado por todo el canal Mayor y no...

JUANA.—*(Acercándose a la ventana y mirando hacia abajo.)* Es que con la altura de esta ventana, ¡figúrate tú! Se habrá ido bien al fondo.

PEPA.—¡Ay!, calle, calle, señora Juana, que me dan temblores. ¡Cómo harán ciertas personas esas cosas! ¡Tan guapo, tan joven, tan rico! *(Bajo, otra vez.)* ¡Y dicen que era príncipe! ¡Será cierto, señora Juana? *(Se sienta en un sillón.)* Ay señora Juana, yo estoy muy mal.

JUANA.—Muchacha, lo que te pasa a ti es que estamos hablando de más. ¡Y muy mal hecho! Ya oíste ayer al gerente las órdenes, cuando nos reunió a todos los del piso. Silencio absoluto es lo que nos mandó. Decir que nadie sabe nada, que no ha visto a ningún caballero de esas señas en este hotel. Vamos, como si no hubiera existido.

PEPA.—¿Y por qué será tanto secreto, señora Juana?

JUANA.—¡Qué inocente eres, hija mía! Un suceso así, de un personaje importante, como debía de ser el... difunto *(Se signa.)* puede desacreditar el hotel, arruinarlo... De manera, hija mía, que ¡a callar! Ya sabes lo que dijo: nada de murmuraciones entre nosotros, tampoco. Y si cogen a alguien hablando..., a la calle, sin más.

PEPA.—*(Apoyando la cabeza en el respaldo y echando a llorar.)* Ay señora Juana, a mí me echan, me echan... Soy muy desgraciada... *(Hipando.)*

JUANA.—*(Se acerca.)* Pero, tonta, ¿por qué te van a echar? No tienes más que callarte y...

PEPA.—*(Aumentando el sollozar.)* ¡Si es que... es que...! Es otra cosa.

JUANA.—*(Curiosa.)* ¿Otra cosa? ¿Cuál cosa?

PEPA.—Ay señora Juana, no me atrevo a decírselo a usted. He hecho una cosa mala, muy mala... *(Llora.)*

JUANA.—Vamos, muchacha, vamos, dímelo. No será tanto. Lo que eres tú es una romanticona.

PEPA.—Tiene usted razón; eso me pasa de romanticona que soy.

JUANA.—Pero ¿qué es lo que te pasa? Dímelo. ¿No tienes confianza en mí?

PEPA.—Sí, señora, sí. Y además *(Poniéndose en pie y mirando alrededor.)*, usted me tiene que ayudar y guardarme el secreto. *(Saca algo del corpiño.)* ¿Usted ve esto? *(Lo desenvuelve.)*

JUANA.—Parece un cuaderno o un libro.

PEPA.—Eso es. Un cuaderno. Y mire usted qué tapas tan bonitas! *(Se lo lleva a la nariz.)* ¡Qué bien huele! Era de él.

JUANA.—¡Pero chiquilla, y cómo tienes tú eso!

PEPA.—No me riña, señora Juana, verá usted. Cuando se fué la Policía, después de registrar los armarios y los cajones, con el equipaje y todas sus cosas... Y lo que digo yo, señora Juana: ¿adónde se lo llevarían? Tendrá familia. Quizá lo lleven a su palacio...

JUANA.—Déjate de eso, no seas loca. Sigue contándome...

PEPA.—Pues me mandó la jefa que diera un limpión. No sabe usted el mal rato que pasé yo sola aquí, y con un miedo a que se me apareciera...

JUANA.—¡Qué bobería!

PEPA.—Pues figúrese usted que al descorrer el cortinón este de la ventana *(Va a ella y explica todo en acción.)*, aquí en el suelo, tapado por uno de los pliegues, me encuentro esto. Era suyo. La noche antes yo lo vi escribiendo en ese cuaderno, cuando entré a preparar la cama. Sin saber lo que hacía, lo cogí, me lo guardé, sin decir nada a la jefa de piso. Pero mire, señora Juana, no puedo, no puedo quedarme más con él.

JUANA.—Pero ¿y qué dice ese libro?

PEPA.—Sabe usted, está escrito de su puño y letra todo. Pero ahí viene lo raro. Es que yo no lo puedo leer. Lo abro, echo la vista encima y se me nublan los ojos y no sé lo que veo. Me da mucho susto, porque me ha pasado tres veces, y ya me creo que es como un aviso del cielo de que no es mío y no lo debo leer..., ¿verdad?

JUANA.—A ver, trae. *(Lo examina.)* ¡Bonito sí que es! Lástima que yo no sepa leer. *(Se lo devuelve.)*

PEPA.—Y sabe usted, señora Juana, me ha entrado tal remordimiento que he venido esta tarde decidida a ponerlo otra vez donde estaba y quitarme de cuidados. No he podido dormir la noche pasada.

JUANA.—Pero eso de dejarlo en el mismo sitio no me gusta.

PEPA.—¿Se la ocurre otra cosa, señora Juana?

JUANA.—Yo no sé. Digo, sí. *(Va a la ventana.)* Tirarlo al canal. Y así no queda rastro...

PEPA.—Eso, eso no. Me parecería un crimen... hacer con el cuaderno lo mismo...

JUANA.—Lo mismo ¿qué?

PEPA.—Lo mismo que él hizo con su persona. No, no. Lo pondré donde estaba.

JUANA.—Pero, tonta, ¿no ves que lo encontrará quien venga a esta habitación y se lo dará a la jefa y te meterás en un lío por no haber limpiado bien? No, ponlo ahí, en un cajón del tocador...

PEPA.—Pero pasará lo mismo.

JUANA.—No. Porque los cajones los registró la Policía y eso no es cosa tuya...

PEPA.—¡Pues sí que es verdad, señora Juana! Tiene usted razón. Ahora que yo me quedaría con la conciencia más tranquila poniéndolo donde estaba. Me acuerdo muy bien...

JUANA.—Dios mío, cuándo se te quitará tanta novelería. Por supuesto cuando te cases y tengas hijos y... *(Suena el timbre del teléfono.)* Sí, sí, señor. Está lista. Todo limpio. Cuando usted guste. *(Cuelga el teléfono. Volviéndose a Pepa.)* Oyes, que van a mandar unos huéspedes dicen de la dirección...

PEPA.—*(Con el cuaderno en la mano.)* ¡Dios mío, qué apuro, qué apuro...! No hay más remedio que hacer lo que usted dice. *(Va a un cajón del tocador, lo abre y suelta el cuaderno allí.)* ¡Ya está! Señora Juana, por Dios, usted no dirá una palabra de todo esto, se lo pido por...

JUANA.—*(Recogiendo los bártulos.)* ¿Te crees que soy tonta? Por la cuenta que me tiene. Pero así aprenderás a no volver a hablar de ese... pobre señor. Y aligera, que ya estarán subiendo los nuevos...

PEPA. — *(Recoge sus cosas y sigue a Juana hacia la puerta.)* ¡También es conciencia...! Ayer pasó aquí lo que pasó y hoy ya alquilan el cuarto a otros. ¡Es que la gente parece que no tiene alma!

JUANA.—¡Alma, alma! Lo que ellos quieren es ganar dinero, mira tú. ¡Hala, hala y no hables tanto...!

PEPA.—*(Antes de salir se vuelve, mira al cuarto y se limpia los ojos.)* ¡Pobrecito señor! Era diferente de todos. No era como los demás, no... *(Asoma señora Juana y la da un tirón violento para hacerla salir.)* Ya va, señora Juana, ya, ya... *(Salen.)*

ESCENA II

EMPLEADO, DOÑA TULA Y MARÚ.

Apenas han salido las criadas, cerrando la puerta, se oye la llave desde fuera y entran DOÑA TULA y MARÚ. La primera, señora de edad, bien vestida, delgada, aire bondadoso. MARÚ, unos veinticinco años, alta, delgada, grácil, bellísima, seria, elegante. Trajes de viaje, con equipaje de lujo. Les acompaña un empleado, obsequioso.

EMPLEADO.—Y esta habitación, al lado de la suya *(Señalando a Doña Tula)*, puede ser para la señorita, si es de su agrado...

DOÑA TULA.—Tú dirás, hija mía...

MARÚ.—*(Va a la ventana y mira.)* Sí, me gusta la ventana. *(Al empleado.)* Nos quedamos con esta ventana, digo, con esta habitación. *(Señalando al equipaje.)* Estos tres bultos son los míos. Los otros, al cuarto de mi madre.

EMPLEADO.—Está muy bien, señorita. *(Cogiendo los bultos.)* ¿La señora viene conmigo?

DOÑA TULA.—No. Lleve el equipaje ahora. Yo voy a quedarme un momento aquí. Déjeme la llave encima de la cómoda. Gracias. *(Sale el empleado.)*

MARÚ.—*(Ha ido a la ventana y se detiene ante ella, mirando. Habla de espaldas.)* Ya sabes, mamá, para mí lo primero, las ventanas. Esta es hermosísima. Son mucho más importantes las ventanas que las puertas... Al fin y al cabo..., ¿para qué sirven las puertas?

DOÑA TULA.—Para nada, hija, para nada. ¡Evidente! Es decir, sí sirven. Para caso de incendio. Cuando no se puede usar la ventana.

MARÚ.—*(Se vuelve riendo, va a su madre y la abraza.)*

101

¡Qué mamá esta! Después de todo, nos entendemos mejor de lo que parece.

DOÑA TULA. — ¡Por algo será! Ven acá. *(La lleva al diván y la sienta con ella, a su lado.)* Vamos a ver. ¿Estás contenta? *(Mirándola a los ojos.)*

MARÚ. — *(Como extrañada.)* Pues claro que sí. No te digo que la ventana...

DOÑA TULA.—¡Pero, criatura de Dios, si no estoy pensando en el cuarto!

MARÚ.—¿Pues en qué estás pensando? ¿Cómo lo voy yo a adivinar?

DOÑA TULA.—¡Adivinar! ¡Sí que tiene mucho que adivinar! Digo que si estás contenta de tu resolución, de tu boda, de lo que vas a hacer.

MARÚ.—*(Riéndose.)* ¡Ah, vamos...! Es que...

DOÑA TULA.—No irás a decirme que se te había olvidado que vas a casarte dentro de quince días.

MARÚ.—Olvidárseme... precisamente... no. *(Mirando alrededor.)* Entonces...

DOÑA TULA.—Entonces, ¿qué?

MARÚ.—Entonces ésta es mi última habitación de soltera...

DOÑA TULA.—Hija, tienes un modo de mirar las cosas...

MARÚ.—*(Yendo a la puerta y abriéndola.)* ¿Qué número tiene? Bah, 1.605. ¡La primera parte del "Quijote"! ¡Qué desilusión! Aunque quién sabe... Quizá sea 1605 antes de Jesucristo. Mamá, ¿tú sabes qué pasó el 1605 antes de Jesucristo?

DOÑA TULA.—Yo sí, naturalmente. Pero no tengo tiempo de decírtelo ahora.

MARÚ.—Y el número del teléfono. *(Va hacia él y lo mira.)* 1648. ¡La paz de Westfalia! Decididamente, no hemos tenido suerte, mamá.

DOÑA TULA. — Vamos, hija, vamos. ¿Quieres que nos cambiemos de hotel a ver si los hados te son más propicios? Verdaderamente no debías casarte...

MARÚ.—*(Seria, yendo hacia su madre, interrogativa.)* ¿Que no? ¿Por qué no, mamá?

DOÑA TULA.—Mira..., más vale que no te lo diga. *(Le coge la cabeza y la da unos besos cariñosos.)* Por esto, mejor dicho, por ésta, por ésta. *(Acariciándole la cabeza. Marú se desprende, va corriendo al espejo y se mira.)*

102

MARÚ.—¿Pero tan mal está? Fea, precisamente..., no soy fea... Ahora, con el viaje..., estoy un poco despintada y...

DOÑA TULA.—No, hija, si no eres fea. Todo lo contrario. Tu cabeza me preocupa... por dentro. Y por ahí no te puedes mirar, verte.

MARÚ.—*(Riéndose.)* ¿Que no? ¿Quién ha dicho que no? *(Corre a la ventana. Se para delante y empieza a componerse como si estuviera ante un espejo.)* Ves, aquí me veo yo, pero de verdad. ¿Qué tal? No, me gustan esas golondrinas. *(Se arregla unos rizos del cuello.)* Y esta nube..., que se vaya... *(Se levanta el flequillo de la frente.)* Bueno, así está mejor. ¡Hermoso cielo tienes, carabí, carabó... Soy yo, soy yo, soy yo... *(Cantando hacia la ventana y yendo hacia su madre, saltando. La abraza.)*

DOÑA TULA.—*(Soltándose.)* Santo Dios, y para esto me he gastado un dineral en varios colegios del Continente y las Islas Británicas. ¡Para que te formaran! Déjame, voy a arreglarme. Y tú arréglate también, de verdad. Y avisa a Severino. Quizá tenga plan para esta noche...

MARÚ.—Plan para esta noche. ¡Consultemos la astrología! Luna llena, sale a las seis veinticinco, se pone...

DOÑA TULA.—Y tú cuando te pones...

MARÚ.—*(Colgándose a su cuello.)* Para mi mamá, nunca, nunca...

DOÑA TULA.—Digo cuándo te pones a telefonear...

MARÚ.—En seguida. Primero a mi futuro próximo señor *(Hace una reverencia.)*, don Severino. Luego, a Rosarito... No, no, primero a Rosarito, no sea que... Doce años que no la veo... ¡Y es tan rica, tan rica...!

DOÑA TULA.—Bueno, yo me voy a mi cuarto.

MARÚ.—*(Ya está sentada al teléfono. Echa un beso a su madre, que sale. Buscando en la guía.)* Novales, Novales... a ver qué número tiene... Vaya... 2043. O el futuro insondable o la Prehistoria. ¡Haló! 2043. *(Pausa.)* ¿Señora de Novales? ¿En casa de su cuñada? Ah, pero usted la puede avisar allí. Sí, sí, haga el favor. Que la señorita de Pescara está en la ciudad y deseando verla. Hotel Ritz. ¿Habitación? Primera parte de..., no, no. 1.605, quise decir, 1.605. Gracias. *(Cuelga y se prepara a llamar de nuevo.)* Ahora a Severino. Este número sí que no se me despinta. ¡Qué sorpresa se va a llevar! *(Hablando por teléfono.)* Aquí habla la constelación del Cisne. No, toda la constelación, no. La segunda estrella, Albíreo, la de la curva del cuello. *(Bajando la voz.)* No sé si se me oirá bien, porque estoy muy lejos, muy lejos. *(Pausa.)* ¡Ja, ja, ja! Pero ¿cómo me has conocido? ¡Qué desencanto! Muy mal hecho. No es de caballeros. Un caballero debe fingir que no me conoce, aunque me conozca, y dar cuerda al engaño lo menos diez minutos. Es que no te encanta hablar con una segundona de la constelación del... Ja, ja, ja. Sí, ven pronto. Yo bajo en seguida. ¡Qué tonto! ¿De dónde va a ser? De mi cisne, hombre, de mi cisne. Pero me echo de cabeza. ¡Paracaídas! ¡Qué materialismo, hombre! ¡Qué técnico eres! Alas, hijo, alas. Bajaré con mis alas, no tengas miedo. ¿De modo que te vas a casar conmigo y no te habías dado cuenta de que soy alada? Ja, ja, ja. *(Pausa.)* ¿Qué? ¿Consejo de Administración? ¿Y eso qué es? Bueno, no importa, vienes ahora un momento a ver si te sigo gustando, y luego... *(Pausa.)* No, no señor. Besos por teléfono, no. Se pierden todos. *(Pausa.)* Sí, lo sé de buena tinta. Esos pajarillos que están en los hilos se los comen. ¡Que sí, yo los he visto! Por eso están tan guapos. Tienen el buche lleno de... Bueno, hijo, vete, vete. Hasta ahorita... *(Cuelga y se levanta.)* Y ahora un minuto de cosmética, como decía la profesora de latín. *(Va hacia el baño.)* Pero no, no, no. Se me olvidaba lo más importante. ¡La busca del tesoro! Lo inventamos Manola y yo la primera vez que estuvimos juntas en un cuarto de hotel. Toda habitación de hotel decente es una isla. Rodeada de agua por todas partes, en cañerías, en tubos, en radiadores, claro. Segura, protegida contra el mundo. En toda isla *comm'il faut* hay un tesoro escondido. ¡Buscad y encontraréis! *(Se dirige a la alacena y registra. Mientras, sigue hablando.)* Pero ¡qué de injusticias! La constancia no tiene recompensa, diga lo que quiera la moral de la voluntad. Diez años llevo haciendo lo mismo *(Pasa a registrar el escritorio.)* en no sé cuántos hoteles de varios continentes, y ¿para qué? Alguna infecta carta de negocios, cerillas, billetes de teatro, naturalmente, usados. Bueno, una vez en El Cairo tuvo gracia *(Pasa a buscar en la cómoda.)* de verdad. En un cajón de una mesa, la mismísima "Isla del tesoro", de Stevenson, edición Tauchnitz, y falta de las cuatro últimas hojas. Es lo que yo digo a mamá: eso sucede porque vamos a hoteles de primera, donde limpian sin compasión, y claro... *(Sacando del cajón, donde lo puso Petra, el cuaderno.)* ¡Y esto! Precioso. *(Oliendo.)* Tafilete de primera. Encuadernación de amateur. Será lo de siempre, el libro de señas, regalo exquisito de... *(Abriéndolo.)* No, no. ¡Ay, qué emoción! ¡Ahora sí que creo que es la suerte! La letra, preciosa, de hombre, no hay duda. Me gustaría que me escribiesen cartas en una letra así. *(Leyendo.)* "Pensamientos y soliloquios de un desesperado. Mes de octubre." *(Dando palmadas.)* ¡Pero si esto es increíble! ¡El tesoro! Por fin, por fin... Y está sin acabar, como si... *(Teléfono.)* Ay, el teléfono. *(Acude al aparato.)* Sí, ¿la señora de Novales? ¿Que sube en el ascensor? Bien, bien, gracias. *(Dejando el cuaderno encima del escritorio.)* ¡Qué ganas tengo de leerlo! Pero viene Rosarito, Rosarito. Voy a su encuentro. ¡Qué alegría! *(Sale.)*

ESCENA III

MARÚ y ROSARITO.

Un momento después entran cogidas del talle MARÚ y ROSARITO. Esta es una joven de la misma edad, también bonita y bien vestida.

MARÚ.—Ven acá, ven acá que te vea. *(La pone de cara a la luz.)* Guapísima, más que nunca. Si ya te decía yo que ibas a ser así. ¿Te acuerdas de nuestro concurso en la escuela, de retratos del futuro? ¿A que no? ¿A que no recuerdas que te pinté así, con un sombrerito redondo y blusa de hombreras, como ésta?

ROSARITO.—Vaya si me acuerdo. Pero déjame a mí que te mire. Estás...

MARÚ.—Vas a decir que estoy desconocida..., lo presiento.

ROSARITO.—No, hija, no. Todo lo contrario. No has cambiado...

MARÚ.—*(Irguiéndose y poniendo una postura afectada de modelo de modas.)* ¿No?

ROSARITO.—Bueno, mujer, claro, estás..., ahora eres una mujer y hermosísima.

MARÚ.—No, no. Eso se te figura a ti. Crecimiento puramente anatómico. Eso dice mamá. Pero de psicología, como antes, sin desarrollo. Es también cita de mamá. Tú, toda una señora casada...

ROSARITO.—¡Y feliz, Marú, muy feliz!

MARÚ.—*(La coge y la sienta a su lado en el diván.)* ¡Pues no faltaba más! ¿Es que se te podía haber ocurrido otra cosa?

ROSARITO.—No a mí, pero a lo mejor a él, a mi marido, se le ocurre.

MARÚ.—*(Besándola.)* Igual, igual, que cuando vivíamos las dos en el mismo cuarto de aquella escuela tan cursi, tan cursi, de Mrs. Parrot, o la Guacamayo, como la llamábamos...

ROSARITO.—No te pongas retrospectiva, Marú. ¡No te des tono! No tienes de qué. Eres muy joven todavía.

MARÚ.—Vaya quien habla. Creí, y así consta en todas las biografías, que éramos rigurosamente coetáneas.

ROSARITO.—Bueno, así, si hablas como materialista, puede... Tenemos los mismos años, pero yo tengo esos años, más... *(Enfáticamente.)*

MARÚ.—¿Más qué?

ROSARITO.—Más el matrimonio, hija. El matrimonio es una cantidad incógnita de años que se añaden a la edad cronológica de la contrayente en cuanto pasa un mes de la boda. Definición patentada.

MARÚ.—*(Seria.)* Hija, qué pesimista. Para mí, al revés. Estoy decidida, lo oyes, bien decidida a que mi matrimonio sea una cantidad X de años que se restan de los años numéricos de los contrayentes apenas de pronunciar el sí. ¡Voy a ser más joven!

ROSARITO.—¡Ah, ah! De modo que es verdad que tú...

MARÚ.—¿El qué?

ROSARITO.—Que te casas, que te casas dentro de quince días...

MARÚ.—Pues sí que es verdad. Todos los días se me pasan en dudar si hago bien o mal. Pero me cansa tanto esto de dudar, no es mi fuerte, sabes tú, que a media tarde ya estoy rendida y me refugio en la convicción inquebrantable de que me caso, sí.

ROSARITO. — Pues me alegro de habértelo preguntado ahora, a las cuatro.

MARÚ.—Bueno, hoy, con eso del viaje y todo, me convencí antes. Hasta creo que me desperté convencida.

106

ROSARITO.—Y óyeme una cosa... Bueno, no sé si... Una señora casada debe observar las reglas más elementales de la discreción y...

MARÚ.—Vamos, pregunta sin discreción alguna. ¡En seguida!

ROSARITO.—No, si es una tontería, si es...

MARÚ.—Razón de más. Casi todas las preguntas son una tontería o la provocan: la respuesta.

ROSARITO.—Pues te iba a preguntar si sigues teniendo aquellas teorías tan bonitas sobre el viaje de novios que nos exponías en la escuela. ¿Te acuerdas de que hiciste un cuestionario para que lo contestaran nuestras compañeras sobre cuál era el medio de locomoción más propio para esos viajes?

MARÚ.—¡Como si fuera ahora! ¡Y lo que nos divertimos sobre los resultados y las discusiones que hubo hasta que intervino Mrs. Loro!

ROSARITO.—¡Qué risa! Sólo dos preferían el tren. Y ten por seguro que han hecho casi todas su viaje de novios en ferrocarril.

MARÚ.—Prevaleció, como era de esperar, la vulgaridad rampante: las que querían el automóvil Hispano-Suiza. Era el coche de moda por entonces. Pero lo gracioso fué las respuestas raras. Juanita Liorna dijo que a ella la gustaría hacer el viaje de novios en camellos de caravana, pero sin caravana, vamos, cada novio en su camello. A mí las más indecentes me parecieron las progresistas, las que se las echaban de modernas y pedían zepelín o por lo menos un biplano pintado de azul y con cabina amueblada. ¡Qué cursis!

ROSARITO.—¡Y Rosita! Escogió la góndola. Y si era posible, una que amarrara cerca del Puente de los Suspiros.

MARÚ.—Era natural, porque luego confesó que quería casarse con un gondolero. Así se ve ahora como se ve. Escribiendo crónicas de sociedad en "El Día" con el seudónimo de "Elegancia", escrito con "t".

ROSARITO.—¡Y tú! La más original, como siempre. ¡La sorpresa que nos diste!

MARÚ.—Pues no he cambiado de modo de pensar, no señora. Sigo pensando lo mismo. Todas las maneras de viajar son deliciosas. Hay que dejárselo a la suerte. Lo que traiga el día. No me digas que no es maravilloso. Escribir

en papelitos todos los nombres: auto, tren, coche de caballos, autobús, vapor..., aeroplano..., todo lo que se nos ocurra. Y andar también, claro, que es lo que a nadie se le
ocurre. Echarse por los caminos de Dios de la mano, sobre
todo si hay bosques y fronda, y perderse en la selva. Pues
eso se escribe todo en papelitos y por la mañana, al despertar, cada cónyuge saca un papelito con los ojos cerrados, por supuesto, del montón, que habrá sido depositado
la noche anterior en un receptáculo y puesto al balcón para que los dioses nocturnos puedan deliberar sobre nuestro
destino. ¡Y eso no es más que la semifinal! Emocionante.
Porque luego aún queda por resolver entre las dos papele-
tas, la del esposo y la de la esposa...

ROSARITO.—*(Riendo.)* Tu sistema era genial, me acuerdo. El baño, ¿no?

MARÚ.—Eso es. Se le llena de agua, se hacen dos barquitos de papel con las suertes, y el que flote más tiempo, gana.
Y ése indica el medio de transporte que se debe emplear
ese día. No me digas, pero no hay trampa posible.

ROSARITO.—Así era, así era. No se te ha olvidado ni una
frase.

MARÚ.—¡Pero, hija, no hice prosélitos! ¿A que no te
acordaste de mis teorías cuando llegó el momento de tu
boda?

ROSARITO.—Pues verás... *(Se ruboriza.)*

MARÚ.—Vamos, te has puesto encarnada. No he fracasado del todo, ¿eh?

ROSARITO.—Te diré; eso de los medios de locomoción no
se le puede proponer a ningún novio así como así, impu-
nemente.

MARÚ.—Sí, hay que confesar que ciertas almas timoratas
pueden considerarlo excesivo... Me doy cuenta...

ROSARITO.—Pero el otro plan tuyo, el de los itinerarios
del viaje de novios, ése no se me fué nunca de la cabeza.
Me tenía conquistada... Tú lo recordarás, ¿verdad? Es
muy... razonable.

MARÚ.—¡Ven aquí que te abrace! *(Lo hace.)* ¡Razonable! Ya era hora que me comprendiera alguien.

ROSARITO. — *(Riendo.)* Bueno..., razonable comparado
con el otro.

MARÚ.—Razonabilísimo. ¿Hay nada más estúpido que ir
de viaje de novios a tal o cual país, que adaptar nuestros

gustos a las divisiones políticas? Absurdo. ¡Suiza, Escandinavia, Italia...! ¡Como si lo que a uno le gusta estuviese dividido conforme a fronteras! No, señor. Yo iré de viaje de novios buscando una cosa que me guste. Y lo buscaré por todas partes y países donde se encuentre. ¿Que te gustan los lagos? Pues haz tu viaje buscando lagos, comparándolos, coleccionándolos en tu...

ROSARITO.—*(Como absorta en el pasado.)* A mí, de todos los temas de itinerario de que hablábamos, el que más me gustaba era el de los puentes. Recorrer países deteniéndose en las ciudades donde haya puentes bonitos... Viejos, nuevos, de piedra, de madera, de acero... He soñado mucho en ese tema, como decías tú. El puente viejo de Florencia, los puentes de Budapest, los puentecillos de los canales de Brujas..., es precioso.

MARÚ.—Oye, ¿y se lo dijiste a tu marido?

ROSARITO.—*(Otra vez enrojece.)* No..., no me atreví. Hice trampa.

MARÚ.—¿Cómo trampa?

ROSARITO.—Pues sin decirle nada, como si fuese por otros motivos, le propuse un itinerario vulgar como todos, pero con la idea esa de los puentes por dentro. Y vi los que te he dicho y algunos más... Pepe me decía a menudo: "Pero, hija, qué manía tienes con los puentes." Porque, sabes, yo seguía tu teoría al pie de la letra: no sólo ver los puentes, sino pasarlos y volverlos a pasar en las dos direcciones para probarlos... Algunos tiemblan...

MARÚ.—*(Entusiasmada.)* Ay Rosario, Rosario, por algo te quise yo siempre tanto. Tú eres mi mejor discípula..., mi...

ROSARITO.—Calla, calla, me da vergüenza.

MARÚ.—¿Vergüenza? Vas a renegar ahora...

ROSARITO.—*(Cambiando de tono.)* Pero, bueno, ven acá. Ya se aproxima la indiscreción, ¿no la sientes? Tú dime: todo eso, lo de los papelitos, lo del itinerario, ¿son recuerdos del colegio o estás decidida a hacerlo ahora, cuando llega el momento, ahora que te vas a casar?

MARÚ.—¡Pues naturalmente! ¿Por quién me has tomado a mí, hija? ¿Por una soñadora? De ninguna manera. Soy un espíritu práctico, una...

ROSARITO.—Ja, ja, ja. Entonces, ¿lo vas a hacer, dentro de quince días...?

Marú.—*(Poniéndose seria.)* Bueno. Al pie de la letra, lo que se dice al pie de la letra..., depende... Es difícil...

Rosarito.—Tu novio... ¿no te sigue?

Marú.—Pues ahí está el problema, que mi novio me sigue. Hará lo que yo quiera. Y eso no me gusta. Yo querría que fuésemos al mismo paso, como los soldados de la misma fila, sabes, en eso que vosotras llamáis las ocurrencias. Pero, hija, yo no sé lo que sucede que siempre voy delante sin querer. Y me fastidia. Porque así resulta que Severino me admira, y no quiero que me admire, no, no. ¡Es lástima que no se pueda hacer un viaje de novios, una sola, antes de casarse, de ensayo...!

Rosarito. — *(Abrazándola, riéndose.)* Pero, Maruja, ¿quién no te va a admirar? ¡Qué se va a hacer contigo más que seguirte...! ¡Tú eres única!

Marú.—*(Se levanta, fingiendo furia.)* No, y no, y no. *(Dando con el pie en el suelo.)* Me sulfura la palabrita. ¡Única! Suena a fenómeno de feria o a genio de la raza, o a... ¿Querrás creer que Severino me lo decía a cada paso?

Rosarito.—¿Y ya no te lo dice?

Marú.—No, señora. Me ha costado tres meses de reeducación quitarle ese vicio. Algo queda. A veces estamos hablando y se pone encarnado. Yo noto que es la palabrita que se le viene a los labios. Pero se la traga.

Rosarito.—Ja, ja. Pero oye, niña, ¿no será eso orgullo?

Marú.—Tú también caes en ese lugar común de la psicología al por mayor. Tú sabes lo que quiere decir única, ¿verdad? Sola, sola. Y llamarme única es confinarme de por vida a la soltería...

Rosarito.—¿Por qué?

Marú.—Está claro. Si eres única, ¿con quién te vas a casar? Yo quiero casarme con un hombre, como yo, o muy parecido. Yo busco mi pareja...

Rosarito.—Como todas.

Marú.—Pero, hija mía, si yo soy única no tengo pareja posible. Tendría que dar con mi equivalente del otro sexo, el único. Y eso suponiendo que haya dos por designio de la providencia, uno para mujeres y otro para hombres... ¿No te seduce? La única buscando al único.

Rosarito.—Ja, ja.

Marú.—No, no te rías. Es más serio de lo que parece... Por eso no me he casado antes... No soy única, odio que me lo llamen, pero sé muy bien que soy rara, disparatada, como tú dices (y mamá también). Y mis disparates quiero convivirlos con un hombre que sea así, naturalmente disparatado, de nacimiento..., todos los días.

ROSARITO.—Hay muchos...

MARÚ.—No, pero disparatado a mi modo, con mi estilo. También en eso de disparatar hay clases. No me voy a casar con los hermanos Marx. Me reconocerás cierto gusto, cierta personalidad en el disparate.

ROSARITO.—Te reconozco más que eso: originalidad absoluta. Te diría una cosa, y te la voy a decir aunque te enfurezcas. En los años que no nos vemos he rodado bastante por el mundo, ya sabes la carrera de mi marido, he conocido a cientos de gentes y...

MARÚ.—¿Y qué?

ROSARITO.—Pues que vuelvo a verte y te encuentro como en la escuela. Eres única.

MARÚ.—*(Seria.)* ¿En mujer?

ROSARITO.—En mujer y en hombre.

MARÚ.—¿De veras que no has encontrado por esos mundos ningún hombre así? ¿Pero no comprendes que ésa es la tragedia, criatura?

ROSARITO.—Entonces, ¿Severino, tu novio...? *(Suena el teléfono.)*

MARÚ.—*(Al teléfono.)* Sí, sí, que suba. *(A Rosarito.)* ¿Mi novio? Como en el teatro, hija, ahí viene. Vas a verlo.

ROSARITO.—*(Levantándose.)* No, yo me voy, no quiero...

MARÚ.—Tú te vas, pero antes te lo presento para que me digas qué te parece. *(Llaman a la puerta.)*

ESCENA IV

Dichas y SEVERINO

MARÚ va a la puerta, abre. Entra SEVERINO, mozo alto, delgado, muy bien vestido y de aire elegante. MARÚ le da las dos manos mirándole con cariño. El las toma y luego le besa una de ellas. Se fija en la presencia de ROSARITO, que sigue de pie junto al diván.

SEVERINO.—No sabía... Mil perdones.

MARÚ.—*(Llevándole cogido de la mano hasta Rosario.)* De nada, de nada. Mírala. ¡Qué guapa!, ¿verdad? Pues

111

más lista aún y ¡de simpática! Siete años de colegio juntas, con la misma clase, en Inglaterra, sabes...

ROSARITO.—Pero, hija, esto no es una presentación, es una biografía encomiástica en desorden.

MARÚ.—*(A Severino, que sigue ante Rosario sonriendo, pero sin saludar.)* Vamos, salúdala...

SEVERINO.—Pero si no se te ha olvidado más que decirme el nombre de esta dama...

MARÚ.—Ah, es verdad. Pero qué importancia tiene eso. Qué etiquetero. Vaya. *(Como representando.)* Rosario, permíteme que te presente a Severino Roldán, mi prometido. Señora doña Rosario Fortún de Novales.

SEVERINO.—*(Inclinándose y besando la mano a Rosarito.)* Señora mía...

ROSARITO.—Muchísimo gusto, señor Roldán. Va usted a perdonarme que sea tan convencional y me marche en cuanto usted llegue diciendo que tengo mucho que hacer...

SEVERINO.—Señora, yo estaría encantado de...

ROSARITO.—No, no. Todo está convenido entre nosotras. Nos veremos mucho, más adelante, verdad. Cuando... *(Le ofrece la mano, que él besa.)* Adiós, Marú.

MARÚ.—*(Cogiéndola por el talle.)* Yo te acompaño hasta el ascensor. Sí, sí. *(A Severino.)* ¿Verdad que sí? Dos minutos. *(A Rosarito.)* Qué menos después de doce años... *(Sale y al salir echa un beso a Severino, que la mira encantado.)*

ESCENA V

MARÚ y SEVERINO.

SEVERINO enciende un pitillo, va a la ventana, mira, y al dar la vuelta se fija en el cuaderno que quedó encima del escritorio. Lo coge con aire indiferente, pero apenas lo hojea cambia de expresión.

SEVERINO.—¿Pero esto qué es? Y no es letra suya, es letra de hombre... *(Se oyen los pasos de Marú fuera. Severino deja el cuaderno donde estaba. Marú entra, cruza corriendo como una exhalación el cuarto, echando un beso al pasar a Severino, y entra en el cuarto contiguo. Con la puerta entreabierta y asomando lo menos posible de la cara.)*

MARÚ.—Usted dispense, caballero. Estoy hecha una facha. Necesito restauraciones urgentes. Desencantos quince días antes de la boda, no. No voy a tardar nada, nada. Y verás lo guapísima que salgo. *(Cierra casi del todo y se la oye silbar la canción de la "Primavera", de Mendelssohn. Severino se dirige al escritorio, mira al cuaderno, sin tocarlo.)*

SEVERINO.—*(En voz y tono indiferentes.)* Marú, ¿qué es ese cuaderno que...?

MARÚ.—*(Desde dentro siempre.)* ¡Ah, sí, el tesoro!

SEVERINO.—¿El tesoro? ¿Qué tesoro?

MARÚ.—Léemelo, léemelo mientras me arreglo, anda.

SEVERINO.—*(Coge el cuaderno, se sienta en una butaca cerca del cuarto de baño.)* ¿De quién es? ¿Es tuyo?

MARÚ.—No. No sé de quién es. ¡Qué más da! Tú lee. Salteado, a ver de qué trata.

SEVERINO.—*(Leyendo.)* "No te encuentro. Diez años buscando. ¡Cuántas equivocaciones! Y cómo duelen. ¿Existes? Nadie me contesta. ¿Son respuestas las horas alegres, que me dicen que sí, el mar por la mañana? ¿Son respuestas las horas tristes, que me dicen que no, la selva nocturna? Y si no existieras..." Pero ¡qué romántico, chica!

MARÚ.—*(Dentro.)* Sigue, sigue...

SEVERINO.—*(Leyendo.)* "Si la encontrara, la prueba de si es ella, de verdad, me sería muy difícil. La propondría ese viaje de novios con que tanto he soñado. ¿A una nación? No. ¿A una ciudad, al campo? Tampoco. A una preferencia. A una preferencia exquisita del corazón. A buscarla por dondequiera que se halle, en las formas variadas que revista. Por ejemplo, a ver ángeles. Camino de ángeles. Peregrinación de dos en busca de imágenes angélicas. Subiríamos a las torres de las catedrales a mirar de cerca esas esculturas que allá en lo alto apenas se distinguen y que acaso son más bellas que las que vemos por abajo. Escrutaríamos los fondos de los cuadros de gloria a ver si dábamos entre esos coros de ángeles con uno que..." *(La puerta de la alcoba se ha abierto. En ella está detenida, absorta, mirando fijamente a Severino, que no se ha dado cuenta, Marú. De pronto se precipita a Severino, le abraza, y se sienta junto a él.)*

MARÚ.—Pero, Severino, Severino mío, ¿qué es esto? ¿Cómo sabes tú inventar esas...?

SEVERINO.—*(Serio, desprendiéndose.)* Yo no invento...

MARÚ.—No, si ya sé, si son cosas de las que yo te he

113

hablado a ti, pero tú las hermoseas tanto, las das una forma tan... ¡Ay, qué alegría! *(Le echa los brazos al cuello.)*

SEVERINO.—*(Se separa y se levanta. Secamente.)* Te repito, Marú, que yo no invento ni hermoseo nada. Eso lo he leído en el cuaderno, ahí lo tienes. Y lo raro, lo inexplicable, es que son ideas tuyas, exactas.

MARÚ.—*(Coge el cuaderno y lee en alta voz.)* "Qué triste rutina la de los recién casados, de someterse a un modo de viajar, en sus primeros días de vida de dos, preparado de antemano por una agencia de viajes para miles de parejas. ¡Cuánto mejor no sería salir un poco al azar, un día de camino por las sendas del campo; otro, corriendo en automóvil por la carretera, de modo que todo lo que ayer era detalle fuese ahora..." *(Asombrada.)* No es posible, Señor, no es posible... *(Sigue.)* "¿Por qué mirarse siempre a los espejos, que nos devuelven la imagen material y externa de nuestro rostro? No sería mejor mirarse en los paisajes, por las ventanas, figurándonos que nos vemos a nosotros mismos, en algo más ancho, más hermoso..." *(Deja el libro y se dirige a Severino, angustiada.)* ¿Qué es esto, Severino, qué es esto?

SEVERINO.—¿Y me lo preguntas tú a mí?

MARÚ.—Pero ¿no lo has escrito tú...?

SEVERINO.—¿Yo? ¿Cómo voy a escribirlo yo? ¿Me crees capaz de...? Yo soy el que te pregunta ahora, y en serio, ¿qué es esto?

MARÚ.—¡Y yo qué sé!

SEVERINO.—¿Pero ese cuaderno quién te lo ha dado?

MARÚ.—Nadie.

SEVERINO.—¿Entonces lo has escrito tú?

MARÚ.—¡Con esa letra! Me sería imposible... No me lo explico.

SEVERINO.—Y yo, mucho menos. ¿De quién es el cuaderno?

MARÚ.—No lo sé.

SEVERINO.—Mira, Marú. *(Cogiéndola de las manos, mientras ella sigue con expresión de estar ausente.)* Ya sabes que todos tus caprichos, tus disparates, como tú los llamas, me encantan, pero comprende que esto... podría...

MARÚ.—¿De modo que tú sospechas que yo soy la que...?

SEVERINO.—Yo no sospecho nada. Discurro; me encuentro un cuaderno, me dices que lo abra y lo lea y allí están las ideas, las fantasías tuyas, las que tú me has dicho muchas veces tan exactamente dichas, aunque con otras palabras, que ¿cómo no voy a creer que lo has escrito tú y me estás dando una broma? Marú, dime la verdad.

MARÚ.—Severino, sería absurdo. La verdad te la digo en dos palabras: he llegado a esta habitación, he abierto un cajón del tocador, ése *(Va a él, lo abre.)*, me he encontrado el cuaderno, en esto ha venido Rosarito, lo he dejado, apenas abierto, en el escritorio para leerlo luego. Llegaste, y lo demás lo sabes lo mismo que yo.

SEVERINO.—Pero si eso no lo escribiste tú, el que lo escribiera te conoce de cerca, muy de cerca..., más que yo..., que nadie.

MARÚ.—¿Por qué? ¿Es que no puede haber otra persona que piense... como yo?

SEVERINO.—No. ¡Tú eres única! Esto es muy extraño, Marú, muy extraño. Yo soy un hombre sencillo, tú eres muy complicada. Aún no sé si me estás hablando en serio o si estás jugando conmigo.

MARÚ.—¿Qué quieres decir?

SEVERINO.—Yo... Comprenderás que esto es difícil de explicar... Si yo creyera que estás...

MARÚ.—¡Basta! Comprendo. Sospechas. De mí, o de... No me importa. Pero para satisfacer tu deseo de lógica, de explicarte, verás qué pronto nos lo explicamos todo. Vamos a acabar de una vez. *(Enérgica. Va al teléfono.)* ¡Haló! Sí, la camarera del cuarto, que venga en seguida. *(Pasea arriba y abajo. Severino, sentado, apoya la cabeza en la mano. Llaman.)* ¡Adelante!

ESCENA VI

Dichos y PEPA.

PEPA.—¿Llama la señorita?

MARÚ.—Sí. Tome usted. *(La da algo, dinero.)* Y contésteme claro.

PEPA.—Yo sí, señorita, tantísimas gracias. Usted dirá.

MARÚ.—¿Quién es el caballero que ha ocupado estas habitaciones antes que yo?

PEPA.—*(Azoradísima.)* ¡Ay señorita!, yo no sé, yo no sé nada, yo no lo he visto... Yo no lo veía...

MARÚ.—¿Pero usted no limpiaba este cuarto? ¿Usted no veía al huésped que lo ocupaba...?

PEPA.—Señorita *(Devolviéndoselo.)*, tome uste, tome usted, yo no he visto nada...

SEVERINO.—*(Enseñándola el cuaderno.)* ¿Usted no conoce este cuaderno.

PEPA.—*(Descompuesta, casi llorando, retrocede, mientras mira al cuaderno como fascinada.)* ¡Ay, el cuaderno...! Este..., éste..., yo..., no, no, nunca.

SEVERINO.—Pero ¿qué la pasa a usted? ¿Es que tiene magia?

PEPA.—Sí, sí, tiene... eso..., magia... No, señorito; usted dispense, no sé lo que me digo.

MARÚ.—¡Déjala! Mira, muchacha, ve con Dios y cálmate los nervios. *(Sale Pepa.)*

ESCENA VII

MARÚ, SEVERINO y JEFA DE PISO.

MARÚ.—*(Al teléfono.)* ¿Es la jefa de piso? ¿Me haría el favor de venir un momento a mi cuarto? Necesito unos informes. *(Cuelga. Coge el cuaderno, que estaba en el diván, lo hojea y se pasa la mano por la frente. Llaman.)* ¡Adelante!

JEFA DE PISO.—*(Entra y se queda junto a la puerta.)* Los señores dirán.

MARÚ.—Mire usted, tenemos sumo interés en saber qué persona o personas han tenido este cuarto antes de llegar mi mamá y yo.

JEFA DE PISO.—Siento no poder decírselo a la señora, pero hay órdenes severas de la dirección de no dar informes, nosotras, sobre los viajeros. Se podría prestar a...

MARÚ.—Está bien, gracias. *(Sale Jefa.)*

ESCENA VIII

MARÚ y SEVERINO.

MARÚ.—Pues, señor, ¡entre el histerismo y la organización no hay modo de enterarse! Pero esto no se queda así, no. Veremos ahora. *(Al teléfono.)* El gerente... ¿Es el gerente? Mire, no quiero molestarle pidiéndole que suba al 1605, pero me interesa mucho, por razones particulares, saber quién estuvo en este cuarto antes que nosotros. ¿Cómo? ¿Que va a consultar al director? ¿Pero usted no lo sabe? Bien, gracias. *(A Severino. Nerviosa.)* Pues, hijo, yo no lo entiendo. ¡Vaya un misterio! Dice que no puede comunicármelo sin autorización superior y que se la va a pedir al director.

SEVERINO.—*(Siempre en tono frío e incrédulo.)* Sí, mucho, mucho misterio. Yo no entiendo nada...

MARÚ.—¿Y te crees que yo entiendo más?

SEVERINO.—Tú, por lo menos, entiendes el cuaderno. Insisto en que si no es tuyo tiene que ser de persona que tú conoces muy bien, muy bien; a quien has confiado tus...

MARÚ.—Mira, Severino, hasta aquí podemos llegar. Basta con este lío o misterio. No le añadas una tontería.

SEVERINO.—¿Una tontería llamas a...?

MARÚ.—Por no llamarlo cosa peor, una impertinencia... y... *(Llaman.)* ¡Adelante!

ESCENA IX

Dichos y GERENTE.

GERENTE.—Señorita de Pescara. Soy el gerente del hotel.

MARÚ.—Mucho gusto. Aquí, el señor Roldán, mi prometido.

GERENTE.—Muy señor mío. Pues me ha comunicado la Jefa de piso sus deseos. En realidad, no solemos dar informes de esa naturaleza, pero tratándose de clientes como ustedes y de personas tan respetables, no tengo inconveniente en decirles que el 1605 lo ha tenido alquilado, como estable, casi dos años, el presidente de la compañía de máquinas calculadoras, señor Coloma.

MARÚ.—¿Y ese señor era...?

GERENTE.—Respetabilísimo. Persona ya entrada en años, muy serio. Se ha retirado de los negocios, por su edad, hace dos meses.

MARÚ.—¿Y luego?

GERENTE.—Luego, el cuarto ha estado vacío. Nos hallamos en la época menos favorable; como da al canal y tiene menos sol, no se ha ocupado hasta que vinieron hoy las señoras. *(Inclinándose.)*

MARÚ.—Señor gerente, muchas gracias. Estoy segura de que mi madre le agradecerá los informes también.

GERENTE.—*(Inclinándose.)* ¡A sus órdenes! *(Sale.)*

ESCENA X

Dichos, menos GERENTE.

MARÚ y SEVERINO se quedan un momento inmóviles, sin mirarse. Luego, SEVERINO va a la silla donde están su sombrero y sus guantes y los coge.

SEVERINO.—Perdona, Marú. Pero ya te dije...

MARÚ.—Sí. No tienes que decirme nada, nada. Entendido.

SEVERINO.—Mejor es así. Yo... siempre... seré...

MARÚ.—Adiós, Severino. *(Le acompaña a la puerta.)* Gracias por tus bondades conmigo.

SEVERINO.—*(Conmovido.)* No, si yo... *(Le coge una mano y se la besa),* yo soy el que te da las gracias. Yo te quie... ¡Si tú me explicaras...!

MARÚ.—Adiós, Severino, adiós. Acuérdate de que en lo que no pudimos coincidir nunca fué en lo inexplicable. Tú siempre te lo has querido explicar... Adiós. *(Severino sale. Ella le mira salir con expresión grave y cierra.)*

ESCENA XI

MARÚ y PEPA.

MARÚ va al cuaderno, lo abre, lee un segundo y levanta la cabeza, iluminada. Va al teléfono.

MARÚ.—¡Haló!, ¿me hace el favor de mandarme a la camarera de antes? Gracias. *(Vuelve a leer. Llaman.)* ¡Pasa! *(Entra Pepa.)* Adelante. Tú, ¿cómo te llamas? Tienes una cara muy bonita.

PEPA.—Pepa García, para servir a usted.

MARÚ.—Mírame. ¿Tú crees que yo tengo aspecto de mala?

PEPA.—¡Por Dios, señorita, qué cosas!

MARÚ.—¿Tú tendrías confianza en mí si yo te prometiera una cosa?

PEPA.—Sí, señorita. Tiene usted una cara tan clara, tan...

MARÚ.—Pues te prometo que si tú me contestas nada más que con un sí o un no a lo que te pregunto, nadie lo sabrá, y tú me harás a mí mucho bien, un bien que no se olvida nunca.

PEPA.—Diga, señorita, diga. Yo la contestaré, si está en mis alcances...

MARÚ.—¿No es verdad que hasta hace muy poco ha estado viviendo en este cuarto un señor joven, muy guapo, que miraba mucho por la ventana y escribía en este cuaderno?

PEPA.—*(Agachando la cabeza.)* Sí, señorita, es verdad. *(La cara de Marú se ilumina.)* ¿Cómo lo sabe usted? Yo no sé cómo se llamaba... Dicen que era Príncipe. Pero es que antes, cuando usted me preguntó, las órdenes...

MARÚ.—Basta, basta. Te pedí sólo que me respondieras sí o no. Y ya me has dicho más. Gracias. *(Quitándose una pulsera.)* Toma esto.

PEPA.—Pero, señorita..., si yo..., esto es mucho.

MARÚ.—Más es lo que... Bueno, anda, ve con Dios. Y descuida... No te comprometeré... *(Sale Pepa.)*

ESCENA XII

MARÚ y DOÑA TULA.

MARÚ.—¡El tesoro, el tesoro, por fin! ¡El único, el único! *(Abraza el cuaderno contra el pecho. Se abre la puerta y entra Doña Tula. Marú la salta al cuello.)* ¡Mamá, mamá, bésame, abrázame, alegría, alegría!

DOÑA TULA.—Pero, loca, ¿ese efecto te ha hecho Severino?

MARÚ.—¡Cómo Severino! Si ya no me caso con él, si ya no nos casamos.

DOÑA TULA.—Pero, Marú, ¿estás en tu juicio?

MARÚ.—No, no estoy fuera de juicio; loca, loca de alegría. No nos casamos, y ya he encontrado a mi novio, al mío, al único...

119

Doña Tula.—Hija, por Dios, loca tú, bueno, pero no me enloquezcas a mí. ¿Novio, el único, quién?

Marú.—*(Blandiendo el cuaderno.)* Míralo, míralo. El tesoro. ¡Y tú que decías que eran disparates mis buscas por todas partes!

Doña Tula.—Pero eso es un cuaderno. ¿Y el novio?

Marú.—Ese te lo presentaré muy pronto. Quizá mañana o pasado. No sé cuándo. En cuanto lo encuentre.

Doña Tula.—¡Pero, hija, cómo estás, qué dices! ¿No decías que lo has encontrado?

Marú.—Mamá, no me vuelvas loca. Ahora te lo explicaré todo, todito, con detalles, pero antes déjame que telefonee. *(Va al teléfono.)*

Doña Tula.—Bueno, hija, haz lo que quieras, con tal que salgas del misterio.

Marú.—*(Al teléfono. Busca en la lista.)* A ver... diario "El Nacional". Magnífico, 1602, la fecha de Hamlet. ¿Haló? Sección de anuncios. Sí, sí.

Doña Tula.—¿Pero vas a poner un anuncio?

Marú.—*(A su madre.)* Calla, no es un anuncio, es una cita. Una cita para nuestro primer encuentro, para conocernos. *(Por teléfono.)* Sí. Haga el favor de tomar nota de un anuncio para la primera edición. Insértenlo hasta nuevo aviso. Sí, letra negrita, muy visible. Voy a decirle el texto. "Se ruega al caballero que dejó olvidado un cuaderno de pensamientos y soliloquios en un hotel de esta ciudad se comunique inmediatamente con la señorita M. P., hotel Ritz, habitación 1.605." Léamelo. Sí, muy bien. Ah, añada una cosa... *(Dictando.)* "Se promete absoluta reserva." Eso es. Muchas gracias. *(Cuelga.)* ¡Y ahora a esperar! ¡Con tal que lea los periódicos...!

Doña Tula.—Pero, hija, ¿qué fantasmagoría es ésa? ¡Y tanto misterio!

Marú.—*(Abrazándola.)* Sí, señora, sí, mucho. La felicidad es misteriosa, ¿no lo sabías tú? ¡Absoluta reserva! *(De pie en medio del cuarto y con expresión de dicha en la cara.)* ¿A qué hora saldrán aquí los periódicos? Yo creo que a las ocho, como en todas partes. Y él, ¿a qué hora se levantará? Supongamos que a las nueve... No, no, es muy temprano. Bueno, las diez. Y todo el mundo lee el periódico en cuanto se levanta. Es decir *(Contando con los dedos, muy ostensiblemente.)*, que lo habrá leído a las diez y media y a las once... *(Se queda mirando al aire, llena de alegría.)* ¡Eso es, las once, las once! El número de los dos unos. La pareja. Los dos únicos. A las once... *(Cara extática, sonriendo, mirando a la ventana. Telón.)*

FIN DE
"LA ISLA DEL TESORO"

FIN DE
"LA ISLA DEL TESORO"

EL CHANTAJISTA

FANTASÍA EN UN ACTO Y DOS CUADROS

Para Eulalia Galvarriato de Alonso.

EL CHANTAJISTA

PERSONAJES

EDUARDO.

LISARDO.

UNA NIÑA.

LUCILA.

La acción, en nuestros días.

CUADRO PRIMERO

ESCENA PRIMERA

La escena es un rincón de un parque público. En primer término, un sendero, y en la grama un banco, sombreado por el ramaje de un árbol. El sendero semeja venir del fondo derecha y acaba en el primer término izquierda. Hora, de principios de anochecido, última luz del día.
En el banco, sentado, una figura de hombre, con largo impermeable hasta los pies, sombrero de fieltro echado a los ojos. Al alzarse el telón se mueve inquieto en el banco, mira a un lado y a otro, y consulta su reloj de pulsera. Se encasqueta bien el sombrero, echándoselo hacia los ojos, baja la cabeza y saca del bolsillo un pañuelo de seda verde con el que empieza a juguetear de un modo muy ostensible. En este momento sale por la izquierda LISARDO. Es un muchacho de aire desembarazado, un poco impertinente, vestido con buena ropa, pero muy gastada. Lleva en la mano derecha un pañuelo azul, negligentemente colgando. Al ver a EDUARDO, se detiene y se dirige a él.

LISARDO.—*(De pie, a dos pasos del banco.)* Muy bien, pañuelo verde en la mano derecha. Las seis en punto. Esas eran mis instrucciones. *(Guardándose el pañuelo.)* Y ésta mi contraseña... *(Pausa.)* Quiere decirse que tengo el gusto de hablar con Eduardo... El apellido no lo sé... Naturalmente, en cartas íntimas, como éstas *(Saca del bolsillo un paquete y se lo vuelve a guardar.),* no se pone el apellido. *(Pausa.)* ¿Qué, no me contesta? Bueno, el silencio, por sí, es respuesta. Pero por lo menos me permitirá que me siente en el banco. Conviene hablar bajo. En estos casos se aconseja la discreción. *(Sarcásticamente.)* ¡Ja, ja, ja, en estos casos! *(Mirando alrededor. Desconfiado.)* No se le habrá a usted ocurrido ese inocente recurso de avisar a la Policía... *(Eduardo deniega con la cabeza.)* Claro, claro... Qué, ¿se aferra usted al silencio? Allá usted... Situación embarazosa, me doy cuenta... Molesta... Pero, para su tranquilidad, debo decirle que no soy el tipo vulgar que usted se imagina, quizá... Nuevo en el oficio, mi primer caso, éste..., usted me estrena. Soy un novicio en el chantaje... Como quien dice, un inocente... *(Pausa.)* ¿Qué, sigue usted callado? ¿Es orgullo? ¿O ira reprimida...? Lo mismo da... Seguiré hablando... ¿O quiere usted que entre en materia? *(Pausa.)* ¿Nada? Tendré que tomarme la libertad de interpretar de nuevo su silencio... Mire usted, eso de interpretar el silencio es delicado... Sí, que hable... Así lo entiendo... Le repito que soy un principiante... ¿Que por qué hago esto? Pues no sé... por dinero, sí, estoy sin un céntimo... A propósito, ¿tiene usted algo que fumar...? Llevo medio día... *(Eduardo saca una cajetilla, se la ofrece, y cuando Lisardo se la va a devolver le hace seña de que se la quede.)* Gracias... Pues sí, por dinero... Pero además... por hacer algo... Soy un joven de buena familia, sin rumbo..., sabe, un tronera... Pero un tronera intelectual, y no me da por la bebida, o la ruleta, no... Quiero jugar a otras cosas... Beber de otro vino... *(Inclinándose hacia Eduardo, como con aire confidencial.)* Eduardo, ha tenido usted suerte en que éstas... *(Sacando las cartas.)* cayeran en mis manos... Sabe usted, por un momento, por la fuerza de la costumbre..., pues, nada, pensé en devolvérselas a usted sin más... Eso de haber nacido en buena casa le arregosta a uno a malos vicios... Se tira a la decencia sin querer... Pero ocurrió el hallazgo en un momento de esos... psicológicos..., usted me comprende..., de mi vida... Y las cartitas me empujaron al mal vivir... Me han decidido a probar. Después de todo, el Código exagera. No es tanto delito. Y a usted, sin pensarlo, ni quererlo, se le ofrece la coyuntura de jugar un gran papel en la modesta vida del que le habla. Usted me señala la línea entre el mundo que llaman del bien y el del mal. Es usted la frontera, como quien dice, por la que voy a dar mi paso. ¡Un mal paso, según la opinión vulgar! Hasta hace unos momentos, un joven honrado..., ahora un chantajista. Pero no me culpe usted a mí solo. Tengo a mi lado a ella, a la gran compañera de los grandes pasos, ya sabe usted, la suerte... Soy yo y no soy yo, somos la suerte y yo. La suerte de haberme encontrado *(Vuelve a sacar las cartas y a enseñarlas.)* el epistolario...

ESCENA II

En este momento aparece corriendo una niña, de unos nueve años, mirando al aire y con rostro desconsolado. Al ver a EDUARDO y LISARDO se detiene y se dirige a ellos, muy arrebatada.

NIÑA.—¿La han visto ustedes? ¿La han visto ustedes?

LISARDO.—¿A quién, jovencita, a quién?

NIÑA.—A mi cometa, a mi cometa...

LISARDO.—¿Pero se ha escapado?

NIÑA.—No, señor, me la ha quitado un golfo, y ha echado a correr con ella... ¿No le han visto?

LISARDO.—No, mocita, no, pero si vemos la cometa, no hay más que seguir el hilo, y por el hilo...

NIÑA.—Es de tres colores... Verde, amarilla y roja... Es nueva... La estrenaba hoy... Si ustedes le ven, agárrenlo... Es un sinvergüenza.

LISARDO.—Descuida, mocita, descuida... ¡Buena suerte! *(La chica desaparece corriendo por el lado opuesto. Eduardo ha atendido a las palabras de la niña con interés un poco inquieto, sin chistar.)*

LISARDO.—*(Mirando al aire.)* No se ve nada. ¡Bueno, con esta semiluz! Es buena hora para robar cometas. ¡Feo, muy feo! Ve usted, eso no lo haría yo... ¿Que por qué hago esto entonces? No es lo mismo... Como tiene usted tanta paciencia le voy a contar la historia entera... Pero, despersonalicemos el incidente. Se lo contaré como un relato, en tercera persona, algo que ha sucedido, no a usted, ni a mí, sino a alguien... Nos quedamos en reserva para salir a escena, a esta escena del banco, cuando sea preciso... Es más elegante este procedimiento indirecto. Empecemos... Deplorable situación la de dos amantes separados y que se quieren ardorosamente: no pueden verse, decirse cara a cara su amor. Oposición de los padres, de ella, siempre con los de ella... ¿Y a qué recurrir sino a ese arbitrio, a ese sustituto, de las cartas?... Además, es tan romántico amarse por carta. Se dicen tantas cosas que los labios no di-

rían... Así que los dos amantes se escriben mucho, digo
yo, supongo que los dos se escriben mucho, ella por lo menos... Y hay que reconocer que escribe a maravilla, con
toda su alma. Las mujeres son, para esto de las cartas, úni-
cas. Pero perdone usted si le molesta lo que viene. El es
un imprudente. No sabe que las cartas de un enamorado
deben pasar de fuego en fuego, primero el del ansia con
que se escriben, luego el del ardor con que se devora su
lectura, y por último el de los leños, en la chimenea, que
la consumen y evitan... Me evitan a mí...; usted pudo haberme quemado, señor mío, antes de existir... previsora-
mente... Pero me escurro yo en la historia. Perdón. El caso es que el amante no las destruye... Sí, sí, estoy seguro
de que lo pensó, porque eran comprometedoras, porque hablaban de viajes hechos en compañía, de haber estado juntos aquí y allá... ¡Pero son tan hermosas, tan vívidas! Se
siente la realidad pasada tan presente, que lo va dejando,
de un día a otro, a otro, y las lleva encima, atadas con su
cintita *(Vuelve a sacar el paquete.)*, sin separarse de su tesoro... Nadie sabe lo que puede suceder... Y sucede, pues
lo que puede suceder... el suceso. Eso es lo aburrido, que
siempre sucede lo que puede suceder... Una tarde entra en
un cine...

ESCENA III

En este momento la niña vuelve a cruzar corriendo en dirección
opuesta. Al pasar, sin detenerse.

NIÑA.—Ya lo veo, ya lo veo. Creo que va por allí... Co-
rran ustedes, vengan, ayúdenme a quitársela... *(Desaparece. Lisardo hace un movimiento como para seguir a la niña, impulsivo, pero al ver a Eduardo inmóvil se detiene y
sonríe.)*

ESCENA IV

LISARDO.—Usted perdone... Se me olvidaba mi misión...
y mi relato... Pues una tarde entra el amante en un cine...
Daban, seamos exactos, una película francesa: "La invención
de Romeo." De amor, claro. Y el amante, conmovido por
aquella historia de amor que se desarrolla en la pantalla, se

enajena, saca las cartas del bolsillo para acaricirlas... y embobado en la película, se las deja en el asiento... Ve usted, la distracción siempre corona las obras de la imprudencia. Es la chispa que prende su pólvora. Porque entonces entra el que por eso, por entrar, llamaremos el entrometido... Un joven hastiado, que se mete en el cine, por aburrimiento, y porque no le quedan más que treinta y cinco céntimos, el precio justo del billete. ¿Qué quiere usted? Cada Hernán Cortés tiene su modo de quemar sus naves! Y ya al final, cuando el cine está medio vacío, da con el paquete. ¡No va a cometer la simpleza de entregarlo en la taquilla! ¡Si hubiera sido dinero, bueno! Pero un paquete de cartas, con cierto vago perfume *(Las saca y se las acerca a la cara a Eduardo.)*, que usted debe de reconocer, no se devuelven... Se las lleva uno a casa, se leen, se deleita el lector en la pasión, en la gracia, hasta en la sublimidad que revelan, y se duerme soñando románticamente. Pero el día es la razón; al despertarse se encuentra el afortunado con que no tiene nada, nada. ¿Nada? Sí, tiene las cartas... Y en dos de ellas la damisela comete el error de escribir con papel timbrado, su nombre y apellido... ¡Curiosa situación! Conoce el entrometido el nombre y señas de ella, no las de él. Y como es un caballero le repugna la idea de tratar de este asunto con *la* interesada. Cavila, y da por fin con un delicado recurso, que usted de seguro aprueba. Dirigirse a la damisela, con toda clase de excusas, con el ruego de transmitir al caballero desconocido una cita, en un parque de la ciudad, al anochecido, si le interesan ciertas cartas... No conviene que caigan en poder de sus padres... Si el enamorado lleva en la mano un pañuelo verde, el entrometido llevará uno azul, podrán encontrarse y platicar sin encono en este ambiente de paz crepuscular... De esa manera se ahorra la impertinencia de tratar el asunto directamente con ella, y se pone uno en relación con el caballero... La damisela, a lo que se ve, es persona de juicio, ha cumplido la súplica del afortunado entrometido..., ha pedido a su feliz amante que se persone aquí... para hablar, de caballero a excaballero... *(Pausa.)* En lo que ha fallado hasta ahora es en eso de que hable... No ha habido más que monólogo... *(Pausa.)* Qué, ¿le parece a usted que volvamos a lo personal, de la ficción a la realidad, y veamos cómo demonios se nos ocurre poner fin a la historia? Es bonita, ¿no?

EDUARDO.—*(Con voz fingida.)* ¿Cuánto?

LISARDO.—¡Voz de teatro! No quiere usted que se le reconozca, ¿verdad? Allá usted. Eso no me ofende. Lo que me ofende, más que su silencio de antes, es esa palabra con que lo rompe usted. ¡Cuánto, cuánto! Conté la historia con mi mejor estilo, un relato de amor contrariado, tratado con la mayor delicadeza. ¡Y usted habla como si le propusiera una venta, una transacción comercial!... No, esto es un chantaje..., pero

EUARDO. — *(Con voz sorda y fingida.)* ¡Acabemos! ¿Cuánto?

LISARDO.—Me desagrada el tono, repito. En primer término, no hemos hecho más que empezar... Y ese *cuánto,* en que usted insiste, me ofende, me agravia... No me explico que un hombre digno de ser querido por una criatura como ésta *(Saca las cartas.)* trate esta cuestión... como si la contratara... Se equivoca usted de palabra, señor mío. *(Pausa. Mirando al aire y hablando como a las nubes.)* Supongamos, es un suponer, que yo me sintiera dispuesto a desprenderme de estas cartas a cambio de algo... De algo que mereciera el sacrificio. Sí, un sacrificio... Porque no volver a leer esas líneas prodigiosas es un sacrificio... Entonces, lo que usted debiera preguntarme no es cuánto, caballero, no. ¡Es qué! ¿Se da cuenta? ¡Va mucho de un *qué* a un *cuánto!* Un cuánto es cosa de comerciantes, de millonarios... ¡Pero un qué! Y no debe usted apresurarse a juzgarme antes de saber cuál es mi qué. ¿Entendido? *(Pausa.)*

EDUARDO.—*(Con voz más natural.)* ¿Qué?

LISARDO.—¡Ah, ya nos ponemos en razón!... Muy sencillo: una llave. Ya sé que también eso suena mal. ¡Una llave! A caja de caudales, ¿verdad? No, esa llave no es la mía... O a cárceles... Tampoco... Todavía no.

EDUARDO.—¿Cuál?

LISARDO.—Muy bien, muy bien... Ya empieza usted a entender... La llave de un... Pero hay que andar con cuidado. También aquí cabe su equívoco. Si yo le digo a usted, sin más ni más, que quiero la llave de ese portillo del jardín de Lucila, por el que usted entra todas las noches a verla, conforme se deduce de las cartas, aún podría usted sospechar de mí... No es eso... Ya le dije que soy un chantanjista bisoño... y libre. Estas cartas para un buen profesional, curtido, no tendrían más interés que su valor en cambio..., digamos la palabra inevitable..., el dinero. Pero yo... empiezo mi carrera de chantajista por un capricho... Quiero cometer mi primera fechoría, alistarme en las fuerzas del mal, con cierta originalidad, comprende usted, a mi manera, aunque pierda dinero. La persona que ha escrito esas cartas, esa mujer que a usted le quiere, me ha trastornado la imaginación... Es una criatura singular..., incomparable..., por escrito... *(Pausa. Se queda como soñando.)*

EDUARDO.—¿Qué?

LISARDO.—Quiero conocerla. Ni más ni menos. Verla, ver su cara, oírla su voz, hablarla si fuera posible. ¿Se extraña usted.

EDUARDO.—*(En voz débil.)* No.

LISARDO.—Bien. Ve usted, es la llave a una persona, a un ser sin par... Entonces... si usted me confía esa llave, si usted me deja que entre en su jardín... a la hora a que va usted siempre, a las diez, que me esté allí, algo, lo bastante para que se me haga presente esa persona..., digamos una hora..., hasta las once... Bien moderado soy, ¿no?...; las cartas son suyas... *(Pausa.)* ¿Vuelta al silencio? No se lo esperaba, ¿verdad?

EDUARDO.—Sí.

LISARDO.—¿Que sí? El que no entiende ahora soy yo... *(Pausa, los dos callados.)* ¿Que no me contesta? Claro, no tendrá confianza en mí... Tampoco yo la tengo... Y, sin embargo...

EDUARDO.—*(Saca del bolsillo un mazo de papel y se lo ofrece.)*

LISARDO.—*(Lo toma y lo cuenta.)* Una, dos..., diez mil pesetas... No está mal... Generoso o rico. *(Devolviéndoselo.)* Tome usted. Eso no. Lo otro, la llave. No nos olvidemos, mi joven amigo, de que aunque novicio, soy un chantajista, que me he decidido a ser un canalla, y si no accede usted haré lo que es de rigor. Despachar a los padres de la señorita dos o tres de las cartas más...

EDUARDO.—*(Saca la mano, enguantada, del bolsillo y le tiende en su palma algo.)*

LISARDO.—Gracias... Me hace usted entrar en la carrera con suerte... Esta llave me abre paso a la infamia, pero por ¡qué puerta maravillosa! *(La mira. Sacando las cartas.)*

Ahí las tiene usted. Adiós. *(Empieza a andar. Volviéndose.)* Ah, se la dejaré a ella... Para que se la devuelva a usted... *(Sarcásticamente.)* Por supuesto..., si quiere... *(Sale de prisa. Eduardo aguarda a que haya desaparecido, sin mirar las cartas. Luego se pone en pie con aire decidido y vivo. Se quita el sombrero, los guantes, y el largo impermeable. Aparece, vestida de mujer, Lucila, con traje sencillo y elegante, y botas altas. Saca del bolsillo una polvera y se pone a peinarse sacudiendo el cabello corto. Luego coge el impermeable, y el sombrero lo mete en el maletín que traía, y dando un beso a las cartas se las guarda en el pecho. En esto aparece la Niña, tirando de la cuerda de la cometa.)*

ESCENA V

Niña.—Caballero, caballero, ya se la he quitado... *(Viendo a Lucila.)* ¡Ah, si no es usted! Digo. ¡Si no es el caballero de antes! ¿Ve usted qué bonita? Ya la estoy enrollando... Ayúdeme usted a bajarla. *(Las dos tiran del tirante. Aparece la cometa, caída de arriba, de muchos colores, y cae suavemente al suelo.)*

Niña.—¡Ya está aquí! ¡Ya está aquí!

Lucila.—¡Ya está aquí!

TELÓN DE CUADRO

CUADRO SEGUNDO

ESCENA PRIMERA

La escena representa el jardín de la casa de LUCILA. A la derecha, una tapia, de altura media, en la cual se abre un portillo. En la parte izquierda, una especie de glorieta semicircular, a modo de entrante hecho de verdura y plantas, donde hay un banco. Al fondo, se vislumbra la casa de LUCILA. La noche es de luna, con nubes, y la escena pasa de la claridad lunar a la semisombra. Fuente con surtidor en el centro.
Al alzarse el telón se abre despacio, desde fuera y con mucha precaución, el portillo, y va asomando LISARDO, que cierra la puerta tras él, y se guarda la llave. Adelanta hacia el centro, andando despacio y mirándolo todo. Va envuelto en capa hasta los pies, y con extraño tocado.

LISARDO.—¡Admirable! Todo como se ve, se adivina, a través de las cartas... El surtidor..., el que habla por los dos, cuando ellos no quieren hablar... y funde sus dos voces. ¡Qué bien lo dice en una carta! El ciprés..., el disidente de los otros cipreses, el rebelde de los cipreses, porque señala, desde lejos, el lugar de la vida, y no de la muerte..., el lugar de su amor... El banco, donde hablan... ¿Hablan? Donde hablaremos, esta noche..., sí... Soy un insensato... ¡Qué modo de empezar mi mala vida! Diez mil pesetas, allí en la mano. Y no las quise. Por esto..., por esto que va a empezar ahora. Una jugada de loco... Por ver a una muchacha, quién sabe si fea, quién sabe si insignificante... ¡Pero no puede serlo!... Y por verla, quién sabe si un minuto... Si me reconoce me echará de su lado... en el acto..., se indignará por mi impostura... Ahora que no se me olvide que soy un chantajista, y que el uso de la amenaza da resultados... La obligaré a... Pero ¿y si no me reconociera? La noche no está muy clara... *(Acercándose al banco.)* Y yo sentado aquí, a este lado me cobija la sombra... Además, lo del disfraz, puede salir bien... Ensayemos. *(Se quita la capa y aparece vestido como Romeo, pero sencillamente, no muy teatral. Saca del bolsillo un antifaz y se lo pone. Se sienta en el banco y hace ademán de hablar a la mujer*

133

que se supone a su lado... Mientras se entrega a esta mímica aparece por la derecha Lucila, sin que Lisardo lo note. Le ve, se detiene, y le observa con curiosidad. Mientras, él habla.)

LISARDO.—Así, ella a plena luz, luna en la cara. Como debe de ser. Ella es la engañada, el bien. Yo en la sombra, conforme a mi papel, ocultándome, fingiendo, porque soy el mal. El malvado, por lo menos... ¡Si ella viniera vestida de blanco!... Bueno, se acerca el engaño... o mi desengaño... Puede ser que sea fea... Y, Lisardo, cuidado, finge bien el lenguaje del amor, de la pasión... Habla con fuego... Así le gusta a ella. Así habla él... Aunque no te guste... Si el rostro no es bonito, háblala pensando en las cartas, no a ella, a la que escribe así... Las diez van a ser... Animo... Si el embeleco pudiera durar, por lo menos un rato... ¡Hasta en la acreditada senda del mal hay que entrar con buen pie! *(Poco antes de acabar el monólogo Lucila, sonriendo, desaparece por la derecha, y al instante se la ve avanzar por la senda, muy derecha y sin prisa. Envuelta en la luna, se diría una aparición de mágica belleza, con su traje largo, blanco, sembrado de lentejuelas, y el cabello peinado a la moda italiana del XV. Lleva las dos manos caídas y cruzadas, delante. Se llega al banco, y se sienta delicadamente al sesgo de Lisardo, que como automáticamente cae de rodillas, a sus pies. Todo ha de hacerse como en una escena de sueño, sin toque realista.)*

ESCENA II

LISARDO.—*(Con asombro.)* ¡Ella, es ella!

LUCILA.—*(Suavemente.)* ¿Por qué me hablas así esta noche? ¡Ella! Tercera persona. ¿No somos tú, tú, y yo, yo? ¿Quieres que te llame él, a ti...

LISARDO.—*(Con el mismo tono.)* ¡Tú..., tú..., tú...! ¡Qué palabra tan hermosa!

LUCILA.—Verdad... Tan corta..., y no se acaba nunca... Pero ¿esa capa? ¿Y ese antifaz?

LISARDO.—*(Con voz temblona.)* ¡Es que vengo disfrazado esta noche! No quiero que me conozcas... Es un capricho. ¿Te acuerdas de que en una carta me hablabas de algo así como sentirte dentro de los muertos, dándoles vida, con

134

tu amor, dentro de Julieta, siendo ella otra vez, tú en ella?

LUCILA.—¡Qué bonito!

LISARDO.—Sí, así lo escribiste tú... Y se me ha ocurrido esto. Vestirme a lo Romeo esta noche, y hablarte con una voz que no parece la mía... y con antifaz... Sabes, tengo miedo de que te canses de verme siempre igual...

LUCILA.—Nunca... Te quiero igual, siempre... quererte es querer a tu igual...

LISARDO.—No me fío de mí... Pensé en cambiar esta noche... Parecerte otro... Fingir que soy otro... Hasta en el hablar... ¿No lo notas?

LUCILA.—Pero si fueras otro...

LISARDO.—¿Qué?

LUCILA.—No me querrías...

LISARDO.—¿Por qué no? Podría ser otro..., otro..., y quererte más... que Eduardo, vamos..., que yo.

LUCILA.—¡Puede! Pero... (Sonriendo.)

LISARDO.—¿Qué? (Ansioso.)

LUCILA.—Entonces no te querría yo... Yo no quiero más que a un hombre... A mi enamorado, a mi amante, a mi amor, a ti... No a otro... ¿Sabes por qué? Porque no hay otro... No hay más que uno.

LISARDO.—Sí, uno, y tú, una, una, aquí, delante, de verdad, y a estos ojos que te ven, de verdad, se los toca, sí, de verdad.

LUCILA.—De verdad, sí, Eduardo, nada, nada es mentira... Ni ese traje..., ese antifaz... También ellos tienen su verdad..., se les ve la verdad.

LISARDO.—¿Que les ves la verdad?

LUCILA.—Sí, te lo has puesto esta noche porque no quieres besarme, como otras... Lo sé... Tan poco raso, y nos separa... Tienes miedo a besarme, ¿no?

LISARDO.—(Desconcertado.) ¡Miedo, miedo! No..., es..., no sé..., timidez, asombro... ¡No te he besado nunca! Parece imposible..., cosa de milagro.

LUCILA.—(Riendo afectadamente.) ¡Ja, ja, ja! ¿Que no me has besado nunca? No exageres el papel, Eduardo... ¿Se te han olvidado los inolvidables, como tú decías? Mira que voy a creer que eres otro... de verdad..., vamos..., de mentira.

LISARDO. — (Angustiado.) No, no...; olvidárseme..., nunca...

LUCILA.—El primero... *(Mirando al vacío como arrobada.)*

LISARDO.—El primero... *(Igual que un eco.)*

LUCILA.—Tan distinto a esto...

LISARDO.—¡Tan distinto!

LUCILA.—Ni árbol, ni planta, ni fuente..., ni cerca, ni lejos, ni en la vista, ni en el oler, sin verde.

LISARDO.—*(Sigue como automáticamente.)*... y sin tierra casi...

LUCILA.—La arena no es tierra...

LISARDO.—Todos cercados de arena..., los dos solos..., aislados, allí en el mar de arena, y sin isla, porque nosotros éramos toda la isla, estábamos en nosotros.

LUCILA.—Y sin sombra...; todo, todo sol...

LISARDO.—Eso fué lo que más nos empujó, te acuerdas, ver que se nos iba la sombra, de debajo, que ya no teníamos esa firmeza, esa dureza de roca de la sombra donde asentarnos... Mediodía pleno... El cenit... La soledad total, que no se puede vencer más que con la compañía entera, sin límite... Nos besamos de soledad, de angustia de soledad, y sin dejar de ser los dos mismos, los dos solos, la soledad se transformó...

LUCILA.—Como un tapiz por el revés, que no se distingue nada... y de pronto se le da la vuelta... y está lleno de figuras, de hojas, de vida... El beso nos dió la vuelta a la soledad...

LISARDO.—La soledad, qué hermosa se vió desde entonces, por el derecho. La soledad no es triste más que por el reverso. Se la vuelve de cara, y es toda alegría. Pero hacen falta dos.

LUCILA.—Nunca estuvimos solos... desde el beso... allí en Bou Saada... Nunca más separados...

LISARDO.—Nunca estuvimos separados ya... desde el beso del desierto, a las doce, las doce del sol..., las puras doce.

LUCILA.—*(Cogiéndole las manos y mirándole.)* Así fué..., así...

LISARDO.—*(Ansioso.)* Pero ¿fué así? ¿Fué así?

LUCILA.—¿Qué dices? Tan bien como te acuerdas... ¿y no te acuerdas?

LISARDO.—Sí, sí, así fué...

136

Lucila.—Y aquel traje mío... ¿A que eso sí se te ha olvidado ya, aquel traje mío...?

Lisardo.—Ningún traje tuyo se me olvidó...

Lucila.—Pero aquél, aquel de la arena...

Lisardo.—Aquel de las flores...

Lucila.—Lo había comprado en Suiza..., lo compramos juntos... Aún veo a la aldeanita bordadora que nos lo vendió... No sé cómo se me ocurrió ponérmelo para la excursión aquella del desierto... Pero apenas se fué secando todo más y más, las sentí, a las flores, no en la tela, sino como si buscaran su tierra, donde prender, más adentro, en mi carne, queriendo florecer sobre mí misma... de mi vida.

Lisardo.—Por eso te vi tan rebosando frescura, allí en la sequedad total... Por eso me incliné hacia ti, porque me pasó lo que a ellas, que si tú no me dejabas sentir a través de tu cuerpo el jugo de la tierra, la esencia de la vida, me rendiría agostado, de tanto seco sol... Aquel traje. ¿Y éste?, ese tan nuevo de esta noche, ese tan blanco que...

Lucila.—¿Nuevo, Eduardo, nuevo? ¿Qué dices? Si es regalo tuyo..., si me lo regalaste.

Lisardo.—Ya, ya, me acuerdo... Te lo compre el día de la última nevada...

Lucila.—Eso es, para que no se me fuese, ni se te fuese, de los ojos, aquella blancura que colgaba de los árboles, en cendales, en gasas; para que te durase la ilusión de la nieve, en algo blanco, leve, casi como ella, hasta que venga la nevada primera del año que viene...

Lisardo.—Y nos prometimos despedirnos de él ese día...

Lucila.—Como tú dijiste, regalárselo a la tierra... Quitarme yo mi blanco, y que lo tenga ella... Parecerá que es mi traje, que se lo ha puesto... Uno para las dos, ella en invierno, yo en verano... Sin celos.

Lisardo.—Pero esta noche, parece nuevo... Tú, Lucila, tú, me pareces nueva. Por eso te hablo así... ¿No te extraño?

Lucila.—¿Por qué me has de extrañar? Todo lo que me dices es tan nuestro... Sólo me extraña tu temor...

Lisardo.—¿Temor a qué?

Lucila.—*(Pausa, bajando la cabeza.)* A besarme... Tienes miedo a besarme, no me lo niegues... *(Se acerca a él, que se echa atrás, sin querer, y luego se rehace y se incli-*

na hacia ella, pero forzadamente.) No, no, con el antifaz no. Así no eres tú.

LISARDO.—*(Cogiéndola del talle.)* Vuélvete. Pon la cara a la luna, que te dé toda la luz. Así tiene que ser...

LUCILA.—¿Y tú?

LISARDO.—Yo, al otro lado, en lo oscuro...

LUCILA.—*(Le obedece dócilmente.)* Lo que tú digas... No soy la luz, pero me gustaría... como tú dices... Pero estás temblando...

LISARDO.—Es que algún beso tiene que ser el último... Si fuese el primero... *(Teniéndola cogida con un brazo por el talle se inclina delicadamente hacia ella, y cuando ya está para besarla, se quita el antifaz.)*

LUCILA.—*(Suavemente.)* Así, con los ojos cerrados...

LISARDO.—Así, así no me verás...

LUCILA.—Cerrándolos te veo mejor. *(Se besan, sin pasión, delicadamente. Al desprenderse Lucila, sin violencia, mira a Lisardo a la cara, y sin decir nada, se suelta de su brazo, y echa a andar, casi corriendo por la senda, sonriendo.)* Adiós...

LISARDO.—*(Angustiado.)* Lucila, Lucila, no te vayas. Si es el primero... Si yo...

LUCILA.—*(Poniéndose un dedo en la boca y saliendo de lado.)* Espera, espera... *(Mutis por la izquierda.)*

LISARDO.—*(En el banco.)* ¡Me ha reconocido! Ya sabe que soy un impostor. ¿Por qué la dejé irse?... ¿Por qué? Pero ¿estuvo aquí, estoy yo aquí? ¿Era yo el que hablaba? ¿Cómo lo acerté todo? ¡Y me conocía! ¿Quién soy yo? Ahora...

ESCENA III

Aparece por el otro lado del jardín LUCILA, vestida de hombre, como el EDUARDO del primer acto. Se acerca sin ruido y se para, a unos pasos de LISARDO. Con la voz fingida del primer cuadro.

LUCILA.—Es la hora.

LISARDO.—*(Viéndolo de pronto.)* ¿Quién es? Ah... ¿Qué quieres?

LUCILA.—Es la hora... *(Con el mismo tono.)*

LISARDO.—*(Pasándose la mano por la frente.)* ¿La hora? ¿Que no ha pasado más que una hora? No puede ser... *(Sigue sentado en el banco.)*

LUCILA.—Era el pacto..., una hora...

LISARDO.—*(Sin mirarle, como hablando solo.)* El pacto... ¡Ja, ja, ja!

LUCILA.—¿Esa risa?

LISARDO.—¡Claro! Te he burlado... Una hora era el pacto... Y eso ha sido... por tu reló... Una hora tuya. Pero en tu hora tú no sabes las que he vivido... No. Ni yo tampoco... Porque ha sido un tiempo que se ha dejado atrás las horas... Tantas cabrían en él como briznas de yerba en un pasto... ¿Podrías tú contar las yerbas a un campo? Pues cuéntame las horas, las mías, que han entrado en tu hora... No puedes... La he querido en tu hora más que tú en todos los años que anduviste enamorado...

LUCILA.—¿Tú qué sabes? ¿Dónde está?

LISARDO.—Se marchó, me huyó..., pero la espero...

LUCILA.—¡La llave!

LISARDO.—*(Sin dificultad.)* Toma...

LUCILA.—*(La coge.)* Vete. Es la hora.

LISARDO.—No.

LUCILA.—*(Sacando un revólver.)* Vete. Es el pacto...

LISARDO.—*(Mirando el reló.)* ¡No, no me eches, por el reló, no! Por tu hora, no. Dame unos minutos. Te di la llave... Vete tú, vete o *(Se dirige a ella, amenazante. Lucila no se mueve y alza un poco el revólver, pero sin violencia, como para contenerle.)* Matarme, ahora no. Más tarde, si quieres... Total, yo no la veré más que dos veces. A ti te quedará la vida. Ella, y la vida. Dámelos. Eres el caballero; yo, el chantajista. Haz como quien eres.

LUCILA.—*(Haciéndose atrás.)* Diez minutos... *(Duda.)* ¡Bueno! Si le dices la verdad..., sí.

LISARDO.—¡La verdad! ¡Ah, sí, la verdad! ¡Que yo no soy yo!

LUCILA.—¿Aceptas? La verdad... y diez minutos...

LISARDO.—¡Hecho! ¡Ja, ja! Sobran... ¿Diez minutos para decir una verdad? ¡Gracias! Entendido. *(Le ofrece la mano. Lucila sigue retrocediendo y no se la da.)* Bueno, lo entiendo... Un hombre de honor, tú... Yo, ya, el chantajista... *(Sale Lucila.)* Más aún, el burlador, un miserable... La he engañado. *(Se sienta en el banco.)* Pero ¿la he engañado de veras? Sí, este traje, ridículo... Eso es el embuste... Pero lo que dije no es embuste, no... Ni lo que estoy sintiendo ahora, ni lo que empecé a sentir, apenas la vi... Es verdad, la grandísima verdad... Con quitarme este traje de fantoche, ya me quito la mentira... Me lo quitaré. *(Escucha.)* Pero ya viene..., viene..., va a volver... *(Cara de gozo.)*

ESCENA IV

Aparece por la izquierda Lucila, con el mismo traje blanco. Viene sin prisa, sonriendo, hacia Lisardo.

Lisardo.—¡Has vuelto, has vuelto! *(La mira extasiado.)*

Lucila.—Amor es volver... Vuelvo, porque te quiero...

Lisardo.—*(Dejando caer la cabeza entre las manos.)* ¡No, no, no!

Lucila.—¿Y tú lo sabes? ¿Mejor que yo?

Lisardo.—Sí, porque sé... quién soy yo... y tú, no. Lucila, te voy a decir la verdad... Ahora mismo...

Lucila.—¿La verdad? Ya la sé.

Lisardo.—No, no, te voy a decir quién soy...

Lucila.—¡Como si no lo supiera! Ya lo sé. *(Sonriendo.)*

Lisardo.—Llegó la hora. Ahora me toca a mí pasar al lado de la luz, para que tú me veas... y veas la verdad. Mírala. Mírame bien, a la cara. *(Se pone a la luz de la luna, que le da de lleno en el rostro.)*

Lucila.—*(Se acerca y delicadamente le toma la cabeza con las puntas de los dedos, y le mira enternecida y sonriendo.)* Sí...

Lisardo.—*(Asombrado.)* ¡Ya está! Ya lo sabes. Sin decírtelo. No soy el que creías... ¿No me conoces, verdad?

Lucila.—¿No conocerte, Eduardo? ¡Qué cosas dices! Después de los años que llevo queriéndote...

Lisardo.—No finjas, no finjas... Te da lástima, ¿verdad? Soy mentira, soy mentira... ¿No ves que no soy Eduardo? Soy mentira, pero no te he mentido, Lucila. ¿Te lo explicas? Cuando te adoraba antes, cuando te hablaba, antes, cuando te besé... la vez primera, Lucila, la vez primera..., no te mentía... Soy mentira y me siento lleno de verdad. ¡No lo entiendes!

Lucila.—Todo lo entiendo, todo te lo entiendo...

Lisardo.—¿Te compadeces, verdad, te compadeces? Pero sabes que no soy Eduardo, eso no..., que te he engañado...

Lucila.—Eduardo eres..., por serlo te quiero...

140

LISARDO.—¡Estás loca! Eduardo está aquí cerca... Y va a venir... dentro de un momento... Y viene a separarte de mí. A pedir lo suyo...

LUCILA.—No vendrá... ¡Si estás ya aquí!

LISARDO.—Que sí, que sí... *(Mirando al reló.)* No falta casi nada... para que veas la verdad, aunque no la quieres ver...

LUCILA.—*(Con firmeza.)* Te he dicho que no vendrá...

LISARDO.—¿Cómo lo sabes?

LUCILA.—*(Mirando a su reló.)* Es la hora, ¿verdad? Escucha... *(Los dos se quedan escuchando. Lisardo, ansioso; ella, mirándole sonriente.)* Qué, ¿le oyes los pasos?

LISARDO.—No se oye nada... ¡Y es la hora! *(Pausa.)* ¡Si no viniera! Pero, Lucila, ¿por qué estás tan segura? *(Pausa.)* Yo tengo miedo. No, por ti no. Tenía un revólver...

LUCILA.—Ya no lo tiene... *(Va detrás de unos arbustos de la derecha, y vuelve, apenas salió, con un bulto. Al hablar deja caer las cosas en el suelo, según las nombra ante Lisardo.)* El revólver...

LISARDO.—¿Se lo quitaste? Le has...

LUCILA.—*(Sin contestar.)* Su abrigo... *(Sonriendo.)* hasta los pies... Su sombrero..., el pañuelo de la cita.

LISARDO.—*(Asombrado.)* ¿Pero dónde está?

LUCILA.—Donde siempre..., en mi amor... Eres tú...

LISARDO.—Pero ¿y Eduardo? ¿Se ha ido? ¿O muerto?

LUCILA.—Acaba de llegar..., acaba de nacer... en ti... Y ya podemos ponerle nombre, ¿verdad? Eduardo lo llamaba mientras no sabía cómo se llamaba... Ahora se llama Lisardo, tú.

LISARDO.—*(Más confiado, pero aún dudoso.)* Pero ¿y las cartas? ¿A quién se las escribías? A alguien era...

LUCILA.—A ti..., al que ibas a ser tú... Es decir, a nadie, entonces... Ese amante de las cartas era el anhelo de un amante así... No existía, pero yo seguí escribiéndole, segura de que alguna vez iba a nacer...

LISARDO.—Entonces, ¿no se perdieron?

LUCILA.—No, y sí... Las dejé yo allí, en el cine. Era la gran jugada. Gané, porque las hallaste tú y al ir leyendo, como si fueran verdad, los rasgos de mi amante, la figura de mi amante, tal como yo los anhelaba, tú empezaste a darles tu persona, a llenar su vacío con tu cuerpo...

141

LISARDO.—Así fué... Leyendo lo que le escribías en las cartas, no quise más que ser él...

LUCILA.—El que no existía...

LISARDO.—Y que todo eso me lo escribieses a mí... Me volví tu amante... Tú me has hecho...

LUCILA.—El amor es el que hace al amante. El me hizo a mí, primero... Y como me dejó sola..., yo tuve que buscarte..., que hacerte *(Sacando las cartas.)* así..., Lisardo. Te he engañado...

LISARDO.—A mí, ¡al chantajista!

LUCILA.—A ti, al inocente... Engañado con estas cartas. Te he engañado para la verdad.

LISARDO.—*(Cogiéndola las manos, mirándola ansiosamente.)* Y ahora, Lucila, ¿somos de verdad?

LUCILA.—*(Lucila le lleva al borde de la fuente.)* Mira, míranos... ¿Nos ves?

LISARDO.—Sí, somos de verdad...; por fin somos de verdad...

LUCILA.—Todo *(Echando una mirada alrededor.)*, ¡todo verdad!

LISARDO.—¡Y las cartas, las cartas, también! ¡Ahora ya son mías! ¡Ahora me las he ganado!

LUCILA.—Ahora, ya tengo quien las lea. Llegó su dueño, y son perfectas... Léelas, léelas, alto, a los dos... De ellas salimos... *(Le lleva al banco de la mano y le hace sentarse.)*

LISARDO.—¡Pero si no hay luz!

LUCILA.—¿Todavía no tienes fe? Si eran de verdad, para ti, ¿cómo no va a haber luz? Prueba...

LISARDO.—*(Abre una carta, y apenas pone los ojos en ella, cae un rayo de luz que se enfoca precisamente en el papel. La escena ha de acabar con el centro lumínico así, en la carta.)* "Apenas te has marchado, y ya te siento, otra vez, mañana, el portillo que se abre, y la arena de la senda, que te reconoce los pasos, y no dice nada, como yo, que te espero vestida, como de sombra de esperanza, a la del mirto, aquí en el banco... *(El lee, y ella mira arrobada al espacio. Telón.)*

FIN DE
"EL CHANTAJISTA"

EL PARECIDO

COMEDIA EN UN ACTO

EL PARECIDO

PERSONAJES

JULIA.   CAMARERO.
ROBERTO.   EL INCÓGNITO.

La acción, en cualquier ciudad moderna española, en nuestros días.

La escena representa una sección de un restorán, no de lujo, pero de buen tono. Decoración sencilla. Sólo se ven cuatro o cinco mesas. Acceso por la izquierda, por donde se supone se viene de la otra parte del establecimiento. A la derecha, un gran ventanal, cubierto por una cortina espesa que no deja ver el exterior. Al alzarse el telón no hay nadie en escena y sólo se oye la radio.

ESCENA ÚNICA

Voz, en la radio.—"Acaban ustedes de oír un nuevo capítulo de nuestra apasionante novela radiofónica "Entre dos abismos". No dejen de escuchar mañana a la misma hora. ¿Qué sucederá a la pareja Alberto-Luisa? ¿Lograrán escapar al peligro que les amenaza? ¿Saldrán triunfantes de la nueva celada que la perfidia de su viejo enemigo les prepara? Nos despedimos de ustedes, señores radioyentes, con saludos del mejor jabón, el Jabón Celeste. Aquí Radio Mundial. Hora, la una y treinta." *(Mientras la radio dice las últimas frases, entran Roberto y Julia. Son jóvenes, de unos treinta y tantos años, bien vestidos, de aspecto elegantes, sin afectación. Entran del brazo, con aspecto alegre. Los guía hacia una mesa el Camarero.)*

CAMARERO.—Por aquí, háganme el favor. *(Les lleva a la mesa de la derecha centro de la escena.)* ¿Es esta mesa del agrado de los señores? Tranquila, muy tranquila. Si me permiten, llevaré los abrigos al guardarropa. *(Les ayuda a quitárselos.)*

ROBERTO.—*(Después de ayudar a Julia a sentarse, y acomodándose él.)* ¿Quiere usted quitar la radio?

145

CAMARERO.—Con mucho gusto, señor, en seguida. Ya sabe el señor. Hay a quienes les gusta y hay a quienes no. Unos se traen de qué hablar ellos, y otros no tienen conversación, y claro... Voy a quitarla en seguida. *(Se dirige al fondo, a hacerlo.)*

JULIA.—¡Tiene gracia el hombre! Ya sabes, según eso nosotros somos de los que traemos de qué hablar. ¡Prepárate! Si no cumples, le mandaré que vuelva a poner la radio.

ROBERTO.—*(Sonriendo.)* ¡Descuida! Descanso en ti. Ya sabes que eres mi musa de la conversación. En cuanto te veo, me inspiro.

CAMARERO.—*(De vuelta.)* Ya está quitada, señor. Y ahora, ustedes me dirán. ¿Carta o cubierto?

ROBERTO.—*(A Julia.)* ¿Tienes alguna preferencia?

CAMARERO.—Dispénseme el señor, que en eso del comer pasa como con la radio: los hay que lo hablan ellos todo, y otros que escuchan.

JULIA.—*(En voz vaja, a Roberto.)* Entrometidito es el hombre, pero me hace gracia. *(Al Camarero.)* Pues en esto, al revés de la radio. Cubierto. No traemos nada que decir.

CAMARERO. — Muchas gracias, señora. ¿Y de beber? *(Ofreciendo la lista.)*

ROBERTO.—*(La toma.)* Para empezar este burdeos, y luego ya escogeremos un champagne.

CAMARERO.—Gracias. *(Se retira. Durante el diálogo anterior, sin que nadie lo advirtiera ni pareciese darse cuenta, ni ningún camarero se dirigiera a él, ha entrado Incógnito. Hombre neutro y discreto en vestir y tipo; edad mediada. Se dirige a una mesa, la que está dos mesas más allá de la pareja Roberto-Julia, se sienta, enciende un largo cigarro, muy ostensiblemente, saca una revista del bolsillo y se pone a leer sin mirar a parte alguna.)*

JULIA.—Buena idea, venir aquí. Me gusta. Luz de acuario. Vamos a celebrar bien el día. Casi solitos. Además no hay donde mirar, no hay paisaje. Lo siento por ti. Tendrás que mirarme a mí, o a la comida. No tiene escape.

ROBERTO.—Ya veremos. Todo depende de cómo sea la comida.

JULIA.—¡Qué fino!

ROBERTO.—*(Mirándola a los ojos con intensa expresión de afecto.)* Por lo pronto, como aún no nos han servido, no me queda más recurso.

JULIA.—*(Con coquetería.)* ¿Buena vista?

ROBERTO.—Vista...; eso es poco. Vistas, muchas. Estás verdaderamente panorámica. Son quince años de vistas. Por algo celebramos el quincuagésimo aniversario de nuestra boda...

JULIA.—¡Por Dios, que manera de hablar! Yo, panorámica y el aniversario quincuagésimo. Como se puede celebrar nada bien a base de esdrújulos, hijo mío. ¡Si te oye el camarero. *(Llega Camarero, que sirve comida y vino sin hablar, y se retira. Julia está sentada de cara al Incógnito de la otra mesa, que sigue impasible de frente al espectador, leyendo. Julia se fija en él y le mira dos o tres veces, mientras come.)*

JULIA.—¡Este plato está excelente!

ROBERTO.—Muy bueno. ¿Qué miras?

JULIA.—Nada.

ROBERTO.—No me digas que no miras nada. *(Volviéndose y apercibiendo al Incógnito.)* Mejor dicho, a nadie. Ya se te ha ido la mirada hacia ese lado tres veces.

JULIA.—Casualidad.

ROBERTO.—¿Tres casualidades seguidas? Imposible.

JULIA.—¡Qué tontísimo eres, a pesar del quicua... eso. *(Otra vez, y sin querer, se fija en el Incógnito y se ruboriza.)*

ROBERTO.—¡Lo ves! Otra casualidad. ¡Las cuatro, y ruborizándose!

JULIA.—¡Qué estilo de sereno, hijo mío! ¡Sereno puro! *(Imitándole.)* Las cinco, y lloviendo. *(Cambiando de tono.)* Pues, mira, lo cierto es que ese hombre...

ROBERTO.—Ese hombre, ¿qué?

JULIA.—*(Volviendo a mirarle con aire escrutador.)* Me dice algo... Estoy segura de...

ROBERTO.—¿De qué? *(Sin mirar atrás.)*

JULIA.—De haberlo visto antes en alguna parte... No sé cuándo ni dónde, pero lo hemos visto, por lo menos yo... Vuélvete y échale una mirada a ver si tú te acuerdas.

ROBERTO.—*(Se vuelve un momento discretamente y arroja una ojeada rápida al Incógnito.)* Chica, esa cara no me suena nada. Es una idea tuya.

JULIA.—No, no. Esos ojos, ese semblante... Yo los he visto, y ha sido... ¡Jesús, qué rabia! Es como cuando quiere uno acordarse de una palabra y se dice: la tengo en la punta de la lengua. Tú ves, yo tengo esa cara en el mismo borde de la memoria, ya casi, casi, fuera... *(Apoya la mejilla en la mano, pensativa.)*

ROBERTO.—¡Pero qué ganas de calentarte la cabeza con...

JULIA.—*(Triunfante.)* ¡Ya está! ¡No te lo decía! Y te tienes que acordar tú también.

ROBERTO.—¿Yo? Ya te he dicho que no...

JULIA.—¿Es que no te acuerdas de la noche que pasamos en Niza a los ocho días de casados, cuando me llevaste a ese restorán tan famoso, a la orilla de...

ROBERTO.—"La mouette au repos."

JULIA.—¿Qué es eso?

ROBERTO.—El nombre del restorán, mujer. Ahora eres tú la que no te acuerdas. "La gaviota parada."

JULIA.—Ah, sí. Muy literario. Pero bonito, para un restorán a la orilla del mar, no digas... Bueno, pues al entrar en la terraza, con tantas mesas, con sus lucecitas, y al decirnos el *maître* que no había sitio, a mí se me metió en la cabeza que aquello era mala señal...

ROBERTO.—¿Mala señal? ¿El qué?

JULIA.—Pues eso, no encontrar mesa. Como si significara que no íbamos a encontrar sitio tampoco en la gran terraza de los matrimonios felices. Ya sabes que soy un poquito supersticiosa. Visionaria, decía la tía Rafaela. Y en esto, cuando yo sentía pena, se levanta de una de las mesas mejor colocadas un muchacho de muy buena planta, que estaba él solo, como esperando, nos hace un saludo muy cortés, y nos dice: "Permítanme que les ofrezca esta mesa." "Pero ¿y usted?", le dije yo. Y entonces él, con un tono así como entre tristeza y envidia, nos contestó: "No, ya no la espero más. Llevo aguardándola más de una hora. No viene. Al fin y al cabo es un consuelo que la mesa sea para otra pareja." Y recalcó mucho lo de *otra*. ¡Me pareció tan romántico...!

ROBERTO.—Sí, lo recuerdo muy bien, pero ¿qué tiene que ver con... *(Moviendo la cabeza en dirección a la mesa del Incógnito.)*

JULIA.—¡Tonto! Pues que es el mismo. Un poco cambiado por los años, pero el mismo que nos cedió la mesa, aquella noche... Lo reconozco.

ROBERTO.—¡Absurdo! No es él. Estoy segurísimo. No puede ser él.

JULIA.—¿Que no puede ser? ¿Tan cierto estás de que no?

ROBERTO.—Ciertísimo, porque... *(Un poco azorado, se detiene.)*

JULIA.—¿Por qué?

ROBERTO.—Pues porque veo la escena como si fuera ahora mismo, y veo a aquel hombre porque le conocía; era Paco Rosales. Me sorprendió mucho verle allí.

JULIA.—*(Extrañada.)* ¿Que le conocías tú? ¿Al que nos cedió la mesa?

ROBERTO.—Sí... y no. Unos años antes había yo hecho la corte a una chica y él la pretendía también. Pudo más que yo, y se hicieron novios. Por eso tenía yo la cara tan bien grabada en la memoria, y lo reconocí en cuanto lo vi.

JULIA.—¿Y cómo no me dijiste nada?

ROBERTO.—No sé. Timidez de novicios, de recién casados. Temor quizá. Eras celosilla...

JULIA.—Conque secretitos, ¿eh? Nunca me habías dicho palabra de semejante chica, ni de...

ROBERTO.—Pero, hija mía, si era ya cosa pasada y archipasada. No me he vuelto a acordar de ella hasta ahora.

JULIA.—Ya, ya...; mira lo que está saliendo... ¿Y cómo se llamaba la señorita en cuestión?

ROBERTO.—Sofía.

JULIA.—¡Qué nombre tan elegante! Me parece que significa algo gordo, lo recuerdo de la escuela. En cuanto volvamos a casa lo busco en el diccionario.

ROBERTO.—*(Lanzando una mirada furtiva al Incógnito.)* Ahora te diré que a mí también se me figura que he visto a ese tipo alguna vez. Pero no puedo precisar dónde ni cuándo.

CAMARERO.—*(Aparece con otros platos, muda el servicio.)* ¿Están satisfechos los señores? ¿Les ha agradado la entrada?

JULIA y ROBERTO.—*(Al unísono, como distraídos.)* Mucho, estaba muy buena. *(Sale Camarero.)*

ROBERTO.—*(Después de servirla a ella, en silencio.)* Bueno, esto es estúpido, pero ya se me ha picado la curiosidad y no voy a descansar hasta que dé con quién es el tipo ese.

Tú tienes la culpa, tú empezaste. ¿Te parece bonito que nos pasemos el día de nuestro quincua..., bueno, de nuestro aniversario, como dos tontos, pensando quién será el vecino de mesa? ¡Vaya una conversación! En vez de hablar de nosotros, de nuestras cosas...

JULIA.—Pues sí. Es divertidísimo. Y tenemos que descubrirlo. Y si quieres podemos hacer una apuesta a ver cuál es el que primero lo adivina. Pero es lástima que no sea el de aquella noche, en el restorán. ¿Sabes lo que habría hecho yo, si llega a ser él?

ROBERTO.—¡Cualquier cosa! Te conozco.

JULIA.—Pues levantarme muy bonitamente, ir a su mesa, y decirle, toda sonrisas: "Gracias, caballero, por haber gustado a Sofía. Porque así me guardó usted a mi marido para mí." ¡Qué estupefacto se quedaría!, ¿verdad?

ROBERTO.—Ya lo creo. ¡Y tan estupefacto!

JULIA.—*(Después de una pausa.)* Oye, ¿y se casó con Sofía, por fin? Porque entonces, a quien estaba esperando la noche...

ROBERTO.—Julia, basta de novelerías. Yo no sé si se casaron o no. Me fuí a Madrid al poco tiempo y no volví a acordarme de la chica.

JULIA.—¡Qué lástima que no sepas cómo acabó la historia. No te creo. No me la quieres contar.

ROBERTO.—¡Qué boba eres! ¿Pero qué importancia tiene eso?

JULIA.—¡Qué importancia! No ves que es un *sí* importantísimo.

ROBERTO.—¿Y qué es eso del *sí?*

JULIA.—La palabra de la suerte, el monosílabo de la fortuna, la llave de todo lo infinitamente posible. Todas esas cosas que hubieran podido ocurrir *si* pasa esto o lo otro, *si* en vez de ir por aquí vamos por la calle de al lado, *si*... *(Recalcando mucho los sies.)* Si este caballero, Paco Rosales, no hubiera pretendido a la mentada Sofía, a lo mejor te casas tú con ella. Y a la hora presente estaríais Sofía y tú juntitos, Dios sabe dónde, y Julia, tu servidora, estaría sola en el mundo y... *(Se pone pensativa.)* quién sabe si casada con otro.

ROBERTO.—¿Con quién?

JULIA.—Pues con otro, y tú con otra. Y tú serías otro y otra yo, y...

ROBERTO.—¡Qué razón tenía tu tía Rafaela! Mira, déjate ya de ver visiones y fíjate en ese *roast beef* que espera humildemente en el plato su ascensión a tu preciosa boca.

JULIA.—¡Qué realismo emparedado en tanta retórica! En fin, refugiémonos en el *roast beef*. *(Lo pronuncia con énfasis.)* *Roast beef*. No dirás que lo pronuncio mal. ¡Qué risa, aquel día en el hotel de Nueva York, cuando no me entendían, de lo mal que lo pronunciaba, y tuve que escribírselo al mozo en un papel...

ROBERTO.—*(Deja el cubierto y da un golpecito en la mesa, con aire triunfal.)* ¡Ya está! Ya di con él. Tú me has dado la clave, sin querer: Nueva York, Hotel Imperial, el ascensor.

JULIA.—Hijo mío, ¿qué acertijo es ése? Has pasado del realismo al delirio.

ROBERTO.—No, no. Ya he dado en el clavo, el chico del ascensor.

JULIA.—*(Riéndose.)* Pero ¿qué chico del ascensor?

ROBERTO.—El primer hombre que nos separó.

JULIA.—¡Ja, ja, ja! ¿Y de ti qué diría mi tía Rafaela? Porque yo no sé de ningún hombre que nos separara en Nueva York.

ROBERTO.—¡Claro! Tú no te diste cuenta de lo que pasaba, pero yo sí.

JULIA.—Bueno, hijo, habla. Me tienes en ascuas. Venga la novela...

ROBERTO.—De lo que sí te acordarás es de que vivíamos en el piso 32.

JULIA.—Sí, señor. Y más aún. Me acuerdo del número del cuarto: 3223. Capicúa. Me gustaba mucho. ¡Superstición!

ROBERTO.—Bueno, pues ya sabes que nos gastábamos la broma de decir cuando tomábamos el ascensor para arriba: "Al Paraíso." Porque nos subía a nuestros cuartos, a nuestro mundo, a nuestra soledad, y, en cambio, al bajar decíamos: "Infierno", porque nos descendía de la gloria al barullo de la calle, a la tierra...

JULIA.—Sí, me acuerdo muy bien. Se lo decíamos en español, muy de prisa, para que no lo entendiera. ¡Y lo que nos reíamos por dentro!

ROBERTO.—Entonces, ¿no te acuerdas del día del bolsillo? ¡Qué tragedia! Habíamos estado esperando tres minutos en el descansillo de nuestro 32 cuando de pronto aparece el ascensor, se abre la puerta y el chico nos invita a pasar. Era muy guapo, diabólicamente guapo. Algo así como un demonio mensajero que nos atraía con su sonrisa servicial hacia abajo, al báratro, a nosotros inocentes. Y en esto, apenas habías transpuesto el umbral del ascensor, se te ocurre que te has olvidado del bolso y me pides que te lo vaya a buscar. Yo salgo, creyendo que tú me esperarías en el descansillo, pero de pronto oigo un golpe metálico, me vuelvo, y era el ascensor cerrado, que empezaba a bajar, contigo dentro, y tú sola, sola en aquella caja, con aquel ángel satánico, que te arrastraba a una velocidad de perdición a los profundos... ¡Qué susto!

JULIA.—¡Ja, ja, ja! ¿Pero no te dije yo: "Voy bajando, abajo te espero"?

ROBERTO.—Sí, lo dirías, pero yo no oí nada, más que aquel golpetazo metálico, aquella cuchillada. ¡Separados! Porque en los treinta días que llevábamos de casados no nos habíamos apartado ni un minuto, ya lo sabes. Perdí la cabeza, maldije los ascensores, Nueva York, hice lo que habría hecho un tonto de remate, echarme por la escalera abajo, saltando escalones de tres en tres a ver si te salvaba...

JULIA.—¡Claro, por eso cuando bajaste no traías el bolsillo! Dijiste que no lo habías podido encontrar. ¡Y estabas tan encarnado, tan agitado! ¡Pobrecillo!

ROBERTO.—Bueno, no creas que me bajé los treinta pisos así. A los tres o cuatro, volví en mí, reingresé en la realidad, porque ya no podía con mi alma, es decir, reingresé en el ascensor. Y al abrirse las puertas, allí estaba, acogiéndome con su sonrisa diabólica el mismo tipo, pero sin ti.

JULIA.—¡Ja, ja! Naturalmente. Yo había salido, estaba abajo. ¿Cómo se te podía ocurrir que iba a estarme en el ascensor subiendo y bajando como un zarandillo?

ROBERTO.—A mí no se me ocurrió nada. Sólo vi que no estabas en la caja vacía. Y me vuelvo hacia el mensajero con ojos que echaban lumbre, y él entonces me dice con el aire más natural del mundo: "La señora está abajo, esperándole." Y le da al torno de la máquina infernal y nos hundimos. Y lo asombroso es que allí estabas tú, en el vestíbulo, como si tal cosa, atusándote el pelo delante de un espejo, sin hacerte cargo de mis congojas. ¡Y hasta me pediste el bolso.

JULIA.—¡Qué risa me das, hijo mío! Tu novelita, eh: "De lo que sucedió a Pablo y Virginia en una isla medio despoblada que llaman Manhattan." Lo que no me explico es cómo me has callado tantos años tus tribulaciones. ¡Qué reserva!

ROBERTO.—¡Qué quieres! Vergüenza..., vergüenza pura de estar enamorado tan a lo tonto, de... Y la cuestión es que ahora que lo miro bien *(Haciéndolo.)*, pues veo que me he equivocado, que... no es él..., que ha sido algo así como una aparición...

JULIA.—Pues claro, hombre, claro. ¿Qué iba a hacer aquí el chico de Nueva York? Suerte suya, eh *(Burlándose.)*, porque si le coges...

ROBERTO.—En ese episodio tan tonto yo vi como la revelación de que un hombre podía separarnos. Aquello fué ridículo, claro, visto desde aquí, a tantos años de distancia. Pero entonces me pareció como un aviso simbólico, un presagio...

JULIA.—¿De qué?

ROBERTO.—Pues de eso, de que podía haber un hombre, todavía invisible, encerrado como éste en su ascensor, en la caja del futuro, que un día podría llevarte con él abajo..., o arriba..., quién sabe. Superstición. El muchacho aquel no fué más que la forma que di al temor de que alguna vez un hombre se presentara de golpe entre tú y yo, y...

JULIA.—*(Más seria. En tono levemente irritado.)* ¿Por qué dices eso? ¿Qué quieres decir?

ROBERTO.—Nada, mujer, nada. ¿No estábamos en confidencias?

JULIA.—Sí, sí, pero me desazonas cuando te pones a ver tantas musarañas detrás de lo más sencillo del mundo.

ROBERTO.—Si no hubiera sabido desde que te vi que eras un perfecto ejemplo de mujer, y por eso te quise y te quiero, te proclamaría hoy la mujer tipo.

JULIA.—¿Y por qué ese honor?

ROBERTO.—¿Por qué? ¡De modo que eres tú la primera que se ha fijado en ese personaje, que ha empezado a fantasear a cuenta suya, y ahora me dices a mí que veo musarañas! ¿Y quién nos lanzó por el camino del musarañeo, señora mía?

JULIA.—*(Riéndose.)* Tienes razón. Pero bueno..., ya se acabó. Me encocora el individuo ese. ¡Y hay que ver! Nosotros aquí dándole vueltas y vueltas a su persona en la imaginación, y él, tan quieto, hecho un pasmarote, con el periódico y el puro, como si no existiéramos. Ni nos ha mirado una vez siquiera. Mira, me carga. Vamos a cambiar de silla, no quiero verle. De silla... y de conversación. *(Al ver al Camarero que llega a mudar el servicio.)* Bueno, espera que se vaya el camarero. *(Este se retira sin hablar.)*

ROBERTO.—*(Se levanta y cambia de sitio.)* Muy bien. ¡Y ahora, cuidadito con volver la cabeza!, ¿eh?

JULIA.—¿Yo? Como si no existiera ese mameluco. Vamos a hablar de... *(Mientras dice las últimas palabras el Incógnito se ha levantado, sin que ellos lo adviertan, ha recogido algo del suelo y, después de dejar con mucha calma el cigarro y el periódico, se adelanta y se acerca a la mesa de Julia y Roberto.)*

INCÓGNITO.—*(Inclinándose levemente y con gran corrección.)* Caballero, ustedes perdonen. Este botón debe de habérsele caído a usted *(Ofreciéndole el botón en la mano.)*... o a la señora... Vino rodando hasta mi mesa... *(Hace otra inclinación de cabeza y se retira, volviendo a sentarse como antes y a reanudar la lectura y el fumar.)*

ROBERTO y JULIA.—*(Al mismo tiempo y un tanto azorados.)* Muchas gracias, muchas gracias, sí, creo que es mío...

JULIA.—*(Nerviosa y mirando al botón.)* Sí, debe de ser mío, de mi chaqueta.

ROBERTO.—Dispensa, pero no es tuyo. *(Señalándose a la americana.)* Mira, es de aquí, falta uno, noté esta mañana que estaba muy flojo...

JULIA.—Perdona, hijo mío, pero este botón es de mi chaqueta. *(Señalándose.)* ¿No lo ves? Uno caído, el de en medio.

ROBERTO.—Chica, no te entiendo. Pero ¿no ves que es igual a éstos?

JULIA.—¡Y a los míos! Bueno, mira que ocurren cosas divertidas. Resulta que llevábamos botones idénticos, tamaño, color, todo. ¡Claro, mi traje sastre! La chaqueta es casi como tu americana. ¡Y ni nos habíamos fijado!

ROBERTO.—*(Tímidamente, con el botón en la mano.)* Sí, es curioso..., pero... ¿el botón de quién es: tuyo o mío? Porque a los dos nos falta uno...

JULIA.—No me digas, pero la coincidencia no puede ser más extraña. *(Mirando el botón.)* ¡No me gusta, no me gusta, vaya! ¡Ese hombre, ese...!

ROBERTO.—Pero ¡qué culpa tiene él! Al contrario, el pobre ha tenido la amabilidad de recoger el botón y traérnoslo. Tómale. Te lo cedo. Para que veas que soy magnánimo. Es mi regalo de aniversario. ¡Un botón, nada menos! Lo guardarás como recuerdo y...

JULIA.—No, señor, no lo quiero. Es tuyo. Y en cuanto volvamos a casa digo a Roberta que me mude todos los botones de mi chaqueta. ¡Mira que no habernos dado cuenta hasta ahora, y por esta casualidad, de que eran absolutamente iguales! ¡Tantas veces que me habrás visto con este traje, y que te he visto yo con ése, y nada... Parecemos ciegos. No vemos lo que se nos pone delante de los ojos...

ROBERTO.—Sí, puede. Pero tenemos la vista para otras cosas. Ya ves, ese chico del ascensor era mi miedo, hecho persona. Lo no visto, visto, o previsto. Temía yo tanto que alguien pudiera separarte de mí, que como no existía ese alguien, lo inventé. Me forjé en ese pobre tipo la imagen de un hombre por el que podrías abandonarme, de un hombre que nunca ha existido...

JULIA.—*(Despacio y mirando al vacío.)* El hombre que nunca ha existido...

ROBERTO. — *(Mirándola con curiosidad.)* Lo dices así como con nostalgia, como echándolo de menos...

JULIA.—*(Sin cambiar de tono.)* ... nunca ha existido...

ROBERTO.—¿Te habría gustado que existiera?

JULIA.—No. Más vale así. *(Cogiéndole las manos y mirándole con cariño.)* Todo fué para bien.

ROBERTO.—*(Reteniendo las manos.)* ¿Qué estás diciendo? ¿Qué misterio es éste? Te siento de pronto como distante, como si te viera a través de una niebla que sale de esas palabras...

JULIA. — Nada, nada, tú lo has dicho. *(Con energía.)* Nunca ha existido, nunca.

ROBERTO.—¿Pero de quién hablas?

JULIA.—De nadie, de nadie...

ROBERTO.—Sí, hablas de alguien. Y de alguien que ha

existido. Se te nota en la manera de decir que nunca ha existido. Es como si quisieras, ahora, con tu voz, suprimir una realidad... *(Pausa. Sueltan las manos.)* Yo no te pido nada... pero dime... ¿Ha existido?

JULIA.—*(Apoya los codos en la mesa y se tapa los ojos con las manos, un instante; luego mira con sonrisa forzada a Roberto.)* Nada, nada, ya se pasó.

ROBERTO.—No, Julia, no. Ahora ya sé que sí, que existe. Que te has tapado los ojos, un segundo, para volver a verlo, que ha estado allí, en el hueco de tus manos, y ahora, al descubrirte, se ha vuelto a marchar... Julia... dime...

JULIA.—Es verdad, Roberto. Te lo voy a decir... todo.

CAMARERO.—*(Llega, cambia los platos, deja la bandeja y ofrece a Roberto la carta de vinos.)* ¿Desea el señor encargar el champagne ahora?

ROBERTO.—Sí, vamos a ver. *(Ojea la carta.)* ¿Qué tal este Limbeau 1923?

CAMARERO.—Excelente, señor. ¿Media botella?

ROBERTO.—Sí, basta. *(Se retira el Camarero.)*

JULIA. — ¿Y por qué has pedido el vino de ese año, de 1923?

ROBERTO.—¡Qué pregunta! Porque es una buena cosecha. Ya sabes que me precio, aquí en confianza, de entender de champagnes...

JULIA.—Bueno, no hay duda. Te lo voy a contar. Eso ya es mucha coincidencia. Eso significa algo...

ROBERTO.— *(Con cara de asombro.)* ¿Pero el qué? ¿El champagne?

JULIA.—Sí, sí, lo del año. Ese fué precisamente el año en que yo estaba pensando... y tú también, sin saberlo... Pero voy a empezar por el principio... *(Se interrumpe al ver llegar al Camarero.)*

CAMARERO. — *(Enseña la botella.)* Aquí tiene el señor. *(La pone en el cubo de hielo.)*

JULIA.—Tú ya sabes que cuando yo era una chiquilla me dió por la pintura...

ROBERTO.—Sí, me lo has contado. Y siento mucho que lo dejaras.

JULIA.—Sabes que fuí dos años a una academia...

ROBERTO.—También...

JULIA.—Allí le conocí.

ROBERTO.—*(Con aire indiferente.)* ¿Y era...?

JULIA.—Artista, lo que se llama artista, eso que los vecinos y el camarero llaman artista: impulsivo, loco, alegre, triste, vestido de una manera extravagante... Vamos, eso, artista.

ROBERTO.—¿Y tú...?

JULIA.—¿Yo? Nada. El se enamoró de mí como un insensato. Yo no le daba pie, estaba como una santa de palo, dejándome admirar y adorar, con tantas palabras bonitas que me decía. Y luego al volver a casa me miraba al espejo, y me decía: "Pero ¿soy yo, con esta carucha, esa de que habla?" Bueno, total, que me subió tan alta y tan alta en aquellas palabrerías, que me dió miedo de caerme, miedo por él y por mí. Y sin haber llegado a ser novios le desengañé un día, y para que no hubiera más coyuntura de vernos me marché de la academia. *(Pausa.)* Me escribió cartas y más cartas. A los pocos días, y al ver que no le contestaba, me escribió una de despedida.

ROBERTO.—¿Se marchó?

JULIA.—Sí. Era rico. Podía hacer lo que quisiera. Se marchó a París. Y me decía en esa carta que nunca volvería a dirigirse a mí hasta el momento de su muerte.

ROBERTO.—*(Siempre fingiendo indiferencia, coge la botella.)* Creo que ya está bien. Dame tu copa. *(Sirve con cuidado, y mientras sirve habla.)* Pero eso no podía ser en este año. *(Bebiendo y señalando a la botella.)*

JULIA.—No. En ese año...

ROBERTO.—Ahora recuerdo que 1923 fué el año de mi viaje al Perú, a lo de las minas.

JULIA.—Eso mismo.

ROBERTO.—Yo salí de Madrid en febrero... me parece.

JULIA.—Y a los ocho días justos de haberte marchado, llegó la carta.

ROBERTO.—¿Suya?

JULIA.—No, del médico. Un doctor de un sanatorio de cerca de París. Me decía que Julio estaba muy enfermo, de muerte, desahuciado. Y que su obsesión era que yo fuese a verle... Que si iba se despediría de la vida en paz. Si no... Tan convencido estaba el médico de la sinceridad de Julio que se resolvió a escribirme... aunque eso no es costumbre... Me hizo un efecto tremendo. Y por fin me decidí. Me convencí diciendo que era una obra de caridad, no de amor. Engañé a mamá, te engañé a ti. Os dije que iba

157

a pasar quince días con mi amiga Elena, en Barcelona. ¿Te acuerdas?

ROBERTO.—Claro. ¿Entonces? ¿Tú no estabas en Barcelona?

JULIA.—No, en París. Y fué terrible. Porque en cuanto me entraron en su cuarto, se le iluminó la cara, como si yo fuese luz, y se le cambió el semblante de tal modo que parecía un milagro. Sentí vergüenza.

ROBERTO.—¿De qué?

JULIA.—No sé. De esa fuerza, que yo por lo visto tenía en mí, y que a él le dió de pronto en la cara, como un rayo o una ráfaga de aire, y le hacía vivir. Porque ¿sabes lo más tremendo de todo? Que no se murió. Que se puso bueno.

ROBERTO.—¿De qué? De verte.

JULIA.—No, no, ¡qué disparate! Dios sabe por qué sería. Los médicos no lo entendieron. Porque Dios lo quiso.

ROBERTO.—Entonces, ¿vive?

JULIA.—No. Se puso bueno, con una rapidez portentosa, que tenía a los médicos pasmados. A los siete días los médicos le mandaron irse a Suiza. Y él... *(Pausa. Bebe, muy despacio, dos o tres sorbos. El la imita.)*

ROBERTO.—Decías que él...

JULIA.—Se me puso de rodillas, me suplicó que me fuera con él a Suiza, desesperado, llorando. Decía que ya no era por amor, que era por vivir. Y que yo era su vida, y que dejarlo sería su muerte de verdad... Me rogaba como un niño, aterrorizado... Y yo no le quería, sabes, no lo quise, ni un momento, de amor... Era otra cosa...

ROBERTO.—Era ¿el qué?

JULIA.—Pues... sentir de madre... Compasión, cariño, y deber, deber de sacarle con vida, de hacerlo vivir, lástima de verle desvalido, allí delante...

ROBERTO.—¿Y te fuiste con él?

JULIA.—No me persuadió él. Me empujó esa fuerza que me descubrí dentro de mí, para hacerle bien. Se me figuró que mi sola misión en la vida era hacer vivir a una criatura, casi casi llevándola en brazos... Bueno, te estoy haciendo sufrir. Perdóname, perdóname.

ROBERTO.—*(Cogiéndola la mano.)* No, tú sufres. Cállate, si quieres. Descansa.

JULIA.—No, no, quiero decírtelo todo. Convinimos en salir en el mismo tren para Suiza. Yo iría desde mi hotel, él desde el sanatorio, y nos reuniríamos en la estación. Y entonces... *(Se queda parada con los ojos muy abiertos, como una estatua.)* ¡Pero ya está, ya está, ya sé quién es! ¡Estaba ciega! ¡Y ahora al contarte aquello le he visto!

ROBERTO.—*(Inquieto.)* ¿Qué te ocurre? ¿Quién es?

JULIA.—Pues ese hombre *(Señalando al Incógnito.)* es el chófer, el mismísimo chófer. Claro, yo andaba buscándole por la memoria, a ciegas, y de pronto la fuerza del recordar lo ha iluminado, le veo...

ROBERTO.—Cálmate. ¿Qué chófer dices? ¿Quién es?

JULIA.—Sí, sí, verás. *(Vuelve al tono de relato.)* Pues al salir del hotel el portero ya me tenía preparado un taxi. Entro, y digo al chófer: "Estación del Este". Y el chófer, ése, ese mismo hombre, se vuelve sonriendo, con una cara muy franca, muy alegre, y me contesta: "Muy bien, señora. Estación del Sur ha dicho usted, ¿verdad?" Y yo no sé cómo lo dijo, no sé qué tono tan raro había en su voz, de energía sobrenatural, de mandato, que me quedé con la boca abierta para advertirle que se había equivocado, que yo iba a la estación del Este, sin poderme salir palabra. Y el taxi, andando... A la primera parada de las luces del tránsito, quise hablarle, sacarle de su error. Pero mi voluntad era tan débil, que ni supo dar aliento al son de las palabras. Y seguimos, y cada vez que paraba en un cruce mi voluntad se reanudaba un poco, quería hablar, pero me faltaba siempre voz. Y ya me dejé caer en el asiento vencida no sé por quién, hasta llegar a la estación, y no tuve más que hacer. Un mozo me cogió el equipaje, me llevó a la taquilla. Yo como una autómata pedí el billete, me metí en el tren y... aquí estoy. 1923. *(Bebe.)* Todo dicho, así, hasta la última gota.

ROBERTO.—¿Y el otro, Julio?

JULIA.—Murió.

ROBERTO.—¡Qué raro! ¿Como te había dicho...?

JULIA.—No, no. Pura casualidad. Fué en un choque de automóviles. Nada de culpa mía, no, nada de muerto de amor. La carretera. Lo leí en un periódico, porque era ya bastante conocido, sabes. ¿Y ahora, tú...?

ROBERTO.—Yo *(Mirándola a los ojos con cariño y gravedad.)*..., nada. Aniversario. Completo. Cumpleaños. Acabo de nacer...

JULIA.—*(Sonriendo débilmente.)* ¿De nacer? No se te nota. Estás muy crecido.

ROBERTO.—No se me nota, porque no me ves por dentro. ¡Qué bien dicho está eso de "He nacido hoy", cuando nos roza, muy, muy de cerca, un peligro mortal y le escapamos. Sí. *(Mirándola a los ojos y sonriendo.)* Aquí tienes a tu recién nacido. Todo lo que me cuentas es así como un haber estado a dos dedos de la muerte, y salir con vida, por milagro. ¡Lo raro es que a mí me pasó todo eso sin saberlo! Ahora me entero, y me da el escalofrío retrasado. Trece años de retraso, nada menos. Pero aquí estoy, vivo, entero y verdadero *(Se toca, se palpa, medio en broma.)*, salvado... por *(Volviéndose al Incógnito.)*. ¿Pero de verdad estás segura de que es ese hombre?

JULIA.—Segurísima. Y además *(Haciendo ademán de levantarse.)*, se lo voy a preguntar, y si tú quieres lo invitamos a...

ROBERTO.—*(Poniéndola una mano en el hombro con cariño.)* Calma, calma. No hagas nada de eso. Todo está quieto ahora, otra vez. Y sabes, sobre todo, que me has hecho un regalo de cumpleaños, hoy, que no sé cómo agradecerte.

JULIA.—*(Confusa, bajando los ojos.)* Calla, calla, ¿por qué me dices...?

ROBERTO.—Sí, es verdad. ¿Y sabes lo que es? Que me lo has contado tan sencillamente, tan claro; que no me has pedido perdón. Y así me has ahorrado ese minuto tan humillante, tan penoso, de perdonar. Gracias.

JULIA.—*(Mirándole con gran ternura.)* ¡Gracias, tú! Yo, yo *(Cogiéndole las manos.)*, gracias. Tú, no.

ROBERTO.—¡Los dos! Estamos en paz. *(Se miran amorosamente. El Incógnito se levanta de su mesa, con la misma calma de antes, y se acerca a la de Julia y Roberto, repitiendo el saludo con la misma cortesía.)*

INCÓGNITO.—Verdaderamente ustedes me excusarán por mi ligereza, pero el botón que les traje...

JULIA y ROBERTO.—*(Mirándole sin levantarse, como fascinados.)* Sí, sí... ¿Qué?

INCÓGNITO.—Pues que era mío. Vean ustedes. *(Se señala a su americana.)* No sé cómo pude... *(Tendiendo la mano. Roberto, como un autómata, sin dejar de mirarle, saca el*

160

botón del bolsillo y se lo da.) Mil perdones, señores míos, mil perdones... *(Se retira hacia atrás, despacio, mirándolos. Y luego vuelve a su mesa. Todo este juego debe hacerse con naturalidad, pero al mismo tiempo insinuando, por las actitudes y tono de voz, algo extraño y raro.)*

ROBERTO.—De nada, de nada, señor mío...

JULIA.—*(Tras una pausa, en que los dos beben, sin mirarse.)* No lo entiendo, no... *(Tocándose la chaqueta.)* Porque...

ROBERTO.—*(Llevándose la mano a la americana.)* Sí... La verdad es que hemos sido tontos... Podíamos haberle preguntado si era él...

JULIA.—Déjalo... Déjalo. *(Sonriendo y pasándose la mano por la frente.)* Qué, ¿nos vamos? Podemos tomar café al aire libre, en la terraza del parque.

ROBERTO.—Sí, voy a pagar, vámonos... *(Hace señas y acude el Camarero con la cuenta, que paga Roberto. Entre tanto, Julia se compone mirándose al espejito de la polvera, con cuidado.)*

CAMARERO.—Muchísimas gracias, señor. Espero que nos favorezcan más veces. Como ven, la casa es muy tranquila, muy íntima...

ROBERTO.—Sí, sí, volveremos. Los abrigos...

CAMARERO.—Aquí los traje, señor. *(Les ayuda a ponérselos. En este momento antes y mientras ellos están distraídos, el Incógnito se levanta de la mesa, se guarda el periódico y con el cigarro encendido en la boca sale muy despacio y sin ruido.)*

ROBERTO.—*(Al Camarero.)* Diga usted, es una curiosidad que tenemos la señora y yo. ¿Ese caballero que está ahí sentado, en la segunda mesa *(Sin mirar.)*, es cliente de la casa? ¿Le conoce usted?

CAMARERO.—*(Volviéndose hacia la mesa vacía.)* No sé quién dice el señor...

ROBERTO.—*(Volviéndose también y viendo que no hay nadie.)* Pues estaba ahí..., ha debido de salir en este momento... Ese que ha estado sentado en la mesa mientras comíamos; parecía parroquiano de...

CAMARERO.—Dispénseme el señor que le contradiga, pero en esa mesa no ha habido nadie.

ROBERTO.—¿Cómo? ¿Me va usted a decir que no había

161

ahí un caballero, todo el tiempo que duró nuestro almuerzo, sentado, leyendo...?

CAMARERO.—Señor, lo único que le digo es que no había más mesa ocupada en este lado que la de los señores... *(Apuntando a la que acaban de dejar.)*

ROBERTO.—Entonces usted quiere decir que ese individuo, vamos, el que estaba ahí, que la señora y yo hemos visto con estos ojos, y que nos ha hablado...

JULIA.—*(Tirándole de la manga.)* Déjalo, déjalo. Lo mismo da... El no se habrá fijado... Vámonos. *(El se deja llevar, pero al pasar junto a la mesa del Incógnito se detiene, coge un cenicero, se vuelve al Camarero, que estaba recogiendo el servicio.)*

ROBERTO.—Oiga.

CAMARERO.—¿Qué manda el señor?

ROBERTO.—¿Y esto, ve usted esto?

CAMIRERO.—¿El qué, señor?

ROBERTO.—Este cenicero. Lleno hasta arriba. Y todavía dirá usted que no había nadie...

JULIA.—*(Bajo.)* Vamos, Roberto, vamos...

CAMARERO.—Es verdad, señor, es verdad... Se lo aseguro.

ROBERTO.—¿El qué?

CAMARERO.—Pues eso, que el señor y la señora han estado completamente solos...

ROBERTO.—Entonces, ¿esto? *(Señalando al cenicero, que coge y tiene en la mano.)*

CAMARERO.—¡Yo no veo más que ceniza, un montoncito de ceniza! *(Telón.)*

FIN DE
"EL PARECIDO"

LA BELLA DURMIENTE

COMEDIA EN UN ACTO Y DOS CUADROS

LA BELLA DURMIENTE

PERSONAJES

SOLEDAD.	LÓPEZ.
ALVARO.	PÉREZ.
LORENZO.	FERNÁNDEZ.

EMPLEADO DE HOTEL.

La acción, en nuestros días.

CUADRO PRIMERO

ESCENA PRIMERA

La escena representa un miradero en el parque de un hotel de montaña. El miradero tiene la forma de un kiosko con parapeto de piedra rústico. Media docena de sillones de campo de aspecto confortable y una mesa. A derecha y a izquierda se ven los caminos de acceso al miradero. El telón de fondo representará una hermosa vista de montaña arbolada, con mucho campo y atmósfera clara y luminosa.

Entran por la derecha SOLEDAD y ALVARO, en traje de montar los dos, ella muy sencilla; él, más visiblemente elegante. SOLEDAD es una belleza sobria, natural, de facciones muy suaves, pero de aire grave, pelo muy corto, negro, ojos verdes. Representa unos veinte años. ALVARO, mucho mayor, entre treinta y cinco y cuarenta, es delgado, de aspecto distinguido y sin afectación. Se detienen en el miradero y ella le extiende la mano, despidiéndose.

ALVARO.—Qué, ¿le ha gustado a usted ese paseo selvático?

SOLEDAD.—Mucho. Ha sido una mañana deliciosa. Gracias.

ALVARO.—Las gracias se las debo yo por haber aceptado la invitación. *(Sin estrechar la mano que ella le tiende.)* ¿No se siente usted con ganas de beber algo? Tengo en mi cuarto un jerez viejo, puedo llamar al criado y que nos lo sirva aquí, a la sombra.

SOLEDAD.—No, gracias. Por ahora todas mis ganas están colmadas con el aire puro que se me ha entrado en los pulmones y las vistas que he devorado con los ojos, mientras paseábamos. Vale más dejar al paladar tranquilo. *(Riéndose.)* Por supuesto, hasta la hora de almorzar. ¡No me haga usted puritana!

ALVARO.—*(Con sonrisa cortés.)* ¡No sé, no sé! Cuando la veo a usted tan severamente vestida, sin pintura, tan sencilla...

SOLEDAD.—Nada de eso. Además, no me quedo porque le he oído decir a usted que esperaba a unos amigos de la capital esta mañana.

ALVARO.—Eso no importa, no vendrán hasta más tarde. Y amigos precisamente no son. Visitas de negocios. Si usted cree que se puede llamar amigo, así, sin más, a una persona que nos viene a hablar de negocios... Enemigos, acaso.

SOLEDAD.—Bueno, entonces podemos sentarnos a descansar aquí un momento. *(Se sienta en uno de los sillones y le señala uno a Alvaro.)*

ALVARO.—¿Nada más que un momento?

SOLEDAD.—*(Sonriendo.)* Usted sabe que un momento es una medida muy equívoca, muy flexible de tiempo. No ata. Me gusta más dividir el tiempo así: un momento..., un rato..., una temporada. Me pone inconsolable eso de que las horas tengan todas sesenta minutos, ni uno más ni uno menos. Los meses se permiten sus caprichos. ¿A usted no le es simpático febrero?

ALVARO.—*(Desconcertado.)* Sí, según...

SOLEDAD.—Es mucho más original que los otros meses, nunca llega a los treinta. Veintiocho días y se acabó... Y para ser aún más caprichoso hace una escapada de vez en cuando, los años bisiestos.

ALVARO.—Tiene gracia. No se me había ocurrido. ¿De modo que a usted le gusta huir de los números, por lo menos cuando cuentan el tiempo?

SOLEDAD.—Claro. ¡Un rato, un ratito! Vaya usted a saber cuánto dura esto. ¡Cualquiera le pone números! Pues sí, señor, me gusta huir de los números y de muchas cosas más. Lo mismo le debe de pasar a usted. Si no, no estaría aquí. Todos los que vivimos en este hotel o cenobio, o lo que sea, somos fugitivos. Usted, fugitivo. Yo, fugitiva...

ALVARO.—Verdad. Por eso se llama "Cima Incógnita". Refugio para amantes del incógnito. Y la obligación reglamentaria de ponerse otro nombre al entrar en el hotel es eso, es escapar de nuestro nombre verdadero, huirle. ¡Divertido!

Soledad.—Lo parece, pero yo no sé si lo es. Ni usted se llama Alvaro ni yo me llamo Soledad. Son, los dos, nombres convencionales que nos hemos puesto, de acuerdo con el reglamento de la casa, para que no se sepa los que llevamos por el mundo. Nombres de paso, de vacaciones. Y, sin embargo, los pronunciamos con toda seriedad y nos reconocemos por ellos como si estuviéramos todo el día mirándonos con caretas puestas. ¡Qué raro!

Alvaro.—Sí, muy raro. Usted me lo hace notar. Escapados de nuestros nombres, sí.

Soledad.—¿De nuestros nombres nada más? Yo me siento liberada de mucho más desde que estoy aquí. ¡Qué gusto ser desconocida, salirse de la imagen de una que tienen los demás, dejar de ser la que se figuran los otros que es! Yo lo comparo con volver a casa después de un baile aburrido y quitarse el traje y el color y todo, y meterse en el agua y sentirse verdadera.

Alvaro.—Entonces, ¿ese nombre de mentirijillas es algo así como un baño psicológico?

Soledad.—Pues sí, en él me refresco, me descanso tan contenta. Y además me limpia, sí, me limpia.

Alvaro.—Realmente el nombre es precioso. Profundo. ¡Puede usted bañarse a fondo! ¿Por qué lo escogió usted?

Soledad.—Pues por eso... ¿No está claro?

Alvaro.—Sí, sí... Ahora tengo que agradecerle aún más que haya aceptado mi compañía, Soledad, faltando a su nombre de elección, de temporada.

Soledad.—(Un poco triste.) Sí, eso es lo malo, de temporada nada más. ¡Y con lo feliz que me siento habiéndome quitado de encima mi nombre siendo como soy, y no como me ven otros!

Alvaro.—Pues si usted me permite juzgar por mi caso personal, la imagen que da usted de sí a los demás es gratísima, inmejorable.

Soledad.—Gracias por el cumplido. Pero es que la que ve usted aquí arriba es mi imagen de aquí, la de Soledad. La de abajo es... otra cosa.

Alvaro.—No querrá usted hacerme creer que muda de apariencia conforme a la altitud y que aquí, a mil metros, es usted más bonita que al nivel del mar. En todos los niveles...

Soledad.—*(Levantándose.)* Bueno, déjeme usted con mi apodo. *(Señalando hacia abajo.)* Creo que en ese coche vienen sus amigos... Me voy a mi cabaña. Y muchas gracias de... *(Sonriendo con coquetería.)*... de Soledad.

Alvaro.—*(Reteniendo un momento la mano que ella le ofrece.)* A usted las gracias. ¿Nos veremos esta tarde un momento..., un rato..., una temporada?

Soledad.—¿Y sus amigos?

Alvaro.—Se irán pronto. Negocios, negocios. ¿Por qué no vuelve usted por aquí, por el miradero, esta tarde? ¿No le gusta?

Soledad.—Bueno, vendré. Hasta luego. *(Sale, dirigiéndole una sonrisa, por la izquierda. Alvaro se queda siguiéndola con la mirada. Un instante después llega un empleado del hotel, de aire correctísimo y muy arreglado, como de secretario.)*

ESCENA II

Empleado.—Don Alvaro, hay tres caballeros que le buscan. Dicen que los tiene usted citados. ¿Quiere usted recibirlos, o...?

Alvaro.—Sí, amigo Antuña. Que vengan. Es decir, voy a cambiarme de traje, cuestión de cinco minutos. Puede usted mientras enseñarles el parque, que vean esto. Y que me esperen aquí mismo. *(Sale por la derecha. El empleado sale en la otra dirección y vuelve en seguida con López, Pérez y Fernández. Los tres tienen aspecto de hombres de negocios de primera clase. Irreprochablemente vestidos, los tres con gafas y dos de ellos con grandes cartapacios. Miran a su alrededor curiosamente.)*

ESCENA III

López.—*(Al empleado.)* ¿De modo que éste es el misterioso "Pico Incógnito"? Ese hotel o refugio cuyo nombre no se ha impreso en un periódico ni en un prospecto?

Empleado.—Este mismo, señor.

FERNÁNDEZ.—*(Mirando hacia el fondo.)* La vista es magnífica, magnífica.

PÉREZ.—¡Y qué aire tan puro!

LÓPEZ.—Pero ¿y usted no cree que anunciando un poco, discretamente, el volumen de negocios aumentaría en un coeficiente sensible?

EMPLEADO.—La Administración del "Pico Incógnito" tiene su idea. Ustedes supongo que la conocen...

FERNÁNDEZ.—Sí, sí, no muy bien, ésa es la verdad. Todo es tan sigiloso. ¡Y como no hay *literatura* sobre el establecimiento...!

LÓPEZ.—Confieso que me gustaría que me explicase usted bien... Vamos, si con eso no se quebranta ningún...

EMPLEADO.—En modo alguno, señor. Los amigos de nuestros favorecedores tienen ya toda nuestra confianza. Pues verán ustedes. *(Los tres se acercan interesados, a escuchar.)* La idea es muy sencilla. Nuestro país, con su gran riqueza, su enorme población y sus medios de publicidad, abunda en personas famosas de todas clases. Personas que están, por decirlo así, en escena, en la escena de la atención social, quieran o no. Ya saben ustedes a quiénes me puedo referir: lo mismo a un gran torero, que a una estrella de cine, a un millonario, a un premio Nobel, un político...

LÓPEZ.—*(Con aire de suficiencia.)* Sí, a las celebridades...

EMPLEADO.—Eso es, a las celebridades...

FERNÁNDEZ.—A las figuras de éxito...

EMPLEADO.—Justo, a las figuras de éxito.

PÉREZ.—A los triunfadores.

EMPLEADO.—Exactamente, a los triunfadores. Y es un hecho positivo, que los psicópatas y los sociólogos lo tienen confirmado con muchos casos, que ese involuntario sometimiento a la inspección del público ocasiona cansancio nervioso, fatiga..., puede llegar a consecuencias graves...

LÓPEZ.—Ciertísimo. Más de un ejemplo conozco. Recuerdo a Nicéforo Morales, el de la Compañía de máquinas de afeitar, el que inventó el afeitado sin máquina... A fuerza de interviús, de retratos, lo volvieron loco, pero loco de verdad. Y se le olvidó su invento. ¡Ya ve usted lo que ha perdido la Humanidad!

EMPLEADO.—Pues para personas, mejor diríamos personajes, de esa categoría, es para los que se abrió este hotel.

Como ven ustedes, aislamiento perfecto. En lo alto de un picacho, sin poblado en veinte kilómetros a la redonda. Carretera particular, de acceso. No hay teléfono para los residentes. Nada de un gran edificio, con habitaciones pegadas unas a otras. Cabañas o casitas, separadas, de todo lujo, confort, sin perder su aspecto rústico, y sobre todo que aseguran por completo al residente contra toda molestia de vecindad... ¿Ven ustedes? *(Señalando alrededor.)*

FERNÁNDEZ.—Sí, sí. Además, resulta muy bonito, estas casitas diseminadas por el parque.

EMPLEADO.—Así lo creemos nosotros, señor. Muchas gracias. Pero lo más notable es el régimen de la casa. Clientela escogidísima, siempre con referencias. Y al llegar a la Cima el residente adopta un nombre que no es el suyo, para de esa manera reservarse un incógnito dentro de lo posible y no ser víctima de la curiosidad mundana, de la que viene huyendo. Por ejemplo, su amigo de ustedes, cuyo nombre real yo ignoro, es para todos don Alvaro Cantillana.

LÓPEZ.—¿Y no sabe usted quién es, de verdad?

EMPLEADO.—Yo no, señor. En el registro secreto del Director están consignados en tarjetas los nombres verdaderos, naturalmente, y los nombres que llamaríamos de residencia, pero el Director es el único que los conoce.

PÉREZ.—¡Ya, ya! El objeto es...

EMPLEADO.—Pues que descanse el residente de esa curiosidad que le persigue, de ese rayo de atención que nunca le deja. Aquí nadie sabe quién es, no tiene admiradores ni solicitantes, descansa, está de vacación psicológica, social... ¡Valga la frase!

LÓPEZ.—¡Pero no me va usted a decir que no se conocen unos a otros! ¿Y las fotografías?

EMPLEADO.—¡Cómo se va a reconocer a nadie por una fotografía de periódico, señor! Nunca se parecen. Además, la Dirección procura evitar que coincidan en el "Pico" dos personalidades de la misma profesión, por ejemplo, dos actores de cine, dos políticos... Algún caso se ha dado de reconocimiento. Pero en interés de todos no se propala...

FERNÁNDEZ.—¡Vaya, vaya! Pues no está mal pensado, no... Ahora que los precios...

EMPLEADO.—Naturalmente, señores, ustedes se percatarán de que los alicientes del lugar, la amplitud de espacio, la restricción de clientela, impulsan nuestros precios en una dirección forzosamente ascensional... Son precios de... celebridades. ¡Están acostumbrados!

LÓPEZ.—No hay duda de que está bien concebido, bien concebido. Pero yo sigo creyendo que un poquito de publicidad...

EMPLEADO.—*(Mirando hacia la derecha, por donde asoma Alvaro.)* Señores, ustedes me autorizarán a que les deje. Don Alvaro está aquí...

LÓPEZ.—Muchas gracias, muchas gracias...

FERNÁNDEZ.—Muy interesante su explicación.

PÉREZ.—Adiós, joven, adiós, agradecidos. *(El empleado se retira por la derecha.)*

ESCENA IV

ALVARO.—Buenos días caballeros; bien venidos a la Cima. ¿Qué tal, López? ¿Cómo vamos, Pérez? ¿Y usted cómo anda, Fernández? *(Les va dando la mano, conforme los nombra.)*

FERNÁNDEZ.—Muy bien, gracias, don Ca...

ALVARO. — *(Interrupiéndole.)* Chis... Aquí, no más que don Alvaro. Por hoy soy don Alvaro. Ya se lo avisé en mi carta y a ese nombre viene la correspondencia...

FERNÁNDEZ.—Usted perdone *(Sonriendo.)*, la falta de costumbre..., don Alvaro.

ALVARO.—Muy bien, muy bien. Yo creo que estaremos aquí fuera mejor que en mi alojamiento, ¿no? Ya he encargado a Lorenzo... Pero, cuidado, se me olvida que mi ayuda de cámara no se llama Lorenzo aquí, es Eduardo..., algo de beber. ¿No les parece?

PÉREZ.—Aquí se está muy bien, pero ¿estaremos bastante en privado? ¿No nos oirán?

ALVARO.—Nada. Tan seguros como en la sala de Consejos de la Compañía. Este es un miradero al que no viene gente a esta hora. A no ser que crean ustedes que algún competidor ha despachado un agente en forma de gorrión, o de lagartija, a que sorprenda nuestra conversación profesional...

FERNÁNDEZ.—Entonces, claro que estamos aquí mucho mejor.

LÓPEZ.—Tiene uno gana de aire fresco y libre, con el

calor de allá abajo. *(Aparece por la derecha Lorenzo, que trae una bandeja con botellas y vasos. La deja en la mesa y se retira.)*

ALVARO.—Bueno, caballeros, siéntense ustedes. *(Ofreciendo.)* ¿Vermut? ¿Jerez? ¿Porto? *(Sirve.)* Y ahora podemos empezar...

FERNÁNDEZ.—Ya está usted bien impuesto del asunto, por la carta y los documentos del *(Consultando sus papeles.)* 26 de este mes. Es lo de Figueroa, el agente de publicidad de la casa; sus condiciones para renovar el contrato... Nosotros estamos muy indecisos y querríamos que usted decidiera.

ALVARO.—¿Yo? ¿Por qué yo?

FERNÁNDEZ.—Usted es el presidente del Consejo de Administración, el mayor accionista y el heredero del nombre de la casa Rolán.

ALVARO.—Es verdad. No son pocas las responsabilidades. Y no es que quiera rehuirlas, no. Mi padre lo quiso así, cuando testó en esta forma. Pero tengan en cuenta que sólo hace tres meses que murió, que yo he vivido mucho tiempo en el extranjero y no tengo dotes notables para los negocios. Son ustedes los que lo han llevado todo con él, siempre; así me lo repetía papá, y ustedes me deben asesorar y aconsejar. Yo soy... un nombre..., un millonario involuntario y melancólico... Pero bueno, vamos al asunto. ¿Es cierto todo lo que alega Figueroa en su informe?

FERNÁNDEZ.—Sí, es cierto. El se nos presentó un día, hace cuatro años, a ofrecernos su plan de publicidad. Según él, nuestra casa podía aumentar su cifra de ventas enormemente si se aplicaba a nuestra producción el tipo de propaganda adecuada. Es uno de esos técnicos modernos: nos vino con eso de la psicología de la atención, de la teoría de Messer aplicada al comercio, del aislamiento del objeto, de la relación espacial, yo no sé. Todo ello fué a parar en su invención de *la Bella Durmiente.*

ALVARO.—¿Esa es idea suya?

FERNÁNDEZ. — Enteramente. Su razonamiento es que lo que fabrica nuestra casa, colchones de muelles, camas, etc., es difícil de anunciar, delicado. Para todo el mundo son artículos prosaicos. ¿Cómo se pueden relacionar con algo que, siendo llamativo, tenga un tinte romántico, poético? Un colchón de muelles, en sí, parece resistirse a asociación alguna estética. Y a él se le ocurrió ennoblecerlo convirtiéndole en utensilio de leyenda, esto es, en el colchón particular, específico, de "la Bella Durmiente".

ALVARO.—Pero la Bella Durmiente del bosque no dormía en colchón alguno, si no recuerdo mal la leyenda.

FERNÁNDEZ.—Eso no importa. El caso es que él dió con una modelo, que no sé de dónde la sacaría, admirable. Y con un pintor, de primera. ¡Porque hay que ver la impresión de descanso y belleza que da esa criatura, con su cabellera rubia sirviéndola de fondo, tan pura, tan juvenil! Y el pintor acertó a dar efecto plástico a esa impresión. Ya sabe usted que en todas las obras modernas sobre publicidad gráfica se da el primer lugar a nuestro cartel de la Bella Durmiente, y se le tiene por la obra maestra del género.

LÓPEZ.—Y lo asombroso es lo bien que sale en todos los tamaños, lo mismo en el prospecto que en cartelón. Aquí en el informe que mandamos a usted debe de haber algunas revistas con el anuncio. (Busca, y escoge dos.) Mire usted en color. ¿No es una obra de arte?

ALVARO.—Del cuadro, no sé qué decirle... Es de público, no hay duda. Muy bien calculado el efecto. Lo que es un objeto de arte, sin disputa posible, es la modelo, la muchacha.

LÓPEZ.—Y éste, en negro...

ALVARO.—Casi fotográfico. Más plástico. Tiene unas facciones tan serenas y tan perfectas... Claro, falta el fondo de la melena rubia, que las realza tanto... ¿Y quién es ella?

FERNÁNDEZ.—No sé, no sabemos. Figueroa todo lo hace así. Su personal es asunto suyo, dice...

ALVARO.—Sigan ustedes.

FERNÁNDEZ.—Su principio es lo que él llama de saturación. Llenar los muros, los caminos, las ciudades, el campo, las revistas, con esa figura y ese lema: "La Bella Durmiente." Como él dice, llenar los ojos del mundo con su imagen y su nombre. Y ha sido un éxito sin precedentes.

PÉREZ.—Lo de las carreteras es fenomenal. No hay cruce importante, o revuelta pintoresca, que no le ponga a uno delante el cartelón. Según Figueroa, cuando una persona va cansada de guiar sueña en el reposo y penetra más el anuncio. En esos carteles de carretera pone: "No olvides que al fin de tu excursión nada te ofrecerá descanso más

173

perfecto que el colchón de muelles "La Bella Durmiente."

FERNÁNDEZ.—Y ha logrado lo que quería. La saturación del país. Hay jabón de la Bella Durmiente, peinado Bella Durmiente, yo no sé. La ha convertido en una institución sentimental de la nación.

ALVARO.—La venta, por lo que he visto, ha obedecido a la propaganda.

FERNÁNDEZ.—De un modo asombroso. Ahí tiene usted los datos, con las curvas de aumento de las ventas en los tres años últimos. ¡Increíble, lo novelero que es el público! Y cinco fábricas rivales, cerradas. Esa es la verdad.

ALVARO.—Entonces, parece de justicia... Si él...

FERNÁNDEZ.—Perdone usted, don Alvaro, note usted bien lo que pide. No me arredra la parte económica. Son las atribuciones que quiere arrogarse en el Consejo y en la dirección general de los negocios de la casa. Es muy aventurado. Al fin y al cabo, Figueroa es un espíritu de artista, un imaginativo...

LÓPEZ.—¡Y con eso está dicho todo! Además, el tono de amenaza de su escrito. Si se va, se llevaría a su gente, al pintor, a la modelo, a todos los empleados.

ALVARO.—Sí, lo grave es que la patente del cartel la tenga él, y no la Compañía.

PÉREZ.—Pero, al fin y al cabo, nosotros tenemos el nombre social, el nombre del fundador, el que usted lleva *(Mirando a Alvaro.)* En ese nombre se cimentó la reputación de nuestros artículos, desde hace setenta años. "Camas y colchones Rolán". ¿Por qué capitular ante esta racha de publicidad efectista...?

FERNÁNDEZ.—¡El público, el caso es que el público...!

PÉREZ.—Si él se queda con ese apodo de "La Bella Durmiente", nosotros tenemos un título más sólido, más digno, "Casa Rolán", que ese letrerito romántico de cuento de niños.

ALVARO.—Según eso, la lucha se plantea de esta manera: Carlos Rolán, esto es, yo, mi modesta persona, contra "La Bella Durmiente", esto es, un personaje de leyenda, personificada por una modelo, en color o en negro...

LÓPEZ.—*(Ríen todos.)* Claro que usted exagera, pero...

ALVARO.—Pues yo, amigos míos, de ser público, no vacilaría. Elegiría a la Bella Durmiente. Además, no hay competencia posible. Mi semblante y mi persona, apenas si los conoce nadie. Ya saben ustedes cómo me las ingenio para esquivar a los periodistas y fotógrafos que se especializan en hijos de millonarios. En cambio, la Bella Durmiente pertenece a todas las pupilas y a todas las imaginaciones de la nación. Llevo todas las de perder. ¿Cómo quieren ustedes que una abstracción, un nombre, dos palabras, puedan más en las preferencias del público que millones de estampas de una mujer de carne y hueso? ¡Y de carne y hueso excepcionales, si el pintor no idealiza!

FERNÁNDEZ.—Sí, ya sé, Fernández, ya sé. Perdone usted. Ya sé que el asunto es muy serio. Y declaro que con todos los beneficios que haya traído a la casa ese caballero, el tono conminatorio, casi de chantaje, de su escrito, me previene contra él. Mi primer pronto es mandarlo a paseo con todas sus comparsas.

FERNÁNDEZ.—Don Alvaro, es usted joven, no está aún penetrado de las exigencias de la moral comercial. Estamos en un ciclo de expansión, de extensión de mercados. No todo será por esa publicidad. Pero prescindir bruscamente de ella, es arriesgado.

LÓPEZ y PÉREZ.—No se puede negar...

ALVARO.—Muchas gracias, señores. Yo debo ser el primero en salvar a la casa de eventualidades peligrosas, claro. El asunto pide pensarlo, y sobre todo un examen cuidadoso de las cifras, en que ustedes me hagan ver lo que a mí se me oculta.

LÓPEZ.—Exacto. Tenemos que pensar los pros y los contras. Digo, ¿se puede decir así en plural, lo del pro y el contra, don Alvaro?

ALVARO.—Creo que sí, amigo López, creo que sí...

LÚPEZ.—Entonces, para mí los pros *(Echando mano a su cartera.)* serían...

ALVARO.—Perdone usted, pero ya que la conversación ha de ser larga, ¿no les parece que valdría más, antes de entrar a fondo en la cosa, almorzar?

FERNÁNDEZ.—¡Buena idea! Este aire abre el apetito mayormente.

ALVARO.—Pues vámonos a mi cabaña. Tengo el almuerzo preparado allí, porque no se puede llevar huéspedes al comedor de los residentes *(Conforme salen.)*, sería introducir la curiosidad insaciable del mundo, y sus vanidades, en nuestra paz y nuestro retiro. *(Ríen todos. Salen por la dere-*

cha. Se olvidan de coger los números de las revistas, que quedan en el suelo, junto a las butacas.)

ESCENA V

La escena, sola. Aparece por la izquierda SOLEDAD, ya con otro traje, pero con la fusta en la mano. Inclinada hacia el suelo, anda despacio, buscando algo, y removiendo la hierba con la fusta.

SOLEDAD.—No, pues tampoco está aquí. *(Sigue buscando.)* ¿Dónde se me puede haber perdido? *(Se acerca al sitio donde estuvo sentada con Alvaro. Al ver las revistas, las coge, las mira atentamente.)* ¡La Bella Durmiente! ¡También aquí! ¿Qué hace aquí esto? *(Se sienta en la butaca más próxima, hojeándolas.)* ¡Y decía que iban a hablar de negocios! "La Revista del Hogar Elegante". *(Deja caer una revista al suelo.)* "La Mujer Moderna". *(Deja caer la otra, con aire de cansancio súbito, y se sienta.)* La Bella Durmiente. ¡Negocios! Claro, que después de todo es negocio, todo un negocio... *(Cierra los ojos y se queda como dormida en el sillón...)*

TELÓN DE CUADRO

CUADRO SEGUNDO

ESCENA ÚNICA

La misma escena, tres horas más tarde, es decir, a las cuatro. ALVARO, sentado en una de las butacas, de cara al lado por donde debe venir SOLEDAD, fuma, esperándola. Caen sus ojos sobre las revistas que hay en el suelo. las coge, las mira un momento con atención y vuelve a dejarlas. Aparece por el lado opuesto SOLEDAD. Traje sumamente sencillo y elegante. ALVARO no la ve, porque la aguardaba por la otra dirección. SOLEDAD se detiene un instante, como vacilando, con expresión seria. Luego se alisa el pelo, se *pone* la sonrisa y adelanta resuelta.

SOLEDAD.—¡Buenas tardes!

ALVARO. — *(Se vuelve bruscamente.)* ¿Cómo? ¿Usted? ¿Por aquí?

SOLEDAD.—¿No me esperaba? ¿Estaba usted aún inmerso, mentalmente, en los negocios?

ALVARO.—*(Riendo.)* Nada de eso. Precisamente me ha sorprendido usted por lo mucho que la estaba esperando.

SOLEDAD.—¡A ver, a ver! ¿Cómo es eso? Muy sutil me suena.

ALVARO.—Sencillísimo. Su casa está a ese lado. Me creí que vendría por allí. Tan deseoso estaba de descubrirla cuanto antes, que la vista y la expectación se me concentraron totalmente en el sendero de los pinos, y no me quedó nada libre para esperarla a usted por los otros cuadrantes. ¿Explicado?

SOLEDAD.—Entendido.

ALVARO.—¿Nos sentamos, o quiere usted pasear?

SOLEDAD.—Esta tarde toca contemplación, si a usted le parece. Y el miradero nos brinda un surtido de temas contemplables celestes y terrestres espléndido. ¡Qué horizonte! *(Señala a la distancia.)*

ALVARO.—*(Mirándola.)* Hablando por mí, sólo por mí, diré que me parece injustísimo que se omita en ese repertorio de temas contemplables el elemento humano... femenino.

177

SOLEDAD.—Escaso, confiéselo usted. ¡Unipersonal!

ALVARO.—Pero suficiente, para colmar todas mis aspiraciones, y...

SOLEDAD.—*(Cortándole.)* ¿Tiene usted un cigarrillo?

ALVARO.—Con mucho gusto. Perdone usted que no se lo haya ofrecido yo mismo antes. Se me pasó que hoy día lo primero que se debe ofrecer a una señorita es tabaco. *(La tiende una petaca de oro, abierta. Soledad coge un pitillo y se lo pone en la boca. Alvaro, con gran delicadeza y finura, se lo quita, se lo pone al revés, y le da lumbre, mientras dice las palabras siguientes.)* Permítame usted. ¡Así! Al revés. Muchas gracias.

SOLEDAD.—¿Pero no me ha encendido usted el cigarrillo por el lado de la boquilla? No lo entiendo. *(Extrañada.)*

ALVARO.—Señorita... o Soledad. Mil perdones, la repito. Pero yo soy el puritano, ahora. Quiero cumplir con la norma de no revelar nuestros nombres, aquí en el hotel, ni directa ni indirectamente.

SOLEDAD.—Me da reparo decírselo a usted, de cursi que es la cosa. Estos cigarrillos me los hacen de una mezcla a mi gusto, en Londres, y el tabaquero se empeña en imprimir en el lado de la boquilla el nombre del cliente. Él dice que hace "más personal, más distinguido". Eso dice él. Y yo no me atrevo a llevarle la contra.

SOLEDAD.—¡Ah! ¡Sí que es usted riguroso en la observación del reglamento! Descuide. No miraré el cigarrillo. *(Sin poderlo remediar, mira el extremo del cigarrillo.)*

ALVARO.—No, no tiene usted que molestarse. El nombre es lo primero que arde, apenas se da la primera chupada. Por eso lo cambié.

SOLEDAD.—*(Echando unas bocanadas de humo al aire y viéndolas disiparse.)* De modo que esas madejitas azules, esos vellones, esas sortijas desvanecidas, son su nombre, las letras de su nombre. Se lo llevan por el aire... ¿Pero usted no ha contado con una cosa? Que yo sé leerlas, las entiendo. ¿A que sí? *(Haciendo como que mira atentamente.)* Ya está descifrado. ¿No se llamará usted..., a ver..., hache..., u...humo?

ALVARO.—*(Riendo.)* Por desgracia, no puedo aspirar a ese estado vaporoso y levísimo, ni aun en nombre. En mi pasaporte (y usted sabe que nada más cierto sabemos de nosotros que lo que se nos dice en el pasaporte) se me asignan inexorablemente sesenta kilos. No tengo más remedio que llevar esa parte congrua del peso de mi humanidad.

SOLEDAD.—¡Consuélese usted! Más llevan otros.

ALVARO.—Y el nombre sería bonito, por demás. ¡Humo! Aunque no se puede comparar con ese de usted que no es de usted, pero que se me figura ser más de usted que el de usted.

SOLEDAD.—¡Y que no se ha venido usted conceptuoso esta tarde! Eso es hilar muy delgado para mi cabeza... Sin embargo, creo que entiendo lo que usted quiere decir.

ALVARO.—Yo también lo creo.

SOLEDAD.—Y estoy de acuerdo. Eso de ponerle el nombre a las criaturas al borde de la pila bautismal, a gusto de los papás o los abuelos, para siempre y sin apelación posible, es uno de los abusos más atroces que se cometen con los niños. ¡Qué de confusiones, luego! Le ponen Amparo a una niña que sale de mayor más áspera que un esparto. Y Rosita a una clorótica vitalicia. Algunos nombres son un castigo perpetuo de la persona, dan complejos y... Es un drama.

ALVARO.—Tiene usted razón. O una farsa. En un matrimonio que yo conocía, él tenía un nombre tan estrambótico que la muchacha no podía proferirlo, y lo designaba siempre por el apellido, a estilo de diccionario biográfico, como si fuese una celebridad histórica.

SOLEDAD.—Lo que yo digo es que se debía bautizar a los niños provisionalmente, de modo que luego, cuando fuesen mayores, pudieran confirmarse el nombre o ponerse el que ellos creen que les va mejor. ¿Verdad?

ALVARO.—Muy liberal, sí. Pero herético, evidentemente herético. Se toparía usted con la Iglesia. Y dígame usted, ¿no es algo así como rebautizo eso que ha hecho usted al tomar para estos días el nombre que quiere usted que la llamen? No, no hay razón para el rubor. Es precioso... y de un gran acierto psicológico.

SOLEDAD. — Entonces usted, si no miente la literatura, don Alvaro, terminará sufriendo la fuerza del sino.

ALVARO.—No; muy gracioso, pero no. Lo mío es puramente casual. Y lo de usted se nota que es pensado... o querido.

SOLEDAD.—No le dé usted tanta importancia. ¡Soledad!

¡Mi nombre postizo! A lo más es... un deseo... o una esperanza. ¡Quién sabe si una confidencia! Mejor todavía,..., un suspiro.

ALVARO.—No estamos de acuerdo. Para mí es casi una definición.

SOLEDAD.—¿Definición? ¿De qué?

ALVARO.—De ningún qué. De un quién. De usted..., Soledad. *(Acercando la silla.)* Ahora estoy hablando en serio. Tiene usted unos rasgos tan bien expresados en su persona, tan suyos, que desde que la encontré a usted en el hotel, hace cuatro días, me he estado fijando en ellos y...

SOLEDAD.—¿No valdría más que nos diéramos una vuelta por el bosque?

ALVARO.—Soledad, no me equivoque usted la intención. Esto no es discreteo, no es conceptismo, como usted decía. Hablo muy en serio, es decir, hablaré si usted me da audiencia. *(En tono grave y suplicante.)*

SOLEDAD. — Bueno... Con gusto. Déme otro cigarrillo. O si no, no. No me acordaba de lo del nombre. No vaya usted a creerse que lo pido por curiosidad.

ALVARO.—De ningún modo. *(Ofreciéndola un pitillo.)* No sea niña y fúmelo.

SOLEDAD.—*(Lo coge y se lo ofrece.)* Déle vuelta usted mismo. Muy bien. ¿Lumbre? Y ahora lo fumaré con los ojos cerrados, hasta que se consuma el nombre... *(Cierra los ojos y chupa fuerte el cigarrillo.)* Ya ve usted que yo cumplo también el reglamento. ¿Está ya?

ALVARO. — *(Que la ha estado mirando profundamente mientras duraba esto.)* Ya está. Ni rastro.

SOLEDAD.—¿Puedo ya abrir los ojos?

ALVARO.—Si usted quiere... Está muy bien así...

SOLEDAD.—No, no. Así, no. Bueno. *(Seria.)* Ahora le escucho. Pero sea usted metódico, eh. Rasgo primero...

ALVARO.—Soledad, no se burle. La digo que hablo muy en serio... Pues el rasgo primero... Dejémonos de juegos, Soledad. Lo primero que noté en usted es que no se pinta; no se pone en la cara nada que no sea suyo, de nacimiento. Ni polvos, ni colorete, ni rojo en los labios. Tampoco se perfuma...

SOLEDAD.—¡Pero cómo quiere usted que aquí, con este olor a hierbas serranas, venga yo...

ALVARO.—Pues eso, aunque usted no lo crea, rasgo es

de humildad. Porque andan muchas criaturas por el mundo que por echarlas de refinadas aquí mismo intentarían afirmar *su* perfume, contra éste, para dar una lección de elegancia a la rustiquez de la Naturaleza.

SOLEDAD.—Bueno, pasemos porque sea rasgo meritorio. No es mucho.

ALVARO.—Sigo. Su modo de vestir es... ¿Cómo le diré sin que pueda molestarle? ¿Qué tal si lo llamo indiferente? Su principio es la despreocupación. No, no quiero decir desaliño ni ostentación, al revés. Es una discreta, una delicada despreocupación.

SOLEDAD.—¡Menos mal!

ALVARO.—Sus acciones, dentro de ese tono, también. Los andares, por ejemplo. Anda usted como si fuese sola por el mundo, sin que nadie la viese andar. Y lo mismo al sentarse.

SOLEDAD.—¡Ja, ja, ja!

ALVARO.—No se ría usted. Lo de sentarse hoy día, con tantas clases de butacas, de sillones, de divanes, y con la falda corta, es todo un problema lleno a su vez de problemas. Hay problema estético, problema moral, problema de luz, de comodidad, muchos. Ya sabe usted que las soluciones oscilan entre la simple obediencia del cuerpo a la ley de la gravedad, dejarse caer en la silla, es decir, pura naturaleza, y eso no es sentarse, es desplomarse, o el otro extremo, la imitación de la actriz H*** o del cuadro del pintor R***, es decir, pura cultura, y eso tampoco es sentarse, es posar. Usted se sienta, de verdad. ¡Y qué voy a decirle de su estilo de leer las revistas! Lo llevo observado ya dos noches, en el salón de lectura después de cenar.

SOLEDAD.—¡También eso!

ALVARO.—¡Y mucho! Ya sabe usted cómo trata una joven moderna la revista. Se precipita a través de las páginas impresas, con celeridad de patinadora, bajando un poco la velocidad al pasar por la novela corta, para fijarse en las ilustraciones en colores. Y cuando llega a las hojas de los anuncios, ¡qué lentitudes morosas, qué de delectaciones idílicas! ¡Qué miradas profundas, qué aproximación al éxtasis!

SOLEDAD.—*(Riendo.)* ¿Y yo qué hago?

ALVARO.—Pues mire usted, no la he visto pararse la mirada en una sola hoja de anuncios, por brillante que sea.

Claro, no es que lea usted los artículos, tampoco, ni la novela corta, no. Distribuye usted su impasibilidad del modo más equitativo entre lo ilustrado y lo impreso, sin detenerse en ninguno de los dos. ¡Pasar hojas, pasar hojas, como el tiempo pasa los días, sin distinguirlos...

Soledad.—¿Y había usted dicho que iba a hablar en serio?

Alvaro.—Pues en serio estoy hablando, Soledad. Porque la consecuencia de todo esto, *para mí, para mí* digo, no puede ser más seria. A saber, que me he encontrado una mujer preciosa—no, no frunza el ceño, no es cumplido, es caracterización escueta—, fina, inteligente y, aquí viene lo asombroso, a esa mujer no le gusta llamar la atención, no quiere hacer efecto, no la interesa atraer...

Soledad.—¡Ja, ja! ¿Está usted seguro?

Alvaro.—Sí. Llevo cuatro días observándola de la manera menos indiscreta que me es posible y todo me confirma en mi parecer. Claro que podría haber un motivo...

Soledad.—¿Cuál?

Alvaro.—Que usted sea casada, o tenga novio, y les guarde usted la ausencia reservándose para su memoria sin querer que los demás se fijen en usted. Pero aun eso me daría la razón. Porque significaría que vive usted para alguien determinado, y no para todos los cualesquiera que andan alrededor.

Soledad.—¿Pero tan raro es ese modo de ser que usted me asigna generosamente?

Alvaro.—¿Cómo raro? Unico. Vamos, entre mujeres de sus condiciones, quiero decir, con sobra de elementos de los que llaman la atención. Me he encontrado con muchas, porque hasta ahora, en mi calidad de hijo errante de millonario, he rodado un poco por el mundo.

Soledad.—¡Cuidado, que se descubre usted!

Alvaro.—Esto no es más que el principio. Me tengo que descubrir aún más, Soledad. Sí, mujeres me he encontrado hermosísimas, agudas, inteligentes. Pero no viven para nadie diferenciado. Ni para ellas, ni para otro ser distinto. Viven para un conjunto más o menos borroso o cambiante, lo que se llama la gente, o la sociedad, o los hombres. Y la consecuencia es que usted me ve como me ve.

Soledad.—¿Cómo le veo yo a usted?

Alvaro.—Pues como estoy. Un poco alicaído, un poco

182

calvo y totalmente soltero. Porque yo no soy *los hombres,* soy un hombre solo, y como busco una mujer que se distinga de las otras y me distinga de los otros, no me he casado. Usted quizá piense que mi ideal es abyectamente burgués, es decir, lo que se llamaba antes frenéticamente romántico. ¡Que uno viva con su mujer y su mujer con uno! Una pareja bien avenida. ¡Qué primitivo!, ¿verdad? Sí, soy muy elemental. La operación de suma más simple: uno, más uno, igual dos. ¿Se ríe?

SOLEDAD.—Ni mucho menos. Ahora ya siento que empieza usted a hablar en serio.

ALVARO.—Pero aún no he acabado, Soledad. Me falta decirla lo principal: y es que no me casaré a no ser con una mujer como usted. Pero como soy un poco perezoso y algo entrado en años, tengo poco tiempo y menos ganas de echarme otra vez por el mundo a buscarla. ¿Para qué? ¿No está ya aquí? ¿No está usted aquí?

SOLEDAD.—Vaya si se ha puesto serio. Porque eso casi podría interpretarse como una declaración.

ALVARO.—Sin casi. Es usted buena intérprete.

SOLEDAD.—Una declaración de montaña: abrupta, limpia, y que da un poco de vértigo... Sí, da un poco de vértigo... *(Se levanta, da unos pasos, mira al horizonte, y se sienta en un sillón, echando la cabeza atrás, y cerrando los ojos, sin decir nada. Alvaro la mira. Se vuelve a poner en pie.)* Mire usted, Alvaro, yo no sé si todo eso que dice usted tiene realidad o no. No digo que mienta, no es eso, de ninguna manera. Sino que lo que usted dice, y usted mismo, y acaso yo, fantaseamos, nos fantaseamos, somos humo de una humareda, fantasías de una fantasía. Pero no importa. Quiero tratar esta fantasía como la verdad más verdad del mundo.

ALVARO.—Para mí no puede serlo más, Soledad.

SOLEDAD.—Pues antes de una respuesta voy a darle una explicación.

ALVARO.—¿Para qué? No me hace falta.

SOLEDAD.—A usted puede que no le haga; a mí, sí.

ALVARO.—¿No podría usted invertir el orden: la respuesta primero y la explicación después? ¿No es más breve la contestación?

SOLEDAD.—Brevísima. Como suelen ser las respuestas en estos trances. Monosilábica.

Alvaro.—Tan monosílabo es un sí como un no.

Soledad.—Sí.

Alvaro.—¿Sí? ¿Me ha dicho usted que sí?

Soledad.—¿No lo ha oído?

Alvaro.—Soledad, ¿habla usted en serio? *(Se adelanta hacia ella, que le para con un ademán.)*

Soledad.—¿Cree usted que puedo hablarle en broma, ahora? Claro, eso no significa que vaya a casarme con usted mañana o el mes que viene o nunca. Significa que *sí* querría casarme con usted por razones idénticas a las que usted tiene para querer casarse conmigo. Que estamos de acuerdo. Ve usted que mi sí es muy sencillo. Lo que ya no es sencillo es la explicación. *(Está un momento pensativa.)* Es muy difícil, muy difícil.

Alvaro.—Pero ¿qué explicación quiere usted darme? Me ha dado todo lo que necesito. Con la contestación me basta, me sobra, Soledad.

Soledad.—*(Como si no le oyera.)* Muy difícil. Tanto que a mí misma me parece increíble que esta verdad que va usted a oírme sea de verdad. ¡Pero lo es! *(Mira a las revistas que siguen en el suelo.)* ¿Son de usted?

Alvaro.—¿El qué?

Soledad.—Esas revistas.

Alvaro.—*(Sorprendido.)* No..., es decir..., sí. Las trajeron mis amigos, pero...

Soledad.—¿Y son ellos o usted quienes las dejaron abiertas por esa página? *(Se la enseña.)* ¿Fué usted?

Alvaro.—Yo..., no, Soledad; usted dispense si la digo una tontería... Usted no tendrá..., vamos..., no tendría celos de esa estampa?

Soledad.—*(Con risa amarga.)* ¡Yo... celos... de ella!

Alvaro.—¿Usted la conoce?

Soledad.—¿Y usted? *(Pausa. Mirándole.)* ¿La conoce?

Alvaro.—No la he visto nunca.

Soledad.—¡Nunca!

Alvaro.—Nunca, Soledad. ¿Es que lo duda?

Soledad.—Ojalá no la hubiese yo visto nunca, tampoco. Le voy a contar a usted como la vi por primera vez.

Alvaro.—*(Resignado.)* Si usted tiene ese capricho, pero ¿por qué ponernos a hablar ahora de alguien tan alejado de nosotros?

Soledad.—Sí, tiene usted razón. No puede estar más alejada de nosotros, de los dos, de usted... y hasta de mí. No lo sabe usted bien.

ALVARO.—Entonces...

SOLEDAD.—Y, sin embargo, tengo que contárselo... Es muy poético, no crea. Fué en un espejo. Dos horas me costó. Alrededor mío tenía dos o tres hombres y mujeres: uno dirigía la escena, otro me pintaba la cara, otro me graduaba el rojo de los labios, una me ordenaba una cascada de bucles rubios por los hombros. Hasta que la voz del que lo dirigía dijo: "Muy bien, ya está. A ver si a ella le gusta." Y alguien me acercó un inmenso espejo redondo, y yo me incliné sobre su círculo y me hundí desde entonces para siempre en él. La vi, a ella, y no a mí.

ALVARO.—(Inquieto.) ¿Pero a quién vió usted? No entiendo bien.

SOLEDAD.—(Señalando las revistas.) A "La Bella Durmiente". Nacida, en aquel espejo, de mi cara, de ésta.

ALVARO.—¿Pero qué está usted diciendo? Que usted...

SOLEDAD.—Exactamente, lo que se le pasa a usted por la cabeza como increíble. Que ese rostro, esa figura, son mi profesión..., son mi modo de vivir..., son el gran éxito de mi vida. Lo llaman ser modelo. Esta Soledad es la modelo de la Bella Durmiente. (Cambiando de tono.) ¿Me da usted otro cigarrillo? ¡El último!

ALVARO.—¿Por qué el último?

SOLEDAD.—Digo el último que ofrece usted a Soledad y el primero a la Bella Durmiente. (Lo enciende, como siempre, con ojos cerrados, y así fuma un momento. Los abre.) Ve usted ahora, en esos copos de humo, en esas telillas azules, hay dos nombres que se deshacen, el de usted, como las otras veces. Y el mío, además. So...le...dad... ¿Lo ve usted disolverse en el aire? Soledad..., y el suyo..., humo.

ALVARO.—(Inclinándose hacia ella, ansioso.) Soledad, ¿qué es esto, qué es todo esto? Me hace usted daño..., me... Explíqueme usted lo que ha dicho.

SOLEDAD.—¿Ve usted? Ya le previne yo que los dos necesitábamos la explicación. Pero se lo conté tan caprichosamente, que comprendo su confusión. Ahora lo pondré en ese estilo telegráfico, en que la verdad es siempre evidente. Soy la modelo de la estampa anunciadora de la Compañía Camera Rolán que todos conocen por el nombre de La Bella Durmiente. Usted me descubrió mi secreto, antes, ¿no?

Que no quería llamar la atención, que huía de hacer efecto, que no me gustaba atraer. *(Señala a las revistas.)* ¡Ahí me tiene usted! Mi oficio es llamar la atención del mayor número de gente posible; me pagan por atraer las miradas. Vivo de eso..., de hacer efecto. Y ya está todo explicado...

Alvaro.—Pero Soledad, cálmese usted, piense en lo que dice. *(Mirando a la estampa.)* Si usted no se parece... *(Balbuceando, enrojece.)* casi..., casi... nada.

Soledad.—Ah, ya le noto en el temblor de voz que empieza usted a verme en ella, que ya advierte el parecido..., ¿verdad? Siga. *(Con sonrisa amarga.)* Pero usted, hombre de mundo, ¿no ha conocido fuera de la escena a actrices? Y nunca se parecen a sus personajes, a sus retratos. Sabe usted, le diré, *inter nos*, huyen, huyen del parecido. Esa es su tragedia.

Alvaro.—Sí, es verdad, eso lo he observado..., pero ¿qué tiene que ver con usted? No es posible.

Soledad.—Esta mujer que tiene usted aquí, con un alma tan desnuda ante la suya como nunca la tuvo, no es más que el material humano, los ingredientes físicos que han usado un maquillador, un peluquero, un pintor de carteles, un agente de publicidad y una compañía fabricante de camas y colchones para conseguir el mito anunciador más sensacional, dicen... de nuestros días. ¿No es un prodigio? Eso, soy yo. Según parece he valido millones a la Compañía Rolán...

Alvaro.—Calle, Soledad. Me está usted haciendo daño. No puedo creerlo. ¿Y ese pelo, esa cabellera rubia?

Soledad.—¡Ah, sí, ya se lo dije! Ese fué el retoque maestro, la pincelada final. No iba bien este color *(Señalándose el pelo.)* a la combinación de colores del cuadro. A punto estuvo de quebrarse mi carrera artística antes de salir, y para un artista no hay imposibles; para un peluquero, digo. Me corté el pelo, y me pusieron esos bucles rubios... tan famosos, de mentira. Qué, ¿va usted viéndome mejor ahora? Míreme. *(Le ofrece su cara.)* Es usted buen observador... *(Alvaro coge la cara entre las manos y la besa. Ella se deja, sin responder, ni resistir, pero se desprende en seguida.)*

Alvaro.—Calle, calle. Es usted cruel conmigo y, sobre todo, con usted. Percibo muy claro lo que está usted haciendo; matar mi ilusión, por honradez. Nunca se lo agradeceré bastante.

SOLEDAD.—No, no idealice. ¿Y crueldad, por qué? Seamos razonables. Yo no habría pasado, sin todo eso, de ser una de esas mujeres que a usted le gustan, que no llaman la atención, pudiendo llamarla. Y así me he convertido—son palabras de Figueroa, mi agente—en un factor propulsor de la economía nacional. ¡Casi nada! Por mi causa han corrido raudales de dinero, han encontrado trabajo millares de obreros, se ha consolidado la Compañía Rolán, honra de la industria patria...

ALVARO.—¡Calle, Soledad, calle!

SOLEDAD.—¿Por qué le duele tanto lo que yo digo? Usted ni entra ni sale en ello. Se llama *la realidad del hecho económico*. A un lado, eso, la realidad del hecho económico, y al otro, una mujer, yo.

ALVARO.—Soledad, ahora tiene usted que saber quién soy, mi nombre...

SOLEDAD.—Déjese de eso. Ni su nombre de usted, ni el mío, importan ahora. El otro, es el que los absorbe en su sombra.

ALVARO.—Es que yo después de lo que usted me ha revelado... *(Turbado.)*

SOLEDAD.—Sí, ya lo sé. No hay más que decir. No puede usted seguir queriendo casarse conmigo. ¡Es tan natural! Resulto, en la verdad, lo contrario, exactamente lo contrario de lo que usted me pensó. Por fidelidad a usted mismo, a mí..., tenía que decir que no...

ALVARO.—*(Exaltado, cogiéndola de las manos e inclinándose hacia ella.)* Me destroza usted con lo que supone. Soledad, lo que le digo es que más que nunca, ahora, quiero casarme con usted, tengo que casarme con usted, no me queda otro remedio que casarme con usted. ¿Lo oye?

SOLEDAD.—*(Se suelta, conmovida, le mira a los ojos y se deja caer en la butaca.)* Gracias. Alvaro. No es posible.

ALVARO.—¿Cómo que no es posible? Va a ser. Usted no puede negarse...

SOLEDAD.—No, yo no. Nos lo niega una realidad muy simple: que usted no tiene ya en mí mujer con quién casarse.

ALVARO.—Sí la tengo, aquí.

SOLEDAD.—Aquí, en este hotel, en esta cima... puede. Aquí

donde he venido unos días, desesperadamente, a intentar ser lo que fuí, lo que ya no soy, a vivir mi sombra. Usted me ha descubierto. Pero esa mujer, la que usted ha querido, y yo en usted hasta hace diez minutos, no es *una* mujer. ¿Cómo va a ser *su* mujer? Vine al Pico a escaparme unos días de ella *(Señala a las revistas.)* a buscar, a recoger ansiosamente lo que todavía pudiese quedar de mí. ¡Qué bien lo sintió usted! ¡Cuánto se lo agradezco, y le... estimo por haberme visto allí mismo donde yo me buscaba! Pero no puedo casarme con usted.

ALVARO.—Pero ¿por qué no? Si usted me estima..., si usted...

SOLEDAD.—Voy a decirle la verdad última, la del mayor dolor. ¡Si yo pudiera ser suya!

ALVARO.—Eso es lo que la pido, lo que quiero.

SOLEDAD.—Y lo que no puede ser. He sido ya de millones y millones de ojos, de apetitos, de deseos, de sueños. ¿Usted sabe todo lo que ha sembrado esa figura mía, repetido en un sinfín de imágenes? Yo lo siento. Sin que me haya tocado un hombre, infinitos tactos impuros me han corrido por la piel. Soy de millones de hombres que no veo, de pobres hombres, a quienes sin querer empobrezco, envilezco, encogiéndoles sus sueños, su afán de vida a una estampa colorinesca, ¿usted no comprende?

ALVARO.—*(Hace ademán de cogerle las manos.)* Soledad, no importa..., yo debo...

SOLEDAD.—No. Soy tan de todos, que no puedo ser de nadie. Y menos, de nadie como usted. Estoy mancillada, sumergida toda en una marejada de deseos, disimulados, míseros, que me avergüenzan a mí, que los inspiro, más que al que los siente. ¡Si usted viera mi correspondencia! Es decir, ya no la abro... *(Pausa.)* No tengo nombre mío ya. Llevo otro, que me han puesto encima, como un hierro...

ALVARO.—*(Cogiéndola las manos.)* Por eso, Soledad, por eso. No me rechace usted. Yo puedo libertarla a usted de ese nombre... casándonos...

SOLEDAD.—Esperanzas, no. Ya estoy resignada a vivir así... marcada. ¡Marca de fábrica!

ALVARO.—No sea niña, Soledad. Ese nombre es una sombra... Se quitará de usted como una sombra. Al poco tiempo nadie, ni usted misma se acordaría de "La Bella Durmiente". Esas palabras...

SOLEDAD.—No, no es ése el nombre que me quema en el alma, no...

ALVARO.—*(Suelta las manos. Se aleja un poco de ella, en silencio, como sin querer preguntar.)* ¿No es ése?

SOLEDAD.—Es el de los amos, la marca de fábrica, Rolán. Yo me vendí a ese hombre, y ellos me han vendido a todos. Me poseen, por contrato, sin conocerme, sin quererme, claro. No saben quién soy. *(Pausa. Luego, arrebatada.)* ¡Si viera usted cuánto odio ese nombre! Es estúpido, injusto, lo sé. Pero no lo puedo remediar. Parece que en él me duele todo mi dolor, mi anulación...

ALVARO.—Quizá sea usted injusta. Puede que ellos, que él...

SOLEDAD.—Sí, sí, tiene usted razón. Acaso ellos..., mejor dicho, él, ahora es el hijo el heredero que apenas ha vivido aquí en el país... Acaso no se den cuenta. Es eso, los negocios, el comercio, "la realidad imperiosa del hecho económico". Sin duda. ¡Quién sabe si el que lleva ese nombre que detesto no será un hombre cabal...!

ALVARO.—¿Por qué no va a serlo? ¿Usted no le conoce?

SOLEDAD.—No, no le he visto nunca. Ni quiero.

ALVARO.—Pero usted misma decía hace un instante que podía ser un caballero.

SOLEDAD.—Nunca le haría justicia. Entre su verdadera realidad y él hay un sentimiento de humillación, de renuncia de mí, de aniquilamiento, que día por día me corroe, hace tres años. Y de ahí ha nacido, lo digo con franqueza, un odio que se impondría sobre su persona, sea la que sea.

ALVARO.—¿Está usted segura?

SOLEDAD.—Usted no sabe cómo ese nombre se me ha clavado en el alma infinitas veces, desde los carteles, desde los periódicos, me ha perseguido por donde iba. Estoy suelta, sí, pero es mi carcelero impalpable. Para la gente sólo existe la modelo de "La Bella Durmiente". Usted es el primer hombre que se me ha declarado a mí... y no a ella. Ese nombre me ha vaciado de mí misma. ¿Siente usted ahora por qué le dije que no tenía usted en mí mujer con quién casarse? La ha absorbido toda... el nombre ese. Rolán...

ALVARO.—*(La escucha sentado y cabizbajo. Sin alzar la cabeza.)* Sí, lo siento. Nunca se me había ocurrido que "La Bella Durmiente"...

SOLEDAD. — *(Pausa. Lo mira francamente a los ojos.)*

¡Borrarme ese nombre! Quitármelo de encima del cuerpo y del alma... ¿Es posible? *(Acercándose a él.)* ¿Es posible, Alvaro? *(Alvaro sigue con la cabeza entre las manos, sin contestar. Soledad se yergue, cambia de voz.)* ¡Pero qué disparate! Perdone usted este instante de debilidad..., Alvaro. Ahora ya se ha dado usted cuenta de todo..., ¿verdad?

ALVARO.—*(Sin moverse.)* De todo..., de todo...

SOLEDAD.—No se aflija... *(Se acerca, se inclina a él.)* Veo su lucha, por dentro... Sabe usted ya que no soy, ni puedo ser la que usted vió, y no puede quererme para mujer suya... Pero su nobleza desea darme algo, y ya está usted dándomelo: compasión. En este momento ya no me quiere tanto, me compadece más.

ALVARO.—¡No es eso, no es eso, usted no sabe!

SOLEDAD.—Sí, sé. Muy hermosa es la compasión, pero en su cielo, solo, no pueden vivir dos seres toda la vida. Ahora sufre usted por mí, porque estoy cerca, delante, me oye usted la voz. Pero cuando nos separemos, su sufrimiento le hará menos daño, hasta que...

ALVARO.—¡Usted no sabe, no sabe! Nunca podrá saber lo que estoy sintiendo. Pero hay casos en la vida en que la otra persona no puede saber por qué se hace la cosa que más le afecta. Yo sí sé por qué no me casaré con usted. Yo sí lo sé. Y no es por nada de lo que usted cree. Es, para que siga queriéndome un poco, en recuerdo. Lo que más la pido es que tenga usted fe en ese porqué que usted no puede saber. Que no me juzgue desilusionado, ni cobarde. Ese porqué no es de usted ni mío ya, aunque caiga sobre nosotros y nos separe. Es... fatal.

SOLEDAD.—Sí, fatal. Pero no quiero que esté usted así. Le veo más apenado que yo. Después de todo, yo me lo busqué. Yo firmé el contrato. Nadie me forzó. ¡Me parecía tan romántico!

ALVARO.—Es justo que esté así. Llevo dos penas, Soledad, la de usted y la mía. Es mi castigo. Las llevaré así aparejadas, juntas, por el mundo. Ellas sí que están unidas... siempre. Ahora...

SOLEDAD.—*(Escuchando.)* Me parece que me llaman. ¿No oye usted?

ALVARO.—*(Escuchando. El silencio es absoluto.)* Sí, lo oigo muy bien.

SOLEDAD.—¿Lo oye usted?

ALVARO.—Muy claro... La llaman... ¿Quién será?

SOLEDAD.—*(Con cara alegre, andando hacia atrás, mirando a Alvaro.)* ¿Quién será..., quién será..., quién será? *(Sale, como jugando, sonriente. Alvaro se queda solo, pasea, mira al paisaje y de pronto, gritando.)*

ALVARO.—¡Lorenzo, Lorenzo!

LORENZO.—*(Aparece por la izquierda.)* Señor...

ALVARO.—¿Adónde ibas por ahí?

LORENZO.—Al despacho, señor, por el correo... ¿Manda algo el señor?

ALVARO.—Sí. Toma nota de una carta telegrama *(El criado saca un papel y lápiz.)* para ponerla en el telégrafo esta noche misma. Dirección, Fernández. Gerente. Compañía Rolán. "Resuelto asunto Figueroa. Accedan todo solicitado a condición que renueve enteramente campaña publicidad retirando todos anuncios Bella Durmiente, y proponiendo nuevo tema y otro modelo. Como compensación a modelo anterior hágala pasar la misma cantidad que cobraba, de mis fondos particulares. Imposible asistir consejo. Necesito salir urgencia para Europa motivos personales. Escribiré. Saludos."

LORENZO.—¿Y firmo cómo, señor?

ALVARO.—Hay que cumplir el reglamento del hotel. Firma... Alvaro.

LORENZO.—Perdóneme el señor. No puedo acostumbrarme. ¡Es un nombre de ópera!

ALVARO.—¿Cómo de opera, Lorenzo?

LORENZO.—Sí, señor. La última vez que estuvimos en Milán en 1932 fuí una noche a la ópera y vi una función que tenía de personaje a Don Alvaro. No me acuerdo cómo se llamaba. Era de Verdi.

ALVARO.—Sí, hombre, sí... Es "La fuerza del Destino".

LORENZO.—Eso es, señor, eso es. La fuerza del Destino... ¿Manda algo más el señor? *(Telón.)*

FIN DE
"LA BELLA DURMIENTE"

EL PRECIO

FANTASÍA EN UN ACTO Y DOS CUADROS

EL PRECIO

PERSONAJES

Doctor Jordán.
Alicia, su hija.
Melisa, la olvidada.
Doncella.

Inspector de la Policía.
Prudencio.
Miguel Jáuregui, escritor.

La acción en nuestros días, en un lugar de campo, ciudad pequeña, donde veranea gente elegante.

CUADRO PRIMERO

La escena, partida. Parte derecha: salón despacho de la casa del doctor; dos puertas practicables, una a la derecha que se supone comunica con el vestíbulo; otra enfrente, a la izquierda, que da al jardín, en la pared que divide la escena. El salón amueblado con comodidad y elegancia. Mesa de despacho, estantes de libros, tresillo. Ventana al fondo. Parte izquierda de la escena: jardín interior, con unos arbustos o árbol chico, y una fuente con su surtidor, que tendrá un banco sencillo al lado. Rosales con flores. A la izquierda, la otra parte de la casa, de la que se ve la entrada y un balcón, no practicable. En junio. Al levantarse el telón, nadie en el jardín. En la sala, el Doctor Jordán, de unos cincuenta años, aire bondadoso y despierto, bien vestido, a su mesa, leyendo. Alicia, su hija, dieciocho años, bonita, vivaracha, vestida de claro, sentada en el diván, lee también. Hora: las dos de la tarde. Suena el teléfono que está en una mesita, junto al diván.

ESCENA PRIMERA

Alicia.—*(Cogiendo el auricular.)* ¡Hallo, hallo! Sí, Doctor Jordán. ¿Inspector Torner? Un momento, se va a poner el doctor. *(A su padre, en voz sofocada, mientras tapa el teléfono con la mano.)* Papá, la Policía quiere hablar contigo.

Doctor.—*(Se levanta y se pone al aparato. Mientras, Alicia en pie y a su lado, escucha ansiosa.)* Sí, sí... Con gusto. A la hora que usted quiera. Estoy en casa... Muy bien... Hasta luego. *(Cuelga.)*

Alicia.—¿Qué, qué?, ¿han descubierto algo? ¿Qué dice?

195

DOCTOR.—¡Calma, criatura, calma! Nada que yo sepa; el inspector quiere hablar conmigo, y va a venir.

ALICIA.—Esa gente de la Policía en todo se mete... No dejan a nadie en paz...

DOCTOR—Pero ¿por qué te vas a preocupar?

ALICIA.—No, si no me preocupo. Es que...

DOCTOR.—Es que tienes miedo, ¿verdad?

ALICIA.—Miedo..., no..., no por mí..., por ella...

DOCTOR.—¿Pero no tienes tú tanto interés como todos en averiguar...?

ALICIA.—Sí, pero ¿y si se descubre quién es... y se la llevan?

DOCTOR.—¡Se la llevan! Te figuras que va a estarse toda la vida con nosotros.

ALICIA.—Toda la vida... es mucho decir... Pero cuanto más tiempo, para mí, mejor... *(Acercándose a su padre, y cogiéndole las manos.)* ¿Es que tú no quieres, papá?

DOCTOR.—Yo, sí, hija, sí. Pero mi interés no es como el tuyo, yo soy el médico. Y tú... Bueno, tú yo no sé lo que eres... La descubridora... *(Sonriendo.)*, quizá... Pero no te me exaltes, Alicia. Después de todo es una extraña, es...

ALICIA.—¡Es un encanto, eso es lo que es, papá...! A mí no me es extraña, nada... Vamos...

DOCTOR.—Alicia, Alicia, no me digas que no te es extraña... Va a resultar que sois iguales...

ALICIA.—Pues sí, es verdad..., me extraña, claro, cómo no va a extrañarme, todo lo que dice y lo que hace... Pero ése es el encanto. Y además..., pues eso..., me hace raro, me sorprende, pero sólo a la primera impresión, sabes..., en el pronto..., pero en el fondo no me extraña..., y hasta me suena natural... *(Suplicando.)* ¡Papá, tú no dejarás que se la lleven...!

DOCTOR.—¡Pero, mujer, no adelantes las cosas! Tú no comprendes que ella no es mía, ni tuya, ni sabemos de quién, y que si alguien con derechos o autoridad...

ALICIA.—Sí, sí, la ley...; pues lo que yo te digo es que a mí me parece ya mía...

ESCENA II

Aparece, por el lado izquierdo del jardín, MELISA. Alta, delgada, vestirá algo como bata larga, de color claro, con el cabello suelto sobre los hombros; su paso y sus modales han de revelar cierta arritmia, unas veces rápidos, otras lentos. Lo mismo su hablar, según el sentido de las palabras. Impresión de belleza espiritual en contrastes con la más sensual de ALICIA. MELISA aparece por el lado izquierdo. Va a la fuente, se inclina y pone la mejilla al chorro del surtidor. Luego va hacia la puerta del salón, muy ligera, y abre sin llamar. Desde la puerta...

MELISA.—Buenos días... Alicia, Alicia, ya me ha besado...

DOCTOR.—¿Quién?

MELISA.—El agua, la fuente... *(Poniéndose la mano en la mejilla mojada.)* Aquí, aquí... *(Se queda pensativa un momento.)* Alicia, ven, ven a peinarme, a ver cómo me peinas... *(Se coge los cabellos sueltos, los acaricia, y se los echa adelante, como recreándose.)* Tiene que ser muy bonito...

ALICIA.—*(Va hacia ella y la coge las manos.)* ¿Como ayer..., quieres como ayer, con dos trenzas y...?

MELISA.—*(Se queda seria y con expresión de vacío en la cara.)* ¿Ayer..., ayer? ¿Qué estás diciendo?

DOCTOR.—*(A Alicia. Aparte.)* Pero hija, ¿no sabes...? ¿Por qué la hablas de ayer?

ALICA.—Sí, papá, soy una tonta..., no me acostumbro... *(A Melisa.)* No, no, como ayer, no, como hoy..., como hoy...

MELISA.—*(Con la misma expresión.)* ¡Hoy..., hoy! Tampoco te entiendo.

ALICIA.—Dios, pero qué tonta. ¡¡No tengo remedio! *(A Melisa.)* Ven, ven, no importa..., vamos... *(La coge de la mano.)*

MELISA.—*(Contenta y sonriendo.)* Sí, vas a peinarme, muy lindo, muy lindo. Verás qué alegría pasamos. Ven. *(Se cogen del talle y echan a andar. Melisa va de puntas, con un andar rítmico, como de baile. Alicia se para.)*

ALICIA.—Chica, yo no sé andar así. ¿Por qué te gusta tanto andar en puntas? ¿Tienes miedo al suelo?

MELISA.—No. Me gusta el suelo, mucho, mucho, para echarme en él, para sentirlo de arriba abajo, con todo el

197

cuerpo. El suelo es para tenderse... Cuando estoy de pie me gusta el aire..., ando por el aire... Quiero estar toda en el suelo o toda en el aire... Vamos... Prueba tú también... *(La empuja y salen las dos como en paso de baile.)*

ESCENA III

El doctor las mira salir, y vuelve a sentarse a la mesa, disponiéndose a leer. Llaman a la puerta de la derecha.

DOCTOR.—Sí, adelante...

DONCELLA.—*(Abriendo la puerta.)* ¿El señor espera a...?

DOCTOR.—*(Levantándose.)* Sí, sí..., que pase...; hágale usted pasar. Y que no nos interrumpan, ¡eh! No estoy para nadie.

DONCELLA.—Bien, señor. *(Sale, vuelve un instante después, dejando paso al Inspector Torner, y cerrando la puerta al retirarse. El Inspector es hombre de aspecto corriente y trata al Doctor con deferencia.)*

INSPECTOR.—Con su permiso, doctor.

DOCTOR.—Adelante, adelante. *(Le ofrece la mano.)*

INSPECTOR.—*(Estrechándola.)* Perdone que le moleste..., pero ya sabe usted la obligación...

DOCTOR.—Nada, nada, todos estamos interesados... *(Indicándole una butaca, y sentándose él en el diván.)* Siéntese, Inspector... *(Ofrece la cajetilla.)* ¿Un cigarrillo? Qué, ¿algo nuevo?

INSPECTOR.—*(Tomando el pitillo.)* Muchas gracias... Pues sí, aunque la pista no me inspira mucha confianza, si le soy a usted franco... ¿Cómo sigue la... enferma?

DOCTOR.—Bien, muy bien. Casi como si no lo fuera, sobre todo para los que no están enterados... Darse cuenta de que una persona está loca, como ustedes dicen, es casi tan difícil como convencerse de que no lo está. Para el profano..., vamos. Nosotros los profesionales, por deber de profesión, aseguramos que lo distinguimos mejor.

INSPECTOR.—¿No ha modificado usted su diagnóstico, doctor?

DOCTOR.—En absoluto. Lo he confirmado. Es un caso fácil, clínicamente.

INSPECTOR.—Entonces me parece que vamos por una pista falsa. *(Pausa. Saca unos papeles del bolsillo y los con-*

sulta mientras habla.) Su hija de usted se encontró a la enferma hace siete días...

DOCTOR.—Justos...

INSPECTOR.—En el kilómetro 46 de la carretera general, a eso de tres del cruce con la carretera de Poveda, andando tranquilamente, como si tal cosa, y la invitó a subir al coche, si venía hacia el pueblo... Ella aceptó sin vacilar, igual que si conociera a su hija... Y lo primero que dijo es que ella no sabía adónde iba, que no tenía rumbo. ¿No son ésas palabras sospechosas?

DOCTOR.—Sí, en una persona normal... Pero como apenas llegó a casa nos dimos cuenta de su amnesia...

INSPECTOR.—Y su hija no notó en ella señas de cansancio, ni aspecto de haber andado mucho...

DOCTOR.—Nada. Vestida elegantemente, todo nuevo, como si lo acabara de estrenar. Alicia dice que todas las prendas daban la impresión de ser usadas por primera vez...

INSPECTOR.—Ahí está lo más sospechoso... Eso de no tener ni una etiqueta, ni un número de talla, ni un solo indicio, en ninguna prenda... Todo el aspecto de una persona que quiere que no se sepa nada de ella..., que se ha arrancado de la ropa cualquier señal que pudiera identificarla, y lleva todo nuevo para no ser reconocida.

DOCTOR.—Cierto, Inspector, pero ¿si ella misma no sabe quién es, si ella misma no se reconoce?

INSPECTOR.—Eso puede ser fingido..., su juego. Ahí está la clave...

DOCTOR.—Confieso que lo más sorprendente de la cosa es esa coincidencia entre su enfermedad y el hecho de que nada de lo que llevaba encima tenga nombre de tienda o fábrica. Eso parece, en efecto, deliberado, obra de persona consciente y muy consciente...

INSPECTOR.—Ese es mi argumento, doctor.

DOCTOR.—Pero yo le aseguro que es perfectamente inconsciente en lo que toca a su personalidad. He hecho todas las pruebas posibles, las científicas, la he observado una semana entera, y le garantizo que esa muchacha no sabe quién es, ni tiene la más vaga idea de su personalidad pasada. O yo no entiendo de psiquiatría...

INSPECTOR.—¡Quién va a dudar de un maestro como usted! ¡Verdaderamente, ni hecho adrede, eso de ir a dar con la hija de un gran psiquíatra! *(Pausa.)* Pues si ella no sabe quién es, tenemos que averiguarlo nosotros...

DOCTOR.—Sí, nosotros... *(Sonriendo.)* La Policía, usted, que es un modo de enterarse de las cosas desde fuera, y la psiquiatría, yo, policía también, una policía de por dentro... Y, sin embargo, ya ve usted, las dos policías fracasan... hasta ahora... Claro, la mía no, todavía no, porque nuestro tratamiento es lento... Ustedes quieren resolverlo todo en una hora...

INSPECTOR.—*(Como pensando por su lado.)* Y no sólo esa falta de señas de identificación, sino lo de ir andando por un campo, vestida así, tan elegante, sin equipaje..., sin...

DOCTOR.—El bolso de mano...

INSPECTOR.—¡Buen dato! Vacío, sin más que un pañuelo, sin iniciales, sin dinero, sin un papel. ¿Caída de las nubes, no? *(Sarcásticamente.)* ¡Caída de las nubes! ¡Pero nosotros no creemos en gente llovida del cielo! Todo el mundo viene de algún lado y va a algún lado.

DOCTOR.—*(Sonriendo.)* ¡Cuánto me alegro de dar con un policía teleológico!

INSPECTOR.—¿Cómo?

DOCTOR.—Nada, amigo mío, nada. *(Cambiando de tono.)* Pero esa pista que traía usted...

INSPECTOR.—No sé... Ni yo mismo creo en ella. De todos modos. Pues a unos doce kilómetros de ese cruce de carretera donde su hija encontró a la joven resulta que ha habido una defunción, de esas que dan que hacer... Dos hermanas que viven juntas en una casa, gente bien, huérfanas de un banquero, que vienen aquí a pasar el verano, solas, sin servicio. Artistas o algo de eso. Y la mayor muere, aparentemente de muerte natural, pero en condiciones un tanto sospechosas. Nada seguro aún, el forense está trabajando en el informe. Se descubrió la muerte tres días después de ocurrida. Y la otra hermana se ha evaporado sin dejar rastro.

DOCTOR.—Pero ¿cuándo fué el crimen?

INSPECTOR.—Precisamente, según los cálculos anticipados del forense, el día mismo de la aparición de la desconocida. ¡Ah!, y las alhajas de la familia y el dinero, todo voló.

DOCTOR.—Pero observe usted que ella no llevaba ni un céntimo ni una sortija encima...

INSPECTOR.—Ahí está, ahí está... Puede ser la coartada... Haberlo enterrado... Pero, además...

DOCTOR.—Mire, Inspector, ni con uso de razón me parece Melisa criatura para matar a nadie, menos a una hermana. También las tendencias criminosas entran en nuestra esfera de observación, y no tiene ni el más mínimo síntoma...

INSPECTOR.—¿Le parecería a usted oportuno un interrogatorio, discreto...?

DOCTOR.—¿Un interrogatorio *discreto?* ¿A ella? ¡Con la seguridad que tiene en el desvarío! También se nos convence con disparates, disparates puros, con tal que no los mezclemos con razón alguna. Ella arrolla con la incoherencia. Es irresistible. Me ha echado por los suelos dos o tres métodos de análisis psíquicos, de esos donde está previsto todo, saliéndose por lo absolutamente imprevisible.

INSPECTOR.—Nosotros también tenemos nuestra técnica de interrogatorio...

DOCTOR.—Muy bien... Voy a llamarla. *(Toca un timbre.)*

INSPECTOR.—Si usted hace el favor... Dos o tres preguntas, nada más... *(Se abre la puerta y aparece la doncella.)*

DOCTOR.—Diga a la señorita Melisa que haga el favor de venir, un momento, aquí. *(Sale la doncella.)*

INSPECTOR.—Ah, hemos creído conveniente dar una noticia sobria a la prensa, por lo que pueda servir, con las señas personales y ruego de que no abulten lo ocurrido y no les molesten a ustedes los reporteros...

DOCTOR.—¡Ojalá! Me retiré aquí a descansar, dos meses de verano, y mire usted lo que se me vino encima. Un caso de amnesia, bien..., pero un ataque de periodismo sería ya mucho... *(Volviéndose hacia la puerta.)* Aquí vienen.

ESCENA IV

Se abre la puerta y entran MELISA, muy bien peinada, y ALICIA, a la que lleva de la mano.

MELISA. — ¿Qué, me llama mi doctor y dueño? Aquí estoy... *(Le hace una reverencia.)* ¡Qué alegría! ¿Para qué será? Para algo será. Una sorpresa. ¡Qué alegría que la llamen a una!

DOCTOR. — Melisa, quiero presentarte a este caballero *(Volviéndose al Inspector.)* La señorita..., bueno..., Melisa.

MELISA.—*(Mirando al policía.)* ¿A qué caballero? Ah,

sí..., a este... caballero... a este caballero. *(Saludando.)*
¡Caballero! Le gustará a usted mucho mi nombre, ¿verdad? Melisa. Es precioso. Me lo puso Alicia. Porque, sabe usted, yo no tenía nombre... O quizá me llamaban Melisa, y Alicia me puso mi nombre, el que yo tenía... ¿Y usted, cómo se llama?

INSPECTOR.—*(Desconcertado.)* Yo..., pues verá usted... Bueno, llámeme como usted quiera...

MELISA.—*(A Alicia.)* ¡Ay qué bien, que le llame como quiera! Alicia, Alicia, vamos a buscar un nombre para este caballero... Tú me vas diciendo nombres bonitos y yo... cada vez que me guste uno...

INSPECTOR. —Usted perdone, señorita, pero yo querría hablar con usted... Vamos, no tengo mucho tiempo...

MELISA.—Pero ¿cómo quiere usted que hablemos si yo no sé su nombre. No está bien. Usted me dirá, Melisa, esto, Melisa aquello, Melisa, lo de más allá, y yo, cuando vaya a decirle a usted algo me quedaré con la boca abierta, porque ¿cómo lo voy a decir, si no sé por dónde empezar...?

INSPECTOR.—Entonces la diré que me llamo...

MELISA.—*(Adelantándose y poniéndole la mano en la boca.)* No, no, si es mucho más entretenido lo que dijo usted, buscarle un nombre... No tenemos nada que hacer... ¿Verdad, Alicia? Yo ya me he peinado... Me ha peinado Alicia... *(Yendo a un espejo, a mirarse.)* Alicia, me parece que me gustaba más el otro, el del moño alto... Podías cambiármelo. *(Volviéndose al Inspector.)* ¡Ay, no, no, hay que buscarle el nombre a este caballero! Y si no se lo hemos encontrado a la hora de almorzar, tu papá le invita a quedarse... hasta que...

INSPECTOR.—Señorita, si yo tengo mi nombre ya y...

MELISA.—Usted tendrá su nombre, pero no puede ser tan precioso como el que le vamos a encontrar Alicia y yo... Alicia es la que me encontró el mío..., sabe usted, Ella sola. No hay otra. Usted no puede salir a la calle sin que ella le nombre. ¿Cómo van a saber llamarle a usted? Quédese, por favor, quédese a almorzar... *(Suplicante.)* Hasta a los pájaros los encuentra nombres Alicia que encantan. Hay uno, de colores, que le llama abubilla, y a otro, que canta divinamente, ruiseñor...

INSPECTOR.—*(Hablando por lo bajo al Doctor.)* Mire usted, aquí no cabe más que la acción directa. Le voy a soltar el nombre de la muerta, de sopetón..., a ver... *(Volviéndose a ella.)* ¿A usted no la agradaría más llamarse... *(Despacio y mirándola a los ojos)*... Sofía?

MELISA.—¿Sofía?

INSPECTOR.—Sí, Sofía.

MELISA.—¿Oyes, Alicia? ¡Pero si no hay mujer viva que se llame Sofía, si eso no es un nombre de cuerpo, que anda y que va y viene! Si está parado. ¡Si es un nombre de muerta!

INSPECTOR.—*(Muy serio.)* ¿Cómo, de muerta? *(Mirando al Doctor.)* Pero Sofía ¿está muerta? ¿Usted lo sabe?

MELISA.—No, usted es el que no sabe lo que dice. Sofía no se puede morir, como usted, porque no es nombre de vivir. Sofía es una muerta, ya se lo he dicho. ¿Usted no sabe que es una muerta?

INSPECTOR.—Sí... *(Acercándose a ella.)* Y ¿quién la ha matado? ¿Me lo va usted a decir...?

MELISA.—Sí...

INSPECTOR.—*(Todos muy atentos y nerviosos.)* ¿Quién?

MELISA.—Usted.

INSPECTOR.—¿Yo?

MELISA.—Claro, si la llama usted Sofía... Con el nombre, la mata usted, con el nombre... Pero *(Acercándose.)* puede usted resucitarla..., y yo sé cómo... Se inclina usted sobre el brocal del pozo y grita Sofía, Sofía, muchas veces, mil, cien mil, hasta que no salga eco. Entonces es que se ha muerto Sofía, la muerta. Y entonces usted pregunta al pozo: ¿Qué? Y lo que le conteste el eco, ése es el nombre de la resucitada... Es muy fácil... Como el agua, sabe usted, cuando llueve a chaparrón, y cae en el pozo, gota más gota, y uno se figura que no se puede beber, porque ¿cómo se va a beber a gotas? Pero cuando escampa se echa el pozal y sale agua entera, enterita, limpia y fresca. Yo lo he hecho muchas veces, y siempre mata la sed.

INSPECTOR.—*(Escucha con la cabeza baja, como decidido a tener paciencia. Al Doctor, bajo.)* ¡Tremenda! Voy a hacer el último intento. *(A Melisa, fuerte, y mirándola.)* ¿Y las alhajas? ¿Y los zarcillos, y los brazaletes, y las pulseras y las gargantillas?

MELISA.—¡Ah, sí!

INSPECTOR.—¿Dónde están?

MELISA.—Enterradas.

INSPECTOR.—¿Enterradas? ¿En qué sitio...?

MELISA.—Al pie del árbol. Hay que sembrarlas... La gente es muy tonta, y siembra el trigo, y de todo, para comer; se fía de la tierra, que da ciento por uno, como la luna, pero no se le ocurre sembrar los aretes, y los anillos, y los dijes... Los míos los enterré al pie del nogal copudo, y ya saldrán... dentro de su fruta, como sorpresas. No en todas las nueces, no. Hay nueces buenas y nueces vanas. Se las coge, se las escucha con el oído, a ver si tienen ruido dentro. Si hacen tic, tic, al sacudirlas, es que traen joyas... Pero eso es como todo: si usted no siembra, ¿cómo va a recoger? ¿Usted tiene joyas? ¿Muchas? Espere usted a que salgan las mías... Para que se den bien tiene que llover cinco jueves seguidos, y el último jueves salir un arco iris: el anuncio; sale el aviso de que se han logrado. El arco iris es el collar de la Virgen. Pero no todos los arco-iris quieren decir lo mismo. Si no ha llovido los cinco jueves..., usted comprende... *(Mirándole.)* Pero tiene usted cara de no comprender nada de lo que le estoy diciendo... Nada. *(A Alicia.)* Alicia, no entiende nada... Claro, no tiene nombre. ¿Cómo va a entender sin nombre? Vámonos... Le buscaremos un nombre, por el jardín... ¿Quiere usted algo más? Papá, ¿podemos irnos?

INSPECTOR.—Nada, señorita, absolutamente nada más...

DOCTOR.—Sí, hijas mías... Podéis iros... *(Alicia y Melisa salen después de saludar con una inclinación de cabeza. Se sientan en un banco del jardín junto a la fuente. El Inspector, sin levantarse del diván, contesta en igual forma y luego sigue sentado, con la cabeza baja, sin hablar. El Doctor le ofrece un cigarrillo.)*

INSPECTOR.—*(Saliendo de su ensimismamiento.)* Ya sé lo que está usted pensando... de mí... y de ella... De mí, que soy un zote......, de ella que es la inocencia misma... Pues ¡quién sabe...! Curioso, lo de Sofía y las alhajas...

DOCTOR.—Inspector..., lo malo de su oficio de usted... y del mío, es que nos está negado creer en la inocencia... *(Sonriendo.)* Pero yo ahora... estoy de vacaciones... Soy un particular...

INSPECTOR.—Sí, es muy arriesgado creer en la inocencia... ¡Adónde iríamos a parar...! Culpa, culpa, todo el mundo tiene alguna... El caso es encontrársela... La de esta niña...

(Se ha levantado del banco Melisa, abre la puerta y sin entrar habla.)

MELISA.—¡Caballero, caballero!

INSPECTOR. — *(Se levanta, sorprendido.)* ¡Ya tiene usted nombre, ya se lo hemos encontrado... ¡Inocencio! ¡Inocencio!... Es Alicia... ¿No le gusta? Ya puede usted marcharse... Ahora todos saben quién es usted. Adiós, don Inocencio. *(Sale y cierra.)*

INSPECTOR.—*(Sin poder hablar de asombro un momento.)* ¿Pero habrá estado escuchando lo que hablábamos?

DOCTOR.—Ella siempre está escuchando..., a sus voces...

INSPECTOR.—Si no es ironía..., por no decir guasa... Le daría yo una leccioncita... *(Al Doctor.)* Pero ustedes todo lo toman por el lado de la ciencia... Hasta las cuchufletas... Al menos dijo algo razonable, que puedo marcharme... Para este viaje... Usted perdone, doctor, ya me entiende usted... *(Tendiéndole la mano.)* Gracias por su amabilidad. Usted me tendrá al corriente, si hay novedad.

DOCTOR. — Desde luego. *(Le acompaña a la puerta.)* Adiós, Inspector. Yo ya le previne... *(Sonriendo.)* Es una diva del delirio... *(Cierra.)*

ESCENA V

El DOCTOR se sienta a la mesa y sigue su lectura. En el jardín, ALICIA, sentada, luego MELISA, echada en el suelo con la cabeza reclinada en sus rodillas.

MELISA.—*(Canta mirando a lo alto.)*

> Aquí te espero, en mi ahora,
> isla en que tú me has guardado,
> mundo feliz olvidado
> de futuro y de pasado,
> mundo de esta hora.
> Cuando se acabe mi aurora,
> lo que soy, lo que no soy,
> y tú llegues a mi hoy,
> a ti toda he de volver;
> otra vez tuyo ha de ser
> lo que tiene tu deudora.

ALICIA.—¿Quién te lo ha enseñado?

MELISA.—Nadie...

ALICIA.—¿Lo inventaste tú?

MELISA.—No, yo lo sé...

ALICIA.—Pero... lo leerías..., lo aprenderías de alguien...

MELISA.—No, una noche soñé que lo estaba cantando y al despertarme lo estaba cantando.

ALICIA.—¿Y tú lo entiendes bien?

MELISA.—¿Yo? ¿No te digo que yo no lo inventé? Tampoco lo entiendo... Lo sé; yo, lo sé..., nada más.

ALICIA.—¿Pero eso es posible?

MELISA. — *(Apuntando al aire.)* El posible del pájaro. ¿Qué inventa él, ni qué entiende él? Él se sabe su canto, y lo canta... Y tú y yo lo oímos. Así hago yo...

ALICIA.—Los pájaros nacen aprendidos...

MELISA.—Claro, al nacer se saben ya todo lo que van a cantar... ¿Te gusta mi canto?

ALICIA.—Es muy bonito... Pero no lo entiendo bien... ¿Quién es ese que tú esperas?

MELISA.—Yo no espero a nadie, yo estoy bien así... Soy así...

ALICIA.—¿Por qué lo dices, entonces?

MELISA.—Yo no lo digo, lo canto; cantar no es decir...

ALICIA.—¿Sabes más cantos?

MELISA.—No. Tengo que soñar otro. En cuanto lo sueñe, lo sé.

ALICIA. — *(Acariciándole la cabeza.)* Melisa, te quiero mucho, mucho. ¿Quién me acompañó nunca como tú? Pareces mía...

MELISA.—Puede que lo sea... Yo, mía, no soy... ¿Quieres verlo? Ven a la fuente. *(Se levantan, y Melisa se acerca al estanque y se mira.)* Fíjate, ¿no ves que no se me ve la cara en el agua? No tengo reflejo. Y cuando no se tiene reflejo en el agua, uno no es de uno... Es del que tiene su reflejo...

ALICIA.—Pero, tonta, ¡cómo te vas a ver, si el agua se está moviendo!

MELISA.—No importa. Cuando está quieta es igual. Lo he visto muchas veces. Si tú tienes mi reflejo es que soy tuya...

ALICIA.—Melisa, no me asustes..., no te vayas...

MELISA.—¿Yo irme? ¿Y adónde se va?

ALICIA.—A ninguna parte... Aquí, aquí. *(La estrecha.)*

MELISA.—Vamos a jugar...

ALICIA.—Sí, sí... di tú el juego. Tú sabes jugar muy bien... Me asombras..., y sin juguetes...

MELISA.—*(Mirando alrededor, al cielo, a lo que la rodea, despacio.)* ¿Sin juguetes, dices? *(Sin señalar nada.)* Míralos...

ALICIA.—¿Los pájaros?

MELISA.—También...

ALICIA.—¿A qué jugamos hoy?

MELISA.—A contar...

ALICIA.—¿Cuentos?

MELISA.—No..., a contar... con números... Primero se cuentan las rosas... Cada una tiene su número...

ALICIA.—¿Dónde?

MELISA.—Dentro...

ALICIA.—¿Dentro? ¿Y cómo se le encuentra?

MELISA.—Muy fácil..., verás... Voy a escoger las más altas..., las más altas son las que nos buscan..., sabes..., por eso las escojo..., las otras, las bajitas, quieren estarse quietas en el rosal, que no se las vea... Hay que dejarlas... Verás...

ALICIA.—Sí, sí..., mira, vuelvo en seguida. Voy a decir a papá una cosa, mientras tú las eliges. *(Sin llamar entra en el despacho.)*

ESCENA VI

ALICIA.—*(Yendo a su padre, que está leyendo, a la mesa. Con tono emocionado y de prisa.)* Papá, papá, ¿qué quería la Policía?

DOCTOR.—Identificarla...

ALICIA.—Pero qué manía. ¿Es que no puede vivir la gente sin que la identifiquen? ¿Y qué? ¿Sabe algo, quién es, de dónde viene?

DOCTOR. — Nada, una sospecha estúpida. Figúrate que porque a doce kilómetros de donde la encontraste ha habido, según parece, un crimen, pensó que Melisa podía ser la autora, que dicen si asesinó o no asesinó a su hermana.

ALICIA.—¡Pero qué infamia! ¡Ella, asesinar! Y a su hermana... Pero ese hombre es un canalla... *(Se detiene. Angustia en la cara. Se acerca a su padre.)* Papá, papá, tú no lo crees, ¿verdad? ¿Se la quieren llevar?

DOCTOR.—No, hija mía, no, cálmate... No te arrebates... ¿Es que tanto la quieres?

ALICIA.—Sí, papá; es que tú no sabes lo que es...

DOCTOR.—Ni tú tampoco, ni la Policía.

ALICIA.—No, lo que quiero decir es que tú no sabes lo que es estar con ella, de la mañana a la noche... viéndola, oyéndola hablar, esas cosas que dice, tan increíbles, y tan hermosas. Yo me quedo con esas ocurrencias, las voy repasando todo el día... Nunca tuve compañía así. Al despertarme me salta la pregunta: "¿Qué va a decir Melisa hoy?" Y espero de ella cosas tan nuevas, tan bonitas, que siempre vienen... Nunca me desencanta... Ni me pide nada...

DOCTOR.—Bueno, bueno... Pero no te entusiasmes demasiado..., por si acaso...

ALICIA.—¿Por si acaso, qué?

DOCTOR.—Es una amnésica, yo la estoy tratando... Y si recobra la memoria, pues claro, se irá con los suyos, al sitio de donde sea. No es tuya, ni mía..., ni de nadie...

ALICIA.—¡Y su cantar!

DOCTOR.—*(Dándola una malmada en la mejilla.)* Alicia, ten juicio... Voy a dar mi paseo por el pinar... Hasta luego.

ALICIA.—Adiós, papá. *(Sale el Doctor. Ella se queda un momento parada en el centro.)* ¡Juicio! Ella tiene más... ¿Juicio? O lo que sea..., pero ella tiene más... *(Sale al jardín.)*

ESCENA VII

En el jardín, MELISA ha ido cogiendo rosas, de rosal en rosal, muy despacio. Las coloca en fila en la hierba, y ella se sienta en el banco y las mira con la cabeza apoyada en las manos. Entra ALICIA.

ALICIA.—¿Qué haces?

MELISA.—Es el juego. Ya están las rosas... Todas quieren jugar... Todas quieren que se las encuentren números. Por eso alzaban la cabeza en la planta...

ALICIA.—¿Y cómo se descubre?

MELISA.—Sencillísimo. Se les van quitando los pétalos, uno por uno, se cuentan con mucho cuidado, y para que no se los lleve el aire—al aire no le gustan los números, ¿sabes?—se echan en un pocillo con agua. Para cada rosa hay que tener una vasija distinta... Los pétalos dicen el número de la rosa... Los pétalos no engañan... Lo que hay que hacer es contar bien... Y no hacer trampa. Hay gente mala que hace trampas hasta a las rosas, sabes...

ALICIA.—Pero...*(Triste.)*

MELISA.—¿Qué?

ALICIA.—Que hay que deshacer la flor...

MELISA.—¡Claro! Eso es contar..., hacer pedazos... Lo entero no tiene número... Cuando lo tiene ya no está entero, aunque siga entero... Por eso yo no sé los años que tengo, porque quiero estar entera... Pero estas rosas quieren que sepamos sus números... Lo pedían... Y si ellas quieren más a sus números, ¿qué le vamos a hacer? Vamos a jugar. *(Todo esto dicho alegremente, sin sentenciosidad.)* Primero a adivinar... ¿A ver cuál crees tú que es el número de esta blanca?

ALICIA.—*(Confusa.)* Yo..., no se me ocurre... Es verdad..., ¡qué tontería..., no haber pensado nunca cuántos pétalos tenía una rosa!

ESCENA VIII

Parte derecha. Se abre la puerta opuesta al jardín. Se oye la voz del DOCTOR.

DOCTOR.—Pase, pase usted primero... *(Entra Prudencio, hombre de treinta años, de aire grave y vagamente melancólico, vestido con pulcritud y sin afectación, seguido del Doctor, el cual le señala el diván para que se siente. Prudencio lo hace.)*

PRUDENCIO.—Siento mucho haberle encontrado a usted así, en la puerta, y quitarle de su paseo... Su amabilidad...

DOCTOR.—Es lo mismo, tengo todo el día para pasear... Este asunto me interesa vivamente... De modo que usted...

PRUDENCIO.—Pues leí el anuncio en el diario..., y como no pienso en otra cosa..., telefoneé a la Policía, por las señas detalladas. Me las dieron y tomé el primer avión... Me parece que..., vamos..., que podría ser ella... *(Mirando alrededor.)* ¿Está... aquí mismo? ¿Cerca?

DOCTOR.—Sí, sí, pero, si usted me lo permite, querría antes que me explicase usted el caso y las razones de su conjetura... Es puramente confidencial...

PRUDENCIO.—Con sumo gusto... A una persona como usted se le puede confiar. *(Moviéndose inquieto en su asiento.)* Pues verá usted: Adriana y yo nos casamos hace cinco años... Ella era mucho más joven que yo... tenía dieciocho...

DOCTOR.—Esto es, que ahora tendría...

PRUDENCIO.—Veintitrés..., los cumple el 18 de abril... veintidós y dos meses, poco más... ¿Es su edad?

DOCTOR.—No lo sabemos...

PRUDENCIO.—Naturalmente... Usted perdone...

DOCTOR.—Pero podría ser...

PRUDENCIO.—Muy enamorados, los dos. Yo había sido siempre tristón, pesimista, sin fe en mí. Ella, entusiasmada, y la pobre decía... "Verás cómo te voy a cambiar... Vas a ser otro." De ahí vino todo... Adriana es alegrísima y tiene unas ocurrencias pasmosas... Lo que menos se espera... Pero yo tuve la culpa, yo...

DOCTOR.—¿De qué?

PRUDENCIO.—Mire usted, decía tales cosas, pensaba de un modo tan extraordinario, que yo a veces no la entendía..., ella iba más allá. Y mi pecado fué no querer seguirla... Soy abogado, ¿sabe usted? Acostumbrado a discurrir lógicamente, a las deducciones rigurosas... Y algo dentro de mí se irritaba en contra de Adriana, porque ella andaba más de prisa, como al vuelo, y yo quería ir a mi paso... ¡Qué estúpido, resistirse a volar! En la misma vida diaria, hacía cosas tan impensadas, tan originales, que mi maldito paso rutinario las encontraba desconcertantes...

DOCTOR.—¿Pero usted la notó alguna anormalidad?

PRUDENCIO.—Pues eso..., ser como era..., no como yo creía que se debe ser... Y mi tragedia es que ahora creo que se debe ser como era ella... Pero estoy solo... y sin ella no es posible... Me ha cambiado, me ha hecho ser como ella quería y ya no está para verlo... Porque me dejó. Yo, neciamente, con la pedantería del hombre—¿no cree usted, doctor, que el hombre es mucho más pedante, de nacimiento que la mujer?—la corregía, la amonestaba... Ella nunca me respondió... Se ponía triste, un momento, y volvía a sus andadas... hasta que otra vez la hacía tropezar estúpidamente en mi cortedad... No le voy a usted a contar detalles... Ella era así, y se fué como era..., sin un reproche ni queja, dejándome una notita muy corta.

DOCTOR.—¿Y decía?

PRUDENCIO.—"Quieres entenderme, pero no me quieres. Yo voy a vivir con quien me quiera. Adiós." *(Pausa.)*

DOCTOR.—¿Usted la buscaría? ¿Dónde se fué?

PRUDENCIO.—¡Que si la busqué! No he hecho otra cosa,

y cada día la busco más. Pero ni se fué con sus padres, ni con ningún amigo. Desaparecida, como deshecha en el aire, sin dejar huellas. Bueno, nada más que estas huellas que llevo yo dentro, y que recorro día y noche, de arriba abajo.

DOCTOR.—¿Gestiones?

PRUDENCIO.—De todo. Policía oficial, privada. Ellos dicen que se ha suicidado. Es decir, que soy un asesino. Yo, o mi torpeza. Verdad que en este mundo la torpeza ha matado a más gente que nada. Pero yo no lo creo. Me vale mi fe, y por eso vine... *(Mirando hacia el lado del jardín.)* ¡Y lo bien que nos llevaríamos ahora! De tanto repasarlas y repasarlas en mi memoria, aquellas fantasmagorías suyas, las que me extrañaban, están tan claras, tan hermosas! ¿De qué me sirve verlo, si ella no ve que lo veo? Dios me castigó por no creer en lo que tenía delante de mis ojos. Hay que creer en los ojos, y no en estas cosas que nos empeñamos en creer, sin ellos, cegándonos. *(Pausa.)* Pero dispense usted estas efusiones. ¿Puede ser mi Adriana, puede estar aquí... cerca... detrás de esas paredes? *(En estos momentos Melisa y Alicia se han separado en el jardín. Melisa hace mutis por la izquierda y Alicia entra en el despacho, sin llamar, y al ver que hay un extraño se detiene en la puerta.)*

PRUDENCIO.—*(Va hacia ella y se para, de pronto.)* No, no, no es ella tampoco. No es ésta. *(Alicia se acerca a su padre.)*

DOCTOR.—Es mi hija, señor mío. Permítame que les presente. *(A Alicia.)* El señor cree que Melisa pudiera ser su esposa, de la que se separó hace unos años. Viene a eso...

PRUDENCIO. — Mil perdones, señorita. Usted comprende. Tenía el pensamiento tan puesto en ella... que su aparición de usted, así de pronto...

ALICIA. — De nada, la culpa fué mía, por no llamar... *(Recelosa.)* Pero ¿usted es el marido de Melisa?

PRUDENCIO.—¿Melisa? Adriana...

DOCTOR.—Melisa es el nombre que le puso mi hija... Ella no recordaba ni cómo se llamaba...

PRUDENCIO.—¡Ojalá! Por los datos que me facilitó la Policía, las señas coinciden. Ustedes me pueden sacar de la duda... Adriana tiene el pelo rubio y le gustaba llevarlo siempre largo, para cambiar de peinado... *(Espera.)*

ALICIA.—*(Con la cabeza caída y un hilo de voz.)* Sí...

PRUDENCIO.—Los ojos zarcos, un poco sesgados...

ALICIA.—*(En igual tono.)* Sí...

DOCTOR. — ¿Pero no sería más sencillo que la viera usted?

ALICIA.—*(Arrebatada.)* No, no..., verla no... *(Excusándose.)* Vamos, quiero decir que, si es ella, una emoción así, repentina, podría... Hay que prepararla...

DOCTOR.—Puede usted verla sin que ella lo sepa... Quizás...

PRUDENCIO.—No, yo tampoco quiero, ahora... Hay que prepararla..., que prepararse. No es posible que sea todo así, tan simple, que yo me presente aquí, y se abra la puerta y salga ella... después de tantos años... No. Háganme ustedes el favor..., yo no puedo pensar claro, en este momento; me instalaré en el hotel, y cuando ustedes crean que se puede hacer algo..., verla..., vamos..., ver a... quien sea, me avisan. Yo estaré allí esperando. Y perdónenme todo... Señorita... *(Haciendo una inclinación.)* Doctor...

DOCTOR.—Salgo con usted. Le dejaré en el hotel, es mi camino...

PRUDENCIO.—Gracias, gracias...

ALICIA.—Buenos días. *(Salen Prudencio y el Doctor.)* ¡Pobrecillo! ¡Qué susto me dió! Le tengo lástima. *(Cambiando de tono, más dura.)* Pero no es ella, no es ella. ¿Ella casada? Y con este hombre, tan como todos... Yo no la puedo ver casada a no ser con... ¿Con quién? No, no..., no encuentro con quién. No lo encontraría..., no tiene con quién... Eso del cantar..., el que espera... Un cantar es un cantar, nada más... ¡Y aún tengo miedo!... Pero es tonto tener miedo a este hombre del cantar. *(Se oye un piano.)* Está tocando... Es ella... Y qué precioso, lo que toca... No se parece a nada... Es música suya, de ella... no tiene papel... nunca, como si estuviera inventando... O como si se lo supiera de memoria. ¡Pero si no tiene memoria! Es curioso... Recuerda la música... Lo único que no se le ha olvidado es su música. *(Se queda encantada oyendo, en el diván.)*

TELÓN DE CUADRO

CUADRO SEGUNDO

ESCENA PRIMERA

La misma escena, pero por la tarde, cerca del anochecer. El Doctor, sentado en la butaca, y Alicia, en el diván, hablan.

Alicia.—Papá, ¿puedo quedarme con vosotros?

Doctor.—No sé..., lo que tiene que decirme quizá sea confidencial. Ya ves el texto del telegrama. *(Sacándolo del bolsillo.)* "De paso por la ciudad. Leído caso de amnesia. Deseo consultarle asunto profesional. Ruégole me espere seis tarde."

Alicia.—Pero, por lo menos, estar aquí cuando llegue... Tengo ganas de conocerle... De ver cómo es... Le saludo y luego os dejo solos... Si no te parece incorrecto...

Doctor.—No, quédate... ¿Por qué te interesa tanto?

Alicia.—Es un hombre famoso..., un gran escritor, y luego... ¿Pero qué es lo que él puede tener que ver con Melisa? ¡Será otra equivocación! Ya no es joven, ¿verdad?

Doctor.—Cincuenta y pico, creo... *(Señalando al estante.)* Ahí te lo dirá la enciclopedia...

Alicia. — *(Sacando un volumen.)* ... Nació en 1893... Sí, lo que tú decías... Es mucha diferencia de edad.

Doctor.—Diferencia, ¿con quién?

Alicia.—Con Melisa.

Doctor.—Según...

Alicia.—No digas, con treinta años por medio no puede ser su marido...

Doctor.—No, pero podría ser su padre...

Alicia.—¡Ah, ser su padre!

Doctor.—Pero, hija mía..., ¿por qué se te ocurre eso? Alicita, te estás volviendo cavilosa y no me gusta eso.

Alicia.—Pero papá, ¿no me ves estos días más alegre, más animada que nunca? No se me nota. Yo lo siento en mí...

Doctor.—Sí, cuando estás con ella..., luego cambias...

Alicia.—Ha sido hoy, estas visitas, el tonto del policía,

y el otro... Y ahora éste... ¿No te parece un poco brusco eso de plantarse aquí, sin aviso?

DOCTOR.—El telegrama es el aviso...

ALICIA.—Bueno, sin esperar tu conformidad...

DOCTOR.—Ya lo explica, está de paso... y somos colegas, en la Academia Nacional. Además, es un hombre excepcional... Hay que tratarle como lo que es... Ya sabes, los escritores...

ALICIA.—Los escritores... Sí, tengo ganas de verle. *(Va al espejo y habla mientras se arregla el pelo.)* y no tengo ganas de que venga. *(Se oye un ruido de coche a la puerta.)*

DOCTOR.—Pues, hija mía, ahí está, si no me equivoco... Voy a ver. *(Sale. Alicia, sola, se dirige a la puerta del jardín, mira ansiosamente al otro lado, donde se supone debe de estar Melisa, la cierra, y se sienta, muy compuesta, en el diván.)*

ESCENA II

Entran el DOCTOR y JÁUREGUI. Éste es hombre de cincuenta años, pero de aspecto robusto y fuerte, pelo cano, vestido con elegante sencillez, y algún toque de artista.

DOCTOR.—Adelante, mi querido colega, adelante...

JÁUREGUI.—¡Preciosa casa! *(Al ver a Alicia, que se levanta.)* ¡Preciosa muchacha...! ¿Es...?

DOCTOR.—No, ésta no es la... interesada, si eso es lo que usted piensa... Es mi hija. *(Presentando.)* Alicia, Miguel Jáuregui...

JÁUREGUI. — Pero, doctor, no me diga eso... Conozco muy bien a la interesada—está bien eso de la interesada, está bien—para no confundirla con nadie, ni siquiera con una criatura tan encantadora como usted. *(A Alicia, dándole la mano.)* Son dos tipos distintos... Y, sin embargo, creo, aunque acabo de conocerla a usted..., creo que se entenderían...

ALICIA.—Ella... ¿no se parece a mí?

JÁUREGUI.—No, no debe de parecerse mucho físicamente..., al menos.

ALICIA.—¿No debe parecerse? ¿Es que no la recuerda?

JÁUREGUI.—Sí, pero no la he visto...

ALICIA y DOCTOR.—*(A la misma vez.)* ¿Cómo?

JÁUREGUI.—Lo que les digo... La conozco, a fondo... y no la he visto. No se extrañen... ¡Cuántas personas hay que se están viendo siempre y no se conocen! ¿Por qué va a ser un imposible lo contrario? Pero quisiera que habláramos de mi caso, doctor.

DOCTOR.—Claro, claro... ¿Un poco de whisky, vino?

JÁUREGUI.—Gracias, no bebo. *(Sacando una cajetilla y ofreciendo a Alicia.)* Pero sí fumo... *(Encienden todos pitillos.)* Pues verá usted.

ALICIA.—Es preferible que yo me retire..., me parece...

JÁUREGUI.—Por mí, en modo alguno, señorita. Ahora, si usted no quiere escuchar las rarezas de un viejo escritor..., o su padre lo prefiere... Pero esto no es ni diplomacia ni negocio, ocupaciones tan bárbaras que excluyen a las mujeres... Vamos, las excluían...

ALICIA.—*(Mirando a su padre.)* ¿Papá?

DOCTOR.—Haz lo que quieras, ya que el señor Jáuregui es tan amable... *(Alicia se sienta. Quedan Jáuregui en el centro del diván, Alicia a su derecha, un poco separada, y el Doctor, en la butaca de la derecha.)*

JÁUREGUI. — *(Pensativo, un momento. A Alicia.)* ¿Son ustedes buenas amigas?

ALICIA.—¿Quiénes?... Ah, sí..., muchísimo. No he tenido amiga a quien adore más, ni que tanto me anime...

JÁUREGUI.—*(Dándole una palmada en la mano.)* Me alegro, me alegro. Así quiero que sea...

ALICIA.—Desde que la encontré, siete días hace...

JÁUREGUI.—¿Siete días, eh? A las once de la mañana, ¿no?

ALICIA.—Así fué, a las once de la mañana... Venía yo de misa.

JÁUREGUI.—A las diez cogí yo la pluma..., empecé.

ALICIA.—¿Que cogió usted la pluma...?

JÁUREGUI.—Sí, joven, sí... Quería describir una mañana única... Nada menos que única... Una mañana para ella... que se ajustara a su modo de ser humano, que fuese como el traje en que el mundo la envolvía, y que con ser tan inmenso, le cayese a ella justo, perfectamente, a la medida. Por eso tenía que ser única... ¡Enorme pretensión dirán ustedes! Porque ninguna mañana es única; desde el segundo día de la creación se hizo imposible. Pero yo pensé que si sabía descubrir la primera mañana de un ser humano que, de pronto, tiene una conciencia, luz de relámpago, de que lo que hay alrededor y le circunda, no es cielo, ni árboles, ni luz, ni gente, sino otra cosa nueva, un algo que lo comprende a todo eso y lo multiplica por mil, y que se llama la mañana, si yo podía captar ese sentimiento de estrenarle la mañana al mundo... habría descrito la mañana única...

ALICIA.—Oyéndole a usted hablar aquella mañana se me aparece así, ¡era así!

JÁUREGUI.—Y escribí con todo mi entusiasmo, con todo el ardor de mi alma, porque quería apartar esa mañana de las demás, detener el tiempo, pararla. Hacerla su mañana, compenetradas las dos. Y debí de acercarme a mi deseo, porque por ella se me escapó..., se me fué... Y allí se paró un tiempo...

ALICIA.—¿Qué se fué?

DOCTOR.—¿Dice usted que se paró un tiempo?

JÁUREGUI.—Sí, doctor. Dicho más claro, en aquel instante, a las once, cuando yo debí de terminar mi descripción, empezó mi amnesia. Porque lo que me trae, doctor, es un caso de amnesia local...

ALICIA.—¡Y a esa hora me la encontré yo!

JÁUREGUI.—Cuando yo la perdía...

DOCTOR.—(Interesado.) A ver, a ver... ¿Amnesia local, dice usted?

JÁUREGUI.—Me parece. Llevaba yo como un mes de estar trabajando en esa novela, de ese género que la gente llama poética, y la crítica demasiado poética... Y apenas doy por acabada la descripción de esa mañana que les dije, y que, aunque empezaba siendo panorámica, acababa por concentrarse en una campiña y en un camino (Volviéndose a Alicia.), precisamente como donde usted la encontró, y me vuelvo en busca de ella, de mi personaje..., siento con un terror extraño que no está allí, conmigo, en la novela..., que he perdido contacto con ella..., que se me ha olvidado y no la veo.

DOCTOR.—Pero la tenía usted allí, en lo que iba escrito de su novela, pintada, analizada, ya, ¿no?

JÁUREGUI.—Eso es lo raro. En efecto, allí estaba. Pero en letra muerta. Ya sin actuar sobre mí, sin alma que me animase a seguir dándole vida... Se me huyó... Doctor, júzgueme usted como quiera, pero mi idea es que se arrojó a vivir, que se lanzó a vivir por esa mañana que yo la hice... Puse yo en su figura todo el fuego de la vida que me quedaba, la henchí de ímpetu, de gozo... Cuando ella se vió su mañana, allí, delante, echó a andar...

DOCTOR.—*(Irónico.)* Eso es un poco fuerte..., fuera de la poesía.

JÁUREGUI.—¡No, no! *(Exaltado.)* Es que no hay nada que esté fuera de la poesía... Usted y yo, y esta muchacha, y... su enferma, todos estamos en la poesía... Y la tierra, y este cuarto, y las palabras que están sonando ahora... Sólo se ve de tarde, sólo algunos hay que lo vean... Ella lo veía... que estamos todos en ella... como en el aire, aunque no lo vemos...

ALICIA.—¡Es verdad, ella lo ve... y yo empezaba a verlo...!

JÁUREGUI.—Yo la creé, era, como ustedes dicen *(Al Doctor.)*, ser de ficción, mentira poética..., y, sin embargo, desde que me falta, casi la oigo de verdad, y la oigo el pisar, muy leve, tan delicado, porque andaba a veces en las puntas de los pies... como si fuera a arrancar a bailar y decía que no quiere tocar el suelo más que cuando duerme...

ALICIA.—*(Retorciéndose las manos y sin que nadie la haga caso.)* ¡Ay, ay!

JÁUREGUI.—*(Excitado, sin parar.)* ...y cuando salgo al jardín y veo alguna flor deshojada por el suelo, creo que fué ella, porque la gustaba deshojar las rosas para buscarles el número...

ALICIA.—*(Igual.)* ¡Ay, ay!

JÁUREGUI.—Y otros ratos oigo el piano que toca, sus músicas, que nadie le ha escrito, improvisaciones nunca repetidas... *(Alicia se levanta y como somnámbula y sin que nadie lo advierta, sale por la izquierda.)* Empecé a crearla, la tenía ya medio hecha, la quería como a nadie, y se me marchó; y ahora se quedará ella a medias, y yo, igual, ella sin su pasado, que yo tengo, y yo sin su mañana, sin su otra mitad, que iba a darle, sin su vida entera... No puedo dársela porque sólo sintiéndola en lo que ha sido, en su ayer, sabría continuar la vida..., seguírsela... Y se me ha olvidado..., se la llevó al írseme... *(Mientras habla, Alicia, que atravesó el jardín, sale de la casa con Melisa, cogida de la mano, atraviesan el jardín y un momento se paran antes de abrir la puerta. Alicia coge de las manos a Melisa, la mira frente a frente y la abraza. Luego abre la puerta.)*

JÁUREGUI.—Doctor, ¿ve usted mi caso...? Amnesia y algo más, ¿no? Porque locura será esa idea que traigo..., locura es..., que ella es la que recogió su hija, que va a venir, que está aquí... *(En este momento se abre la puerta y aparece en el umbral Melisa con Alicia, que la empuja hacia Jáuregui.)*

ALICIA.—*(Como eco de las palabras de Jáuregui.)* ...está aquí... *(Sale al jardín y se arroja sollozando al pie de la fuente.)*

JÁUREGUI.—¡Tú, tú! ¡A mí vuelves! ¡Mía, mía!

MELISA.—*(Se cuelga de su cuello.)* A ti vuelvo... Ya sé quién soy... Quiero vivir... ¡Tuya, tuya...! *(Dulcemente se dobla como desmayada en brazos de Jáuregui que la sostiene por el talle mirándola al rostro, lleno de gozo.)*

DOCTOR.—*(Precipitándose hacia ella, la alza la cabeza, la toma el pulso.)* Desmayada... Pero... Melisa... *(Le aplica el oído al corazón.)* ¡Muerta, se ha muerto...!

JÁUREGUI.—*(La deja en brazos del doctor suavemente.)* ¡Claro! Si quería seguir viviendo, si va a seguir viviendo!

DOCTOR.—*(Al verle dirigirse hacia la puerta.)* ¿Viviendo? ¿Así?

JÁUREGUI.—¿Eso? ¿Su cuerpo? Eso es el precio...

DOCTOR.—Precio..., ¿de qué?

JÁUREGUI.—Lo que me debía... El precio de su vida... *(Sale con la cara radiante. El Doctor se queda mirando al cadáver, que siempre tiene en sus brazos. Alicia entra, se echa a sus pies y solloza. Telón.)*

FIN DE
"EL PRECIO"

ELLA Y SUS FUENTES

COMEDIA EN UN ACTO

ELLA Y SUS FUENTES

PERSONAJES

El profesor Deside- Criado.
rio Merlín. Julia Riscal.
Periodista. Médico.

La acción, en un país imaginario, en nuestros días.

ESCENA PRIMERA

Periodista.—*(Escribiendo en sus cuartillas.)* Empezó a trabajar en la biografía hace diecisiete... ¿Dijo usted diecisiete o...?

Don Desiderio.—No, no, diecinueve, diecinueve. Claro es que esa fecha es la de mi primera preocupación por la figura de Julia, y se me ocurrió la idea de consagrarla una obra digna de ella. Lo que se llama empezar la investigación, no la empecé hasta dos años después.

Periodista.—Ya existían otras biografías de nuestra heroína, ¿no es verdad?, antes de la suya.

Don Desiderio.—¡Otras! Muchas, diga usted. Pero qué biografías. La mayor parte obrillas de exaltación imaginativa, plagadas de equivocaciones e inexactitudes, cosa de literatos, seducidos por la figura de Julia. Yo comprendo muy bien el atractivo romántico que tiene, me explico que inspire el deseo de novelarla, pero de eso a una biografía rigurosamente histórica hay mucha diferencia. Con decirle a usted que el libro que más circula sobre Julia tiene veintidós errores de fecha, catorce confusiones de nombres de lugar, y así sucesivamente. ¡Nada menos! Y eso no es lo peor. Se la pinta en lugares que no pisó nunca, se la evoca en escenas de ambiente novelesco, se ponen en sus labios palabras de teatro. ¡Una vergüenza! Eso es lo grave, la leyenda, los estragos de la fantasía desfigurando un personaje histórico *(Alzando la voz y con energía, como si alguien*

221

le contradijera.), sí, señor, histórico, nada más que histórico, rigurosamente histórico, con ropajes y bisutería de literatos.

PERIODISTA.—Entonces su propósito es...

DON DESIDERIO.—Arrancar con mano dura todas esas plantas parásitas con que la fantasía ha envuelto la realidad histórica de nuestra heroína, y devolverla al público, en su verdad, tal y como fué, conforme nos la transmite el dato histórico. ¡Datos, datos, eso es lo cierto! Documentos, documentos auténticos, comprobados, la verdad, vuelve siempre a lo mismo, la verdad. Y aquí *(Golpeando el montón de cuartillas.)* está la verdadera Julia Riscal, la auténtica, ofrecida por vez primera a su patria, que tanto le debe.

PERIODISTA.—¿Me permite usted que le pregunte cómo ha ido usted recogiendo esos documentos a que se refiere?

DON DESIDERIO.—Pues, hombre, eso es el abecé de la labor del historiador... Los archivos. Cuando usted quiera saber algo de la vida de las gentes, lo primero, a los archivos. Desde la fecha del nacimiento a la de la muerte, todo, todo está allí. *(Con tono de orgullo.)* Si se sabe buscarlo, naturalmente. Si no está en un archivo estará en otro. Pero en alguno tiene que estar. Todo está en un archivo. Paciencia y perseverancia, son las bases de la rebusca histórica... Y luego hay también los datos no escritos, los recogidos en los lugares donde vivió el personaje, las circunstancias de ambiente, la tradición oral. ¡Pero hay que andarse con mucho cuidado con eso! A poco que se descuide uno la imaginación se mete por medio y nos hace una jugarreta. Y no es que yo niegue a la imaginación sus derechos, y hasta sus méritos, no. Pero en su lugar, en su lugar. ¡Que no se me salga de madre! Libertad para la imaginación, pero no libertinaje. Por eso yo viví un año en La Morcuera, la ciudad donde se crió Julia y... *(Teléfono.)* Perdone usted un momento. Hallo, hallo. Sí, servidor de usted, señora o señorita... El mismo, al aparato... ¿Me haría el favor de hablar un poco más fuerte? Sí, sí, la voz llega aquí muy tenue, muy velada... Mejor, un poco mejor. ¿Esta tarde? Sí, sí, pero tiene que ser pronto, antes de las cinco. Tengo sesión de la Academia... Con mucho gusto. ¿Vive usted lejos?... Un taxi es lo mejor... No, no importa, no tiene usted que mudarse de traje para venir, venga como esté... Eso es... En la plaza donde está la estatua de Julia Riscal, el 29. Servidor de usted, señorita. *(Colgando el aparato. Toca un timbre.)*

CRIADO.—*(Aparece en la puerta.)* ¿Qué se le ofrece, Don Desiderio?

DON DESIDERIO.—Dentro de un rato vendrá una señora. Que espere en la salita hasta que yo te avise.

CRIADO.—Muy bien. *(Se retira.)*

PERIODISTA.—¿Decía usted que vivió un año en La Morcuera?

DON DESIDERIO.—Un año, un año entero, no. Once meses y medio. Sí, viví allí, recorrí los alrededores, y hablé con mucha gente que decía haber conocido a Julia o a sus familiares. ¡Pero qué de mentiras, qué de enredos! Nadie sabe lo que se altera el testimonio histórico en la tradición oral. ¡Cómo se enturbian las fuentes! Me atengo a mi escuela: la fuente escrita, ésa, ésa. Ahí no cabe engaño. Pero de todas maneras, hay que acudir a todo.

PERIODISTA.—¿Y llegó usted a encontrar a alguien que la haya conocido?

DON DESIDERIO.—Verá usted, en un pueblo de allí cerca un viejo de noventa y ocho años me dijo que siendo él mozo de cuatro iba a jugar a la huerta de la Casona y que allí una señorita le daba dulces de vez en cuando y que la llamaban señorita Julia... Pero por las señas es todo fábula. Que si era rubia, y delgada, que si parecía un hada de los cuentos... ¿No le digo a usted que la fantasía hace estragos?

PERIODISTA.—Y ella no era así, claro, los ojos negros famosos.

DON DESIDERIO.—*(Se levanta y va a un archivador.)* Mire usted, aquí en "Iconografía" tengo todos los datos sobre su figura física. Ni uno, oye usted, ni uno, corrobora eso de los ojos azules y las demás garambainas del viejo.

PERIODISTA.—Y a propósito, ¿qué le parece a usted esa estatua de la heroína, esa que está ahí fuera en la plaza? Ya sabe usted lo que dicen, que usted se ha venido a vivir aquí para tener a la vista...

DON DESIDERIO.—Ja, ja, ja... ¡Otra fábula! Sabrá usted, joven, que si vivo en esta plaza no es por una chiquillada de esas románticas, como el de tener a ese bulto de bronce delante de mí a todas horas. La verdad es que esta casa me la dejaron mis padres el año 32. Me vine a vivirla y después de estar aquí tres años, por una casualidad, muy curiosa, pero pura casualidad, se le ocurrió al Ayuntamiento erigir aquí esa estatua. No creemos otra leyenda, joven, sobre mi modesta persona.

PERIODISTA.—Pero no me negará usted que le debe de gustar tener ahí tan cerca, a la mano, como si dijéramos, la efigie de su biografía. Hasta quizá le haya inspirado...

DON DESIDERIO.—Cuidado, cuidado, joven. Ya se está usted deslizando por la pendiente de la fantasía. Para un historiador, por modesto que sea, no hay más inspiración que las fuentes. Yo no me inspiro: busco, encuentro, y alguna vez, aunque con suma cautela, interpreto, leo, transcribo, comunico. Por lo demás, la estatua no me estorba. Tiene algún anacronismo en el ropaje, pero aceptable, sí, sí. *(Abre el balcón. Se ve casi a la altura del piso, un poco más arriba, una figura de bronce, de una mujer con el pelo suelto y en actitud de avanzar con fiereza, llevando en la mano una bandera.)* Se le puede permitir al escultor esa licencia de ponerla con una bandera en la mano; aunque no hay documento alguno que pruebe que Julia tuviese nunca en su mano ninguna gloriosa enseña. Si me hubiera consultado podría haberle dado algunos datos precisos.

PERIODISTA.—No quiero molestarle más, Don Desiderio. *(Consultando sus notas.)* Quedamos en que el libro estará en la calle el 8 del que viene, que se hará una edición de lujo, costeada por el Estado, sí, lo tengo todo. Agradecidísimo, agradecidísimo.

DON DESIDERIO.—No se le olvide enseñarme el texto de su artículo. Tanto usted como yo estamos interesados en que no salga en el periódico más que lo que yo dije, sin alteraciones. ¡Historiador en todo, eh!

PERIODISTA.—Descuide usted. Lo tendrá usted aquí en cuanto lo acabe, quizá esta misma tarde. Quede con Dios y mil gracias.

DON DESIDERIO.—De nada, de nada. Al fin y al cabo, el periodismo, hecho con conciencia, es el primer peldaño de la historia. Puede usted poner eso si quiere también... *(Acompañándole hasta la puerta de la derecha. Sale Periodista. Don Desiderio cierra la puerta. Se da unos paseos por el cuarto, y luego se dirige al balcón, lo abre, y queda mirando a la estatua cruzado de brazos.)*

CRIADO.—*(Abre la puerta, después de llamar. Don Desiderio se estremece, se vuelve.)* Señorito, ahí está la visita.

DON DESIDERIO.—¿Quién?

CRIADO.—Ella.

DON DESIDERIO.—¿Qué es eso de ella, quién es ella?

CRIADO.—Ella, la que usted me dijo que iba a venir.

DON DESIDERIO.—Ah, sí, hombre, sí, bueno. ¿Te ha dicho su nombre, te ha dado tarjeta, o algo?

CRIADO.—No, señor. Dice que ya la conoce usted. A mí no me da buen tufo. Viene muy rara, como de máscara.

DON DESIDERIO.—¡De máscara, calla, zopenco! Que pase. *(Se dirige a la mesa de despacho, se sienta y empieza a revolver unos papeles. Se abre la puerta y aparece Julia Riscal. Va vestida a la manera de su época, la romántica, con sombrero pamela, falda ancha y sombrilla en la mano. Sobre la cara, un velo espeso. Se queda parada cerca de la mesa.)*

DON DESIDERIO.—*(Sin levantar la cabeza, como absorbido.)* Adelante, adelante. *(Julia da dos pasos, y cuando ya está muy cerca de la mesa, Don Desiderio alza la vista, y sobresaltado y abriendo mucho los ojos se pone en pie.)* Señorita..., señorita, tome asiento, haga el favor...

JULIA.—*(Se acomoda en la butaca que está del lado de acá del bufete, sin levantar el velo, en actitud recogida y sencilla.)* Gracias, mi señor Don Desiderio.

DON DESIDERIO.—¿Tendría la bondad de decirme con quién tengo el gusto de hablar? Dijo usted a mi criado, según parece, que yo la conocía, pero es difícil... *(Apuntando al velo.)*

JULIA.—Sí, sí, me conoce usted mucho... y muy poco, según se mire.

DON DESIDERIO.—Señorita, permítame que la diga que soy amigo de la claridad y la franqueza. ¡Enigmas, no! Haga el favor de darme su nombre y descubrirse.

JULIA.—Una pregunta nada más. Usted ha escrito la biografía de Julia Riscal, ¿no es verdad?

DON DESIDERIO.—Muy cierto, ciertísimo.

JULIA.—Usted sabe cómo era, quiero decir, le son familiares su persona, su semblante, su exterior.

Don Desiderio.—*(Intrigado.)* Creo que sí..., pero...

Julia.—Entonces, no necesito hablar. Míreme usted. *(Se alza el velo y descubierta se queda mirando a Don Desiderio con fijeza, pero con aire frío y sereno. Rostro ovalado, gracioso, cercado de tirabuzones rubios. Ojos azules, aire aniñado y dulce. Está unos momentos así. Don Desiderio la mira asombrado.)*

Don Desiderio.—Ya, ya la miro. Lindísima, señorita, lindísima, a fe mía. Pero aparte del honor que me hace usted al revelarme así ese semblante tan bonito, ¿por qué decía usted que no necesita hablar? No veo...

Julia.—*(Con tono de leve desencanto.)* ¿Pero no me conoce usted? Mejor dicho, ¿no me reconoce usted?

Don Desiderio.—No la he visto nunca, estoy seguro, ¡en mi vida!

Julia.—Sí, eso es verdad, pero también es verdad que ha debido usted de mirarme, de examinarme, de analizarme, muchas, muchas veces...

Don Desiderio.—La repito, señorita mía, que me molestan las adivinanzas y los misterios. Mi profesión es aclarar misterios. Dígame usted quién es. La he recibido en mi casa, y tengo derecho a saber...

Julia.—*(Levantándose.)* Bien, bien. Ya que usted se niega a reconocerme, lo diré: Soy Julia Riscal.

Don Desiderio.—*(Levantándose a su vez, muy encolerizado.)* ¡Esta sí que es buena! Usted, usted Julia Riscal. Usted con esos ojos azules, con ese pelo rubio, con... Vamos, y venirme a decir esto *a mí, a mí.*

Julia.—Le digo la verdad, la verdad pura.

Don Desiderio.—¡La verdad! ¡Qué desatino! Usted Julia Riscal. ¿Pero por quién me toma usted a mí? Pero no sabe usted, atrevida señorita, que llevo muchos años estudiando a Julia Riscal, y que su fisonomía, su figura...

Julia.—Pues entonces, si es así, ¿cómo no me reconoce usted? Yo soy ella. Vamos, yo soy yo, pero yo soy ella.

Don Desiderio.—Señorita, a ese rostro inocente, a esos modales tan finos, créame, no le cuadra el papel de impostora. Si usted busca algo de mí, si usted tiene algún propósito..., haría mejor en ser franca y no venirme con tan burda invención. Pero, además, hay un argumento, sencillísimo, tan evidente, tan probatorio, que me parece mentira que no se me haya ocurrido antes. *(Con gesto triunfan-te.)* Usted no puede ser Julia Riscal

JULIA.—*(Llorosa.)* ¡Lo soy, lo soy, lo soy!

DON DESIDERIO.—*(Sin hacer caso, en tono pomposo.)* Por la muy obvia razón de que Julia Riscal murió, entiende usted, murió, fusilada, asesinada, por su patria, el 24 de enero de 1843, a las siete y cincuenta de la mañana, en la huerta del cuartel de San Francisco, de Lorena, según consta en el acta levantada por el capitán del pelotón de ejecución, acta que me ha cabido el honor de descubrir, y que obra ahí, ahí a la espalda de usted, en ese fichero, y se la voy a enseñar, para...

JULIA.—*(Dejando de llorar.)* Si yo estoy muerta. Es decir, soy una muerta. Ahora no lo estoy, por lo que le voy a explicar, si usted me concede su atención. Yo no quiero engañarle, yo no soy una impostora, lo que deseo es que se diga la verdad sobre mí y...

DON DESIDERIO.—¿Pero cómo va usted a convencerme de que usted, tan viva y tan sana, sentada delante de mí, con tan buenos colores, y tan buena habla, es Julia Riscal, muerta, muerta, muerta?

JULIA.—Porque yo soy la muerta... ¿No le digo?

DON DESIDERIO.—Conque muerta, y en pie y hablando conmigo mano a mano...

JULIA.—*(Acercándose.)* Sí, todo se explica. Es que tengo una licencia, para salirme de la muerte y...

DON DESIDERIO.—*(Cambia de semblante como si viese ya la verdad. Toma un tono entre temeroso y suave.)* Bueno, bueno, sí, ahora va usted a seguir explicándome, pero antes tengo que pedirla permiso para hacer una llamada telefónica. He de hablar con el secretario de la Academia de la Historia de unos asuntos reservados. ¿Me dispensa usted que la ruegue que pase por unos momentos a esa habitación? *(Levantándose y abriendo la puerta de la izquierda.)* Por aquí.

JULIA.—*(Se levanta vacilando.)* ¿Pero me dejará que me explique, luego, verdad, mi señor Don Desiderio?

DON DESIDERIO.—Sí, hija, sí, luego, todo lo que usted quiera, no faltaba más. Ahí tiene usted periódicos para entretenerse. Es cosa de un momento. *(Cerrando la puerta.)* Con su permiso. *(Ya solo, coge el teléfono y mientras marca un número.)* ¡Pero, señor, señor, cómo perdemos los sentidos, hasta las personas más cabales! ¡Pensar que yo no me he apercibido antes de que esta infeliz muchacha... Y lástima, lástima, con lo bonita que es... *(Contestan al teléfono.)* Sí, aquí el Profesor Merlín, de la Central. Sí, sí. No puedo hablar más alto. Tengo en casa, ya les explicaré luego, una persona perturbada... *(Escucha.)* Sí, sí, no hay duda, completamente. No lo sé, ya les digo que se lo explicaré. ¿Qué, qué me aconsejan? Sí, desde luego, con toda suavidad, como si tal cosa. Muy bien. ¿Dicen que media hora? Bien, bien. Muchas gracias. ¿Las señas? Eso es en la guía... Gracias. No, no hay cuidado. Yo la entretendré, ya sé yo cómo tratarla. *(Cuelga el aparato. Se dirige a la puerta del cuarto donde está Julia. La abre.)* Muchas gracias, puede usted pasar, ya he terminado. Usted me dispensará. Siéntese.

JULIA.—*(Vuelve a sentarse donde antes.)* ¿Me deja usted que le explique ahora?

DON DESIDERIO.—Sí, hija mía, sí, como usted quiera. ¿No querría tomar alguna cosilla, unas galletas y una copita de mixtela?

JULIA.—Muchos gracias, pero no señor. Lo que quiero es que usted me atienda. Además tengo prisa. No puedo faltar mucho tiempo de mi mundo. Tengo licencia para unas horas nada más.

DON DESIDERIO.—¿Licencia? Ah, sí... Bueno, hable usted, pero con calma, eh, con calma, no se excite.

JULIA.—Pues como le decía, yo soy Julia Riscal. No le voy a contar mi historia. Usted la conoce muy bien, según dicen. Usted sabe que morí fusilada el 24 de enero del 43, por las tropas del invasor. ¿Lo duda usted?

DON DESIDERIO.—No, joven, no. Sé muy bien que Julia Riscal dió la vida por su patria, así como usted dice y cuando usted lo dice.

JULIA.—¿Y sabe usted también cuántas heridas causaron mi muerte y en qué partes del cuerpo me tocaron las balas?

DON DESIDERIO.—Señorita, precisamente esos detalles, ignorados hasta hoy, tuve la fortuna de sacarlos a la luz al encontrar las actas de ejecución y de sepelio, totalmente desconocidas hasta mi hallazgo.

JULIA.—¿Y lo sabe alguien más?

DON DESIDERIO.—No, puede usted asegurarlo. Mientras

228

no se publique mi obra, esos datos son estrictamente inéditos. Sí, inéditos.

JULIA.—Y si yo le dijera a usted dónde me dieron los tres balazos, ¿creería entonces que soy Julia Riscal? ¿Se calla usted? Pues uno fué cerca de la sien, al lado izquierdo de la cabeza. Sabe usted que yo estaba arrodillada rezando, no quería mirar a mis verdugos. Otro detrás del oído izquierdo. Y el tercero un poco más arriba de la clavícula. Sí, tres heridas nada más. Por allí se me fué la vida. Y eran diez los soldados. ¿Qué raro, verdad? Me tendrían lástima, no me apuntarían todos... Pero bueno, ¿qué me dice ahora, Don Desiderio?, ¿es verdad lo que digo, o no?

DON DESIDERIO.—(Ha ido cambiando de expresión, conforme hablaba Julia. La mira con mezcla de asombro y miedo, muy fijamente.) Sí..., sí..., verdad, verdad. Sus palabras coinciden en todo con el acta. (Levantándose.) ¿Pero cómo puede saber esas cosas? Si el acta es inédita, inédita. Si tengo yo el original, ahí, en ese fichero. Si no hay ninguna copia. (Excitado.) ¿Dónde ha visto usted ese documento? ¿Quién se lo ha enseñado? Ah, quizá Ronzales, el secretario aquel... que despedí... el mes pasado.

JULIA.—(Se levanta, da la vuelta al bufete y se acerca a Don Desiderio. Este se echa para atrás como atemorizado. Luego se repone.) No, no he visto ningún acta. Nadie me enseñó nada. ¿Para qué? Mire usted a esto. (Se levanta los bucles del lado izquierdo de la cabeza, y señala a un punto.) ¿Lo ve usted? Sabe lo que es, ¿verdad? Una cicatriz. El primer balazo. (Mueve un poco la cabeza y se apunta a detrás de la oreja, levantándose un poco el pabellón.) Y aquí, cerca del hombro, el otro. Este es el segundo. (Le enseña, bajándose un poco el cuello, otra cicatriz en la clavícula.)

DON DESIDERIO.—(Retrocede, se lleva la mano a los ojos, confuso.) ¿Pero, pero... señorita, pero cómo es posible, cómo voy yo a creer que usted...? ¡A ver, a ver! (Se dirige hacia ella, arrebatado, la toma la cabeza en las manos, se pone las gafas, y la mira ansiosamente las cicatrices una por una. Ella se deja, sumisa y sonriente. Cuando acaba Don Desiderio se quita las gafas, se vuelve a su sillón y se deja caer en él, con la cabeza baja, abrumado.)

JULIA.—(Con sonrisa triunfante.) Si quiere usted tomaremos una copita de ese vino que usted decía. Le sentará bien.

Don Desiderio.—Sí, sí. Voy a llamar. *(Toca el timbre. Al criado.)* Antonio, tráete una botella de mixtela y dos vasos, y unas galletas. *(Antonio hace una inclinación de cabeza y sale después de mirar curiosamente a Julia.)* Sí, estoy cansado, un poco mareado. ¿No la incomoda que abra el balcón? *(Sin esperar se dirige al balcón y lo abre de par en par. Al ver enfrente la estatua de Julia Riscal, se vuelve hacia la muchacha, y luego otra vez hacia la estatua, se frota los ojos, y se sienta de nuevo.)* Pues señor, yo no entiendo, yo no entiendo. En mi vida me ha pasado nada semejante. *(Entra el Criado, deja la bandeja en la mesa, sirve dos vasos de vino colocándolos al alcance de Julia y Don Desiderio y se retira, mirando con el rabillo del ojo a la visitante. Beben los dos.)*

Julia.—*(Más segura.)* Pues voy a contarle a usted lo que usted no sabe, el objeto de mi visita. No puedo contarle todo. Me está prohibido. Ustedes los vivos no deben saber ciertas cosas, más que por experiencia. Pero le debo decir que después de mi fusilamiento me llevaron a dormir, en suavísimo sueño, en las nubes. Cuánto dormí, no lo sé. Al despertar me encontré serena, limpia de alma y dichosa, mucho más feliz que aquí. No puedo extenderme más en esto. Pero lo que importa es que me enteré que usted ha escrito una biografía mía. Que el Dueño, el Dueño del mundo donde estamos, que sabe todo, todo, pero todo lo que pasa en el mundo, me llamó un día, me leyó el artículo que usted ha publicado en no sé qué revista, dando un avance del libro.

Don Desiderio.—Boletín de Historia Nacional, año corriente, mayo, núm. 88.

Julia.—Sí, eso será. Y me dijo el Dueño: "¿Pero eres tú ésta? Tú tan suave, tan pacífica... Aquí debe haber una equivocación. Cuando yo te traje aquí tu historia no se parece nada a lo que cuenta este caballero." Imagínese usted lo pasmada que yo me quedaría al leer todo lo que usted escribe de mí.

Don Desiderio.—*(Se sirve otra copa.)* ¿Un poquito más de vino? ¿No? Yo voy a beber otro sorbo... *(Se bebe de un trago el vaso y se echa más.)*

JULIA.—Total, para no molestarle con más detalles, que el Dueño me dió licencia para que viniese abajo esta tarde, y me viera con usted y se deshiciera la confusión contándole yo la verdad de mi vida.

DON DESIDERIO.—*(Exaltado.)* Sí, pero ¿qué verdad? La verdad histórica, la verdad científica, ésa, ésa es la única. Y ésa, señorita, la tengo yo aquí, aquí *(Dando golpes en el montón de cuartillas.),* y me ha costado cerca de veinte años averiguarla, y ahora viene usted con que la verdad... Por ejemplo, ¿cómo voy yo a creer que usted es Julia Riscal, si aquí *(Levantándose, va a un fichero y empieza a sacar papeles.)* tengo yo los tres únicos retratos auténticos de Julia Riscal, y en ninguno de ellos se parece a usted, ni por pienso. *(Con los retratos en la mano.)* Ella, pelo negrísimo, de azabache; usted, como las candelas. Ella, alta, de buenas carnes, fornida; usted, delgadita, como una muñeca. Ella, ojos negros, y una mirada ardiente, que echa fuego, que enciende. Y usted, un mirar de ángel. ¿Pero usted no sabe que esos ojos negros de Julia Riscal forman ya parte, por decirlo así, del patrimonio nacional? Que muchos poetas han dedicado a esa mirada versos y más versos, viendo en ella la chispa que alumbró el incendio de la guerra de independencia? *(Recitando.)*

> Libertad, fuerza bravía
> encerrada en tus entrañas,
> a los ojos te salía
> y en sacro fuego encendía
> contra las huestes extrañas.

¡Imposible, imposible! La historia es la historia. Y eso es ya historia. Ahí tiene usted. *(Dándole los retratos.)* En ese daguerrotipo iluminado se la ve mejor que en ninguno. Puedo decir que ha servido de base a la iconografía popular y...

JULIA.—*(Primero pone cara de asombro. Luego se sonríe.)* ¡Qué bien está! No le falta más que hablar. *(Sigue mirando al retrato.)*

DON DESIDERIO.—*(Agitando los brazos.)* Pero ¿quién, quién está bien? ¿Qué significa todo eso? Va usted a volverme... *(Se contiene.)*

JULIA.—*(Muy serena.)* Este retrato se lo sacó a Jesusa un señor que vino de la capital. Me acuerdo muy bien. Y luego se lo llevó para darlo color y lo mandó por la posta, a los dos meses y...

DON DESIDERIO.—*(Muy excitado.)* Pero eso es verdad. Ese retrato es de uno de los primeros artistas del género, radicado en la capital, tal como usted dice. Bueno, bueno. *(Parándose.)* Jesusa, dice usted Jesusa...

JULIA.—Claro, Jesusa Montana, mi prima, con la que yo vivía, vamos, con ella y con tía Fernanda, su madre, hermana de la mía. Usted debe de tener todas esas historias de mi familia en sus papeles...

DON DESIDERIO.—*(Va al fichero, busca y lee.)* Jesusa Montana, prima por parte de madre de Julia Riscal. Hija de Diego Montana, médico.

JULIA.—Eso, médico del Ejército, murió el 22, cuatro años antes que yo. ¡Más bueno era!

DON DESIDERIO.—Sí, sí, es cierto. Datos inéditos, inéditos, también. Yo encontré la partida de defunción... *(Pasándose la mano por la frente.)* ¿Cómo es posible que usted sepa...?

JULIA.—¿Cómo no lo voy a saber si era mi tío? ¡Si me quería como un padre!

DON DESIDERIO.—*(Dejando los papeles en la mesa, se desploma en el sillón.)* Por Dios y por los Santos, señorita, siga usted, siga usted, hable, hable.

JULIA.—Vamos, veo que ya se pone usted en razón y me atiende...

DON DESIDERIO.—¿En razón? ¿Dice usted en razón? *(Muy exaltado. Bajando el tono.)* Sí, sí, en razón. Diga, diga.

JULIA.—¿Me querría dar otro sorbito de vino? Es tan bueno.

DON DESIDERIO.—Sí, todo lo que usted quiera. ¿Quiere agua, más galletas? *(La sirve muy solícito.)*

JULIA.—No, muchísimas gracias. Usted me dispensará la libertad. Como hace tantísimo que ni lo pruebo. Pues verá usted... *(Suena el teléfono.)*

DON DESIDERIO.—¡Demonio de aparato! Usted perdone, es que no le deja a uno vivir. Sí, sí, aquí, al habla. Ah, bien. ¿Que está ya la entrevista compuesta? Sí, ya le dije antes que quería verla. Bueno, muy bien, puede usted traerla o mandarla cuando quiera para repasarla. Vamos, un poco más tarde. Sí, sí, adiós, adiós. Hasta luego. *(Cuelga.)*

Teléfonos, periodistas, interviews, señor, la historia, mi historia, las fuentes, todo, todo da vueltas. Dispense, dispense, la escucho.

JULIA.—¿Por dónde quiere usted que empiece?

DON DESIDERIO.—Lo mismo da. Empiece usted..., digamos, por el principio. ¿Pero cuál es el principio? ¿De quién, de quién? ¿Usted quién es?

JULIA.—Cálmese, Don Desiderio. Yo lo contaré a mi modo, sabe usted, es lo mejor. Pues el caso es que cuando murieron mis padres (santa gloria hayan), yo me fuí a vivir con tía Fernanda y Jesusa a su finca de La Morcuera. Ocho años vivimos así. Como hermanas, claro, siempre juntas. Hasta que unos meses antes de mi suceso, Jesusa empezó a cambiar. La edad. Se enamoró de un militar, recién salido de la Escuela de Guardias, al que usted debe de tener también apuntado en sus cartapacios... José Fortún. ¿Sabe usted quién digo?

DON DESIDERIO.—Esto ya pasa de la raya. ¿Que si sé yo quién es José Fortún? ¿Nuestro libertador? ¿El gran héroe de nuestra independencia? ¿El que murió por ella, después de levantar al país entero en armas y derrotar al opresor? Pero si eso lo saben los mozalbetes de primer año, los párvulos, todos!

JULIA.—¡Ave María Purísima! ¿Conque hizo todo eso? ¡Quién lo iba a decir! Aunque siempre le tuve por un arrebatado, un poco trueno...

DON DESIDERIO.—¡Un trueno, un arrebatado! Usted, que me asegura que es Julia Riscal, entonces, ¿por qué lo quiso usted con esa pasión, por qué dió usted su vida por él?

JULIA.—¿Yo, yo? ¿Quererle, dar mi vida? ¿Pero de dónde se saca usted semejante cosa, Don Desiderio?

DON DESIDERIO.—*(En pie, a voces.)* ¿De dónde, de dónde? De las fuentes, de las fuentes. Yo no invento nada. Y ahora mismo la voy a poner a usted delante las cartas de Julia Riscal, de usted o de quien sea, a José Fortún, escritas de su puño y letra. *(Va a un cajón, las pone en la mesa.)* Y ésta la más preciosa, la inmortal, la joya de nuestra historia como país libre. *(La entrega un manojo de papeles, y de entre ellos escoge uno y se lo enseña.)* Desde luego que éste no es el original: se guarda, como reliquia que es, en el Museo Nacional. Pero es una copia fotostática, idéntica. Lea, lea, a ver si se reconoce usted.

JULIA.—*(Vagamente.)* "José de mi alma. Apenas hace unas horas que nos separamos y ya necesito acudir a la pluma para buscarte. Te quiero confirmar en mis últimas palabras: la patria y la libertad son lo primero. Vive por ellas, lucha por ellas, muere (y sabe Dios que se me parte el corazón al escribírtelo), si es menester, por ellas. Nos reunió el amor, pero no nos acabó. Más bien nos fué escala por donde subir a la vista de algo más grande y más hermoso, el bien de nuestra nación oprimida. En estos tres meses en que hemos conspirado juntos sin que nadie, ni los míos, se apercibieran, yo desde mi rincón como podía, conforme a tus órdenes, tú en tus arriesgados viajes, he entrevisto para ti un porvenir de gloria. Corre, vuela a él. Lucha. Yo quedo aquí a servir a los patriotas, a nuestos correligionarios, como hasta ahora, de mensajera y de enlace. Escríbeme como sabes. Yo correré las noticias, del modo de siempre. Descuida. Si por suerte del Señor algo me sucediera, no hablaré, no os venderé jamás. Moriré alegre soñando que tú asciendes a la gloria de libertador de tu patria. Tuya, en la libertad y el amor..." *(Termina, deja la carta en su regazo y se queda pensativa.)* Eso, sí, buena pluma, mucha parola, lo tuvo siempre...

DON DESIDERIO.—*(Triunfante.)* ¡Ah, lo tuvo, eh! Conque ya reconoce usted que no es Julia Riscal, que la carta esa no la escribió usted. Ahora no tiene usted escape: esa letra, esa letra, ya tengo la prueba. *(Ofreciéndola un papel y una pluma mojada.)* A ver, escríbame usted aquí la primera frase de la carta.

JULIA.—*(Resignada.)* ¡Si usted se empeña! Es una niñería, pero le daré gusto. "José de mi alma. Apenas hace unas horas que..."

DON DESIDERIO.—*(Que ha seguido todos los movimientos de la pluma con ansiedad, mientras se le aclaraba el rostro.)* ¡Vamos, vamos! Se acabó la patraña! Y yo que estaba ya perdiendo la cabeza, dando a barato mi dignidad profesional por unas fantasías. *(Teniendo en cada mano una hoja.)* El documento, la prueba escrita, fehaciente incontrovertible, ahora también. *(Inclinándose con ademán de galantería y victoria.)* Señorita, me veo en el triste caso de desenmascararla. Usted no es Julia Riscal, no lo he creído ni un minuto. ¡Cómo iba a creerlo! Pero ahora estos renglones lo prueban como la luz del día. De ser lo que usted dice, las letras serían idénticas. Y ¡ya ve usted! *(Comparando los dos papeles.)* Aquí trazos sutiles; en su letra, gruesos. La tercera pierna de la "m" es mucho más firme en usted. Y no digamos nada de la caja de las "d" ni de la vuelta de cabeza de las "f".

JULIA.—Mi señor Don Desiderio, no le está bien a una mozuela como yo desmentirle, pero vine aquí a traerle la verdad. Soy Julia Riscal. Esa carta es de Jesusa, de mi prima Jesusa Montana.

DON DESIDERIO.—*(Volviendo a calmarse. Para sí.)* Me pongo tan loco como ella. Hay que dominarse hasta que llegue el médico. No puede tardar. *(A Julia.)* Bien, hija, perdone mis prontos, siga, cuente.

JULIA.—Yo creí que usted lo sabía todo. Pues verá. Jesusa fué novia de José, en secreto, cosa de tres meses. La trastornó la cabeza del todo. Se veían de noche sin que lo supiera su madre. A mí me lo quiso ocultar, pero un día estalló y me lo contó. Que José era un oficial de ideas liberales, que estaba inflamado en deseos de alzarse contra los hibelitas, opresores del país, y cómo se puso a la cabeza de un grupo de conspiradores, y lo que ella hacía sirviéndoles de transmisora de recados y mensajes. ¡Bueno, aquello era como una novela, cosa de libros! Jesusa y yo nos queríamos mucho, sabe usted, pero cada una tenía sus ideas. A mí eso de la libertad, de la nación, muy santo y muy bonito, sí señor, pero nunca para perder la cabeza por ella.

DON DESIDERIO.—*(Entre dientes.)* ¡Dios mío, y esta criatura dice que es Julia Riscal, la mártir de la libertad...!

JULIA.—¿Qué dice usted?

DON DESIDERIO.—Nada, nada, perdone, siga su cuento.

JULIA.—Las cosas se pusieron cada día peor. Más cabildeos, más misterio, más buhoneros y pobres de pedir—ése era el disfraz convenido—que venían a la puerta a recibir los mensajes de Jesusa. Luego, un día, Jesusa estuvo como fuera de sí, excitadísima, cantando, riendo, echándose a llorar, sin ton ni son. Y acabó por confesarme que los patriotas se iban a lanzar al campo, y que José se había ido a hacer de jefe con ellos. Yo, muy joven era, pero tenía más cabeza que ella, vi lo que se nos venía encima. Y llamé a mi tía, y las tres encerradas tuvimos una explicación, que no le quiero a usted decir. Quería matarme, se me abalanzó cuando le conté todo a su madre, tan buena. ¡Qué rato, Santo Dios! Se me saltan las lágrimas... *(Se detiene, saca un pañuelo y se enjuga los ojos.)*

Don Desiderio.—*(Que ha ido mostrándose más y más interesado según contaba, ofreciéndola un vaso de vino.)* Siga, siga, beba un poco para reanimarse, continúe.

Julia.—No, muchísimas gracias, no lo necesito. No es nada, se me pasó. Pues, como iba diciendo, acabé por convencerlas, porque yo he tenido siempre mi poquito de energía, sabe usted, de que Jesusa estaba en peligro y que tenían que irse en seguida de casa, a la capital, a cualquier sitio. Yo me quedaría en La Morcuera, a cargo de todo, hasta que pasara el turbión. No sabe usted lo que tuve que bregar. Pero a la noche, en el coche viejo, las puse en camino con Lorenzo el mayoral. ¡Ya ve usted si hice bien, eh!

Don Desiderio.—*(Que ahora está pendiente de sus palabras.)* Ya lo creo, ya lo creo. ¿Y qué pasó después?

Julia.—Lo que yo me esperaba. Que a medianoche se presenta un pelotón de soldados hibelitas, allanan la casa, y el teniente que los mandaba casi estaba ya para entrarse en mi alcoba cuando yo salí a su encuentro. ¡Qué hombre! ¡Qué ordinario, qué zafio, qué bruto! "¿Es usted la damisela de la casa?", me preguntó a voces. "Sí, yo soy." "Su nombre, en seguida." "Julia Riscal." Y entonces sacando de la escarcela un papel, esa misma carta que usted me ha hecho leer, sin duda, se volvió a otro que venía a su lado y le dijo: "No hay duda. Julia. El nombre corresponde con la inicial que hay al final de la carta. ¡Es ella!" Porque usted sabe que la carta no llevaba de firma el nombre entero de Jesusa, la inicial nada más...

Don Desiderio.—*(Abrumado, con el brazo caído y en él la copia de la carta.)* ¡Es verdad, es verdad! Y pensar que nadie reparó nunca en eso, que todos, hasta yo mismo, yo, Desiderio Merlín... ¿Pero usted cómo?

Julia.—¿Cómo, qué? ¿Qué iba a hacer? ¿Qué quiere usted que hiciese? A mí no se me daba mucho de esas historias de la libertad y la patria, pero tengo mi alma en mi almario. No me podía olvidar de todo lo que tía Fernanda y Jesusa habían hecho por mí. Si yo desenredaba el enredo, se pondrían en busca de Jesusa, la alcanzarían, no podían estar muy distantes aún. Y Dios me inspiró una idea: engañarles.

DON DESIDERIO.—¡Engañarles! ¡Engañarles! ¿A quién? ¿Usted sabe, criatura de Dios, a quién ha engañado?

JULIA.—A ellos, a los que la buscaban, a los soldados…

DON DESIDERIO.—Sí, a ellos, y a un pueblo, y a un siglo, y a una nación, y al mundo, y a la historia, sí a la historia, y a mí, a mí, Desiderio Merlín.

JULIA.—¡Pero y yo qué sabía de todo eso! A mí no se me alcanzó más. Además se me figuraba que aquello no pasaría a mayores, que todo se aclararía. Pero cuando vi que me ataban las manos, que me llevaron a la cárcel, cuando empezó aquel desfile de jueces y más jueces, y preguntas y malos tratos, sí, señor, malos tratos, para hacerme confesar, ¿qué remedio me quedaba sino seguir engañándoles? Porque bien claro estaba que Jesusa se jugaba la cabeza. Salvarme yo era su muerte. ¡Pobrecilla! ¡Más vale que haya sido así!

DON DESIDERIO.—¡Más vale, más vale!

JULIA.—Sólo al confesor que me trajeron el día antes de matarme le dije la verdad. ¡Cómo lloraba el pobre viejecito! Era un cura de pueblo, ¿sabe usted?

DON DESIDERIO.—Sí, eso sí lo sé. Y su nombre. Don Bautista Carratalá.

JULIA.—Eso, eso, don Bautista. Lo demás… Para qué seguir…

DON DESIDERIO.—Eso digo yo, ¡para qué seguir!

JULIA.—¿Pero le parece a usted mal lo que hice? ¿No es lo que Dios manda? Si El no lo hubiera aprobado no estaría yo donde estoy, bajo su santo reino.

DON DESIDERIO.—¡Sí, su santo reino, el reino de los simples! *(Dando paseos por el cuarto. Se vuelve a Julia.)* ¿Y ahora qué quiere usted que hagamos?

JULIA.—¿Que hagamos? Yo nada. Yo volverme allí de donde vine, a mi santa gloria.

DON DESIDERIO.—*(Parándose, encolerizado.)* ¿Y yo, y nosotros, y Estivia nuestro país, y mi libro, y esas estatuas, y la historia y las fuentes?

JULIA.—*(Sin conmoverse.)* ¿Las fuentes? ¿Qué fuentes?

DON DESIDERIO.—Las fuentes… Pero ¡cómo va usted a entender eso! *(Para sí.)* Claro, ahora se explica todo. Los retratos, todo lo que los soldados recogieron en la casa, se lo colgaron a usted. ¡Como usted confesó! Señorita, su acto, moralmente será ejemplar, pero históricamente es una impostura, oye usted, una patraña ignominiosa. Usted no pensó en la historia, no se acordó de la historia.

JULIA.—Yo nunca supe de eso de la historia. Me enseñaron desde niña a ser buena, a portarme bien, a creer en Dios, a ser agradecida, a... ¿Es que hice mal?

DON DESIDERIO.—¡Ah, la moral, la moral! ¡Ah, la religión! No, hija mía, no. *Sancta simplicitas!* Así nos vemos como nos vemos.

JULIA.—Pero yo no entiendo por qué se pone usted así.

DON DESIDERIO.—¡Claro, qué va usted a entender! No tiene usted sentido histórico, nadie la inculcó el respeto a la ciencia, el amor a la verdad. Aquella educación lamentable de principios de siglo. ¡Labores de adorno, las cuatro reglas, el catecismo, su poquito de clavicordio y luego pasa lo que pasa!

JULIA.—¿Pero me quiere usted decir lo que pasa? Yo, la verdad, no veo...

DON DESIDERIO.—*(Acercándose a ella, hablando muy fuerte y lanzándola las palabras.)* Pues lo que pasa es que si yo me hago cargo, como historiador, comprende usted, de lo que acaba de contarme, hay que deshacer la historia de Estivia desde hace cien años. Hay que quemar los libros de las escuelas, hay que suprimir una estrofa del himno nacional, hay que fundir veintidós estatuas, hay que matar una leyenda que es la base moral de nuestra patria, hay que condenar una ilusión. Y hay que decir que la verdad histórica no es la verdad, que la historia se ha equivocado de medio a medio, que... Señor, señor, yo me vuelvo loco. El barullo que ha armado usted con su heroísmo moral. ¡Qué cabeza! Si usted hubiese procedido fríamente, razonablemente, la historia estaría salvada. Mientras que ahora...

JULIA.—*(Decaída.)* Pero Don Desiderio, ¿por qué no decir la verdad?

DON DESIDERIO.—Quizá no se le ha ocurrido a usted pensar en otro aspecto de este embrollo. Y es que si hago lo que usted me pide, si revelo la verdad, usted perderá su gloria de heroína nacional, de la mujer más famosa de Estivia. Usted también está tirando su posición social por la ventana. ¿No la halaga a usted eso de ser figura histórica, de gozar fama eterna, de ser un ídolo para todos los amantes de la libertad y la patria?

JULIA.—Yo no entiendo nada de esa palabrería. ¡Gloria! En ella estoy ya, mi señor Don Desiderio, si no es por este momentito que mi Dueño me ha soltado para venir a verme con usted.

DON DESIDERIO.—Cierto, cierto, no se me oculta que disfruta usted una de las posibles formas de gloria, pero ¿y la gloria histórica? ¡Ah, la gloria histórica! Nuestro nombre en bronces, nuestra efigie en mármoles, nuestra figura abultada en dramas, en novelas, nuestros hechos corrientes en romances, de boca en boca, de generación en generación. ¿Usted está decidida a perder todo eso?

JULIA.—Sí, nunca lo tuve, nunca fué mío. Por eso he venido, a que usted restablezca la verdad. Y allí donde estoy, esas nonadas, ¿qué importan? Cuando usted recita esa retahila de palabras bonitas, fama, celebridad, bronces, falta otra palabra, más bonita que todas, y ésa yo la sé, yo me la digo, yo me la canto, mi señor Don Desiderio. Yo no quiero nada. Yo me voy allí. Y usted... Sigo en mi idea... Usted debe decir la verdad. ¿No es eso de la ciencia cosa de verdades?

DON DESIDERIO.—¡Otra simpleza! Sí, de verdades, la verdad es el cimiento, pero vaya usted a saber lo que el tiempo y la gente arman sobre esos cimientos. Y lo que se tenía por la verdad, y resulta que ya no es la verdad. ¿Va usted a echar todo el tinglado por los suelos, a desbaratarlo todo? Lo dicho, me vuelvo loco, yo, loco, loco. Y ponga usted además toda mi carrera en ruinas, mi prestigio en el arroyo.

JULIA.—*(En tono obstinado.)* Diga usted la verdad.

DON DESIDERIO.—¿Pero se figura usted que me van a creer? ¿Cómo voy yo a levantar solo el peso de tantos años de historia, del culto de una figura, de costumbre de un nombre... ¿Cómo? Y además me combatirían con mis propias armas. Las fuentes, las fuentes, ¿dónde están las fuentes? Me aullarían Zutano, mi rival en Turingia; Mengano, mi implacable enemigo en la Academia. A ver los documentos, los testimonios escritos, que invaliden los que nos ha legado la historia. ¿Y qué les voy yo a oponer? Usted, mi único testimonio, se va usted a desvanecer, supongo, de aquí a poco. Y cuando vaya yo con el cuento que usted acaba de traerme, cuando yo lance el grito de reconquista de la verdad... ¡Ja, ja, ja..., completamente loco! Un historiador que dice que ha tenido de visita a una persona que murió hace cien años. Esa es la situación, amiguita. Usted, contra sus fuentes. Absurdo, absurdo. Nunca visto en la historia. Un personaje histórico en lucha con sus propias fuentes documentales. Tiene gracia. ¡Pero qué gracia ni qué...! Yo me vuelvo loco, eso es lo que pasa.

JULIA.—Cálmese, por Dios. Yo siento tanto...

DON DESIDERIO.—Sí, sí. ¿Sabe usted lo que ha hecho conmigo? *(Dándose golpes de pecho.)* A mí, al siervo de la verdad, al devoto de la ciencia, le ha vuelto usted para siempre en un cómplice de la mentira, un encubridor del error histórico, de la leyenda...

JULIA.—Pues, entonces, deshaga el error.

DON DESIDERIO. — Ah juventud, juventud, todo lo atropellas. ¡Deshaga usted el error! Y si ese error ha dado vida a tantas creencias, a tantas ilusiones, a tantos actos de emulación y de nobleza, si ese error ha sido fuente de tantos actos hermosos...

JULIA.—Yo, en mi simpleza, señor Don Desiderio, me tenía creída que del error no podía salir nada bueno...

DON DESIDERIO.—Claro que no, claro que no. La historia, la investigación científica son la más noble lucha contra los errores de los hombres y los siglos.

JULIA. — Entonces, ¿cómo dice eso de que el error da vida, y es fuente de tantas cosas buenas?...

DON DESIDERIO.—Yo no he dicho eso. Vamos, sí, lo he dicho, pero usted con su simplismo interpreta mal mis palabras. *(Rendido.)* No sé, no sé; o bien o mal *(Se deja caer en su butaca.)*, o error o vida, todo me da vueltas en la cabeza. Me está usted haciendo perder la cabeza, niña, o Julia, o Jesusa, o demonio coronado.

JULIA. — ¡Ave María Purísima! Siento muchísimo haberle traído este trastorno, caballero. Yo me figuraba que celebraría usted enterarse de la verdad...

DON DESIDERIO.—Verdad, verdad... Usted, la verdad; yo, la mentira. Ellos, el mundo, con sus verdades de mentiras. O, si usted quiere, sus mentiras de verdades, porque todo es uno. ¡Ja, ja, ja!

JULIA.—*(Compadecida.)* Ay, cuánto siento dejarlo así. Porque tengo que irme, me quedan muy pocos momentos. Me lo dice una fuerza que me empuja, que no me deja estarme quieta. Ligera me siento. Me salgo de la historia, de usted. *(Se levanta.)* Ah, qué alegría, vuelvo, vuelvo.

(Mirando a Don Desiderio.) Pero qué mala soy..., usted, pobre señor, ahí tan apenado. ¡Si pudiera hacer algo, si pudiera usted venirse conmigo!

DON DESIDERIO.—*(Alzando la cabeza.)* ¿Irme con usted? ¡Qué idea! Pero ¿cómo?

JULIA.—No sé, si he dicho una tontería, usted me dispensa, pero le aseguro que ya no puedo estarme más, oigo la cuenta, oigo la voz que me cuenta los minutos, la voz que me manda y me llama. Don Desiderio, quede usted con Dios, yo con Él me vuelvo. *(Sale Julia, con cara gozosa, mirando al aire, de puntillas, como en volandas.)*

DON DESIDERIO.—¡Y ahora, aquí solo con esos ficheros que me acusan, con esas cuartillas que me cantan: "Somos mentira, somos mentira." Con mi fe rota, por los suelos. *(Alza la vista y ve por el balcón la estatua.)* Y ahí, esa estatua, falsedad de bronce, toda engaño, las facciones, el porte, el nombre... Y la veré desde aquí, al salir de casa, al volver, al levantarme, a todas horas, y será mi fiscal implacable. *(Se deja caer en un sillón con la cabeza entre las manos.)* Y todas esas cosas, tan materiales, tan sólidas, hechas polvo por una aparición... *(Se levanta y se queda mirando al sillón donde estuvo Julia.)* Porque era eso, eso..., una apariencia, una sombra, no existía, no la vi de veras...

VOZ DE JULIA.—*(Por la puerta por donde salió, fuerte, y en tono persuasivo.)* Don Desiderio, véngase, véngase véngase conmigo, escápese de esas historias...

DON DESIDERIO.—*(Alzando la cabeza, mirando hacia la puerta.)* Pues ha sido verdad... *(Pausa.)* ¡Irme con ella, escaparme de la historia, de mi historia..., de su historia...! *(Anda como sonámbulo, hacia la puerta.)* Espera, espera, Julia Riscal, me voy contigo, te sigo... ¡Se acabó la historia! *(Sale de prisa, por la puerta misma por donde desapareció Julia. La escena queda un momento sola. Entra el Médico, acompañado por el Criado.)*

ESCENA III

CRIADO.—Le digo a usted que el profesor no está, que ha salido ahora mismo corriendo, como un loco. No sé cómo no se ha topado usted con él.

MÉDICO.—Pero si me llamó por teléfono. Decía que tenía

a una persona enferma, perturbada, aquí en su despacho. Vengo a llevármela.

CRIADO.—Pues ya ve usted, aquí no hay nadie más que yo. Y no tengo pelo de loco. *(El médico mira alrededor, sin saber qué hacer, molesto.)* ¡Estos sabios! Todos un poco anormales, todos... *(Llaman a la puerta del despacho. Abre el Criado y entra el Periodista.)*

PERIODISTA. — *(Al Criado.)* ¿Conque dice usted que ha salido? Pues me dió cita hace un rato. Y es importante, porque le traigo ya las pruebas de la entrevista que le hice... No entiendo... *(En esto se oyen gritos en la calle. Los tres van al balcón, le abren, miran.)*

CRIADO.—¡Lo ha matado!

PERIODISTA.—¡Un atropello! Otro suceso. Caramba, voy a ver. *(Se precipita a la calle.)*

MÉDICO.—Ya lo recogen. Parece un señor de edad. ¡Estos automóviles! ¡Esas velocidades!

CRIADO.—¡Válgame! ¡Si parece el señorito, si es el señorito!

MÉDICO.—¿El señorito? ¿El profesor Merlín?

CRIADO.—Sí, él. Venga, doctor, quizá lleguemos a tiempo de salvarle la vida, venga. ¡Pobrecito señor!

MÉDICO.—*(Para sí.)* ¡Qué raro es todo esto! A ver si el loco era él. Bueno, vamos. *(Salen. Apenas han salido, entra corriendo el periodista.)*

PERIODISTA.—¿No hay nadie? ¡Eh, de la casa! *(Se asoma a la otra puerta.)* No hay nadie. *(Mirando al teléfono.)* No importa. ¿Qué inconveniente pueden tener en que use su teléfono? *(Llama.)* Hallo. ¿La redacción de *El Eco Nacional?* Aquí, Ansúrez. Que se ponga un taquígrafo en seguida. Urgente e importante. Sí, dicto. "Un automóvil de matrícula desconocida ha atropellado con funestas consecuencias al ilustre profesor Desiderio Merlín, orgullo de nuestra escuela histórica. El sabio acababa de terminar una biografía monumental de Julia Riscal, figura que conocía a la perfección y a cuyo estudio puede decirse que consagró su vida." ¿No oye? "Por una extraña coincidencia de la suerte, el atropello ha ocurrido cuando el sabio cruzaba la calle, enfrente de su casa, y al pie mismo de la estatua de Julia Riscal. El automóvil causante del atropello iba a una velocidad tan desmedida que los pocos testigos del accidente no pueden recordar ni siquiera el color del coche,

242

ni su forma." Ya está. Empiecen a componer en seguida. ¡Que alcance la edición de la noche, eh! Y la interview en la misma página. *(Cuelga. Mirando alrededor y fiján-dose en el original que está en la mesa.)* Menos mal que muere con su obra hecha. Así habrá muerto contento... *(Se dispone a salir y antes echa una mirada al balcón: está abierto de par en par. Ha caído la tarde, y en el aire oscuro la estatua de Julia Riscal, alumbrada por unas luces de la calle, se destaca con terrible silueta, dominando el cuarto.)* Yo no sé cómo se podía vivir con esa estatua tan cerca. Se le viene a uno encima. ¡La verdad es que debía de ser una real moza! Pero me da un poco de miedo, un poco de miedo... *(Coge el sombrero y se va hacia la puerta. Telón.)*

FIN DE
"ELLA Y SUS FUENTES"

CAÍN
O UNA GLORIA CIENTÍFICA

COMEDIA EN UN ACTO

CAÍN O UNA GLORIA CIENTÍFICA

PERSONAJES

CRIADA.
EL SECRETARIO.
PAULA, esposa de Abel.
CLEMENTE, hermano de Abel.

ABEL.
PROFESOR FONTECHA.
GENERAL ASCARIO.
LA MUJER DE LA SALVATION ARMY.
DOS SOLDADOS.

Epoca actual, en un país imaginario.

La acción ocurre en el salón de la casa de ABEL, situada en el campo. Habitación espaciosa. Al fondo, puerta de entrada, pequeña, que se supone da a un porche. Ventanas a ambos lados, por las que se ven árboles. A la derecha, y al fondo, la habitación hace un entrante y se ve el arranque de la escalera que lleva al piso superior. Más cerca del espectador, a la derecha, chimenea. En la repisa, unos objetos y barquitos de cristal. Dos sillones al lado de la chimenea. En el lado izquierdo, dos puertas, una franqueable, que da al cuarto de CLEMENTE. En otro lugar de la escena, un tresillo. Lámparas de pie, mesitas, etc. Impresión de sencillo y elegante confort. La acción empieza a eso de las cinco de la tarde, al principio de la primavera.

ESCENA PRIMERA

Al alzarse el telón, la CRIADA cierra la puerta y acompaña al SECRETARIO, joven, de aspecto corriente, con gafas y cartera de papeles, al centro de la escena. Los dos, de pie.

SECRETARIO. — *(A Criada.)* Aquí está mi tarjeta. *(Se la da.)*

CRIADA.—Muchas gracias. Tenga la bondad de sentarse. *(Sale. Secretario se sienta en una butaca, mira alrededor, se ve en un espejo y se atusa el bigote.)*

PAULA.—*(Como de veinticinco años, alta, elegante, vestida con sobriedad y de aspecto serio, pero afable. Ofrece la mano a Secretario, que la estrecha inclinándose con ceremonia.)* Mucho gusto, señor mío.

SECRETARIO. — Mil gracias, señora, por haber tenido la atención de recibirme. Hubiera deseado pedirla permiso por teléfono, pero... *(Sonríe.)*

PAULA.—*(Riendo.)* ¡Claro! ¡Ya sabe la teoría de mi marido! Una casa de campo, con teléfono, ya no está en el campo, se traslada automáticamente a la ciudad. ¡Es una manía suya! Pero siéntese usted. *(Secretario lo hace y ella se coloca en una butaca próxima.)*

SECRETARIO.—¡Es verdad! Vengo, señora, de parte del Profesor Fontecha, mi jefe, el Director del Instituto Nacional de Física, donde trabaja su señor esposo, el Profesor Leyva...

PAULA.—Usted dirá.

SECRETARIO.—Desearía saber el doctor Fontecha si usted tiene noticias de su esposo, de cuándo piensa regresar de su viaje...

PAULA.—*(Sorprendida, pero conteniendo su sorpresa rápidamente.)* ¿Su viaje? ¡Ah, sí! Su viaje...

SECRETARIO.—El Profesor Leyva parece que expresó a nuestro jefe hace ya doce días su deseo de tomarse una breve vacación. Se sentía cansado...

PAULA.—Sí, un poco cansado.

SECRETARIO.—Creo que indicó su propósito de hacer un viaje corto. Y como en estos momentos tiene muy adelantados unos trabajos que interesan sumamente al Instituto, el señor Director espera su vuelta con impaciencia. Parece que su esposo dijo que estaría fuera diez días, pero con éste van doce, pasados. Acaso usted pueda decirnos si le espera pronto...

PAULA.—*(Azorada.)* ¿Si le espero pronto? Ah, sí, sí...

SECRETARIO.—¿Cree usted que podemos contar con él para...?

PAULA.—Estoy casi segura de que mi esposo estará aquí esta misma tarde...

SECRETARIO.—*(Levantándose.)* Es una buena noticia. El doctor Fontecha se alegrará mucho. Sabe usted, esa investigación que su esposo tiene entre manos, sólo él puede llevarla a cabo. Permítame que la diga, y no es lisonja, que su esposo es el primer físico de la nación, una verdadera gloria científica...

PAULA.—Muchas gracias, en su nombre...

SECRETARIO. — Perdóneme, señora, mi intrusión. Pero usted comprenderá el motivo... El Profesor Fontecha quiere ponerse al habla con su esposo en seguida...

PAULA.—Bien venido, señor mío, a esta casa. Dígale al

señor Fontecha que mi marido se retrasó un poco, pero que de seguro volverá hoy...

SECRETARIO.—*(Saliendo.)* ¡A los pies de usted, señora! *(Paula le acompaña hasta la puerta.)*

PAULA. — Buenas tardes. ¿Tiene usted ahí su coche, ¿verdad?

SECRETARIO.—Sí, señora. Muchas gracias. *(Sale. Se oye un ruido de motor.)*

ESCENA II

Paula, sola. Se queda un momento mirando por la ventana. Da dos o tres paseos por el cuarto, retorciendo un pañuelo entre las manos, con expresión angustiada.

PAULA.—¡Doce días! ¡Quién me lo iba a decir...! Dios mío, Dios mío. *(Se echa en una butaca y empieza a sollozar con la cabeza entre las manos. Entra por la puerta de la izquierda Clemente, delgado, con gafas, aire de intelectual. Ve a Paula y se queda parado un momento. Luego se adelanta sin ruido hasta que está junto a la butaca.)*

CLEMENTE.—¡Paula! ¡Paula! ¿Qué te pasa?

PAULA.—*(Alza la cabeza, sorprendida.)* Perdona, Clemente. No te he sentido entrar... Nada, nada.

CLEMENTE.—¿Nada? Tú no eres de las que lloran por nada.

PAULA.—*(Sonriendo triste.)* Ahora sí, ya he aprendido.

CLEMENTE. — *(Con aire de bondad.)* Como tú quieras, Paula. Tú sabrás mejor si es cosa para callada.

PAULA.—*(Cambiando de cara y secándose las lágrimas.)* No, Clemente, para dicha, a ti, a ti, sí. A ti solo, Clemente. ¿Tú no has notado nada raro en tu hermano Abel hace unos días? Distracción, ensimismamiento, preocupación, yo qué sé...

CLEMENTE.—Sí, puede. No es extraño. Esa amenaza de la guerra, cada vez más encima. Y Abel, como tú, como yo, odia a este régimen y a la guerra adonde nos lleva, una guerra infame. No es extraño...

PAULA.—No, no es eso, Clemente. Es otra cosa. *(Pausa.)* Abel me está engañando. Me engaña...

CLEMENTE.—*(Poniéndola una mano en la suya.)* No digas esas cosas. Abel te quiere como te quiso siempre, más, ahora que sabe que de ti le va a venir un hijo. ¿Cómo puede ocurrírsete que te engañe?

PAULA.—Sí, Clemente, yo creo que me quiere, y más por eso..., por lo que tú dices... Pero ¿y los hechos?

CLEMENTE.—¿Qué hechos?

PAULA.—Acaba de salir de aquí el secretario de Fontecha. ¿Sabes a qué ha venido?

CLEMENTE.—No. ¿Algún disgusto de Abel, con su maestro?

PAULA.—A preguntarme si sé cuándo regresa Abel de su viaje.

CLEMENTE. — (Asombrado.) ¡Su viaje! ¡Pero si Abel está aquí, si no se ha movido de aquí...!

PAULA.—¡Pues ésos son los hechos!

CLEMENTE.—No entiendo, Paula.

PAULA. — Yo tampoco. Es decir, no quiero entender... Según ese señor, Abel , hace doce días, dijo en el Instituto que necesitaba descansar y que se iba a hacer un viaje corto...

CLEMENTE.—¡Incomprensible!

PAULA.—Sí. Y desde ese día no ha aparecido por allí.

CLEMENTE.—¡Que no va al Instituto! Pues dónde... (Se para.)

PAULA.—¡Ves, ves! Tú te estás haciendo la misma pregunta que yo. Si Abel sale todas las mañanas de casa a la hora de costumbre, y vuelve a la de siempre, y nos dice que ha estado trabajando, y ahora resulta que no le han visto allí, ¿dónde va? ¿Dónde pasa esas horas, desde las nueve a las cuatro?

CLEMENTE.—Sí, es muy raro. Tienes razón. ¿Pero por qué deduces de eso que Abel te engaña, vamos, en el sentido que tú lo dices...?

PAULA.—Clemente, es muy sencillo. ¿Tú qué eres?

CLEMENTE.—Yo..., su hermano.

PAULA.—¿Y yo?

CLEMENTE.—¿Tú? Su mujer.

PAULA.—Entonces...

CLEMENTE.—¡No puede ser! No. Es extraño, no te lo niego. Pero conozco a Abel. Ten calma, Paula. Cuando venga yo le sondearé... (La acaricia la mano.) Vete a descansar un poco. Estás nerviosa y tienes que cuidarte. (La levanta con atención del sofá.)

PAULA.—Gracias, Clemente, por tu atención... Sí, voy arriba... *(Sube por la escalerilla. Clemente la mira hasta que desaparece.)*

CLEMENTE. — Pues, señor, ¿a qué viene eso del viaje? Abel tiene la cabeza firme; la sospecha de Paula es increíble! ¡Decididamente no lo entiendo! *(Entra en su cuarto.)*

ESCENA III

Se abre la puerta de entrada desde fuera. Entra ABEL. Alto, delgado, de porte elegante y seguro, bien vestido sin afectación. Lleva una cartera en la mano. Cierra la puerta, deja la cartera y su abrigo y sombrero en un arcón, que habrá junto a la puerta. Va hacia la chimenea con aire pensativo. Se sienta en una butaca, y llama al timbre. Aparece la criada.

CRIADA.—¿Llamó el señor?

ABEL.—Sí. Tráigame usted algo de beber. Lo de siempre. ¿Está arriba la señora?

CRIADA.—Sí, señor.

ABEL.—Dígale que estoy aquí. Si descansa, no la moleste, ¿eh?, no le diga nada.

CRIADA.—Bien, señor. *(Sale. Abel se pone a mirar a la lumbre fijamente, con la cabeza apoyada en las manos y los codos en las rodillas.)*

CRIADA. — *(Trayendo una bandeja, una botella y un sifón.)* Aquí tiene el señor. La señora dice que baja en seguida. ¿Algo más?

ABEL.—No, gracias. *(Sale la Criada y Abel se sirve de beber y apura de un trago el vaso. Baja Paula. Abel se levanta, va hacia ella, la coge de la mano y la trae a sentarse al diván, a su lado.)* Buenas tardes, pequeña...

PAULA.—*(Con tono sonriente un poco forzado.)* Hoy has venido un poco más temprano...

ABEL.—Sí, un poco... Ven aquí. *(Se sientan.)* ¿Cómo te sientes?

PAULA.—Bien, muy bien.

ABEL.—*(Mirándola y con tono de incredulidad.)* ¡Bien, muy bien! Paula, ya sabes que yo soy un observador de oficio. El oído me dice: "bien", pero la vista... ¡Esos ojos, esos ojos...! ¿Qué ha pasado por esos ojos? Algo ha sido... y no hace mucho... Paula, dime la verdad...

PAULA.—¿La verdad? ¿Yo a ti?

ABEL.—*(Sorprendido.)* Claro, tú... a mí. ¿Por qué lo dices?

PAULA.—Porque pudiera ser que estés trocando los papeles...

ABEL.—¿Cómo?

PAULA.—Sí, que la pregunta haya que volverla del revés.

ABEL.—¡Del revés! Chica, no veo...

PAULA.—Muy sencillo, que quizá el que tenga que decir la verdad sea Abel a Paula, y no yo... a ti... Me parece que eres tú el que estás en deuda de verdad conmigo...

ABEL.—*(Desconcertado.)* No sé en qué piensas... ¿Qué verdad te oculto yo, Paula?

PAULA.—*(Con dulzura.)* Yo no quisiera hablarte así..., pero... Abel, ¿no se te habrá olvidado lo que nos prometimos antes de casarnos? ¿Que en cuanto uno de los dos sintiese alguna sombra, alguna veladura en el amor que nos tenemos, se lo diría al otro, en seguida?

ABEL.—No, Paula, no se me ha olvidado...

PAULA.—Entonces...

ABEL.—Entonces... ¿qué? No te entiendo...

PAULA.—¿Cómo llevas tantos días callándote que pasa algo, que hay algo entre tú y yo...? Por tu lado, por supuesto... Yo no sé nada...

ABEL.—*(Acercándose a ella y con tono sincero y apasionado.)* ¡Paula, Paula! ¿Qué viento tonto ha soplado hoy por aquí, y te ha llenado la cabeza de ideas locas? *(Mirándola.)* ¡Si te veo tan claro, tan limpio, como te he visto siempre...!

PAULA.—Pues ese viento tonto, como tú dices, que ha soplado hoy por aquí, tiene cuerpo, y voz y nombre... Se llama López Pastor, el secretario de tu jefe... No hace aún diez minutos que se ha ido... Y ya supondrás lo que me ha dicho...

ABEL. — ¡Ah, vamos! ¡Qué impertinencia! ¿Quién le manda presentarse en esta casa, y venir con cuentos...? Ese caballerito...

PAULA.—¿Qué culpa tiene él? Al muchacho le enviaron... Parece que Fontecha te necesita...

ABEL.—¡Me necesita, me necesita! ¡Quisiera yo saber quién me necesita, de verdad, y para qué! *(Va y viene por el cuarto. Volviéndose a Paula, con aire cariñoso.)* Y ¡claro!, ahora comprendo... esas fantasías que se te han posado en la cabeza... Paula, casi te agradezco que te hayas equivocado tan rotundamente...

PAULA.—¿Equivocado? ¿Entonces...?

ABEL.—Sí, eres la equivocada de puro amor... También el amor se equivoca... Te equivocaste con razón..., de amor... Qué, te dijo que hace doce días que no iba por el laboratorio, ¿verdad?

PAULA.—*(Más serena.)* Sí. ¿No es cierto?

ABEL.—Claro que lo es. Y, naturalmente, tú en seguida te has hecho tu composición de lugar: puesto que Abel no vá al Instituto, y me lo oculta y hace la vida de siempre, sombra tenemos. Sombra con faldas, por supuesto...

PAULA. — *(Ya más animada y sonriendo levemente.)* Reconocerás que, después de todo, mi pensamiento no era...

ABEL.—Era... un pensamiento de mujer... Paula, hay pensamientos de mujer y de hombre... Te lo digo yo *(Sonriendo.)* que soy una gloria científica... El tuyo ha sido un pensamiento tontísimamente femenino... *(La abraza.)* Por eso me gusta...

PAULA.—*(Se deja abrazar sonriendo, aunque un poco reservada todavía.)* ¿Y se puede saber cómo habría sido, en este caso, el pensamiento varonil?

ABEL.—Muy sencillo. Se descubre que el Profesor Leyva no va a su laboratorio del Instituto Nacional de Física hace doce días. Pues la deducción inmediata que hace el pensamiento masculino es simplicísima: que no va. Y en seguida viene la pregunta: "¿Por qué no va?" Pregunta que brinda infinitas contestaciones. Pero para el pensamiento femenino no hay más que una: Puesto que no va a su trabajo, es que tiene por ahí una... distracción, una distracción que viste y calza...

PAULA.—¿Y no es verdad que andas distraído hace días, Abel?

ABEL.—Sí, hija mía, sí..., y mucho. Pero ya sabes, Paula, que hay distracciones por alguien y distracciones por algo...

PAULA.—¿Qué te ocurre, Abel? *(Abel se sienta en la butaca, mira a la lumbre y calla.)* Abel, ya sabes tú cómo te lo he preguntado. Ahora no tengo miedo. Sé que me has hablado de corazón. Tengo otra vez mi paz del alma... en lo que toca a nosotros. Y en lo que a ti te toca, Abel, si tú nada me dices, tú sabrás por qué... Bien sabes que estoy a tu lado para que me hables, o para que me calles. Igual de cerca te siento...

ABEL.—*(Con voz conmovida.)* Gracias, Paula, gracias. Voy a decirte...

PAULA.—Ahora, no. Parecería que te he sacado del pecho lo que tú no querías comunicar aún... Perdóname... Voy a descansar un poco...

ABEL.—¡Yo perdonarte! Paula, espera, o... si no... sí, sí, ve a descansar...

PAULA. — *(Sonriendo le saluda con la mano extendida, que sopla como si soplara un beso.)* ¿Ves? Ya se fué volando mi pensamiento de mujer. Luego..., cuando tú quieras..., si quieres..., veremos cómo es tu pensamiento de hombre. *(Sale por la escalera.)*

ESCENA IV

Se queda en el centro de la escena viendo marcharse a PAULA. Enciende un pitillo y se dirige a la puerta de la izquierda, la de CLEMENTE, a la que llama. La puerta se abre y aparece CLEMENTE.

CLEMENTE.—¿Ah, eres tú, Abel?

ABEL.—¿Estás trabajando? Quiero hablar contigo.

CLEMENTE.—¿Quieres que hablemos aquí en mi cuarto?

ABEL.—Estamos mejor aquí, junto a la chimenea. *(Se sienta en un lado del diván y Clemente en el otro. Abel se sirve un vaso y otro para Clemente.)*

CLEMENTE.—Supongo que los dos queremos hablar. ¿Has visto a Paula?

ABEL.—Sí.

CLEMENTE.—Se ha llevado un disgusto muy grande esta tarde, Abel. ¿Le has explicado ya?

ABEL.—La he convencido de que esa fantasía que tenía en la cabeza era un puro absurdo.

CLEMENTE.—*(Bebe.)* Entonces le has explicado las razones que tienes para hacer eso que vienes haciendo.

ABEL.—La he calmado y está tranquila, Clemente. No, no le he explicado nada. Nos hemos entendido... sin echar mano de las razones..., como siempre. Es mejor.

CLEMENTE.—Sí, puede ser. *(Pausa.)* Yo también estoy muy preocupado por ti. No comprendo tu conducta de estos últimos días. Y ni siquiera tengo refugio en el absurdo de Paula, eso no lo creí ni un momento. Porque si te sentías cansado, como dijiste en el Instituto, y querías descansar unos días, ¿por qué no decírnoslo a nosotros, por qué seguir fingiendo que ibas a tu trabajo como siempre?

ABEL.—Sí, es muy raro... No se da uno cuenta cuando lo hace...

CLEMENTE.—Esas vacaciones misteriosas...

ABEL.—¡Si tú supieras que en esas vacaciones he pasado algunos de los ratos más angustiosos de mi vida!

CLEMENTE.—Tú ibas a la ciudad, como siempre...

ABEL.—Sí, como siempre. Y luego me metía en cualquier parte. ¿Qué más daba? La cuestión no era estar aquí o allí, en este sitio o en el otro. Lo que me importaba era *no* estar. No estar en un sitio, en un solo sitio, de entre todos...

CLEMENTE.—¿En cuál?

ABEL. — En el Instituto, en mi laboratorio. *(Pausa.)* He caído en los lugares más disparatados, en los cines de barrio, bostezando dos horas de película. Horas enteras en los bancos de los jardines públicos, echando de comer a los gorriones. En la biblioteca del Casino. Más de dos docenas de novelas policíacas me he leído; me habían dicho que distraían mucho. Cuando ha hecho bueno, a pasear por el campo; es lo mejor. ¡Pero ha llovido tanto! *(Bebe.)*

CLEMENTE.—Entonces has estado, por decirlo así..., vagando...

ABEL.—¿Vagando? Sí y no; vagando, pero sujeto, sujeto a una idea fija, sin poder soltarme de ella, por mucho que anduviera... He estado, Clemente, huído, así, huído...

CLEMENTE.—¿Y de lo que huías era de tu laboratorio?

ABEL.—Sí, porque allí sólo me esperaba mi trabajo. ¿Qué soy yo allí? Aquí a tu lado, soy tu hermano mayor, soy el marido de Paula. Allí soy el sabio, el premio Nobel a los treinta años, el físico eminente, la gloria científica... *(Con ironía.)*

CLEMENTE.—¡Claro! Sigo sin entender... ¿Es que te has cansado de serlo? De tu vocación.

ABEL.—No. Es que por detrás de ella empiezo a ver algo aterrador. Es que me doy miedo y te debo dar miedo a ti, y a Paula, y a todos... Y por eso me huyo... ¡Tontería! Esa huída de uno mismo no puede durar mucho, Clemente. Tú lo sabes, tú sabes cómo acaba...

CLEMENTE.—Abel, me estás hablando con toda tu alma.

255

Todas tus palabras me llegan. Siento que te pasa algo, y grave, lo veo. Pero... sigo sin entender...

Abel.—Tienes razón. Para mí, por dentro, es tan cegadoramente claro, que no puedo darme cuenta de que no alcance a todos. Estoy alucinado...

Clemente.—Calla, creo que baja Paula... *(Escucha.)*

Abel.—No importa, mejor. Yo no puedo ocultarle a ella lo que te voy a decir a ti... *(Se levanta y va al encuentro de Paula.)*

Paula.—¿Estabais hablando de algo... vuestro?

Abel.—No, Paula, no. Es algo que quiero que sea de todos, de los tres. Llegas muy a tiempo. Siéntate aquí con nosotros. Voy a contaros... lo de estos días...

Paula.—Ya te dije que yo no necesito, Abel.

Abel.—¡No, no, quien lo necesita soy yo! Al fin y al cabo, me alegro de que os hayáis enterado. Ya no podía más. *(Se coge la cabeza con las manos.)*

Paula.—No lo cuentes, Abel, te vas a poner más nervioso. ¿Qué importa saber cosas? Las cosas que te pasan, que te han pasado... Y eso ¿qué es? Me importas tú...

Abel.—Eso es lo malo, Paula. Que lo que me pasa... está aquí dentro *(Se toca en la sien.)*, es mío, soy yo... *(Silencio.)* Tengo que decíroslo. *(Bebe. Paula le quita el vaso, cuando acaba.)* Gracias. Ya sabéis en lo que estoy trabajando estos dos últimos años..., problemas de composición y descomposición atómica. Pues hace tres meses se me ocurrió una nueva solución, muy sencilla, asombrosamente sencilla. Parecía increíble, pero pronto vi que era la verdadera. Desde entonces no descanso... ¿Os acordáis del viaje que hicimos Paula y yo a Africa?

Paula.—Claro...

Abel.—Pues era un engaño, puro engaño, con que yo me engañaba a mí mismo. Un pretexto para no seguir con mi investigación. No me di cuenta, primero. Creí que era pereza, o esa duda que le entra al que busca cuando se ve ya cerca del final por si lo que viene es el fracaso y no el hallazgo. Pero era miedo, nada más que miedo.

Clemente.—¿A qué?

Abel.—Al final, al descubrimiento, al hallazgo.

Paula.—¿Y por qué tenerle miedo? ¿No es un gran descubrimiento?

Abel.—Sí, lo es, cuando se le ve donde a mí se me apareció, en esa luz perfecta y limpia de las ideas. Pero ¡qué pronto, apenas nacida!, se arranca hoy una idea de su mundo puro. Cosa terrible es que las ideas den dinero. Después de todo, el alquimista medieval era muy inocente; lo que quería era transformar la materia en oro. Los de ahora buscan algo peor: transmutar en oro las ideas. O sacar de ellas poder físico, medios de dominar, de subyugar a sus prójimos. ¿No veis lo que pasa con tantas ideas hermosas? Apenas vienen al mundo, se las echa a vivir por dos caminos, el del bien y el del mal. Y nadie sabe por cuál de los dos irán más lejos.

PAULA.—¿Entonces, tu idea podría...?

ABEL.—Sí. Podría. Nace una idea inmaculada, en el alma de un hombre, una nueva verdad; pero otros hombres están allí, que la usarán torcidamente, que la volverán contra el alma del hombre. Por mucho que nuestra inteligencia presuma de previsión, quien decide el destino de lo que ella engendra, no es ella, no es su autor, es el azar. Y puede terminar donde nunca se pensaba, donde menos queríamos... Hasta ahora no lo había visto... Esa era mi tragedia... Ya lo sabéis.

CLEMENTE.—¿Y qué puede salir de tu invento?

ABEL.—Pues algo que todos los ejércitos buscan ansiosamente. Y que a nuestro dictador le permitiría acabar con lo que queda en el mundo de libertad, de voluntad noble, volverlo todo ciénaga. *(Pausa.)* Un explosivo. De efectos destructores terribles. Conque un proyectil de diez kilos estallara a veinte kilómetros de aquí, esta casa se desmoronaría en dos segundos. *(Mira alrededor. Se fija en la repisa de la chimenea y coge algo. Dirigiéndose a Paula.)* ¿Tú ves este barquito de cristal, esos otros? ¿Te acuerdas, Paula, que los encargamos en Venecia, por lo que viniera...? *(Paula asiente.)* Pues desaparecerían como sorbidos por la nada, sin dejar un pedazo, detrás, que diese seña de su color o su materia, pulverizados, vueltos a polvo tan fino como la arena de donde salieron... *(Paula le coge el barco de las manos, lo mira con dolor.)*

PAULA.—Ahora sí que entiendo bien por qué no quieres verte en tu laboratorio. *(Pausa.)* Es el lugar de la tentación... *(Pone el barco en la repisa.)*

ABEL.—Más. Allí todo me empuja al trabajo, todo espera a mis manos. Y las manos aguardan ansiosas el mandato

257

de la idea, que está aquí *(Se señala a la frente.)* tan clara, tan precisa que veo punto por punto todo lo que se necesita hacer, el proceso de trabajo entero, hasta el final. Y el esfuerzo de no hacerlo, parece que me va a volver loco.

CLEMENTE.—¿Y no es posible que esa idea la olvides tú, no? Que la abandones, que dejes de pensar en ella... Eso sería lo mejor...

ABEL.—¡Cómo la voy a abandonar, yo, si es ella la que me tiene a mí, la que me posee! Está como una luz radiante, en el centro de mi inteligencia, y no se apaga nunca, igual que esas luces de torturadores de la Gestapo. Eso quise hacer estos días, apagarla, distrayéndome. Estoy rendido, no puedo más. *(Volviéndose a ellos, suplicante.)* ¡Pero tenéis que ayudarme, Paula, Clemente! No me dejéis hacerlo, no. Hay que evitar que se consume la idea, que se realice materialmente. No me dejéis acercarme a mi laboratorio, al trabajo. Yo ya he luchado doce días. *(Se deja caer en la butaca.)* Me siento agotado. ¡Vosotros!

CLEMENTE.—Si pudieras...

PAULA.—*(Cogiéndole la cabeza con las manos y mirándole con cariño.)* Vamos a marcharnos de aquí, de esta casa, de Ispolia, sin decir nada a nadie... Romper con todo esto, menos con el porvenir que yo te llevo, que viene en nuestro hijo. ¡En el mundo hay muchas islas!

ABEL.—*(Sonriendo.)* Sí, Paula, tantas como sueños. Los sueños de los hombres tienen forma de isla. Cada vez que se forja un sueño, se asoma a la superficie de algún mar, a esperarlo, otra isla más. Todas inaccesibles, todas destinadas a ser islas desiertas. ¡Si se encontraran los sueños con sus islas! *(Pausa.)* Llevo quince años poniendo lo mejor de mi energía, de mi aspiración humana en la busca de más verdades del mundo material; la suerte que he tenido, la tomo como una confirmación de que mi estrella es ésa, lo que pueda trabajar, descubrir en la física. ¿Es posible romper con eso?

PAULA.—*(Suavemente.)* Sí: tú mismo ves ahora, por detrás de tu afán de descubrir, otra razón de vida, otra razón de muerte, que te paraliza ese afán.

ABEL.—*(Cambiando de tono.)* ¡Quién sabe! Sí. Siento una obligación nueva hacia ti, hacia vosotros, hacia mi hijo que vendrá, a sus infinitos hijos posibles. No quiero que cuando mi hijo venga al mundo haya en él, por culpa de su padre, más modos de hacer daño que ahora. ¡Que no se encuentre con una vida donde se ha aumentado el poder del mal! ¡Qué terrible esa conciencia de las uñas, de los dientes, de poder hacer mal! *(Resuelto.)* No, no lo haré. Hay que probar, Paula. En muchos sitios habrá una playa desierta, esperando a unas sombras en la arena. Podemos ser sombras, lejos, en alguna parte... *(Mirando a Paula y en tono firme.)* Sí, tenemos dinero bastante, y en veinticuatro horas... *(Se oye un ruido de motor fuera, que luego cesa. Suena el timbre. Los tres se quedan inmóviles; la Criada sale y abre la puerta. Aparecen en su marco el Profesor Fontecha, barba blanca, gafas, aire de sabio, y el General Ascario, de impecable uniforme y modales secos, de militar.)*

ESCENA V

Fontecha y el General se quedan parados en la puerta un momento. Abel, Clemente y Paula los miran. Forman como dos grupos frente a frente, que se observan como enemigos. Por fin, Abel se adelanta, sonriente.

Abel. — ¡Adelante, señor Fontecha! ¡Qué sorpresa! *(Saluda al militar con la cabeza.)*

Fontecha. — ¡Mil perdones, amigo Leyva, por presentarnos de esta manera... *(Señalando al militar.)* El General Ascario... Mi amigo y colaborador, doctor Leyva. *(Se dan la mano.)*

Abel.—Señores, mi esposa y mi hermano. *(Se saludan todos con inclinaciones de cabeza.)*

Paula.—Hagan ustedes el favor de sentarse... Voy a mandarles algo de beber. Yo con su permiso me retiro... *(Se va.)*

General y Fontecha. — *(Inclinándose.)* ¡Señora, a los pies de usted!

Clemente.—A mí me permitirán que siga trabajando... *(Saluda.)* General, Profesor...

General y Fontecha.—Mucho gusto... en haberle saludado. *(Clemente entra en su cuarto. Viene la Criada y pone sifón y botellas en la mesita frente al diván. El General y Fontecha se sientan en el diván, y Abel en una butaca.)*

Fontecha.—Usted nos dispensará esta visita tan brusca... Mandé a mi secretario a preguntar cuándo estaría usted de vuelta, y en cuanto su esposa dijo que vendría esta tarde él me telefoneó desde el hotel del pueblo, y salimos inmediatamente el General y yo...

GENERAL.—Quizá pueda usted comprender por nuestra premura, por la brusquedad, socialmente inexcusable, de nuestra visita, lo importante del asunto que nos trae aquí...

ABEL.—Mi maestro *(Señalando a Fontecha.)* y sus amigos son siempre bien venidos en esta casa...

GENERAL.—*(Inclinándose.)* Muchas gracias...

FONTECHA.—Pues ya sabe usted, amigo Leyva, que todos tenemos puestas las mejores esperanzas en su investigación sobre la descomposición atómica. Es usted el especialista más brillante del país, del continente, diría... Si su trabajo da con la solución esperada, el resultado general para el progreso científico es incalculable... Usted lo sabe, ¿no?

ABEL.—Puede ser así, evidentemente..., si acierto.

FONTECHA.—Y como hace algún tiempo que su trabajo sufre interrupciones, sin duda por causas personales, muy respetables..., yo me he permitido venir a apelar a usted para que vuelva al laboratorio..., reanude su tarea y la termine cuanto antes.

ABEL.—¡Cuanto antes! ¿Tanta prisa corre? Siempre he creído, maestro, que al trabajo científico no conviene apresurarlo; tiene su paso..., su medida...

FONTECHA.—Cierto, cierto. Pero acaso el General tenga algo que decirle a este respecto.

GENERAL.—Sí, Profesor. Nuestro amigo acaba de hablar a usted en nombre de la ciencia. Yo voy a hablarle en nombre de la patria. Estamos abocados a una guerra, muy pronto. Su descubrimiento de usted sería aplicable, según mis informes técnicos, a una fórmula de explosivo cuya posesión y uso nos daría una superioridad indiscutible sobre nuestros enemigos. Usted comprenderá que es el interés de la patria el que aconseja la prontitud. Yo espero que usted no lo desoiga. Una gloria científica como usted, que honra en el mundo a nuestro país...

ABEL.—*(Poniéndose de pie.)* General, quiero ahorrarle a usted palabras. Usted me ha hablado francamente, y eso me obliga a la franqueza. Por razones psicológicas personales me es imposible volver a trabajar en este momento...

GENERAL. — ¡Razones psicológicas! Usted podría acaso explicarnos.

ABEL.—No. Son razones que pertenecen a mi conciencia. Y mi conciencia me pertenece a mí.

FONTECHA. — Piense usted, Leyva, que usted, dejando aparte los motivos expuestos por el General, no tiene derecho, en nombre de la moral científica, a retrasar voluntariamente ese descubrimiento. Su repercusión sobre otros campos de la física puede ser tal, que usted no debe privar a la ciencia, por su sola voluntad, de todo lo que su hallazgo puede traerla... Imagínese, es absurda, claro, mi presunción, que usted insiste en demorar el final de su obra, y que por cualquier azar le ocurre una desgracia. Usted se llevaría consigo, sin revelarlo a quien lo merece, el progreso del saber científico, una nueva verdad, de valor incalculable.

ABEL.—No hay duda. Me doy cuenta de mi responsabilidad. *(Pausa. Abel fuma.)* Una solución hay, que me permitiría ponerme a trabajar mañana mismo...

GENERAL.—Ya sabía yo que usted no podía desatender...

ABEL.—Perdone, General. La solución es que ustedes dos se comprometan a no hacer ningún intento para aplicar lo que yo descubra a ningún arma de guerra...

GENERAL.—*(En pie.)* ¡Pero eso es monstruoso!

ABEL.—El Profesor Fontecha ha dicho cosas muy justas. Yo no tengo derecho a retardar esa nueva verdad para la ciencia. El asunto está en sus manos, General. Yo estoy seguro de que a mi maestro lo que le interesa es el valor científico que se deriva de mi trabajo. Si usted, General, renuncia a todo empleo guerrero de mi idea, desaparecen los obstáculos..., ¿no lo comprende? Ahora la cuestión queda muy clara. Entre ustedes dos. Maestro, si usted convence al General, mañana a las nueve estaré en el laboratorio. Y si no estoy, será por falta de devoción mía a esos principios de moral científica a que usted ha apelado. No tengo más que decir.

GENERAL.—*(En pie.)* ¿Usted se da cuenta de que está usted incurriendo en un delito de traición a su patria? ¿Y de que, por la gravedad del caso, podría acarrearle hasta la pena de muerte?

FONTECHA.—¡General, no...!

ABEL.—General, ¿usted se da cuenta de que esa pena de muerte, al paso que lo es para mí, lo es también para esa idea, que a usted tanto le interesa? Esa idea está aquí,

General. El verdugo que me ejecute a mí la ejecuta a ella.

GENERAL.—Eso no tiene más que un nombre: coacción contra la patria...

ABEL.—General, Profesor, ustedes decidirán si quieren que vaya mañana al laboratorio o no.

GENERAL.—Me consta que el Gobierno siempre le ha tenido a usted por desafecto al régimen, por políticamente sospechoso... Pero por respeto a su renombre científico jamás le molestó. Esto ya toca a algo más alto. Profesor Leyva, al salir de aquí daré las órdenes para que sea usted movilizado inmediatamente al servicio del país.

ABEL.—¿Y eso significa?

GENERAL.—Significa que usted quedará al servicio del Estado... Su libertad de movimiento, restringida a lo que al Estado convenga. Por lo pronto, podrá usted salir tan sólo para ir a su laboratorio y para volver a su domicilio, y, por supuesto, vigilado. Esto, mientras usted no termine su trabajo satisfactoriamente.

ABEL.—No le pregunto en virtud de qué ley...

GENERAL.—La única ley es el interés supremo de la patria.

ABEL.—¿Y cuándo empezará mi libertad... condicionada..., llamémosla así?

GENERAL. — Inmediatamente. Al salir de aquí dejaré a dos hombres de mi escolta el encargo de asegurar que mis órdenes se cumplen... Su casa queda vigilada desde ahora. Y en seguida consultaré a mis superiores.

ABEL.—Permítame una pregunta, General. Si por cualquier irresistible impulso me siento tentado a quebrantar mi reclusión, a salir de esta casa para ir donde me plazca, ¿qué ocurriría...?

GENERAL.—Lo reglamentario en estos casos. La guardia se lo impediría a usted por la fuerza...

ABEL.—¡Por la fuerza! ¿Y hasta qué límite llegaría esa fuerza?

GENERAL.—Señor mío, no puedo seguir esta conversación insolente. Se lo impediría a usted a toda costa, ¿lo oye? *(A Fontecha.)* Cuando usted guste, Profesor. *(Van hacia la puerta, y cuando ya la abren...)*

ABEL.—A toda costa... es decir, a costa... del descubrimiento... ¿Oye usted, maestro Fontecha? A costa del arma nueva, de la salvación de la patria... ¿Oye usted, General?

262

No se les olvide que es mucha costa... *(Lo dice mirando hacia la puerta. El General da un portazo.)*

ESCENA VI

Baja corriendo por la escalera PAULA, con rostro de ansiedad. ABEL está en el centro de la habitación encendiendo un pitillo. PAULA corre hacia él, que la recibe en sus brazos.

PAULA.—¿Se han ido? ¿Qué querían? ¿Qué pasa, Abel?

ABEL.—Nada, nada. No te pongas nerviosa...

PAULA.—¿Nada? ¿De verdad? *(Silencio.)* Entonces, Abel, puedo seguir lo que estaba haciendo?

ABEL.—Sí, claro... ¿Qué es lo que estabas haciendo?

PAULA.—El plan del viaje. Tenemos que salir lo antes posible, no sólo de aquí, no, del continente. Embarcarnos... Ya en el mar, no hay miedo más que al mar y eso no es nada. Mira, la casa la puede venir a vivir mi hermana..., no quiero que se quede sola...

ABEL.—¡Ten calma, ten calma, criatura...!

CLEMENTE.—*(Sale.)* ¿Qué, se fueron ya?

ABEL.—Sí.

PAULA.—*(A Clemente.)* Mira, mira, ya tengo el plan del viaje... ¿Verdad, Clemente, que debemos irnos cuanto antes, si puede ser mañana...? Dice Abel que tenga calma... Por supuesto, nos iremos en coche. Es más independiente...

ABEL.—*(Serio.)* Paula, por ahora hay que aplazar el viaje. Se me ha ocurrido algo mejor...

PAULA.—¡Mejor! Sí, más seguro. *(Llaman a la puerta. Clemente va y abre. Aparecen dos soldados, que saludan respetuosamente.)*

SOLDADO 1.º—¿El Profesor Leyva?

ABEL.—Yo soy.

SOLDADO 1.º—Tenemos órdenes de vigilar la casa y acompañarle cuando quiera salir de ella, en el coche, al Instituto, señor Profesor.

ABEL.—Está bien.

SOLDADO 2.º—Se nos ha ordenado también que le tratemos con la mayor consideración y le molestemos lo menos que se pueda... Sólo veníamos a preguntar si la casa tiene más de dos puertas...

ABEL.—No, nada más. Esa y la de servicio, en la parte de atrás...

SOLDADO.—Muchas gracias, señor Profesor. ¡A la orden!

ABEL.—No hay de qué... Si ustedes necesitan algo, pídanselo a las criadas.

SOLDADO 2.º—Muchas gracias. ¡Buenas tardes! *(Saludan, abren y se retiran. Paula y Clemente miran asombrados a Abel.)*

PAULA.—¿Esto era lo que se te había ocurrido? ¿Pero es posible? ¿Puede llegar esta gente a ese extremo con una persona como tú? Miserables...

ABEL.—Paula, dentro de veinte años no pasará nada de esto. Dentro de veinte años habrá en el mundo un mozo o una moza, que podrán vivir en paz. El mozo, si lo es, se llamará Abel. La niña, caso de que lo sea, se llamará Paula. Pero para que mi predicción se realice, lo necesario es que una persona que está aquí ahora se domine los nervios, se tranquilice, y piense en que su obligación primera es facilitar el acceso al mundo a ese mozo o moza, pase lo que pase. *(Volviéndose a Paula.)* ¿Tú conoces a esa persona? *(Haciéndola una caricia en la mejilla.)* Pues cógela del brazo, llévatela arriba, a tu cuarto, y oblígala a apartar la vista de esto y ponerla muy lejos..., hasta donde te alcance. ¿A ver? Mira muy lejos... *(Paula le mira a él.)* ¡Así! *(La da un beso. Paula sonríe y sube.)*

ESCENA VII

CLEMENTE, sentado en la butaca. ABEL pasea arriba y abajo.
Un silencio.

ABEL.—Clemente, tú también tienes tu papel.

CLEMENTE.—¿Yo?

ABEL.—Sí. *(Habla andando, como si monologara, arriba y abajo.)* ¿Tú sabes lo que representa mi vida?

CLEMENTE.—No te entiendo.

ABEL.—Sí, pero no quieres entenderme, porque eres mi hermano. Mi vida es un peligro tan grande, que no veo ahora otro mayor en el mundo. Mi vida sostiene a esta idea que hay aquí dentro... *(Se toca la frente.)* Y esa idea es una amenaza constante a cada día que nace; porque en cualquier hora, de cualquier día, puedo ceder, puedo por la fuerza, o por la convicción, volver al trabajo: encontrar. Y en cuanto encuentre, un nuevo mal, atroz, caerá sobre el mundo. ¡Cuántos millones hay de seres, que no les veo las caras, que no sé de qué color tienen los ojos, y los inocentes van y vienen, y se ríen, y se besan, y se duermen en paz! Desde aquí *(Señalándose la cabeza.)*, sin que yo quiera, les amenaza el fin de su alegría, de su vida. Sobre ellos está, colgada, mi idea. Sería su muerte. O peor que su muerte. Si viven serán los sometidos, las almas deformadas, que no pueden crecer más que hacia un lado, como los árboles de las cumbres ventosas, porque la violencia del aire les tuerce toda la vida hacia allí. Vivirán, sí; pero pensando una cosa, tendrían que decir otra; queriendo alzar los ojos, los llevarían siempre humillados; las manos se aguantarían el deseo de la caricia, para aprender el castigo. ¡Y todo por esta idea, que tengo aquí dentro! Subirá el mal por las paredes, abrirá goteras en los tejados, lloverá, sobre los rostros dormidos. En los arenales de la playa se esconderá para que las manos de los niños lo confundan con un caracol, y se avecen a jugar con él. Habrá doncellas que con él se adornen, con él se embellezcan, y lo lleven como zarcillos, pendientes de las orejas, todo brillante. Lo servirán en la tierra, las manos, los pies, las alas por el aire, las maquinarias por debajo del agua. Y todo por esta idea que llevo aquí. El será el gran desconocido. Casi nadie sabrá quién es, qué es el mal. Saldrán sin notarlo las palabras falsas de las bocas limpias. ¡Cuántas máscaras van a hacerse, cuántos disfraces, y cómo va a ir y a venir, por entre todos, su rostro torcido, disimulado con antifaces de colores, y cómo le van a seguir, a buscar las gentes, seducidas por su apariencia de alegría fácil! Se pondrá muchos nombres, todos robados, los nombres hermosos, los nombres de lo que él nunca puede ser. Y nunca mentará el suyo, el maldito. Será el incógnito de los mil nombres. Algunos hombres, muy pocos, le conocerán la faz perversa debajo de tantas caretas. Sabrán quién es. Pero ellos mismos sofocarán sus voces, porque si se atreven a alzarlas diciendo lo que saben, los innumerables, los que no quieren saber, los contentos de su engaño, les darán muerte. Esta guerra al principio parecerá que sólo es otra más; luego, cuando la hayan ganado, gracias a esta idea que está aquí dentro, se llamará un nuevo régimen político, el bueno, por fin, el que dará la felicidad a todos. Pero yo sé lo que es, hermano mío, y tú lo sabes también, ¿verdad? *(Se abrazan en silencio.)* ¿Se merece el hombre el mayor don que le dieran, la chispa de inteligencia, el don de crear, si con ella enciende las lumbres del mal? ¡No, no y no! No nos merecemos lo mejor, el alma, si en ella se forja la traición al alma. Clemente, sólo veo un escape a mi angustia. Hacerme, humildemente, digno de mi inteligencia, merecerme mi alma, ganármela. Y eso no será por mi obra, sino por la renuncia a mi obra. Siento la voz diciéndome que ha llegado el momento de no hacer, que hay que sacrificarlo todo a un no hacer. Veo a los hombres, al pie de las máquinas, en la tierra, por las nubes, enloquecidos por la acción... Cegados están, si no perciben que tanto hacer desemboca en la muerte. Así será si yo hago, si se realiza esta idea que llevo aquí dentro. Hermano, a ti te confío el cuidado de no dejarme hacer. A ti, que te veo ahora agrandado, infinito, hecho de todos los hermanos inocentes que podrían morir por mi culpa y no morirán. Tú, que estás a mi lado, que sabes exactamente dónde está el peligro, defiende a Paula, defiende a mi hijo, por venir, a todos los que vendrán al mundo. Sálvalos... y sálvame del eterno remordimiento de haber hecho, del infierno sin fin.

CLEMENTE.—*(Le mira serenamente.)* Abel, te lo prometo. Porque sé que salvarnos, salvarme yo, tu hermano, será, cueste lo que cueste, salvarte a ti... *(Le mira con emoción y entra en su cuarto.)*

ESCENA VIII

ABEL se sienta junto a la lumbre, en un rincón de la escena, como mirando al vacío. La luz se apaga, de pronto, y cuando vuelve a encenderse, es con plena luz, luz de mañana, y con la ventana abierta, a un jardín florido. PAULA, de luto riguroso, acompaña, como viniendo de la puerta de entrada, a una muchacha bellísima, con el largo abrigo de la Salvation Army.

PAULA.—Siéntese, haga el favor.
HADA.—De modo que usted es la señora viuda de Leyva?
PAULA.—Yo soy.
HADA.—Muy joven, muy joven. ¡Lástima!

PAULA.—¿Lástima? No. ¿Por qué?

HADA.—Por nada. Pero usted me permitirá que me quite el abrigo. *(Se lo quita y aparece con un vestido de gasas y flores, como el que suele atribuirse a las hadas. Lo hace con toda naturalidad. Paula no manifiesta gran sorpresa.)*

PAULA.—¡Ah! ¿De modo que usted...?

HADA. — Sí, gastamos ese uniforme para andar por el mundo sin llamar la atención. Soy un hada. Un hada de la fraternidad de hadas protectoras para las mujeres que van a tener un hijo, que no verá nunca a su padre.

PAULA.—¡Ah, interesantísima institución!

HADA.—¡Hacemos lo que podemos!

PAULA.—Y pueden ustedes mucho, mucho, verdad.

HADA.—Dentro de ciertos límites... ¿Cuánto tiempo hace que falta su esposo?

PAULA.—Esta tarde a las seis hará un mes... Era de noche, sabe usted, entonces, a esa hora, pero ahora hay luz, los días alargan. Fué de noche.

HADA.—Perdone que la recuerde... Voy a explicarle a lo que he venido. Lo que nosotras podemos hacer por nuestras amigas es prepararlas el destino de sus hijos... Darlas a escoger para ellos entre las vocaciones, oficios, artes, capacidades, del hombre, aquella que deseen que tengan.

PAULA.—¡Es posible!

HADA.—Lo es. Ya sabe usted que lo que más preocupa a una mujer en su estado es lo que será de su hijo. Pues nosotras podemos hacer que sea lo que usted desee.

PAULA.—Eso es admirable. ¿Y lo hacen ustedes con todas las mujeres en mi caso?

HADA.—No, no. Sólo con una minoría. Lo echamos a suertes. A usted le ha tocado en el sorteo de hoy. Y puede usted escoger la vocación que quiera para su hijo.

PAULA.—¡Hijo! ¿Ustedes saben ya que va a ser hijo...? ¿Abel?

HADA.—Sí, para nosotras no es difícil...

PAULA.—¿De modo que puedo yo asegurarle a mi hijo la felicidad desde ahora, marcarle su destino en el mundo?

HADA.—No, señora, yo no la he hablado de felicidad. Sólo de un don. Nosotras asistimos al nacer el hijo y le concedemos un don: que sepa hacer una cosa mejor que los demás. Luego, él, con esa facultad, se labrará su dicha o su desgracia, conforme a lo que haga, a como emplee nuestro don. Muchas veces, por ser demasiado interesada o calculadora, una madre pierde a su hijo. Ya ve usted, anteayer leería que se suicidó el Director de la Asociación de Bancos de Crédito. Pues su madre hace cuarenta años nos pidió que le concediéramos el don del talento financiero. ¡Y así ha terminado el pobre! Ahora usted me dirá su deseo, si es que lo tiene ya en claro...

PAULA.—Sí, muy claro. ¿Ustedes leen cuentos de hadas?

HADA.—(Sonriendo.) No, nosotras los inspiramos...

PAULA.—¿Usted se acuerda de la Cenicienta, de los zapatos de Cenicienta, aquellos zapatos de cristal? He vivido muchos años, pero nunca se me han quitado del recuerdo! Fueron la primera aparición en mi alma de lo imposible, pero no de lo imposible que duele, no, de ese imposible suave que se contempla y no hace daño, infinitamente deseado... y sin pena...

HADA.—¡Cómo no voy a acordarme de esos zapatos, si son obra nuestra! ¡Se los regalamos nosotras!

PAULA.—¡Obra de ustedes! Ah..., entonces quizá sea mucho pedir...

HADA.—¿El qué?

PAULA.—Que mi hijo haga cosas así... Yo quiero que mi hijo sea... No sé cómo se dice..., bueno, autor de criaturas de cristal, de vidrio..., de figuras, de muñecos, de flores de cristal, de estrellas de cristal..., hechas todas de un soplo... (Se levanta y va a la chimenea. Coge el barco de cristal y se lo trae al hada. Lo maneja con gran cuidado.) Que sea capaz de hacer cosas como ésta, pero más bonitas, y muchas, muchas, todo un mundo de vidrio...

HADA.—¡Qué preciosidad! Casi, casi labor de nuestros dedos. (Se lo devuelve y Paula lo vuelve a colocar con grandes precauciones en la repisa.) Ya comprendo. Es la primera petición para esa particular habilidad que se nos ha hecho. Casi todas las madres se inclinan a pedir para sus hijos dotes de tipo práctico... Los quieren ingenieros, abogados, banqueros, médicos. Su elección de usted es muy rara.

PAULA.—No. Yo deseo que mi hijo fabrique estos objetos inútiles por el bien que van a hacer, por lo frágiles que son. ¡Requieren tanto tacto, un cuidado infinito, un cariño del gusto y de las manos! ¿Comprende usted?

HADA.—Creo que sí.

PAULA.—No aceptan la violencia ni resisten el choque. Piden delicadeza. Ellos son lo primero que se rompe si se los maltrata, si se los oprime torpemente. Son las avanzadas de lo frágil en la materia. No pueden existir más que en un mundo de paz. Despiertan ternura en los que viven junto a ellos. Para ellos el aire tiene que estar en calma, ser bueno. Ellos enseñan a las manos a tener precauciones, a tomar delicadamente las cosas, a templar la rudeza de los músculos que tienden a oprimir, con una voluntad de no romper nada, de no hacer daño. Siempre se vive mejor rodeado de seres de vidrio. En la guerra lo primero que cae, que se quiebra, que gime, son ellos. Son las primeras víctimas... de... el explosivo...

HADA.—Estoy segura de que su deseo dará una inmensa alegría a mis compañeras. Acudiremos a la cuna de su hijo con un placer muy grande. Esté tranquila. Tendrá todo lo que se necesita para ser un gran... vidriero..., digámoslo así..., para cumplir su sueño, señora. Y ahora he de marcharme. *(Mira a un cuaderno.)* Me quedan dos visitas más. ¡Quién sabe lo que nos van a pedir! A lo mejor un talento especial para ser representante de automóviles. ¡Ojalá fueran todas como usted, señora! *(Paula se va a levantar.)* No, no se mueva.

PAULA. — Voy a acompañarla a la puerta. ¡Estoy tan agradecida!

HADA.—No, no se moleste. Esta vez no usaré la puerta. Tengo prisa. Adiós... y confíe en nosotras. *(Suena una nota como un pizzicato de arpa, y se apaga la luz. Durante toda la escena Abel ha seguido en la butaca sentado, inmóvil, sin dar muestras de ver a Paula y Hada, ni ellas por su parte han dado señal de verle.)*

ESCENA IX

Al volver a iluminarse la escena se hará con la luz de prima noche de la escena penúltima. ABEL sigue sentado, absorto.

CLEMENTE.—*(Sale de su cuarto, con aire agitado.)* Abel.

ABEL.—*(Como despertando.)* ¿Qué?

CLEMENTE.—Acabo de oír un comunicado especial, por la radio, del Gobierno. Movilización general. Se ha despachado un ultimátum a Leucia, y si no se tiene contestación satisfactoria en término de veinticuatro horas, las tropas cruzarán la frontera. ¡Ese hombre está loco! ¡Loco!

ABEL.—¿Qué hora es? ¿Cuánto falta para las seis?

CLEMENTE.—Son las seis menos cinco. No faltan más que cinco minutos.

ABEL. — *(Levantándose.)* ¡Ah! Clemente. Recuerda lo que me has dicho. En ti confío... ¡Espera! *(Va a un escritorio, saca de un cajón un revólver y se lo da.)* Toma. No vaciles. Lo malo del mundo es que siempre puede ser peor. ¡Que no lo sea, hermano, que no lo sea, por mí! *(Se oye un coche.)* Voy a ver quién es. No quiero que Paula oiga llamar. *(Abre. Aparece el General.)*

ESCENA X

GENERAL.—*(Saluda secamente.)* ¡Profesor Leyva!

ABEL.—*(Inclinación de cabeza.)* ¡General!

GENERAL.—Me he comunicado telefónicamente con mis superiores. Confirman la orden de movilización que le di. Pero con una modificación. Para mayor facilidad de su trabajo, residirá usted en el mismo Instituto, que no podrá abandonar bajo ningún pretexto, mientras no termine usted el trabajo que tanto interesa a la nación.

ABEL.—¡Vivir allí, día y noche!

GENERAL.—Exactamente. Confiamos en que encontrarse entre sus colaboradores, sus aparatos, será un estímulo, que le haga descartar sus extrañas ideas y le empuje a su labor... A nada le obligamos, fuera de esa residencia obligatoria, que después de todo no puede por menos de serle grata. No vamos a ponerle a trabajar a la fuerza, no. Dejaremos simplemente que la luz se vaya haciendo poco a poco en su razón y un día usted por su propia voluntad, consciente del interés que para la patria y la ciencia, a la par, tiene su obra, se ponga a ella y la dé término. Es *(Sonriendo sarcásticamente.)* una especie de tratamiento psicológico...

ABEL.—¿Y en caso de que me resistiera a aceptar...?

GENERAL.—Nosotros no usaríamos la fuerza, para llevarle, por propia iniciativa; sería usted quien nos obligaría a hacerlo. Naturalmente, con todas las consideraciones, dentro de la energía necesaria, para no perjudicar a la idea que usted lleva dentro, como antes dijo. Su vida nos es preciosa *(Inclinándose.)*, extremadamente preciosa. Ella es la garantía de nuestros proyectos.

ABEL.—¡De acuerdo, General! ¡De los míos también! Es raro que de una sola vida humana, de un simple individuo, se esperen tantas cosas. Pero así es, Clemente *(Volviéndose a él)*, así. No son locuras mías. Ya lo has oído...

CLEMENTE.—Sí, Abel, ya.

GENERAL.—Si usted desea despedirse de su esposa, podemos mandarla un recado...

ABEL.—No, gracias. Ella tiene otra cosa que hacer... De mi hermano, sí. Le daré instrucciones...

GENERAL. — En voz alta y en presencia nuestra, señor Leyva, si no tiene usted inconveniente...

ABEL.—Ninguno. Ven. *(Clemente se acerca y se abrazan.)* Clemente, en ti está todo. En ti la suerte de lo que más queremos, tú y yo. Pongo mi voluntad en tus manos. ¿La sientes? Que ellas hagan lo que yo quiero con toda mi alma. Todavía el mundo puede no ser peor... ¡Adiós! *(Se yergue ante su hermano, echando las manos atrás.)*

CLEMENTE. — *(Saca rápidamente el revólver y apunta.)* Gracias, Abel, por nuestra salvación. *(Dispara y Abel cae suavemente.)*

GENERAL.—*(Abalanzándose sobre Clemente.)* ¡Criminal, asesino, Caín, Caín...! Ha matado a su hermano..., a una gloria científica... *(Clemente mira a su hermano con infinita ternura y deja caer el revólver... Telón.)*

FIN DE
"CAÍN O UNA GLORIA CIENTÍFICA"

SOBRE SEGURO

COMEDIA EN UN ACTO

SOBRE SEGURO

PERSONAJES

Don Selenio.   Fausto.
Don Helíaco.   Águeda.
Don Universalo.   Don Nazario.
Don Estelario.   Petra.
Eusebio.   Ángel.

La acción ocurre en un pueblo de la serranía. Época contemporánea.

PRÓLOGO

La escena representa una habitación de hotel de provincia, amueblada con comodidad y sin lujo. Puertas a derecha e izquierda. Al alzarse el telón, sentados en el sofá, Don Selenio y Don Helíaco, tipos de hombres de negocios, media edad, bien vestidos. Don Helíaco, que es el ocupante del cuarto, ofrece lumbre a Don Selenio.

Don Selenio.—Muchas gracias.

Don Helíaco.—De nada, Don Selenio. *(Mirando al reló.)* Ya creo que no tardarán los compañeros.

Don Selenio.—Me parece que ya están ahí. *(Llaman a la puerta, abre Don Helíaco y entran Don Estelario y Don Universalo, de la misma apariencia y edad que los anteriores, correctamente vestidos, con gafas, modales enérgicos.)*

Don Helíaco.—Adelante, caballeros, adelante. ¿Qué tal, don Universalo? ¿Y usted, don Estelario?

Don Selenio.—¿Cómo están ustedes?

Don Universalo.—Bien, muchas gracias.

Don Estelario.—Perfectamente, amigos míos. *(Se saludan con apretones de manos, y palmaditas, con aire de compadres.)*

Don Helíaco.—Bueno, estamos mejor sentados, ¿no es verdad? *(Se acomodan en sendas butacas. Don Helíaco coge de una consola una botella de whisky y un sifón y les va sirviendo.)* ¿Qué, un vasito de whisky para empezar?

Todos.—Muchas gracias. *(Se sienta Don Helíaco.)*

Don Helíaco.—Pues me he permitido, amigos y colegas,

275

convocar a ustedes a esta reunión porque he llegado a la consecuencia de que el estado de nuestros intereses en esta ciudad de Serenia es grave.

Don Selenio.—Más que grave, amigo Helíaco. Yo diría crítico.

Don Estelario.—De acuerdo.

Don Universalo.—A ninguno nos puede caber duda de ese hecho tristísimo. Ocultarlo sería engañarnos a nosotros mismos y los altos intereses que representamos...

Don Helíaco.—Muy bien dicho, don Universalo. Y a eso iba precisamente. Porque aunque cada uno de nosotros sea aquí el agente de una compañía distinta, el que sean distintas, señores, señores (Con aire de suficiencia.), no quiere decir que sean rivales... Eh...

Don Estelario.—Exactísimo. Muy bien formulado. Somos combatientes de una cruzada común. La cruzada por el bienestar de nuestros prójimos, por el progreso social de la ciudad de Serenia.

Don Selenio.—Yo, abundando en todo lo dicho, añadiría que nos hallamos en la primera fase de esa bien llamada cruzada. Por ahora debemos luchar unidos para lograr el objetivo de interés común a todos. Más adelante, cuando se haya logrado ese objetivo, podremos operar de nuevo cada uno por nuestra cuenta...

Todos.—De acuerdo, de acuerdo.

Don Helíaco.—La penosa realidad es que ese objetivo, que no es otro que el despertar la conciencia y el interés de los ciudadanos de Serenia hacia los múltiples beneficios de la aseguración, en todos sus aspectos, hacia las virtudes del seguro para una vida tranquila y feliz, no progresa.

Don Selenio.—Al contrario, retrocede. Mi compañía, El Novilunio, no ha hecho más que tres contratos en el mes en curso.

Don Helíaco.—Pues ya que revela usted un secretillo profesional, le diré que El Perihelio, la que me honro en representar, no ha pasado de cuatro...

Don Universalo.—¡Si yo les dijese los que he hecho yo!

Don Estelario.—No hay necesidad, amigo Universalo. Todos estamos, poco más o menos, en el mismo caso, seamos francos.

Don Helíaco.—Por eso justamente, amigos y colegas,

he pensado que debemos aunar nuestros esfuerzos en busca de una solución.

Don Selenio.—Discretísima idea. Lo primero, ¿a qué atribuyen ustedes esa frialdad, ese despego por el seguro, una de las formas de cooperación más hermosas de la civilización moderna?

Don Estelario.—Atraso, amigo mío, atraso. Esta gente vive dos o tres siglos retrasados...

Don Universalo.—Y, sin embargo, no viven mal.

Don Helíaco.—Claro, porque la tierra es feraz, porque tienen de todo sin mucho trabajo, porque el clima les favorece. Pero no saben crearse necesidades nuevas.

Don Selenio.—¡Ahí está el quid, eso es! No saben que para que un país prospere en sus actividades esenciales, en la producción, en la industria, en el comercio, hay que aumentar el número de nuestras necesidades, multiplicar nuestros apetitos. ¡Hay ingenio y mano de obra suficientes en la nación para satisfacer a todos!

Don Helíaco.—¡Cuatro meses, unos más y otros menos, llevamos aquí, para ganar esta ciudad a la causa, visitando a todo el mundo, publicando artículos en el diario local, y todo se vuelve predicar en desierto. En total, ¿cuántas pólizas hemos hecho hasta ahora? Yo, cuarenta y dos.

Don Selenio.—*El Novilunio*, treinta y siete.

Don Helíaco.—*El Macrocosmos*, veintidós.

Don Estelario.—*El Triángulo Boreal*, treinta y una.

Don Helíaco.—¡Deplorable! Poco más de cien pólizas en cuatro meses y en una ciudad, relativamente rica, de 15.000 habitantes! No conozco un caso semejante.

Don Selenio.—Señores, para mí este estancamiento del negocio, mejor diría de la misión social con que aquí nos mandaron nuestras compañías, tiene un motivo muy claro...

Don Helíaco.—Ah, ¿usted cree haber llegado a...?

Don Selenio.—Sí, señores. Es cosa delicada, sumamente delicada... No sé si plantear la cuestión en esos términos, son un poco crudos.

Don Helíaco.—Don Estelario, no titubee usted. Todos somos hombres de realidades, que sabemos hacer frente a la verdad por dura que sea...

Don Selenio.—*(Mirando alrededor.)* ¿Estamos aquí a salvo de indiscreciones...?

Don Helíaco.—*(Se levanta y va a la puerta, la cierra*

con llave.) Desde luego. A esta hora no hay nadie en las habitaciones contiguas. Puede usted hablar sin temor. *(Todos se acercan.)*

Don Selenio.—Pues, amigos míos, dicho del modo más sucinto y evidente, lo que nos pasa es que necesitamos un muerto.

Los Tres.—¡Cómo!

Don Selenio.—Me explicaré, aunque creo que ya la verdad se hace luz en sus cerebros...

Don Universalo.—¡Un muerto, ah...!

Don Estelario.—¡Hombre..., quizá...!

Don Helíaco.—¡Pero muertos los hay todos los días!

Don Selenio.—Sí, amigo mío, sí, pero lo malo es que no son de los nuestros. Quiero decir de los protegidos por nuestras compañías, de los asegurados. Toda gente que se muere es gente imprevisora, descuidada... Ningún asegurado ha fallecido hasta ahora, y la gente no ha visto funcionar el seguro... de verdad.

Don Helíaco.—Entonces...

Don Selenio.—Entonces lo que nos hace falta es un muerto de los que tienen póliza. Porque sólo en ese caso verán esas gentes la diferencia enorme que hay entre morir asegurado y morir sin seguro.

Don Universalo.—Bien se lo hemos explicado. Recuerde usted, entre otras cosas, los carteles de mi compañía que hemos repartido por todas partes: "El lecho de muerte del moribundo asegurado y el del imprevisor." Son impresionantes.

Don Selenio.—Sí, muy acertados, pero por lo visto no basta. Hay que ponerles frente a la misma realidad.

Don Estelario.—Yo, señores, creo que don Selenio está cargado de razón, pero su argumento, que me seduce en la teoría...

Don Universalo.—Eso es. ¿Porque cómo podemos tener un muerto entre nuestros asegurados? La muerte es un hecho natural, y a la Naturaleza no se la puede forzar. Hay que darla tiempo... Algún día...

Don Selenio.—Si ustedes creen que se puede esperar más. Pero convinimos en que la situación era grave, crítica...

Todos.—Lo es, lo es.

Don Selenio.—Además eso de que a la Naturaleza no se

la puede forzar... El progreso moderno fuerza a la Naturaleza de mil modos. Desvía los ríos, evita los nacimientos...

DON HELÍACO.—Y dígame, don Selenio, ¿cómo cree usted que se podría empujar en este caso a la Naturaleza a que cumpla su obra fatal?

DON UNIVERSALO.—Hombre, a lo que yo entiendo sería algo así como echando a un estanque helado a un asegurado de setenta años... para..., vamos, facilitar su obra a la pulmonía.

DON SELENIO.—Arriesgado, amigo Universalo..., y muy aleatorio. A lo mejor el baño frío le fortalece.

DON ESTELARIO.—Usted perdonará mi pregunta, don Selenio, y no se dé por ofendido, pero... ¿es que lo que nos propone usted es un asesinato?

DON SELENIO. — (Levantándose.) ¿Usted, don Estelario, me cree a mí, ni como individuo, ni como representante del *Novilunio*, capaz de tamaña villanía? *(Ante los gestos de excusa de Don Estelario.)* No, no me ofendo, no. Pero ninguno de nosotros seríamos capaces de apelar a semejante recurso. Somos hombres de honor.

TODOS.—Claro, claro. *(Pausa.)*

DON HELÍACO.—Descartada, naturalmente, esa conjetura del... asesinato..., yo creo que usted, don Selenio, tiene su idea. Y acaso sea la misma que yo entreveo ahora.

DON SELENIO.—Lo celebraría mucho, don Helíaco. ¿Cuál es su idea?

DON HELÍACO.—Muy sencilla: el accidente.

DON SELENIO.—*(Adelantándose y ofreciéndole la mano.)* ¡Justísimo, idéntica! Las soluciones lógicas acaban por imponerse. ¿Qué les parece, señores?

DON UNIVERSALO. — Sí, eso... desde el punto de vista práctico, pero... un accidente es tan casual como la muerte natural...

DON SELENIO.—Perdone usted, amigo mío. Se puede, con un poco de cacumen y de tacto, provocar la casualidad.

DON UNIVERSALO.—¿Y cómo?

DON SELENIO.—Un accidente se produce por el encuentro inesperado de dos circunstancias fortuitas. Pues bien: hagamos que esas circunstancias no sean fortuitas ni inesperadas, creemos las circunstancias y habremos logrado matemáticamente el suceso. Es más, el accidente nos ofrece la inconmensurable ventaja de poder escoger al que lo sufra con toda libertad. ¡Un automóvil, por ejemplo, puede atropellar a cualquiera! Y es más sensacional que la muerte natural. ¡Más publicidad!

Don Helíaco.—Evidente. Y lo que a nosotros no nos conviene es que recaiga en un no asegurado o en un asegurado por una cantidad irrisoria, o que no beneficiara a muchos. ¡Ah, si encontráramos a una persona asegurada en varias compañías, en...

Don Estelario.—¡Tengo una idea! Pero me da... reparo.

Don Helíaco.—¿Reparo, don Estelario? ¿Usted se da cabal cuenta de los motivos de altruísmo y humanidad que nos agitan en este instante? ¿Usted no sabe que la difusión entre estas pobres gentes de la serranía del hábito del seguro no tiene nada que ver con el negocio, ni con el vil interés económico, que es una bendición, sí, señor, una bendición social? ¿Es que no tiene usted conciencia clara de la nobleza de nuestra profesión?

Don Estelario.—Hombre, sí, esos argumentos son incontrovertibles...

Don Selenio.—Entonces todos estamos de acuerdo. ¡Eficacia, señores, eficacia! Consultemos nuestras listas de aseguración a ver si hay alguien que figure en varias, de modo que las excelencias del seguro se demuestren por partida doble o triple... *(Se ponen todos a mirar sus libretas.)*

Don Universalo.—Yo aquí tengo...

Don Selenio.—Y yo...

Don Helíaco.—Me parece que he dado con uno que podría servir... para el caso... *(Señala con el dedo en su lista. Todos se acercan y miran por encima del hombro.)*

Don Estelario.—¡Tan joven!

Don Selenio.—Eso no es inconveniente; al contrario, puede destruir el prejuicio de que los seguros sólo son buenos para la gente de edad... Y luego, es más... sensacional..., más impresionante...

Don Helíaco.—Observen ustedes que con este accidente... no vamos a privar a la sociedad de ningún miembro útil... Es medio bobo... Después de todo, en ese estado, qué importancia tiene vivir o no.

Don Universalo.—Yo casi diría, sin que esto sea prejuzgar la elección, que se le hace un favor a él... y a la familia.

DON HELÍACO.—Entonces, pasemos a lo ejecutivo.

DON SELENIO.—A mí me parece. *(Se acercan todos, arriman las butacas y bajan la voz.)* A mí me parece... *(No se oye más que un murmullo.)*

TELÓN

CUADRO PRIMERO

ESCENA PRIMERA

La escena representa la sala comedor de la familia de Don Fausto. Chimenea al fondo con fuego encendido. En medio, mesa redonda de comedor, y en el resto del cuarto, un sofá, butacas, mobiliario de cuarto donde se hace la vida. Tono general de clase media humilde. Al fondo, a ambos lados de la chimenea, ventanas a la calle. A la derecha, la puerta de entrada; a la izquierda, dos puertas: una, que se supone comunica con la alcoba de Petra, y la otra, con otras habitaciones del interior de la casa. Al alzarse el telón están sentados a la mesa Don Fausto, hombre de unos cincuenta años, de aspecto aviejado; Eusebio, muchacho de unos veinticinco, y Agueda, una chiquilla de aire sanote, de hacia veinte años.

Eusebio.—*(Mirando a unos papeles.)* Pues conforme a estos catálogos de precios el montar la clínica con todo lo que se necesita de momento para empezar a trabajar sería cosa de unas 12.000 pesetas.

Don Fausto.—Mucho me parece, muchacho. ¿No puede ser menos?

Eusebio.—¡Como poder ser...! Pero una instalación con todos los aparatos modernos, que aquí son desconocidos, y que traiga una clientela rica, no creo que se pueda hacer por menos.

Agueda.—Padre, y entonces, ¿qué queda para mí?

Don Fausto.—¡Calma, calma! El total de los tres seguros de vuestro pobre hermano (q. e. p. d.) es 35.000 pesetas. No olvidéis que lo primero es pagar las deudas del establecimiento; de él vivimos todos. Y luego ampliar el negocio de modo que salvemos la situación del negocio...

Agueda.—*(Alzando la voz.)* Pero, padre, me voy a quedar yo sin...

Don Fausto.—No alces la voz, Agueda. Ten cuidado, no sea que nos oiga. *(Señalando con un movimiento de cabeza a la puerta de la alcoba de Petra. Los tres miran allí un momento, callados.)*

Agueda.—Padre, yo no pediría nada, pero ya sabe usted que Domingo no acaba de encontrar buena colocación...

Y son tres años de relaciones. Con ese dinerillo podemos hacer el viaje a la Argentina, y allí, si su primo le ayuda un poco..., se nos abre un porvenir.

DON FAUSTO.—Sí, Agueda, sí. Basta que este dinero provenga de la desgracia de tu pobre hermano para que haya que repartirlo con equidad, que nos beneficie a todos...

EUSEBIO.—*(Excitado y subiendo el tono.)* Lo que yo veo es que...

DON FAUSTO.—¡Eusebio, más bajo! Ya os he dicho que tengáis cuidado, que nos va a oír y... *(Llaman a la puerta. Agueda se levanta, va a abrir y entra el notario, Don Nazario. Hombre sesentón, gafas, abrigo, aire grave y cordial.)*

ESCENA II

NAZARIO.—Buenas tardes a todos.

DON FAUSTO.—*(Se adelanta y le da la mano.)* ¡Tantas gracias, tantas gracias, don Nazario, por haber venido! ¡Es un gran favor!

NAZARIO.—*(Mientras se despoja de su abrigo, guantes, etcétera.)* De nada, Fausto, de nada. Ya sabes que siempre he estimado de veras a la familia, y ahora, cuando la desgracia os aflige. *(Todos callan.)* ¡Pobrecito Angel! Sería por su defecto, pero parecía a sus diecisiete años un niño de cuatro. María lo quería mucho y él pasaba por casa siempre que podía para que le diese un caramelo. ¡Igual, igual que un niño!

DON FAUSTO.—Es verdad. Pero Dios sabe cómo se habría defendido en la lucha por la vida, con ese defecto...

NAZARIO.—¿Y no tenéis noticia de haber encontrado... nada?

DON FAUSTO.—No, señor. Sabe usted, la corriente era muy rápida aquel día, y dice el barquero que él lo vió desaparecer en un segundo...

NAZARIO.—¡Vaya, hombre, vaya! *(Pausa.)* Bueno, entonces...

DON FAUSTO.—*(Señalando a la puerta de Petra.)* Pues ya sabe usted. Si usted pudiese hacer algo...

NAZARIO.—Veremos, veremos, voy a hablar con ella...

AGUEDA.—Mi madre le respeta mucho, don Nazario. Siempre le ha hecho a usted mucho caso.

NAZARIO.—Sí, sí, pero ya sabéis cómo es ella cuando se pone. Durilla, durilla de convencer, si se emperra en una cosa. Me acuerdo cuando lo de la escritura de venta...

DON FAUSTO.—¡Pues como usted no pueda, don Nazario, nadie!

NAZARIO.—*(Encaminándose a la puerta.)* Vamos allá. *(Fausto se acerca, toca con los nudillos. Nadie contesta. Entreabre...)* Petra, Petra, aquí está don Nazario, el notario, que viene a verte... *(Nadie contesta.)* Pase usted, don Nazario... *(Entra éste, y Fausto cierra la puerta. Fausto va a sentarse junto a la chimenea, y hurga el fuego. Eusebio enciende un pitillo y se sienta en una butaca. Agueda se sienta junto a la ventana. Hay un momento de silencio, como si todos esperaran algo.)*

DON FAUSTO.—¡La verdad es que no sé qué necesidad había de todo esto! ¡Qué situación nos ha creado vuestra madre! *(Otro silencio.)*

AGUEDA.—*(Mirando por la ventana. Se levanta, agitada.)* ¡Padre, padre, ahí vienen; los cuatro!

DON FAUSTO.—¿Quiénes?

AGUEDA.—Ellos, los agentes.

DON FAUSTO.—*(Levantándose.)* ¡En qué mal momento! Pero quizá valga más así, porque como está entretenida con don Nazario no los oirá... *(Llaman a la puerta. Agueda abre.)*

ESCENA III

Entran los cuatro agentes, DON HELÍACO, DON SELENIO, DON ESTELARIO y DON UNIVERSALO, y van dando la mano a DON FAUSTO y saludan con una inclinación de cabeza a los hijos.

DON HELÍACO.—Buenas tardes, don Fausto.

DON SELENIO.—Muy buenas tardes.

DON UNIVERSALO.—Muy buenas.

DON ESTELARIO.—¿Cómo están ustedes? *(Don Fausto responde a los saludos.)*

DON FAUSTO.—Muchos gustos, señores, en verles por esta su casa. Tomen asiento. *(Se van sentando todos.)* Ustedes me dispensen que les ruegue que no hablen muy alto. *(Mirando hacia la izquierda.)* Petra, mi mujer, está muy nerviosa y...

DON HELÍACO.—Sí, sí, ya sabemos. Es una contrariedad,

una gran contrariedad para todos. Empezando por ustedes.

Don Fausto.—Sí, lo es, verdaderamente lo es...

Don Selenio.—Porque ustedes ya estarían haciendo planes para la utilización de esa cantidad. ¡Es lo natural! Su señor hijo me decía ayer, creo, que pensaba montar una clínica...

Don Fausto.—Eso pensaba, sí. Es penoso hablar de estas cosas cuando las causa la pérdida de un hijo..., pero mi establecimiento de papelería y librería necesitaba un buen remiendo y yo también hice mis cálculos.

Don Universalo.—He de decir a ustedes que en mi ya larga vida profesional no me he confrontado con una situación tan extraña como ésta. Pensar que le cae a una familia, a quien no le sobran los fondos, un capitalito como éste, 35.000 pesetas, con el que podrían resolver muchos de sus problemas, y que los rechaza...

Agueda.—No, señor. Nosotros...

Eusebio.—Nosotros no lo rechazamos...

Don Universalo.—Cierto, certísimo, ustedes perdonen. Quise decir que hay un individuo de esa familia, sumamente respetable, nada menos que la madre de la familia, que se obstina en no aceptar el dinero, que se niega a firmar el recibo de aceptación y con ello les pone a ustedes (y a nosotros también) en este callejón sin salida... *(Pausa.)*

Don Estelario.—El objeto de nuestra visita es comunicar a ustedes que nosotros, aun sintiéndolo mucho, no podemos continuar así. Nunca se ha visto a tres agentes de tres compañías de seguros como *El Perihelio, El Macrocosmos* y *El triángulo boreal,* teniendo que suplicar a la familia de un asegurado que reciba el dinero.

Don Universalo.—Y más aún si se tiene en cuenta que nuestras compañías hicieron una excepción notabilísima al decidirse a pagar el premio sin que haya aparecido... Ustedes perdonen..., vamos, el cadáver. Fué una excepción, que sólo en orden al interés, al afecto que sienten por esta ciudad, y por ser el primer caso, han podido hacer...

Don Fausto.—Sí, señor, sí. Lo comprendemos y se les agradece, pero... ¿qué quiere usted? *(Pausa.)*

Eusebio.—¿Y no sería posible cobrar el dinero sin ese requisito de la firma de aceptación de mi madre?

Don Estelario.—No, joven, no. La ley es la ley. Sus señores padres eran los beneficiarios, y si ella se resiste a firmar... *(Pausa.)* ¿Y qué es lo que alega como base de esa incomprensible conducta, don Fausto?

DON FAUSTO.—¡Cosas de ella! Sabe usted, Petra es buenísima, no puede ser mejor, pero ha vivido siempre encerrada aquí, o en el campo en la finca de sus padres, no conoce el mundo. Y luego Angel era el más pequeño, y por ese estado mental suyo, lo quería como a nadie, era su nido... *(En este momento se abre sin ruido la puerta de la alcoba de Petra y sale Don Nazario. Don Fausto se adelanta a él. Don Nazario hace una inclinación de cabeza a los cuatro agentes. Don Fausto y Don Nazario se apartan a un lado de la escena y hablan aparte.)*

NAZARIO.—Nada, amigo Fausto, nada.

DON FAUSTO.—¿Pero qué dice?

NAZARIO.—Ya le digo a usted. Nada. He hablado, he hablado, y ella ni me contesta. Sigue quieta en su silla, mirando a la ventana. Y ya cuando ha abierto los labios ha sido para decirme: "Ustedes le querían mucho... El siempre me hablaba de doña María. Por su memoria, don Nazario, déjeme usted sola..." Me doy por vencido, Fausto. Ya hablaremos. Ahora veo que tiene usted aquí a estos señores. Adiós, Fausto. *(A los Agentes.)* Buenas tardes, señores.

DON FAUSTO.—Muchísimas gracias, de todos modos, don Nazario. *(Le acompaña a la puerta después de ponerle el gabán.)* ¡Con Dios, vaya usted con Dios! *(Agueda y Eusebio se adelantan a la puerta a decirle adiós. Luego vuelven hacia los Agentes.)* Ahí tienen ustedes la última prueba.

DON HELÍACO.—¿Es don Nazario, el notario, no?

DON FAUSTO.—Sí, le llamamos a ver si él podía quitarle esa idea de la cabeza, porque siempre le tuvo mucho respeto. Y ha fracasado...

DON UNIVERSALO.—Pues como le decía, don Fausto, este estado de cosas no puede prolongarse por parte nuestra. Aquí traemos el importe de los premios. *(Don Estelario saca de una carpeta que lleva en la mano unos billetes y se los da a Don Universalo. Este se los enseña a Don Fausto y los pone encima de la mesa.)* 35.000 pesetas en billetes de cien. De ustedes son sin más requisito que la firma de su señora en este recibo que ya tiene la firma de usted. Mañana a estas horas volveremos, y la situación quedará zanjada en un sentido o en otro. *(Los tres de la familia miran al montón de billetes.)*

Don Fausto.—*(Sin quitar la vista de los billetes.)* Pero y ¿qué quiere usted que hagamos nosotros?

Don Helíaco.—Tampoco nosotros podemos hacer más. Unicamente...

Agueda y Eusebio.—*(Ansiosos.)* ¿El qué?

Don Helíaco.—Yo me atrevería a proponer a ustedes una última tentativa...

Don Fausto.—Si está en nuestra mano, nosotros no pedimos otra cosa que convencerla. Es por su bien, por el bien de todos, de sus hijos... ¡Usted dirá!

Don Helíaco.—Nosotros, por nuestro oficio, tenemos por costumbre tratar mucho con toda clase de personas. Somos un tanto psicólogos, conocedores del corazón humano. Hemos dado con no pocas personas obstinadas, tercas, que al cabo de una conversación detenida con uno han visto claro... Si usted no tuviera inconveniente en que habláramos un rato con su esposa, acaso valdría la pena...

Don Fausto.—No querrá...

Eusebio y Agueda.—Podríamos probar, papá. Estos señores tienen razón...

Don Fausto.—La va a ser muy doloroso.

Eusebio.—Sí, papá, sí, pero al fin y al cabo vale la pena. ¡Eso de ceder a un capricho que a todos nos perjudica y a nadie aprovecha!

Don Helíaco.—Don Fausto, su señor hijo ve la cosa muy clara...

Don Fausto.—Puede, pero... yo... *(Sollozando.)*, yo... no se lo digo...

Don Helíaco.—Es muy respetable su sentimiento. *(Volviéndose a Eusebio y Agueda.)* Quizá... (En este momento se abre la puerta de la alcoba de Petra. En el umbral aparece ésta: alta, delgada, vestida de negro, con un pañuelo blanco en la mano, se queda parada en el umbral, la mano caída, de modo que resalte el pañuelo, en la falda, mirando a todos sin expresión. Se forman dos grupos. Agueda y Eusebio van a ponerse al lado de su padre al fondo derecha, y los Agentes se acercan en primer término, derecha.)*

Don Helíaco.—¡Señora!

Don Selenio.—¡Muy señora mía! *(Los dos, muy azorados. Don Universalo y Don Estelario saludan con una inclinación respetuosa. Petra no contesta.)*

Agueda.—¡Madre!

Petra.—¿Madre, de quién?

Agueda.—¡De quién va a ser! Mía y de Eusebio... *(Señalándole.)*

Petra.—¿Y de quién más? No te lo calles. ¿Tú no sabes que una madre es más madre de los hijos muertos que de los hijos vivos? Los que viven tienen a muchos que los ven, que los quieren, que se acuerdan de ellos. Los muertos, no. Los muertos ya no salen ni entran, no los ve nadie, no piden agua, no pasan por la plaza, no hacen bien ni mal. Están como muertos. Pero su madre los vive y tiene que verlos por todos, quererlos por todos, pensar en ellos por los demás. Tú aún no sabes eso, eres moza. Ya lo sabrás algún día. Soy tu madre, y madre de éste, pero ya sabes tú de quién más. ¿Verdad?

Agueda.—Sí, ya lo sé. De él..., del pobre Angel.

Petra.—¿Y tú, y tu hermano y tu padre, estáis conformes en que se lo vendamos a estos hombres, no?

Don Fausto.—¡Petra, mujer!

Don Helíaco. — Permítame. *(Con voz solemne y compungida.)* Señora mía, usted padece una lamentable confusión. Interpreta usted erróneamente la finalidad de nuestra obra y nuestros propósitos. No es raro. En primer lugar, venimos aquí a ofrecer a usted nuestros respetos, a ofrendarla nuestros sentimientos de pésame por la desgracia de su hijo...

Don Universalo.—*(Animándose y tomando la palabra él.)* Señora, antes que hombres de profesión somos seres humanos, compartimos el dolor inmenso que la embarga. Expresado esto, desearíamos que usted nos permitiera explicarla cómo, en una sociedad moderna, la institución del seguro...

Petra.—*(Volviéndose a Fausto.)* ¿Qué dicen? ¿Qué es eso? ¿Por qué hablan así? ¿Por qué me hablan con tantas y tantas palabras y no se entiende nada? *(Don Helíaco y*

289

Don Universalo hacen ademanes de desesperanza como dándose por vencidos.)

Don Estelario.—*(Aparte, a ellos.)* ¡Calma, no desanimarse! Probemos por otro camino. *(A Petra.)* Señora, usted ha observado de seguro la vida de los animales. Usted habrá percibido muchas cosas que responden a su sentido de cooperación y sociabilidad. ¿No es conmovedor ver cómo se ayudan padres e hijos, en el nido, y si un vendaval destroza su morada, cómo acuden todos a buscar briznas y pajas nuevas? Pues bien: el hombre, por un instinto sagrado de conservación, semejante al de los pájaros...

Petra.—¿Pero ustedes qué saben de los pájaros? ¿Dan ustedes dinero por los pájaros también?

Don Estelario.—*(Desconcertado.)* Señora, se trata de un símil de que me servía para intentar hacerle ver que el dinero es una forma de vinculación social, y que esta cantidad que aquí traemos... *(Señalando a los billetes.)*

Petra.—¡El dinero! ¿Y cuánto, cuánto han traído ustedes?

Don Estelario.—*(Más animado.)* Señora, yo no sé si usted conoce detalladamente el estado de aseguración de su hijo (q. e. p. d.). Estaba asegurado dos veces, una por póliza que le regaló su tía Rosa, sin decírselo a nadie, respondiendo a nuestra campaña de que el mejor regalo es un seguro. Esa póliza es con la compañía que me honro en representar.

Don Selenio.—Y en la mía tenía otra que le tocó en suerte cuando para difundir las ventajas del seguro rifamos en su escuela tres contratos de 10.000 pesetas. En cuanto a la tercera..., es la de accidente. El propietario del servicio de barcas, hombre progresivo, tenía asegurados a todos sus pasajeros, y cuando su hijo sufrió el accidente...

Petra.—¿Qué accidente?

Don Selenio.—Señora, usted lo sabe..., la caída al cruzar el río, la tarde de la crecida...

Petra.—¡Accidente, accidente, el río! Ustedes saben muy bien lo que ha pasado.

Don Helíaco.—*(Desconcertado.)* Señora, usted no insinuará...

Don Estelario.—*(A Don Universalo, bajo, aparte.)* Pero... ¿sabrá... algo?

Don Universalo.—Imposible, el barquero es de absoluta confianza. Nadie puede saber nada.

Don Selenio.—Señora, no entendemos lo que usted quiere decir...

Petra.—Lo que digo es que son ustedes, ustedes, los que le han matado...

Don Helíaco.—*(Azorado.)* Esa suposición, señora...

Don Universalo.—Somos hombres de honor, se nos acusa sin pruebas, se...

Don Fausto.—Calma, señores, calma. Dense cuenta del estado de mi esposa.

Don Universalo.—*(Aparte, a sus colegas.)* No se aturdan. Esta pobre mujer no puede saber nada. *(A Petra.)* ¿Que nosotros le hemos matado? ¿Y cómo?

Petra.—Como se mata a todas las cosas, a los peces, a las flores, a las piedras, poniéndolas precio.

Don Helíaco.—*(Aparte, a los colegas.)* Ven ustedes. Nada, ya les decía...

Petra.—Y yo, que no sabía nada; yo, que ignoraba que mi Angel llevaba en la frente unos números marcados... Unos números... ¿Cuáles serían? ¿Cuánto era?

Don Fausto.—Ya lo sabes, Petra, te lo hemos dicho. Siete mil duros...

Petra.—Mi Angel iba por ahí con una etiqueta: "Valgo siete mil duros." Ustedes, que se la pusieron, le han traído la muerte. Si no, ¿cómo iba la muerte a fijarse en él, tan inútil, tan bueno, que no hacía más que vivir sin malicia como Dios le quiso? Ustedes se lo señalaron; ustedes, que son capaces de ponerles carteles a todos, como las bestias de la feria; éste tanto, éste más cuanto... Y ahora quieren ustedes que yo tome el dinero de la venta, que yo lo venda, ¿no?

Don Selenio.—Pero, señora, eso no es vender...

Agueda.—Madre, ¿no ve usted que...?

Petra. *(Volviéndose a Agueda. Se fija en ella, va hacia donde está y la coge del brazo.)* Y a ésta, ¿no me la quieren ustedes comprar también? Mírenla, lo hermosa que es. Veintiún años tiene, y tan sana, y tan robusta, y con los dientes tan blancos y las piernas tan firmes... *(Va señalando conforme habla.)*

Agueda.—*(Se desase, sollozando, de su madre.)* ¡Jesús, Dios mío, no está bien, no está bien...!

EUSEBIO.—*(Yendo hacia ella.)* Madre, no sea así. Agueda no tiene la culpa de nada... *(Coge a su hermana por el talle.)*

PETRA.—¡Siete mil duros! Y ustedes que saben de cuentas, ¿no me podrían decir cuántos años hubiese vivido mi hijo sin...?

DON ESTELARIO.—Señora..., quién sabe, treinta, veinte años...

PETRA.—Veinte años, lo menos... Siete mil duros... Y diga usted, ¿a cuánto sale eso por día? Usted lo debe de saber...

DON ESTELARIO.—No sé adónde va usted a parar, señora, pero... sale poco más o menos a un duro diario... No veo...

PETRA.—Me darían un duro todos los días, ¿verdad? Cuando yo me despertara, y fuera a la alcoba de Angel, y no le viera allí con su sonrisa de haber soñado sueños de niño, entonces alguno de ustedes vendría a decirme: "No se aflija usted, señora, aquí tiene usted su duro de hoy." Cuando yo lo busque para ir los dos de paseo al bosque, como muchas tardes, y no esté, otro vendrá a contarme: "No se extrañe usted, Petra, ¿no tiene usted ya su duro de hoy?" Cuando yo le pida un vaso de agua fresca, y no me conteste nunca, ¿no tengo ya para apagar la sed mi duro de hoy? ¡Y así todos los días de mi Angel, todos vendidos uno a uno, todas las noches cuando yo le contaba los mismos cuentos de los ocho años, todas pagadas igual! ¡Y con tanto como hay en un día y una noche, y otra y otra... para nosotros, los que no tenemos reló..., como Angel y yo... Todo se da por un duro. Pero ustedes no saben nada, nada. ¡Váyanse, váyanse por esa puerta!...

DON HELÍACO.—*(A sus colegas.)* ¡Qué disparates! ¡Lo que es la ignorancia!

PETRA.—No les tengo odio, siquiera. Es que ustedes no saben nada. Váyanse a su negocio, a vender padres a hijos, hermanos a hermanos, a seguir vendiendo y comprando hombres, niños, mujeres..., todos los que se compren y se vendan. Yo no vendo a mi Angel. ¡Por nada, oyen ustedes, por nada!

DON FAUSTO.—Pero ¿no ves que estás ofendiendo...?

DON SELENIO.—Señores, es inútil prolongar más esta escena. No nos duele el fracaso de nuestra gestión profesional, no. Nos duele la incomprensión, la injusticia con que se trata a empresas y a personas que vinieron hasta este pueblo de la serranía a propagar ideas beneméritas de cooperación y progreso... Pero ¿para qué seguir? *(A Petra.)* Señora, ahí queda ese sobre con los siete mil duros. *(Pone algo en una mesita de escritorio que hay junto a la chimenea.)* Si usted estampa su firma en el recibo, la cantidad que contiene el sobre será suya, de su familia, mañana. Consulte con su conciencia. Y si usted quiere privar a los suyos de lo que les corresponde, sin bien para nadie, no firme.

PETRA.—¿Firmar yo? No, y no. Y ustedes no saben por qué...

DON HELÍACO.—Se nos figura que lo sabemos de sobra, señora.

PETRA.—*(Con aire misterioso.)* Pues no... No firmo eso porque mi hijo vive...

TODOS.—*(Con aire de extrañeza.)* ¿Que vive? ¿Quién se lo ha dicho?

PETRA.—Yo lo sé, porque ustedes todos le han vendido y están dispuestos a tomar el dinero de su muerte. Para ustedes está muerto, porque así, muerto, cogen ustedes el dinero, si no, no. No hay dinero si no hay muerto. Ustedes lo necesitan muerto. Pero yo lo necesito vivo y aún le queda un hilo de vida, un hilo que soy yo, que quiero que viva, que no tomo dinero. Y eso es lo que no quiero vender. Si yo firmara, entonces sí que se habría muerto... ¿Lo entienden ustedes? Cada vez que digo "no firmo" le siento vivir, sin verle, como le sentía en los primeros meses de su vida, dentro de mí, como un latido. No, yo le guardo su vida. Váyanse, váyanse... *(Los cuatro Agentes se disponen a salir. Don Fausto y Eusebio les dan sus sombreros y les acompañan a la puerta.)*

DON HELÍACO.—*(A Don Fausto.)* Lamentamos mucho esta escena...

DON FAUSTO.—Ustedes perdonarán...

DON SELENIO.—Nada, don Fausto, nada, nos damos cuenta. Buenas noches.

DON HELÍACO, DON SELENIO, DON UNIVERSALO y DON ESTELARIO.—Buenas noches a todos.

DON FAUSTO, AGUEDA y EUSEBIO.—Vayan con Dios...

PETRA.—*(Sarcásticamente.)* ¡Con Dios...! ¡Esos! *(Faus-*

293

to cierra la puerta y vuelve junto a sus hijos, que se le acercan. Petra sigue al otro lado del cuarto, junto a la chimenea, abstraída.)

AGUEDA.—*(A Fausto, en voz baja, para que no oiga su madre.)* Pero, padre, ¿usted cree que pueda ser verdad eso que dice madre de que Angel no ha muerto...?

EUSEBIO.—¿Pero tú no te das cuenta de cómo está? ¿No ves que son alucinaciones suyas?

AGUEDA.—*(Mirándola.)* Voy a ver si la convenzo de que debe acostarse...

EUSEBIO.—No, más vale dejarla. No la excites...

DON FAUSTO.—Sí, quizá valga más...

AGUEDA.—*(Yendo hacia ella.)* Madre, ¿quiere usted algo? Nos vamos a acostar. ¿Usted no se acuesta todavía...?

PETRA.—No. Voy a estarme aquí. ¡Hasta mañana!

DON FAUSTO.—¡Hasta mañana, Petra! ¡A ver si descansas!

EUSEBIO.—Adiós, madre.

AGUEDA.—*(Se acerca y la da un beso sin que ella responda.)* ¡Descanse, madre, descanse! *(Salen los tres por la puerta de la izquierda.)*

ESCENA V

PETRA, sola. Va a la llave de la luz y apaga. La habitación se queda apenas iluminada por el fuego de la chimenea. PETRA se sienta cerca, en una butaca, con las manos cruzadas descansando sobre el regazo. Está de frente al escritorio donde se quedó el dinero.

PETRA.—*(Mirando al montón de billetes, y hablando con toda naturalidad.)* ¡Descansar, con eso aquí! Esos hombres saben mucho. Aquí nos han dejado solos, a ti y a mí. Con su palabrería nunca van a convencerme. Ahora te toca a ti, ¿verdad? Siete mil duros. Ahí en un montoncito tan chico. La tentación. Ellos confían en que al verme aquí sola, desvalida, no pueda resistir, y me rinda y firme. Son malos. Saben que así, sin hablar, cuando se está solo se oyen en la conciencia de uno mismo palabras que pueden más que las que salen de las bocas de los hombres; ésas son las que convencen. ¿Cómo se va a descansar, cómo se va a estar en paz, teniendo ahí delante... eso? Son malos... Siete mil duros. Una fortuna caída del cielo..., eso es lo que

294

ellos me quieren hacer creer. ¡Pero no me engañas, no, te conozco! *(En este momento, en el lugar mismo donde están los billetes, brota como un chorro de luz o llama. Se puede hacer con un ventilador con cintas de colores que el aire agite. Mientras dure la escena se moverán sin cesar, como indicando que el dinero se ha animado.)*

DINERO.—*(Hablará con una voz atiplada y seca, metálica.)* Tú no me conoces. Lo que eres tú es una loca. O una boba, como tu hijo. ¡A tus años y aún no sabes vivir! ¿De qué te ha servido la experiencia? ¡Resistirme tú! ¿Quién eres tú a mi lado? Yo soy tan viejo que nadie sabe cuándo nací, y joven, constantemente joven. Me renuevo día por día. Los hombres me han hecho inmortal. Si unas monedas se me gastan, si se me borran unas efigies, ya están las máquinas, los troqueles, fabricando por millones otras nuevas y relucientes, donde salgo más brillante que antes. Soy más fuerte que todos vosotros juntos, porque no tengo alma, ni pies, ni manos, y no las necesito porque vosotros venís a entregármelas, a vendérmelas, unos por mucho, otros por poco. ¡Todas las almas, mías!, y los millones y millones de cabezas que me sirven pensando día y noche cómo ganarme, cómo tenerme un poco más, y los brazos, en las fábricas, y hasta las mujeres dándose a un hombre por buscarme a mí. ¿Cuándo ha tenido ningún emperador más súbditos, ningún capitán más soldados? Nunca se me acaban. Uno muere, y los que le hereden vienen a ofrecérseme, al pie mismo de su lecho. Nadie puede conmigo, ni podrá. ¡Pobre mujer, cómo vas a poder tú!

PETRA.—*(Sin acaloro.)* Podré, podré, porque te conozco. Eres el malo.

DINERO.—¿Dime, cómo vas a herirme, cómo vas a matarme? ¿Qué cuchillo, de qué acero, tienes tan afilado? ¿Dónde me ves el cuerpo? ¿Te imaginas tú lo que hay que hacer para matarme? Arrasar los emporios, derribar las torres de cincuenta pisos, meter fuego a las lonjas, a las bolsas, descuajar esas ciudades que me han hecho para adorarme. ¿Tú no sabes que las ciudades son templos míos? Y matar, matar a todos los hombres y mujeres en los que vivo, y soy su sangre, y por mí se mueven, y se alegran o se apenan. Para matarme a mí más tendrías que matar que todos los ejércitos del mundo. Ahí tienes, a tu marido, a Fausto, a tus dos hijos, a Agueda y a Eusebio. Los tres me llevan dentro. Por mí Fausto podrá sacar adelante su negocio, Eusebio poner la clínica, tu chica casarse. Porque yo sé tentar a cada cual con lo que desea. Si quieres matarme, ya sabes por dónde empezar... Por ellos. Sé razonable, loca. No te empeñes en lo imposible. Yo te saldré al paso por todas partes, estoy en todos...

PETRA.—¡Mentira! Tú sabes que es mentira. Si estuvieras en mí, ¿para qué tanto discurso, tanta palabra malgastada? Tú no estás en mí... y tú no estás en mi Angel.

DINERO.—¡Claro! ¡Vaya una cosa! Porque el chico es un atrasado, que a sus 17 años no discurre más que un niño de ocho. Esos serán los que se me resistan. Locos y niños, gente sin raciocinio, que se llaman civilizados y viven como los salvajes, sin mí. Y has de saber, además, que a tu Angel ya lo tengo enredado, y que sin saber él nada está rodeado por mis lazos, ha caído...

PETRA.—Más embustes. Siempre eres un embustero. Ni de oro, ni de plata, ni de nada, de papel, de aire, todo de embeleco, mentira misma. Mi Angel no ha caído...

DINERO.—Pero caerá muy pronto.

PETRA.—No caerá, porque le tengo yo sujeto por un hilo, delgado, muy delgado, que me sale de aquí *(Poniéndose las manos cruzadas sobre el pecho.)*, y que puede más que tú... Tú tira todo lo que quieras de él, con todo el peso de tus metales, de tus montañas de papel, que yo tiraré más fuerte... y no se soltará...

DINERO.—¡Poder más que yo! Soy el amo, el gran amo, te enteras, el amo de todos, del patrono y del obrero, del que vende y del que compra. Los padres enseñan a sus hijos a respetarme, los adiestran para servirme; las mujeres empujan hacia mí a sus maridos, y las comadronas y el sepultero, los que ayudan a venir al mundo y a irse del mundo, por su cuenta y razón lo hacen, por su jornal, por mí. Estoy en las primeras, en las últimas manos, que tocan al hombre sobre la tierra. No tienes escape. Voy a pasar la noche aquí, contigo, contándome, duro por duro, contándote todos los beneficios que van a sacar tu marido y tus hijos de mí. No podrás dormir. Tú firmarás.

PETRA.—¡Nunca, nunca, aunque amanezca muerta!

DINERO.—¡Ja, ja, ja! No tienes escape... ¿Quién te va a salvar? *(En este momento se oyen unos golpes en el cris-*

tal de la ventana llamando. Petra, con la cara radiante, se levanta y va hacia ella. Abre las dos hojas.)

PETRA.—¿Quién es?

ANGEL.—*(Apareciendo en el marco de la ventana.)* ¡Madre, madre, soy yo...! *(Da un salto y entra en el cuarto.)*

PETRA.—¡Mi Angel, mi Angel! *(Lo abraza. Dinero emite algo así como un silbido o bufido prolongado y se apaga, como si fuese por el aire que entró por la ventana.)*

ESCENA VI

PETRA.—*(Le pone las manos en los hombros, le mira, extasiada.)* ¡Si ya lo sabía yo, si te sentía yo, tirando del hilillo, aquí en este lado! ¡Y tan hermoso, vivo, vivo, vivo! *(Abrazándole.)* ¡Embusteros, charlatanes, trapaceros! Que tú te me habías muerto, que el río, y qué sé yo..., decían...

ANGEL.—*(Habla con dulzura y despacio.)* Madre, madre, ¿qué me ha pasado? ¿Verdad que no me he muerto?

PETRA.—No, tonto, no. ¿No lo ves? ¿No ves a tu madre? Pero qué ropa llevas, no es la tuya... ¿Tendrás frío, verdad? Voy a buscarte tu chaqueta recia y tu... *(Se levanta.)* Pero no, no, que nos oirán, y no nos tienen que oír..., no.

ANGEL.—¿Pero no se van a alegrar mucho papá y los hermanos de que haya vuelto?

PETRA.—Sí, hijo, sí, pero luego..., luego... Vente aquí, a mi falda, acércate al fuego, pobrecito... *(Lo coge y se lo pone en el regazo como a un niño.)*

ANGEL.—¿Y dónde he estado, madre? ¿Qué me pasó?

PETRA.—Pero tonto, tontín, tú eres el que me lo tienes que contar a mí. ¿Por qué no volviste a casa? ¿Dónde has estado...?

ANGEL.—Yo no sé si voy a saber contarlo, madre. Yo entré en la barca, con Román el barquero, los dos solos. ¡Qué alto iba el río, madre, si usted viera qué alto! Daba miedo...

PETRA.—¿Y qué te pasó, hijo mío?

ANGEL.—Pues que yo estaba mirando al agua y, de pronto, ¡paf!, pues me dieron un golpe aquí en la cabeza, muy fuerte, y ya no sé más.

PETRA.—¡Pobrecito mío, criminales! Y luego, ¿dónde estuviste estos cinco días?

ANGEL.—Yo no sé quién me llevó...

PETRA.—¿Adónde?

ANGEL.—A una casa muy grande, en el campo, y había una mujer y un hombre, y hablaban mucho y reñían mirándome, y una vez el hombre se vino a mí como para pegarme y ella le dijo... ya no me acuerdo...

PETRA.—Haz memoria..., hijo...

ANGEL.—Ah, sí, que si no me tenía lástima, que yo no había hecho nada malo. Y esta tarde me escapé. A mí no me gustaba vivir allí. ¡Me daban más mal de comer! Me acordaba mucho de usted, madre.

PETRA.—*(Abrazándole.)* Pobre mío, y tendrás hambre y sueño. Ahora iré a buscarte alguna cosita de comer a la cocina...

ANGEL.—Sí, madre, tráigame usted algo... o yo iré con usted...

PETRA.—No, no, que meterías ruido. Yo voy en seguida.

ANGEL.—Y luego, tengo un sueño, a dormir, ¿verdad, madre? Es muy tarde ya... *(Bosteza.)* Me da usted de comer y me voy a mi cama...

PETRA.—Sí, hijo, pero mira, mejor será que eches un sueño aquí, en el sofá, para no pasar por la alcoba de tus hermanos... *(Sale la madre. Apenas ha salido se enciende la llama del dinero. Angel la ve y se acerca. Vuelve Petra y en el momento antes de ella entrar se apaga.)*

PETRA.—*(Poniéndole un plato en la mesa.)* Toma, hijo, queso, del que a ti te gusta, pan, miel...

ANGEL.—*(Sin hacer caso.)* Madre, mire usted, ¿qué es esto que hay aquí? ¡Es dinero, madre, mucho dinero!

PETRA.—No lo toques, hijo, no lo toques... Come, deja eso. *(Angel se sienta y empieza a comer. Vuelve la cabeza al montón de billetes.)*

ANGEL.—¿Se podrán comprar muchas cosas con tantos billetes, madre? Trenes como el hijo del juez... y...

PETRA.—Sí, hijo, sí. Pero ahora tú come, que tienes que dormir un poco...

ANGEL.—Madre, un poco no, yo quiero dormir mucho, estoy cansado.

PETRA.—*(Con voz suave.)* Es que esta noche vamos a ir

le paseo tú y yo, luego. ¿No ves la luna tan hermosa que hay?

Angel. — ¿Y adónde iremos, madre? ¿Vendrá Agueda con nosotros?

Petra.—No, iremos los dos, los dos solos. Vamos a otra casa, una que te he buscado yo más bonita!

Angel.—¿Más bonita? ¿Cómo es, madre? *(Ya ha acabado de comer.)*

Petra.—Échate aquí, en el sofá, y yo te lo contaré. *(El chico se acuesta.)* La casa, la casa clara, la casa color de rosa, la casa que yo te hago, la casa, casa redonda, donde no habrá nunca... hombres que te compran, casa, clara...

Angel.—*(Ya medio dormido.)* ¿Muy clara?

Petra.—Sí, hijo, sí... *(Se queda dormido. Ella sigue sentada a su lado, mirándole como a un niño, sonriente... Se apaga la luz o cae el telón para indicar que ha pasado algún tiempo. Se supone que son dos horas más tarde, cuando se alza de nuevo.)*

ESCENA VII

Tres horas después. Petra, sentada a la mesa, escribe. Cuando termina mete la carta en un sobre. Va a la chimenea y lo pone en el vasar, de modo que se vea muy bien.

Petra.—¡Angel, Angel, despiértate, que ya es hora de irnos a la otra casita!

Angel.—*(Se incorpora y se despereza.)* Madre, déjeme usted dormir, yo tengo sueño...

Petra.—Sí, hijo, pero hay que marcharse, y allí dormirás mucho, todo lo que tú quieras...

Angel.—¿Por qué nos vamos, madre?

Petra.—Porque así ya no te darán más golpes, ni te encerrarán en casas feas..., ni...

Angel.—¿Y por qué no vienen papá y mis hermanos?

Petra.—Ellos tienen que hacer, hijo mío, tienen sus cosas que hacer. Tú y yo podemos irnos porque no tenemos la tienda, como papá, ni estudios, como Eusebio... Aquí tienes este saquito con ropa tuya y juguetes... Ponte la chaqueta recia, hace frío.

Angel.—¿Pero no decimos adiós a papá, a...?

PETRA.—¡No, no, se enfadarían si les vamos a despertar ahora!

ANGEL.—*(Mirando al dinero.)* Mamá, mamá, ¿y por qué no nos llevamos eso? ¡Para comprar comida por el camino, para comprar un carrito, o un caballo, e ir a caballo!...

PETRA.—No, hijo, eso no... Mira, ven acá. ¿Tú ves ese dinero? Pues es malo, muy malo.

ANGEL.—¿Malo el dinero, madre? ¡Con tantas cosas bonitas como dan por dinero, en el Bazar de Barulio, o en la tienda grande... Pelotas, bicicletas, libros de estampas...! ¿Y cómo se va a entrar al cine sin dinero...? Padre me daba una peseta todas las semanas y...

PETRA.—Sí, el de los juguetes no es dinero malo. Pero éste no sirve para eso, es dinero de mala suerte, hijo. Si nos le llevamos erraremos el camino, no encontraremos fuentes de agua fresca ni sabríamos dar con la casa...

ANGEL.—Bueno, entonces déjelo usted ahí.

PETRA.—No, Angel. No... Tampoco. A cualquiera que lo coja le haría daño.

ANGEL.—¿Pues qué haremos con él? ¡Tirarlo por la ventana!

PETRA.—No, porque el aire lo llevaría Dios sabe dónde, y donde toque se secará la hierba y se morirán los pájaros. Mira lo que vamos a hacer.

ANGEL.—¿Qué, madre?

PETRA.—Echarlo a la lumbre. Tú verás las llamas tan preciosas que da... *(Coge los paquetes de billetes, y los va arrojando en conformidad con las palabras. Se alza a cada paquete que cae una llama viva de color distinto, que da un tono diferente al cuarto.)* ¡Tres años más para mi Angel, tres años más para mi Angel... y tres, y tres. ¡Cómo crece la vida para mi Angel!

ANGEL.—*(Saltando y palmoteando.)* ¡Qué bonito, madre, qué bonito! ¿Por qué son las llamas tan preciosas, de colores?

PETRA. — Porque el fuego se alegra de quemar cosas malas. Cada una es un pecado... Ven, hijo, ven. *(Le abraza.)* ¡Le hemos podido, podemos más que él...!

ANGEL.—¿Que quién, madre?

PETRA.—¡Tú no sabes! *(Para sí.)* Y ahora sí que firmaré, ahora tengo que firmar, para que no se diga que el dinero no era mío... *(Se acerca a la mesita, coge el*

papel, lo pone en la rodilla, cerca de la lumbre, para ver,
y firma con cuidado.) ¡Ya está! Vamos, hijo, vamos...
(Le coge de la mano y se dirige hacia la puerta.)

ANGEL.—Madre, ¿por qué está usted tan contenta? ¡Qué
alegría tiene usted en los ojos!

PETRA.—¡Si tú supieras lo que hemos hecho... *(Abrazán-*
dole.), si lo supieras! *(Salen cogidos de la mano. Cae el*
telón. Y sobre él se desarrolla, como un cartel, el texto de la
carta de Petra, escrito en grandes letras: "No me busquéis.
No me creería que es por mí, me creería que vais detrás del
dinero. Y a ese maldito dinero no le tocarán ya manos hu-
manas, ni las vuestras, ni las de nadie. Todo lo he gastado en
salvarnos. Si os empeñáis en perseguirme, nunca habréis de
cogerme viva. Olvido, silencio y paz, no quiero otra cosa de
vosotros."

EPÍLOGO

La acción se supone que ocurre ocho días más tarde. La misma
escena, con luz artificial encendida. AGUEDA, sentada, lee la carta
de su madre. Llaman a la puerta. La deja en el escritorio y abre.
Entra EUSEBIO.

EUSEBIO. — Buenas noches. *(Al ver la carta abierta.)*
¿Otra vez la estás leyendo, Agueda? ¿No la llevas leída
bastante en estos ocho días?

AGUEDA. — Sí, Eusebio, déjame... Siempre me quedan
dudas de si hacemos bien en no buscar a madre...

EUSEBIO. — Es su voluntad, Agueda. La respetamos...
Porque, además, de nada serviría... En su estado..., capaz
sería de hacer cualquier cosa... ¡Más tarde... quién sabe!

AGUEDA.—¡Si ha de volver... ella volverá! *(Pausa.)*

EUSEBIO.—¿No ha vuelto padre?

AGUEDA.—Todavía no, Eusebio, estoy preocupada. ¿Dónde puede estar?

EUSEBIO.—Se habrá entretenido en cualquier parte. *(Se*
deja caer en un sillón, con aire abatido.)

AGUEDA.—¿Estás disgustado?

EUSEBIO.—¿Cómo quieres que esté! Cuando ya me había resignado a irme del pueblo y aceptar esa plaza de
mala muerte, resulta que tampoco es para mí, que ya se
la han dado a otro. ¡Y vuelta a buscar!

AGUEDA.—Ya se presentará otra ocasión, Eusebio. Ten

paciencia. Ya ves yo, nosotros. Manolo tendrá que irse a la capital en busca de trabajo. ¡Y nos casaremos Dios sabe cuándo! Pero las cosas vienen así...

EUSEBIO.—*(Fijándose en un sobre que hay en el escritorio.)* ¿Qué es eso?

AGUEDA.—Es el contrato, el seguro nuevo. Lo han traído esta tarde... *(Eusebio lo ojea un momento.)* Yo no lo entiendo bien, Eusebio, eso de temporal solidario...

EUSEBIO.—Pues es muy claro. Si en estos diez años que viene nos ocurre una desgracia a madre, o a ti o a mí, los dos que queden vivos cobran los cinco mil duros.

AGUEDA.—¿Y cuando pasen los diez años?

EUSEBIO. — Entonces, ya, nada. Por eso es temporal. Ellos arriesgan poco. Padre es fuerte, tú y yo somos jóvenes...

AGUEDA.—De todos modos, hay que agradecérselo... Los siete mil duros nunca los hemos cobrado, es verdad, pero ellos los desembolsaron, los han perdido. Y este seguro nuevo que nos hacen, gratuitamente, ha sido voluntad suya, por lo extraño del caso nuestro... *(Suspira.)* ¡Ay Dios mío! ¡Cuántas cosas en unos días!

EUSEBIO.—Todo eso será muy verdad, pero dime francamente, Agueda: ¿de qué nos sirve ese papel? ¿Voy yo a montar una clínica con eso? ¿Te vas tú a casar con lo que te dé? ¡Cinco mil duros! ¿Y dónde están? Los otros estaban ahí, ahí *(Señalando al escritorio.)*, en billetes... Pero éstos...

AGUEDA.—¡Qué quieres, los seguros son así, cosas del azar, de la suerte...!

EUSEBIO.—¿Y con la suerte esa me voy yo a labrar un porvenir? Bueno, para qué hablar de eso. ¿Vamos a cenar?

AGUEDA.—Si tú quieres... Pero me empieza a preocupar lo que tarda padre. Nunca viene a estas horas. Y no nos dijo nada. Eusegio, Eusebio. *(Inquieta.)*

EUSEBIO.—¿Qué?

AGUEDA.—¿Le habrá pasado algo?

EUSEBIO.—¿Qué le va a pasar?

AGUEDA.—¡Tantas cosas pueden pasar... así de pronto... en...

EUSEBIA.—¡Qué novelera eres! Mira, vamos a cenar...

AGUEDA. — Bueno..., como tú digas... *(Se dirige a la puerta.)*

EUSEBIO.—O si no, Agueda, espérate, no sirvas la cena.

AGUEDA.—¿Por qué?

EUSEBIO.—Voy a salir al encuentro de padre y así te quedarás tranquila. Y yo también.

AGUEDA.—¿Ves, ves?

EUSEBIO.—¿El qué veo?

AGUEDA.—Que tú también tienes miedo...

EUSEBIO.—¿Pero de qué voy a tener miedo?

AGUEDA.—De qué sé yo, de padre..., de que le haya ocurrido cualquier cosa..., quién sabe...

EUSEBIO.—¿Pero por qué voy yo a tener miedo de que a padre le pase nada? ¿En este pueblo, de la tienda a aquí?

AGUEDA.—Entonces, ¿por qué vas a buscarle?

EUSEBIO.—Agueda, por Dios, voy porque te veo así y no quiero...

AGUEDA.—Sí, sí, anda. *(Eusebio se va a poner el gabán, cuando Agueda le detiene.)* No, no vayas. ¿Y si... ha pasado lo que haya pasado... y si tú...?

EUSEBIO.—*(Enérgicamente.)* Basta, Agueda, basta. Iré. Porque me has contagiado ya ese temor... ridículo... y estoy nervioso yo también...

AGUEDA.—*(Sollozando.)* Perdóname, Eusebio. No sé lo que me digo... ¡No salgas, no salgas! Va a venir en seguida...

EUSEBIO.—Sí, voy.

AGUEDA.—No, por Dios, no, son disparates míos. *(Le sujeta por las muñecas.)*

EUSEBIO.—Agueda, déjame. Suelta.

AGUEDA. — *(Gritando.)* No, Eusebio, no... *(Se abre la puerta y aparece Fausto, como siempre. Los dos hermanos, al ver al padre, se sueltan. Agueda sonríe forzadamente.)*

DON FAUSTO.—¿Pero qué es esto, muchachos? ¿A qué vienen esos gritos y ese forcejeo? ¿Qué es lo que os estáis disputando?

AGUEDA.—*(Corriendo a él y abrazándole.)* Nada, padre, nada, no nos disputábamos nada. ¡Qué alegría!

DON FAUSTO.—¿Queréis explicarme...?

EUSEBIO.—Nada, padre, nada. Nervios de Agueda. Como usted ha tardado un poco más..., hoy ya se le ocurrían disparates.

DON FAUSTO.—¿Y por eso la tenías agarrada de las muñecas?

EUSEBIO.—No, ella a mí. Es que yo, para calmarla, quería ir a buscarle a usted, y entonces no me dejaba...

DON FAUSTO.—¿Buscarme? ¿Y a santo de qué?

AGUEDA.—Padre, por si le había pasado a usted algo...

DON FAUSTO.—Pero criatura, ¿y qué me puede ocurrir a mí?

AGUEDA.—Yo no sé..., nada, nada, tiene usted razón.

DON FAUSTO.—¿Qué quieres que me pase, de casa a la tienda, de la tienda a casa, mañana y tarde, ayer y hoy, y mañana, y el otro, y el otro... *(Pausa.)*

AGUEDA.—Es verdad, padre..., no le puede ocurrir nada...

EUSEBIO.—Naturalmente, mujer, ¿qué le va a ocurrir? Bueno, vamos a cenar.

AGUEDA.—Sí, sí, a cenar... *(Dándole el sobre a Fausto.)* Padre, esto trajeron, de parte de don Helíaco.

DON FAUSTO.—Ah, sí el contrato..., el nuevo seguro. *(A Agueda.)* ¿Ves, tonta, ves?

AGUEDA.—¿Ver el qué, padre?

DON FAUSTO.—Pues que ahora hay que tener menos miedo que nunca...

AGUEDA.—¿Y por qué?

DON FAUSTO.—Mujer, por esto. *(Enseñando el sobre.)* El contrato nuevo..., el seguro... *(La da una palmadita en la mejilla y se dirige a la mesa. Ella se queda inmóvil. Eusebio también. Telón.)*

FIN DE
"SOBRE SEGURO"

JUDIT Y EL TIRANO

DRAMA EN TRES ACTOS

JUDIT Y EL TIRANO

PERSONAJES

JUDIT VELASCO, escritora.
VALENTÍN.
JOAQUÍN.
MANOLO.
SOFÍA.
PABLO.
ÁNGEL.
CRIADA *de la casa del* Regente.
FIDEL, ayuda de cámara del Regente.
REGENTE.

CORONEL, jefe de la Policía.
ENMASCARADO 1.º
ENMASCARADO 2.º
CANCILLER.
ÁGUEDA, camarera del Hotel de Sierra Baja.
GERENTE del Hotel.
TENIENTE de los "Voluntarios del Regente".
VOLUNTARIO.

La acción, en la capital de un país europeo imaginario, en época actual

ACTO PRIMERO

CUADRO PRIMERO

ESCENA PRIMERA

La escena representa un salón lujoso, decorado con gran abundancia de objetos de arte modernísimo, algunos notoriamente extraños: formas escultóricas a lo Archipenko, pinturas a lo Miró, etc. Muebles cómodos, también de estilo nuevo. En el centro, una mesa. Al fondo, ventanal por el que se ven tejados de la ciudad. Puertas a derecha e izquierda. Al levantarse el telón empieza a anochecer. En escena, JUDIT y VALENTÍN. JUDIT es una muchacha alta, delgada, fuerte, de gran belleza; viste con originalidad de gusto. Valentín es un muchacho de aire de artista bohemio, ojos brillantes, pelo revuelto, de unos veinte años. Los dos están sentados en el diván, inclinados sobre la mesa, larga y baja, que hay delante de ese mueble, y mirando atentamente algo.

JUDIT.—Ya no se ve casi. Voy a encender la luz. *(Se levanta y da al botón de la lámpara del techo, y luego enciende dos lámparas de pie, laterales. Vuelve a sentarse.)* Ahora se ven perfectamente, no hay confusión posible. *(Pausa.)* ¿Los distingues bien?

VALENTÍN.—*(Con tono malhumorado.)* Sí, claro. *(Cogiendo unos pedazos de papel de la mesa.)* Este papel es rugoso y mate, el otro liso y con un poco de brillo. No es difícil· distinguirlos. *(Los deja caer en la mesa, y él, con aire preocupado, se sienta en el diván.)*

JUDIT.—Valentín, ¿lo vas a hacer, verdad? *(Mirándole ansiosa.)*

VALENTÍN.—*(Sin mirarla.)* Sí, lo voy a hacer. *(Se levanta y pasea agitado por el cuarto.)* Voy a hacer trampa, a mí, a todos los compañeros, para darte gusto... Y no sé por qué. ¡Está mal!

JUDIT.—*(Yendo hacia él y cogiéndole las manos.)* No, Valentín, ya sabes tú que no está mal.

VALENTÍN.—Pero, Judit, ¿por qué te empeñas en ser tú, precisamente tú? ¿Por qué no voy a ser yo, o Joaquín, o...?

JUDIT.—Lo necesito, lo necesito...

VALENTÍN.—Lo necesitamos todos...

JUDIT.—No, no es lo mismo. Tú no sabes lo que es estar viendo esa figura negra, envuelta en el capote, sin cara, o con un gran vacío por cara, día y noche en la imaginación. ¡Y la voz, esa voz sin parecido, que no se sabe de dónde sale... y oírla aquí dentro...! Para vosotros es el tirano, el dictador, para mí además es un fantasma sin rostro, que se me ha alojado dentro y me sale al paso por todas partes... Me volveré loca...

VALENTÍN.—Pero tú sabes que todo eso de la apariencia y la voz es histrionismo, puro teatro malo. El es un cualquiera que ha dado con esa artimaña para imponerse a la gente.

JUDIT.—Sí, lo sé. Políticamente esa tramoya que se ha inventado no me hace el menor efecto; le odio más, por eso. Pero la figuración, el monstruo, se me pasean por mi fantasía, ya como si no tuvieran que ver con política, sueltos... Es que ha llegado a inventar una nueva figura del mal, otra encarnación física de lo diabólico, de lo antihumano. Y ésa es la que me obsesiona. Tienen mucha fuerza las figuras, quién sabe si más que las realidades, Valentín. Y por eso yo necesito acabar con ella. Ya ves, por ella tiene engañado al pueblo..., por su representación. Y hay que destruírsela...

VALENTÍN.—Sí, pero ¿qué más da que seas tú u otro el que la destruya?

JUDIT.—Sí, porque necesito verla de cerca, antes de que caiga, por mi mano; sentirla caer delante de mí, ver el embuste, el embeleco, materialmente derrumbado a mis pies. Si no, no podría creer que ha dejado de existir. Me lo dirán, lo leeré en los periódicos, pero sé que no me libraré de ese nuevo espantajo del mal... ¿No me entiendes, Valentín, no me entiendes? Sabes, es como si necesitara hacer pedazos, con mis manos mismas, una imagen, una estatua, un cuadro, sin importarme lo que significan, sólo por su forma horrible que me atormenta. Necesito verla cara a cara, por primera y última vez, ser yo la que la expulse de la realidad... ¿No me entiendes?

VALENTÍN.—Sí, Judit, te entiendo. Es lo de siempre, tu sensibilidad... La conozco. Pero todo eso son razones personales tuyas y nuestro objetivo debe estar por encima...

JUDIT.—¿Y qué pierde nuestro objetivo con que sea yo quien lo realice? Lo harás, ¿verdad que lo harás? *(Le coge las manos, suplicante. En este momento se oye el timbre de la puerta.)* ¿Oyes? Ya vienen, ya vienen. Dime que lo harás...

VALENTÍN.—*(La coge por la cintura, la acerca a sí, sin besarla, mirándola a los ojos.)* Sí, Judit, lo haré... Te veo en la mirada que eres tú, tú, la que lo tiene que matar. Tú, Judit... *(Se suelta.)*

ESCENA II

Entran por la puerta de la derecha ENRIQUETA, JOAQUÍN, PABLO y ANGEL. Los tres primeros, bien vestidos, con cierto tono artista y elegante en el traje. ANGEL, más sencillo.

VALENTÍN.—Salud.

JUDIT.—Muy puntuales...

JOAQUÍN.—¡Claro!

ENRIQUETA.—¿Qué tal, Judit? ¡Hola! *(A Valentín.)*

PABLO.—Buenas tardes. Y Manolo y Sofía, ¿no han venido?

JUDIT.—Sí, están ahí dentro viendo unos libros. Voy a llamarles. *(Sale.)*

PABLO.—*(Cogiendo una cajita para cigarrillos que estará encima de la mesa y ofreciendo a todos.)* ¿Quién quiere fumar? Mezcla especial hecha para Judit, turco y Virginia... *(Todos van cogiendo. Angel, a todo esto, que es un joven de aire serio vestido de manera un poco diferente, permanece como apartado. Entra Joaquín con Manolo y Sofía, jóvenes que se asemejan en aspecto a los demás.)*

JUDIT.—Ya estamos todos.

MANOLO y SOFÍA.—Buenas noches, muchachos.

JOAQUÍN.—Entonces voy a presentaros al camarada Torres, Angel Torres, ya sabéis, enviado a nuestra célula por los amigos de Tirlandia. *(Se dirige a Angel, que da dos pasos adelante.)*

ANGEL.—Salud a todos, compañeros.

TODOS.—Salud... *(Se acercan a él y le dan la mano.)*

JOAQUÍN.—¿Qué, el viaje sin dificultad?

ANGEL.—Ninguna. ¡Por algo soy especialista! *(Mirando alrededor.)* ¡Pero esto...!

JOAQUÍN.—¿Qué, te sorprende?

ANGEL.—No..., es bonito..., muy raro... Pero no parece...

PABLO.—Claro, eso es lo que nosotros quisimos, que no parezca lo que es. La tertulia de Judit, aquí en esta casa, tiene fama de ser el grupo de intelectuales más avanzados del país. Pero en arte, sólo, ése es el truco. Somos apolíticos, sabes..., así se cree la gente. Artistas puros, despreciamos eso de la sociedad, de la masa. ¡Somos los exquisitos!

ANGEL.—¡Y eso...!

SOFÍA.—Pues muy sencillo: la Policía nos tiene por un hatajo de chiflados que dan conciertos de música de locos, que pintan disparates, y escriben extravagancias que no se entienden. Terribles como artistas, pero inofensivos como políticos... Ya sabes la historia de siempre..., el arte por el arte..., la torre de marfil...

ANGEL.—Está muy bien pensado.

JUDIT.—Bueno, no te figures que todo es mentira. Somos artistas de veras. Yo escribo, éste pinta... *(Señala a Joaquín.)* Cada uno hace su arte. Y quizá eso haya influído en nuestra empresa... Porque cuando ese hombre se apoderó del mando y empezó a gobernar, con todas esas farsas, esa escenografía moderna, yo creo que lo que nos indignó, a más de su tiranía, fué que usara esos recursos de malas artes para engañar al pueblo...

ANGEL.—Bueno, perdonad si la pregunta parece un poco

310

tonta, pero al fin y al cabo yo vengo de fuera..., ¿es verdad que nadie le ha visto tal y como es?

PABLO.—Sí, por increíble que te parezca. Ahí está parte de su fuerza. Tendrías que haber estado en uno de esos mítines nocturnos y ver, nunca de cerca, porque la plataforma desde donde habla está a cincuenta metros del público, esa figura envuelta en el capote militar, sin forma, sin cara...

ANGEL.—¿Sin cara?

PABLO.— Sí, porque sus tramoyistas, que son geniales, eso sí, arreglan los reflectores de tal modo, enfocados hacia el público, que el lugar que ocupa su cabeza queda en la oscuridad. La voz sale como de un agujero negro, y por los altavoces aún se hace más rara... Todo es espertento asqueroso... para nosotros, para el pueblo...

SOFÍA.—Además, él sostiene que su persona, vamos, lo que se ve de su persona física, expresa su teoría de gobierno: el individuo no es nada, todo es la idea. No se deja retratar, ni recibe, ni asiste a ningún acto. Delega en los ministros para eso...

ANGEL.—Entonces, ¿cuándo se le ve?

PABLO.—Pues en esos mítines que él llama sus comuniones con el pueblo. Cada quince días o cosa así. No se sabe nunca cuándo van a ser, y se anuncian echando las campanas a vuelo en toda la ciudad por la mañana... Ni se sabe tampoco por dónde llega, dicen que duerme allí en el estadio la noche antes... Primero hay media hora de música...

JUDIT.—¡Es indecente, indecente!

PABLO.—Sí, pero mira qué bien le ha salido. *(A Angel.)* Y luego, cuando habla, no acciona, no se mueve. Cada cuarto de hora se hace un silencio de dos minutos...

JUDIT. — ¡Es puro histrión, puro escenógrafo! Detrás, nada, nada.

PABLO.—Sí, pero el pueblo va allí en masa. ¡Y no rechistan! Es como un culto. Así se ha endiosado... Y el estribillo de sus discursos es siempre el mismo: "No soy nada, no os importe quién soy..., mi persona no vale..., nada busco..., mi nombre no necesitáis saberlo... Yo soy vuestra voluntad que habla, soy vuestra voz. Escuchaos en mí..." Y allí están como borregos. ¡Es un melodrama asqueroso! Pero... *(Todos callan, cabizbajos; Angel mira a*

Pablo. Judit es la única que pone los ojos en el vacío, como si estuviera mirando a una visión, con ojos ardientes.)

ANGEL.—¡Parece mentira! Y que así se pueda subyugar a un pueblo... Y entonces vosotros habéis montado también vuestra comedia...

PABLO.—Sí. Nuestra habilidad consiste en hacer lo contrario de lo que hacen los demás enemigos del régimen, los carbonarios, los liberadores, los conjurados, etc. Ellos, como todos los conspiradores clásicos, andan huídos, se reúnen en gran secreto, se rodean de misterio, y, claro, la Policía no los pierde de vista, y de cuando en cuando los coge. Y ya han encarcelado a más de veinte. Nosotros funcionamos aparte, como un grupo libre... Lanzamos manifiestos artísticos, revolucionarios, tenemos exposiciones, publicamos revistas, todo a plena luz, armando escándalo. Y, claro, ¿cómo se va a figurar la Policía que una gente que quiere llamar la atención tiene nada que ocultar?...

ENRIQUETA.—Y el Gobierno cree que todo eso es bueno, distrae de la política..., es una válvula de escape... Ja, ja. ¡Ya verán ellos el escape...!

PABLO.—Bueno, si os parece, vamos a empezar... Como sabéis, esta noche tenemos que escoger la persona... Lo demás está ya preparado. Estamos seguros del todo del factor más importante: es el que ha de introducir al encargado de hacer justicia en la casa del dictador...

ANGEL.—¿Y cómo habéis logrado...?

PABLO.—No te lo puedo explicar. Es pura casualidad. Exige que nadie sepa quién es... Dinero, claro, nada de ideas. Pero algunos de nosotros somos ricos... Y luego contamos contigo... para asegurar a nuestro compañero el paso de la frontera.

ANGEL.—Yo haré todo lo que pueda... Por la parte de allá no habrá dificultad alguna.

PABLO.—Así que no falta nada más que designar a la persona.

ANGEL.—¿Y cómo la vais a escoger?

PABLO.—Por la suerte. Todos querríamos hacerlo... Primero pensamos en dejar fuera a las muchachas... por esas razones de caballerosidad, la debilidad de la mujer...

SOFÍA.—Pero les hemos convencido de que servimos tan bien como un hombre. O mejor. Judit es campeona en varios deportes. Y yo me pongo con cualquiera a tirar a pistola...

PABLO.—Sí, todos somos lo mismo. Sin molestar a Sofía, llevamos meses practicando el tiro de revólver... por si acaso. No sería justo negarle a nadie su suerte.

JUDIT. — Entonces, si os parece se puede hacer de un modo muy sencillo. *(Se levanta, va a la mesa y coge unos papeles.)* Aquí hay siete pedazos de papel... Cada uno escribe su nombre en uno de ellos, se doblan, se echan en cualquier...

MANOLO.—¡El clásico sombrero, no!

JUDIT.—¡Qué más da! No seas académico. En este cacharro mismo... *(Coge una especie de jarrón de cristal que hay en una mesa.)* Y...

PABLO.—*(Mirando a los papeles.)* Dame... *(Los coge y los mira.)* Bueno..., pero... espera... Judit, este papel... *(Examina el trozo de papel que tiene en la mano.)*

JUDIT.—¿Qué es? *(Nerviosa.)*

PABLO.—No es igual a los demás..., un poco más amarillo..., más grueso... Tienen que ser exactamente iguales... A ver si encuentras otro como éstos. *(Sin darle importancia lo rompe y pone los pedazos en un cenicero. Valentín, al verlo, se levanta bruscamente, mira a Judit y se vuelve a sentar, disimulando.)*

JUDIT. — ¡Qué tontería! Eran iguales... Pero buscaré otro. *(Va a la mesa y vuelve con una hoja que da a Pablo.)*

PABLO.—*(Después de mirarla.)* Esta es exactamente de la misma clase... *(Judit se ha sentado en una butaca, con aspecto de abatimiento.)* Bueno, ahí tenéis. Escribid cada uno vuestro nombre. *(Los reparte. Todos van escribiendo y doblando.)* Y ahora, ¿quién va a decidir la suerte? ¿Quién va a sacar el papel? *(Judit le ha dado el vaso de cristal de color, y Pablo va echando los papeles dentro.)*

JUDIT.—Yo propongo que sea el más joven...

VALENTÍN.—Eso quiere decir que a mí me toca...

SOFÍA. — No, no, un momento. Yo propongo que sea nuestro compañero Angel. No me fío de ninguno de nosotros. Todos queremos sacar nuestro nombre... Él es el perfecto neutral.

VARIAS VOCES.—Sí, sí, eso.

PABLO.—¿Quieres hacernos ese favor, compañero?

ANGEL.—Sí, claro... *(Mirando alrededor, a todos, despacio.)* Aunque no me gustaría...

PABLO.—¿El qué?

ANGEL.—Pues hombre, la verdad, que no me gustaría, habiendo aquí cuatro hombres, que por mi culpa le tocara a una muchacha...

SOFÍA.—*(Con indignación fingida.)* Vamos, ¿qué es eso? ¿Tan románticos sois por allí? ¡Protesto! *(Angel se acerca al cacharro y mete la mano. Todos se han levantado, menos Judit y Valentín, que siguen sentados, en butacas próximas, y forman círculo alrededor del vaso. Judit alarga la mano y estrecha la de Valentín, que la mira enternecido.)*

VALENTÍN.—*(Bajo.)* No pudo ser, Judit. Mala suerte... Yo quería...

ANGEL.—*(Ha sacado el papel y se lo ofrece a Pablo.)* Toma.

PABLO.—Léelo tú mismo. *(Todos esperan ansiosos. Angel despliega el papel y lee.)* ¡Judit!... Lo que yo me temía. ¡Qué mala mano! ¿Y cuál es Judit? *(Mira alrededor. Judit al oír su nombre se levanta, al mismo tiempo que Valentín, y le da un abrazo. Cuando todos se vuelven hacia ella, se desprende de Valentín y adelanta hacia el centro de la escena. Todos retroceden como para dejarla que se destaque ella sola. Se queda erguida, sonriendo y mirando a lo alto, radiante.)*

PABLO. — *(A Angel, que mira intensamente a Judit.)* Qué, ¿sabes ya quién es Judit? *(Todos la miran.)*

TELÓN

CUADRO SEGUNDO

La escena representa el cuarto de descanso del dictador. A la izquierda del espectador, chimenea encendida con fuego. Formando ángulo con ella, diván y dos butacas. A la derecha, mirador muy saliente, en forma semicircular, y amplio, con cortinas a los lados, y dos silloncitos y una mesa. Al fondo, amplio ventanal, ancho y bajo, y en el centro mesa redonda, de estilo. No hay lámpara de techo, Dos de pie junto a la chimenea, para alumbrar el diván y la butaca, y una de mesa, en la mesa central. Otra al fondo, en una mesa que habrá al pie del ventanal. Estantes con libros, cuadros. Aspecto confortable sin pretensiones, y bien entonado. Alfombra espesa. Puertas pequeñas a derecha e izquierda.

ESCENA PRIMERA

Al levantarse el telón acaba de anochecer. La habitación está iluminada tan sólo por el reflejo débil de la lumbre de la chimenea. Se abre la puerta de la derecha, despacio, asoma la cabeza de la CRIADA y un rayo de luz, de linterna eléctrica, por el suelo. Entra la criada vieja y de su mano JUDIT, vestida sencillamente. La criada apaga la linterna y cierra la puerta.

CRIADA.—Por aquí. Tengo que apagar para que no se vea la luz desde fuera. Espera un momento y ya se te acostumbrará la vista a lo oscuro. *(Se quedan las dos en el centro del cuarto. Judit mira curiosamente en torno suyo.)*

JUDIT.—Ya voy viendo mejor. ¿Cuál es el sitio?

CRIADA.—*(La lleva de la mano al mirador.)* Este. Detrás de esta cortina. Y ni siquiera hace falta, porque te guarda la oscuridad. No hay lámpara de techo, y la luz esa no llega hasta aquí. No tengas miedo. *(Señalando el diván de junto a la chimenea.)* Él se sienta allí. ¡Adiós! Y buena suerte. ¡Ojalá no se te desgracien esos veinte años tan hermosos que tienes, galana! *(La da la mano.)*

JUDIT. — *(Con voz apagada.)* Adiós, gracias..., buena suerte a usted para que se salve pronto... Adiós. *(Sale la criada por la misma puerta por donde entraron y la cierra, sin ruido. Judit se está un momento de pie detrás de la cortina. Luego asoma la cabeza y sale. Muy despacio, va*

*recorriendo la pieza, mirándolo todo... Tantea los muebles
y echa una mirada a los cuadros... Va hacia el ventanal,
pero no se acerca, como para evitar ser vista desde fuera...
Se detiene junto a la mesa central y huele el gran ramo de
flores que hay en un búcaro, en el centro. Son rosas blancas.
En voz baja.)* ¡Hermosas! *(Sigue y de la mesa junto al
diván coge una o dos revistas y las vuelve a dejar. De
pronto se para, como escuchando, y echa a correr a su
escondite. Se queda de frente al espectador, de modo que
se la vea. Su actitud, ahora, no ha de ser de miedo, sino de
expectación serena.)*

ESCENA II

Se abre la puerta de la izquierda y entra FIDEL. Tipo de criado de
gran casa. Vestido, no de etiqueta, pero con corrección. Edad, unos
sesenta años. Modales afables y suaves. Se dirige a la lámpara que
hay junto a la chimenea, la enciende, y al ventanal y corre las
cortinas, y enciende la lámpara de la mesa del fondo. Luego coge
unos leños, los echa a la chimenea y mueve el fuego. Repasa el
diván y coloca los almohadones en orden. Todo lo hace suavemente,
con movimientos reposados. En esto se abre la puerta de la derecha
y entra el REGENTE. Unos treinta y cinco años, guapo, elegante de
porte, vestido con gran sencillez y distinción, con expresión un poco
cansada. Sus modales son un tanto tímidos. Todo en él ha de
evitar la impresión de sequedad o dureza, y ser, por el contrario,
muy natural.

REGENTE.—*(Voz suave.)* Buenas noches, Fidel.

FIDEL.—*(Adelantándose e inclinándose.)* Buenas noches,
señor. ¿Cómo está el señor?

REGENTE.—Bien, gracias. ¿Qué hora es, Fidel?

FIDEL.—Las nueve y cuarto, señor.

REGENTE.—Entonces aún tenemos un rato antes de que
venga a despachar el Coronel, ¿verdad?

FIDEL.—Un cuarto de hora, señor. ¿Desea beber algo?
*(Se le acerca, tomando de encima de la mesita de junto al
diván una caja.)* ¿Un cigarrillo, señor? *(El Regente lo
coge. Fidel le ofrece fuego. Fidel debe hacerlo todo sin
servilismo, con afecto y cariño.)*

REGENTE.—No, no quiero beber nada. Gracias.

FIDEL.—¡Lástima que tenga el señor despacho esta noche! Van a dar de la estación de Praga el primer concierto

de clavicémbalo de Rossa Laverte. El señor me encargó que se lo recordara... ¿Lo pongo? *(Yendo hacia la radio.)*

Regente.—*(Se ha sentado en el diván, casi de espaldas al mirador, y fuma, con aire cansado.)* Para tenerlo que dejar, prefiero no empezar a oírlo. ¡Sí, es lástima! Ah Fidel, has estado hoy en la casa de la sierra, ¿no?

Fidel.—Como me ordenó el señor. Ya se ha terminado de empapelar el salón. El papel es casi igual a aquél, al de la sala de La Pineda.

Regente.—Y de los muebles, ¿qué nos falta?

Fidel.—Espero noticias del anticuario de Viena sobre el sillón de costura y el costurero Imperio de la señora (q. e. p. d.). Me escribió que era difícil encontrarlo exactamente igual. Claro, se refiere al bordado del respaldo...

Regente.—Por supuesto, Fidel. Pero tú ya sabes que yo no quiero una reproducción exacta...

Fidel.—Lo sé, señor. Lo que el señor desea, si no interpreto mal su pensamiento, es un eco..., un aire de recuerdo... *(Fidel habla desde detrás del diván, sin ver la cara al Regente, como si le apuntase.)*

Regente.—*(Sonriendo.)* No está mal, Fidel. Un salón de ecos...

Fidel.—¡Perdone el señor! *(Pausa.)* Por lo demás, yo he pensado que caso de que no se encuentre el sillón idéntico, se podría encargar a un artista bordador que hiciese el paisaje, y aplicarlo luego al mueble...

Regente.—¿Y tú te acordarías de todos los detalles?

Fidel.—Creo que sí, señor. La señora me confiaba a mí la limpieza del salón, he cepillado muchas veces el respaldo... Si yo supiera dibujar...

Regente.—*(Coge un pedazo de papel de la mesita y saca un lápiz del bolsillo. Se pone a dibujar con aire de juego.)* Yo creo que también lo recuerdo, Fidel. Cuando mi madre me tenía en brazos, me entretenía en mirar por encima de su hombro al dibujo del sillón. Me lo sabía de memoria... *(Dibujando.)* Vamos a ver... *(Judit levanta un poco la cortina y mira cómo dibuja el Regente. Fidel sigue quieto detrás del diván.)* Vamos a ver... *(Dibuja.)* No me acuerdo bien de si el pájaro que está en la rama del árbol mira hacia la derecha o hacia la izquierda...

Fidel.—A mí me parece que a la izquierda. No se me olvida la perfección con que estaban bordada las plumas de las alas... ¡Cuánto color, y qué fino, en aquel espacio tan pequeño...!

REGENTE. — *(Deja el lápiz, rompe el papel, se inclina hacia la lumbre y lo echa.)* No, Fidel, no quiero copias, como te dije...

FIDEL.—Si el señor me permite, tengo algo que enseñarle. Es mi adquisición de hoy... Puedo traerla.

REGENTE.—¿Qué es? ¿O quieres guardar el secreto?

FIDEL.—Si el señor es tan bondadoso, prefiero darle la sorpresa...

REGENTE.—Bueno, Fidel, bueno.

FIDEL.—Vuelvo al instante, señor.

REGENTE.—*(Coge el papel otra vez, traza unos rasgos, y vuelve a echarlo a la chimenea. Entra Fidel con una cajita que coloca en la mesa del centro, sin que la vea el Regente, que sigue sentado de espaldas a esa mesa. Fidel toca un resorte y la cajita de música empieza a tocar los valses de* Coppélia. *Fidel, en pie, sonríe. El Regente bruscamente se levanta y va hacia la mesa. Judit deja caer la cortina y se oculta de nuevo pegada a la pared.)* Pero Fidel, ¿dónde la has encontrado? *(Va a la mesa y la mira.)* Y la caja parece la misma, el color, el tamaño...

FIDEL.—He tenido suerte, señor. Eso es todo. Encontré la caja primero, pero con otra música. Y he encargado especialmente el rollo de los valses. No hay más que un taller que los haga en la ciudad... Creo que añadirá a la sala... mucha atmósfera... o ambiente, según se dice también... Recuerdo aquel día en que la señora (q. e. p. d.) castigó al señor porque echó a andar la caja el día de Viernes Santo, sin darse cuenta...

REGENTE.—Tienes buena memoria, Fidel.

FIDEL.—Y también me acuerdo de las palabras de la señora: "¡Hijo mío, esa música profana, esa música profana, en este día!"

REGENTE.—Gracias, Fidel. Haces prodigios para cumplir mi encargo...

FIDEL.—Muchas gracias, señor. Es que la idea del señor de poner en la casa nueva de la sierra una sala que recuerde a la sala de estar de los señores (q. e. p. d.) es tan... bonita... Si el señor me permite que se lo diga, buscando estas cosas, haciendo por recordar cómo estaba todo colocado, me rejuvenezco, me siento volver... *(El Regente, que después de haber mirado la cajita se volvió a sentar en el diván, calla. En esto se oye un timbre de son apagado que corta la frase de Fidel.)*

REGENTE.—Debe de ser el coronel.

FIDEL.—¿Desea el señor recibirle en el acto?

REGENTE.—Sí, a ver si le haces entender que estoy un poco cansado y que procure que el despacho sea lo más corto posible...

FIDEL.—*(Se inclina.)* Bien, señor. *(Sale por la puerta de la derecha. El Regente se levanta, va a la mesa y para la caja de música, que ha estado sonando hasta ahora. Da un paseo arriba y abajo del cuarto. Se abre la puerta de la derecha y entra Fidel.)*

FIDEL.—*(Sosteniendo la puerta abierta, y anunciando.)* ¡El señor coronel!

ESCENA III

Entra el CORONEL, de uniforme, hombre de cincuenta años, seco y enérgico. Se cuadra y hace el saludo militar.

CORONEL.—¿Da el señor su permiso?

REGENTE.—Adelante, coronel *(Le ofrece la mano.)* ¿Qué tal? *(A Fidel, que iba a recoger la caja.)* Déjala ahí, Fidel. No estorba. *(Fidel se inclina y se retira por la puerta de la izquierda.)*

CORONEL.—*(Que se ha fijado en la caja.)* Perdóneme el señor, pero ese objeto extraño...

REGENTE.—No tiene nada de extraño, coronel. *(Sonriendo.)* Hoy se ve ya poco, está anticuado. Es una caja de música...

CORONEL.—La forma me ha llamado la atención... Es sospechosa...

REGENTE.—¿Sospechosa?

CORONEL.—Debo advertir al señor que es demasiado confiado. ¿Me permite que le pregunte quién le trajo ese artefacto?

REGENTE.—Fidel..., la compró él mismo...

CORONEL.—Ah, bien..., entonces...

REGENTE.—Pero ¿por qué le parece sospechosa la cajita?

CORONEL.—Señor, los enemigos del régimen son muy astutos. No sé por qué se me figuró al ver ese objeto que sería muy adecuado para encerrar una bomba de relojería...

REGENTE.—No, mi coronel, no. Esta vez se pasa usted de celoso... *(Yendo hacia el diván y sentándose.)* Siéntese y fume. *(Le indica la butaca y la caja de cigarrillos.)*

CORONEL. — *(Se sienta y enciende un pitillo.)* Gracias, señor. *(Abre su carpeta.)* Precisamente tengo noticias que me afirman más y más en la necesidad de aconsejar al señor que extreme sus precauciones. Quizá eso es lo que me hizo mirar con cierto recelo a la cajita...

REGENTE.—¿Y qué noticias son ésas, coronel?

CORONEL. — Lo de siempre, una nueva conspiración de los enemigos del régimen, pero esta vez, procedente de elementos de donde menos podía esperarse. La verdad es que nos hemos dejado engañar mis agentes y yo como unos incautos... Ahí mismo, delante de nuestras narices, operando a la luz del día... *(El Regente sigue fumando, sin aparentar preocupación.)* Pero nunca debe uno fiarse de los intelectuales. Por mucho que se disfracen, todos son elementos subversivos...

REGENTE.—*(Interesado.)* Ah, ¿pero son intelectuales?

CORONEL.—Sí, señor. Y de los de la crema intelectual, de ese grupo de escritores y pintores que se proclamaba apolítico, y alardeaba despreciar la lucha social. Ese grupo de "Los Siete contra todos", como se titulan ellos...

REGENTE. — ¿Pero los tiene usted por peligrosos, de veras?

CORONEL.—Señor, no puedo decirle nada terminante aún. Mis agentes están sobre la pista. Tienen ya muchos cabos, pero aún les faltan algunos. He logrado introducir un agente mío en el círculo. Y según mis noticias, recientísimas, de hace media hora, se ha tramado ya la conspiración para... perdone el señor... para atentar contra la vida del señor.

REGENTE.—*(Sereno.)* Vaya, vaya... Sí que me sorprende. Son gente interesante, sobre todo tres o cuatro de ellos...

CORONEL.—Y si los informes recibidos son exactos, la novedad es que la persona encargada del crimen no es la proletaria usual, la mujer del pueblo fanática, es nada menos que la animadora y jefa del grupo, Judit Velasco...

REGENTE.—*(Más interesado.)* ¿Pero está usted realmente seguro, coronel? Mire usted que los dichos y los hechos

320

de estos artistas modernos muchas veces se prestan al equí-voco...

CORONEL.—En este caso no, señor. Pero pronto saldre-mos de dudas. Porque mis agentes tienen orden de dete-nerlos a todos, y acaso a esta hora ya se ha cumplimen-tado la orden. *(El Regente se levanta, va a la mesa, manosea un poco las rosas del ramo, y vuelve junto a la chimenea...)*

REGENTE.—¡Inverosímil! Aunque...

CORONEL.—Por lo pronto, señor, me he permitido reunir alguna documentación sobre la supuesta encargada del cri-men, la tal Judit Velasco, sobre todo de carácter identifi-cativo, de modo que el señor esté prevenido. *(Abre la car-tera. A todo esto, Judit da muestras de interés y agitación y escucha ansiosamente.)* Es una muchacha de buena estatura, un metro ochenta, delgada, pelo castaño, con moño atrás, ojos verdes y rasgados... Piel sonrosada, rostro ovalado... ¿Para qué seguir, verdad? Aquí tengo algunas fotografías. Por fortuna, su imagen ha aparecido bastante en las revis-tas. *(Le pasa unos papeles al Regente y éste los ojea. Gol-pes en la puerta. Se abre la de la derecha y aparece Fidel.)*

FIDEL.—Perdone el señor, pero requieren al coronel con suma urgencia al teléfono. Se trata de asunto de alto interés, dicen.

CORONEL.—*(Se levanta.)* ¿El señor me permite? Debe tratarse de este mismo caso. *(Sale, y Fidel tras él. Se queda solo el Regente. Se acerca a la lámpara y mira con gran atención las fotografías. Se vuelve a abrir la puerta y entra el Coronel con aire agitado.)*

REGENTE.—*(Al sentirle cerca y sin dejar de mirar las fotos.)* Decididamente, coronel, creo que están ustedes so-bre una pista falsa. Esta muchacha es muy guapa, muy joven, para jugarse la vida en un atentado. Además, rica, de buena familia...

CORONEL.—Señor, siento tener que sacarle de su error... Me llamaba al teléfono el capitán de la brigada especial y las noticias que me da son graves.

REGENTE.—¿Qué ocurre?

CORONEL.—Se ha detenido a seis personas del grupo. Dos mujeres y cuatro hombres. Pero la llamada Judit ha desaparecido. Imposible encontrarla, hasta este momento. Y ella es, como decía antes al señor, la que tenía a su cargo...

REGENTE.—Coronel, agradezco mucho su celo. Pero dé órdenes de que se trate a esos presos sin ninguna violencia hasta que se aclaren las cosas. Es un poco raro...

CORONEL.—Como el señor ordene..., pero en ciertos casos la lenidad...

REGENTE.—Cumplirá usted mis órdenes, ¿no es verdad, coronel?

CORONEL.—Señor, serán cumplidas, como siempre. Pero yo rogaría al señor que, por lo menos, hasta que sea detenida la joven en cuestión, extreme sus precauciones.

REGENTE. — ¡Qué más precauciones! Nadie sabe cómo soy ni dónde vivo, mi incógnito es absoluto... Pasemos al despacho corriente, mi coronel.

CORONEL.—Tengo que pedir permiso al señor para aplazarlo hasta mañana. Estas detenciones requieren mi presencia inmediata en la Jefatura... El señor lo comprenderá... El despacho, por lo demás, no traía nada de importante... ¿Me da su venia el señor?

REGENTE.—(Levantándose.) Sí, coronel. Vaya usted con Dios. (El coronel se cuadra y saluda militarmente.) Y no se preocupe demasiado. Estos artistas son desconcertantes... para el que no los conoce. Parece que van a hacer una cosa y luego hacen otra... Sus intenciones son parabólicas... Le aseguro a usted que no me veo muriendo a manos de esta espléndida muchacha... (Señalando a las fotos que quedaron en la mesa.) Hasta mañana, coronel. (El Coronel sale por la puerta de la derecha.)

ESCENA IV

El REGENTE va a la mesa del centro, pone en marcha la caja de música y se sienta en el diván. Toma un papel y empieza a trazar rasgos, perezosamente... JUDIT saca la pistola y la arma. Recoge un poco la cortina y mira afuera, a todos lados de la sala, y da un paso hacia el mirador. En este momento se oye el chasquido de un cristal y las cortinas del fondo se abren. DOS ENMASCARADOS vestidos con monos y cubiertos con antifaces saltan de la ventana y se precipitan hacia donde está el Regente. Este se vuelve, y cuando ya están casi sobre él, con puñales desenvainados, JUDIT se adelanta y se interpone apuntándoles con el revólver.

JUDIT.—¡Atrás! (De los dos Enmascarados, desconcertados, uno huye hacia el ventanal y otro avanza hacia Judit.

Judit dispara dos veces. El Enmascarado suelta el puñal, da un quejido, y cojeando va hacia el ventanal y salta detrás del otro. Todo debe suceder muy rápidamente. Judit y el Regente, los dos en pie, se miran fijamente sin hablar. Judit conserva el revólver en la mano, el brazo caído. De pronto, Judit se inclina suavemente y cae al suelo, desmayada. El Regente la coge y la coloca en el diván. Se abre la puerta y entra Fidel, con cara de angustia. Lleva un revólver en la mano. Cuando entra Fidel, el Regente está inclinado sobre Judit.)

FIDEL.—¡Señor, señor! ¿Le ha ocurrido algo?

REGENTE.—*(Volviendo la cara sin separarse de Judit.)* Nada, nada, Fidel. No avises a nadie. Tráete un frasco de sales y coñac... No ha sido nada.

FIDEL.—¡Como mande el señor! *(Mira alrededor y sale despacio. Antes de salir se detiene en la puerta y mira todo, con aire de extrañeza.)*

REGENTE.—*(Sigue observando a Judit. Le toma el pulso, le aplica el oído al pecho.)* Nada, un desmayo... Pero ¿de dónde ha salido, señor, de dónde? ¿Y quién es? *(De pronto se yergue y la mira retrocediendo un poco.)* ¿Será posible? Delgada, pelo negro, ojos verdes... estatura, ésa debe ser..., un metro ochenta... Pero... *(Coge uno de los retratos que quedaron encima de la mesa y lo mira, comparándolo con el rostro de Judit.)* Es ella... ¡Pero qué locura! ¡Si no puede ser ella!

FIDEL.—*(Entra y da al Regente dos frascos, extremando la discreción y aparentando no ver a Judit.)* Ahí tiene el señor.

REGENTE.—Bien. Te llamaré si te necesito...

FIDEL.—Gracias, señor. *(Sale.)*

REGENTE.—*(Acerca las sales a la nariz de Judit. Le entreabre los labios y vierte en la boca unas gotas de coñac. Judit hace un movimiento brusco, pero sin abrir los ojos. Con voz suave y cariñosa.)* ¡Judit! *(Judit mueve la cabeza. Acercándose más a su oído.)* ¡Judit, Judit!

JUDIT.—*(Abre los ojos y vuelve la cara hacia el Regente, que la retira.)* ¿Qué? *(El Regente se yergue, da un paso atrás, y la mira con asombro. Judit se incorpora levemente, se apoya en el codo, y mira con la misma expresión al Regente.)*

TELÓN

ACTO SEGUNDO

CUADRO PRIMERO

Saloncito amueblado con elegante sencillez. Tresillo, escritorio, varias butacas, mesitas sueltas, estantes con libros. A la izquierda, una puerta que da a la alcoba. Chimenea. Al fondo, dos ventanas al jardín, y entre las dos, puerta vidriera practicable. A la izquierda, puerta que se supone comunica con el resto de la casa. Es por la mañana.

ESCENA PRIMERA

JUDIT, sentada en un sillón con la cabeza inclinada sobre el pecho y aire abatido. FIDEL sale de la alcoba empujando un carrito con el servicio del desayuno, ya usado. Atraviesa el cuarto en dirección a la puerta, y antes de abrirla se vuelve.

FIDEL.—¿Puedo servir en algo más a la señorita?

JUDIT.—*(Alza la cabeza como sobresaltada.)* Ah... No, gracias... Digo... sí. ¿Se puede salir al jardín?

FIDEL.—La llave está en la gaveta del escritorio, señorita. En la de la izquierda. El señor desea que la señorita disponga de estas habitaciones y del jardín como suyos...

JUDIT.—*(Sarcástica.)* ¡Ah! ¿Y de la puerta de salida... también?

FIDEL.—Esta puerta *(Señalándola.)* se cierra sola, por fuera. No tiene llave. Es un mecanismo especial...

JUDIT.—*(En el mismo tono.)* Ah, un mecanismo especial...

FIDEL.—Luego vendrá alguna ropa de casa y de noche para la señorita. Y artículos de aseo y tocador... ¡Como la señorita no trajo nada!

JUDIT.—*(Sarcástica.)* ¡Es verdad, fué un olvido! ¿Y quién me ha tomado las medidas?

FIDEL.—Tengo entendido que las prendas en cuestión son las mismas de la señorita. Traídas de su casa, de su guardarropa...

324

JUDIT.—*(Siempre sarcástica.)* ¡Perfecto! Entonces, hay intención de que mi estancia aquí sea un poco larga...

FIDEL.—Señorita, mi misión es únicamente servir a usted. De las intenciones, no sé nada. Si la señorita desea leer, no tiene más que decirme. Aquí está la radio, con su gramola, y si la señorita tiene preferencia por alguna música, nuestra discoteca es abundante y está a su disposición...

JUDIT.—*(En el mismo tono.)* Vamos, la jaula dorada, ¿no es eso? Presa, pero con todo el confort moderno...

FIDEL.—*(Inclinándose.)* ¿Desea algo más la señorita?

JUDIT.—¡Qué más puedo desear! Nada, gracias. *(Sale Fidel llevándose el carrito.)* La puerta se cierra sin ruido. *(Judit va hacia el escritorio y abre los cajones, buscando.)* ¡Mentira! La llave no está aquí... Encerrada... *(Busca.)* Ah, sí... Pues está aquí..., ésta debe de ser... *(La coge y va a la puerta del jardín. Prueba a abrir.)* Nada... No abre... Peor que si no hubiera llave... Más cruel... *(La puerta por fin se abre.)* Ah...*(Sale un momento y se la ve por las ventanas. Vuelve, cierra con llave y se deja caer en el sillón.)* Precioso jardincillo..., muchas flores, sí..., pero jardín de presidio..., paredes altísimas, jardín ciego. *(Se revuelve en el sillón.)* Sin salida. Todo sin salida. Yo, yo, sin salida. *(Pausa.)* Pero ¿por qué he hecho lo que he hecho? Con haber dejado a aquellos dos hombres... Venían a matarle por mí... Me salvaban del momento peor... ¿Fuí yo quien lo hizo? No ha sido este brazo, ¿verdad que no?, *(Alza el brazo y lo mira.)* el que se levantó, ni este dedo el que apretó el gatillo... ¿Cómo, cómo se lo voy a explicar a nadie, si a mí misma yo no me lo explico? ¿De dónde me salió esta cobardía? Aunque cobardía... no. Pudieron haberme matado..., eran dos. ¿Fué debilidad? Ah, si diera yo con el nombre. Lo que hice tiene un nombre, está en una palabra... Pero ella, esa palabra, ¿dónde estará? Si no la encuentro, me perderé toda... *(Mira alrededor.)* Dicen que todos los nombres están en el diccionario. ¡Quién sabe! Al fin y al cabo, es una diversión excelente para una presa... La lectura sin fin... La noria, la noria de las palabras..., dar vueltas y vueltas. ¡Tendría gracia! *(Se levanta y mira al estante.)* Ah, aquí está... *(Vuelve al sillón, se sienta y se pone el libro en el regazo.)* Aquí. Pero ahora, ¿en qué página está, dónde la busco? La suerte es lo mejor, abrirlo por cualquier parte... una, dos, tres..., ¿cuántas veces? Hasta que la encuentre... A ver... *(Pone el libro entre las dos manos y lo hace abrirse de golpe.)* Estrella... Ah..., pero una estrella cualquiera, no. Mía, la mía. Mi estrella. Es mi estrella. Me movió la mano... A ver, a ver más. *(Lo abre otra vez.)* Bola... ¿Y esto? ¿Juego? ¿Azar? ¿Entonces, no es la estrella? La bola es lo otro, lo que rueda, sin saber por qué, y se para sin saber dónde... ¿Entonces no soy yo la designada, la que tenía que hacerlo? *(Pausa.)* ¿Pero cómo no voy a ser yo? Valentín me lo vió en los ojos, se convenció por algo que yo tenía en los ojos. "Ahí te lo veo..., tú le matarías...", eso me dijo. Y hubo signos..., que Pablo descubriera lo del papel, que Valentín no sacara la suerte, aquello eran signos en contra. Y de pronto, como una punta de luz, en la desesperación que yo sentía, la voz de Angel que lee mi nombre. Sí, nos salió mal la trampa, algo se opuso a mi voluntad primero, pero luego algo me señaló a mí para hacerlo. Tengo que ser yo... ¡Estrella...! *(El diccionario rueda de las rodillas y cae al suelo, abierto.)* Ah, se abre solo. ¿Será ésta la palabra? *(Se inclina y mira.)* Sombra. ¡Sombra! Entonces..., ¿ni estrella ni bola? ¿Otra vez como antes, al empezar? ¿No sabré nunca lo que he hecho? ¿No está eso entre las palabras? ¿No hay palabra para mi acción? ¡Qué acción! Salvar la vida del hombre que quiero matar, que voy a matar, que he de matar... *(Se oye llamar a la puerta con los nudillos discretamente. Judit escucha y no contesta. Se repite la llamada. Judit se pone en pie, va al extremo de la habitación más opuesto a la puerta, se coloca detrás de un sillón poniendo las manos en el respaldo, muy erguida.)* ¡Adelante! *(Con tono de asombro repentino. En voz más baja.)* ¿Adelante? ¿Será ése el nombre...? *(Con tono natural.)* ¡Adelante!

ESCENA II

Se abre la puerta y entra el Regente. Traje claro y elegante de mañana, corbata de tono vivo, de un solo color, aspecto de naturalidad. Se queda en pie cerca de la puerta.

Regente. — *(Inclinándose ligeramente, sin afectación.)* Señorita, perdóneme que la moleste... *(Pausa. Judit sigue inmóvil.)* Vengo a cumplir un deber... que tengo con usted.

(Judit no contesta.) Muy difícil... por cierto. La cosa es muy sencilla. Anoche me ha salvado usted la vida... *(Sonriendo.)* Eso quizá no tenga gran importancia...

JUDIT.—*(Secamente.)* Tiene. Y mucha. Usted lo sabe.

REGENTE.—¡Es un honor que usted me hace! En ese caso, aún la debo a usted más. Y no sé realmente...

JUDIT.—*(Nerviosa.)* Perdone, si yo estuviera en mi casa, le preguntaría si quiere usted sentarse. Como esta casa es suya, le pediré permiso para oírle a usted sentada. *(Se sienta.)*

REGENTE.—¡Si usted me permite! *(Se sienta a media distancia de Judit.)* Pues eso que parece tan sencillo de darle a usted las gracias por seguir vivo un poco más tiempo es muy difícil... Si se lo digo en pocas palabras, quizá suene a frío, a seco, a formulario... Y si intento expresárselo tal y como lo siento, puede que me encuentre usted exagerado..., elocuente... ¿No podría usted decirme cuál es el mejor modo? ¿El que a usted la convenciera de mi verdad?

JUDIT.—No sé... Yo no sé lo que usted siente. Eso es cosa suya... Por lo que a mí hace, con lo dicho basta. ¡Estamos en paz! *(Con tono seco.)*

REGENTE.—¡En paz! Ojalá...

JUDIT.—¿Ojalá? ¿Por qué dice usted eso?

REGENTE.—Porque su tono desdice las palabras. Suena a... guerra. *(Pausa.)* Señorita, dígame, ¿por qué ha hecho usted lo que ha hecho? ¿Por qué me ha salvado la vida? Y a riesgo de la suya. ¿Es que se lo mandó alguien?

JUDIT.—Puede que en ese libro encuentre usted la contestación. *(Señala el diccionario.)*

REGENTE. — *(Se levanta y coge el diccionario.)* ¿Este libro? ¡Pero es un diccionario! *(Sonriendo.)* ¡Claro..., en un diccionario se encuentra todo! Pero yo hablo muy en serio...

JUDIT.—Y yo también. Yo la andaba buscando ahí, sin encontrarla. Quizá usted me la trajo cuando llamó a la puerta y me hizo contestarle...

REGENTE.—Usted no dijo más que "Adelante". Yo no oí otra cosa...

JUDIT.—Eso es, nada más. ¿Le parece a usted poco?

REGENTE.—No entiendo, señorita. Pero lo que yo necesitaba saber... La pregunta es delicada... ¿A usted le han mandado a que defendiera mi vida? ¿Cómo podía usted estar allí, si no? ¿Quién la ha enviado? Anoche se me ocurrió otra cosa..., pero es... simplemente una locura...

JUDIT.—¿Puedo preguntarle qué se le ocurrió?

REGENTE.—Sí, si me hace usted un favor...

JUDIT.—¿Cuál?

REGENTE.—No la dará mucho trabajo. *(Señalando al espejo que hay encima de la chimenea.)* Que se mire usted en ese espejo... y me escuche un momento, mirándose...

JUDIT.—*(Se vuelve hacia el espejo de modo que dé la espalda al Regente, sin contestar.)*

REGENTE.—El pelo es castaño, peinado con moño atrás... Los ojos verdes y rasgados... Boca ancha... La piel sonrosada, color sano. Tiene el rostro ovalado, el cuello largo. Buena estatura, un metro ochenta... Delgada... *(Pausa.)* ¿La reconoce usted? *(Judit vuelve a sentarse y calla.)* Puede que su nombre...

JUDIT.—*(Con tono indiferente.)* ¿Cómo se llama?

REGENTE.—Judit Velasco... Pero, claro, usted no puede ser Judit Velasco...

JUDIT.—¡Ah! ¿No?

REGENTE.—Claro que no..., porque...

JUDIT.—¿Por qué?

REGENTE.—Porque entonces yo estoy loco...

JUDIT.—¿Y por qué no va usted a estar loco... Todos podemos estar locos...: usted..., yo...

REGENTE.—¡Entonces es usted Judit! ¿Pero cómo va usted a ser Judit, cómo?

JUDIT.—No se excite. *(Sonriendo.)* Todo es muy sencillo. Le he salvado la vida por necesidad, para ganarme la mía.

REGENTE.—Entonces, ¿no fué por su voluntad...? La mandaron a usted. Es usted un agente secreto...

JUDIT.—Indudablemente me mandaron... *(Riendo nerviosamente.)* Sí, una agente secreto...

REGENTE.—¿De quién?

JUDIT.—¿De quién va a ser? Suyo, de usted mismo... ¿Conoce usted a todos sus agentes secretos?

REGENTE.—Señorita, está usted envolviéndome en sombras...

JUDIT.—*(Sonriendo.)* Cada uno no puede dar más que lo que tiene...

REGENTE.—¿Usted una agente secreta del Servicio? ¿A las órdenes del coronel?

JUDIT.—A las órdenes de alguien... De quién, no acabo de saberlo claramente...

REGENTE.—*(Levantándose.)* Señorita, pues vamos a salir de dudas... usted y yo... Precisamente el coronel estará aquí dentro de un momento. *(Llama a un timbre y aparece Fidel.)*

FIDEL.—Señor...

REGENTE.—*(Le habla en voz baja.)*

FIDEL.—Gracias, señor. *(Se retira.)*

REGENTE.—Señorita, Fidel me dice que han llegado algunas prendas de vestir suyas...

JUDIT.—¿Mías? ¿Cómo mías?

REGENTE.—Anoche, yo no sé por qué estaba convencido de que usted era Judit Velasco. Y mandé que le trajeran de su casa esa ropa para mayor comodidad suya. Ahora ya no sé... *(Llaman a la puerta. Entra Fidel con una maleta grande y otra chica.)*

FIDEL.—¿Dónde desea la señorita que ponga estas maletas?

JUDIT.—¿Yo? Donde usted quiera...

FIDEL.—Las pasaré a la alcoba... *(Lo hace. Al volver.)* Señor, el coronel espera en el salón.

REGENTE.—Ruégale que venga aquí...

FIDEL.—Gracias, señor. *(Sale.)*

ESCENA III

Un momento de silencio.

REGENTE.—¿No tiene usted ganas de cambiar de traje?

JUDIT.—¿Le parece a usted que no debo sentir escrúpulos por meterme en una ropa que no sé si es mía? Usted la mandó traer. ¿Acepta usted la responsabilidad?

REGENTE.—*(Con sonrisa forzada.)* Plenamente...

JUDIT.—En ese caso... Con su permiso *(Entra en la alcoba. El se levanta hasta que sale Judit. Llaman a la puerta.)*

REGENTE.—¡Adelante!

CORONEL.—*(Apareciendo en el umbral.)* ¿Da el señor su permiso?

329

REGENTE.—Pase, coronel, pase. *(Se queda de pie. El Coronel saluda militarmente y se queda también de pie.)* Supongo que su visita tan temprana se debe al incidente de anoche... ¿Cómo se enteró usted? Veo que a mi Policía secreta no se le escapa nada.

CORONEL.—El señor no consideró oportuno darme cuenta de lo que él llama incidente... Pero ya tengo en la cárcel a dos de los participantes del incidente y espero tener pronto a la tercera.

REGENTE.—¿La tercera? No vi más que a dos hombres...

CORONEL.—¡Y la otra, ella!

REGENTE.—Pero, coronel, la otra, como usted dice, esa mujer ¿no era una agente suya? ¿No la tenía usted apostada no sé dónde—eso es lo que me intriga—, para prevenir cualquier... incidente?

CORONEL.—Señor, no sé si habla usted en serio... Lo de anoche es para mí inexplicable. En realidad es un fracaso mío. Mi dimisión está preparada; es mi deber. Pero antes quisiera explicarme lo que ha sucedido... Y la única explicación la tiene ella... A no ser que el señor tuviera la bondad de confiarme lo que sucedió anoche. Es, a la vez, el testigo más fidedigno... y el centro del... incidente...

REGENTE.—¿Por qué no, mi coronel? Se dice en pocas palabras. Soy el primer obligado a ayudar a la justicia. Salió usted de mi cuarto y no habría llegado a la calle, cuando se oye un ruido de cristales rotos, vuelvo la cara, y veo venirse a mí dos enmascarados con puñales en la mano. A pesar de sus consejos, yo no llevaba ninguna arma... Y en esto, una mujer les sale al paso, pistola en mano, les hace dos disparos y ellos huyen...; uno al parecer herido...

CORONEL.—¿Pero dónde estaba esa mujer? ¿De dónde salió?

REGENTE.—Está usted repitiendo las mismas preguntas que yo me hago desde anoche. Y mi conjetura es que se trataba de esas superprecauciones de usted. Que era una agente...

CORONEL.—Nunca, señor, nunca. Pero pronto sabremos quién es. Toda mi fuerza anda en su busca...

REGENTE.—¿La tiene usted identificada?

CORONEL.—Señor, eso es lo inexplicable..., lo increíble... Porque según las señas dadas por los dos asesinos en declaraciones separadas, y con coincidencia absoluta, esa mujer parece ser Judit Velasco, la artista, aquella contra la cual previne al señor.

REGENTE.—¿La encargada de quitarme la vida?

CORONEL.—Esa.

REGENTE.—¿Y me quiere usted decir cómo se entiende que la persona que ha tomado a su cargo la gentil tarea de quitarme la vida me la salve?

CORONEL.—Es difícil... Como no sea...

REGENTE.—¿Qué?

CORONEL.—Celos...

REGENTE.—¿Celos? ¿De quién, de qué?

CORONEL.—Celos de ellos. Quién sabe si tiene manía de grandezas y aspira a pasar a la historia como magnicida. Esos dos hombres venían a robarla su papel. Y ella..., perdone el señor la rudeza de mi expresión..., no se dejó quitar la presa...

REGENTE.—*(Se queda pensativo.)* Coronel, se me revela usted como un psicólogo... Pero si usted acierta, esa mujer es..., digámoslo así..., un peligro. Volverá por *(Sonriendo.)* su presa...

CORONEL.—No tengo duda... Por eso he puesto a toda mi gente en su busca. No estaré tranquilo mientras ande suelta...

REGENTE.—¿Alguna pista?

CORONEL.—Eso es lo sorprendente. Nada, absolutamente nada. Nadie la vió salir. Los dos asesinos apenas saltaron por la ventana estaban en manos de los centinelas. Pero ella... Por dónde pudo escapar..., no lo sé. Y la guardia, con los disparos, estaba bien alerta. ¿Lleva el señor su pistola, como le he aconsejado?

REGENTE.—*(Echando mano al bolsillo de atrás.)* Sí, Fidel me la puso esta mañana. Pero ¿qué teme usted ahora, precisamente?

CORONEL.—Perdone el señor. No es que haya perdido la cabeza, como pudiera parecer... Es que la he hecho trabajar mucho... Hasta llegar a la sospecha de que esa mujer no ha salido de palacio, y puede estar escondida en cualquier parte...

REGENTE.—Coronel, admiré su razonamiento de antes como un bonito ejercicio de psicología... Pero, pensándolo bien, ¿no sería absurdo que esa damisela si tenía propósitos definidos sobre mi vida no los pusiera en práctica, ya que, por celos según usted, no permitió a los otros dos que lo hicieran?

CORONEL.—Eso si tuvo tiempo antes de que ellos entraran... Además...

REGENTE.—Además ¿qué?

CORONEL.—Señor, que no somos más que dos hombres discurriendo como lo que somos, como dos hombres...

REGENTE.—¿Y...?

CORONEL.—Y ella es... ella... una mujer...

REGENTE.—Coronel, por segunda vez en dos minutos me declaro vencido por usted en el terreno de la psicología...

CORONEL.—*(Sonriendo.)* ¡Señor!

REGENTE.—Coronel, cuando usted llegó estaba haciendo por resolver, también yo, un problema un tanto psicológico... ¡Quién sabe si tendrá relación con nuestro incidente! Si usted me espera en mi despacho fumando un cigarro me dará tiempo a encontrar la solución... Ah, y por lo pronto, y ocurra lo que ocurra, le ordeno, ¿me entiende usted bien?

CORONEL.—Sí, señor.

REGENTE.—Que en cuanto detengan a esa mujer me avisen y que por si cualquier circunstancia yo no pudiera decidir lo que cumple hacer con ella, se la ponga en libertad en seguida y no se la vuelva a molestar... De esas órdenes me responden todos sus agentes con sus vidas, coronel, y usted con su palabra... ¿Entendido? Razón de Estado. Hasta ahora, coronel. *(Estas últimas palabras han de ser dichas con energía y mirando fijamente al Coronel. Este debe mostrarse impresionado.)*

CORONEL.—*(Cuadrado y saludando.)* Entendido. A la orden, señor. *(Sale.)*

ESCENA IV

Se entreabre la puerta de la alcoba. Asoma la cabeza de JUDIT.

JUDIT.—¿Se puede?

REGENTE.—*(Volviéndose al ver a Judit, que lleva elegante traje de mañana, y va ya arreglada y peinada a la perfección.)* ¡Ah! Sí, pase, señorita. *(Sigue mirándola.)*

JUDIT.—*(Sonriendo.)* ¿Conque... razón de Estado?

REGENTE.—¿Ah, pero...?

JUDIT.—No, no he escuchado... Iba a salir... y al abrir la puerta sentí dos voces y me detuve por discreción. Oí, sin querer..., lo que usted decía a un coronel. Es lo único. Hasta entonces estuve en el cuarto de baño.

REGENTE.—¿Y duda usted de... la razón de Estado?

JUDIT.—Puede que hiciese usted mejor en llamarla al revés: sinrazón de Estado... Ya veremos...

REGENTE.—Señorita, es asombroso cómo la sientan los trajes de Judit Velasco. A la perfección...

JUDIT.—Sí, debe de haber entre nosotras algo...

REGENTE.—¿La trajeron todo lo necesario?

JUDIT.—Todo.

REGENTE.—¿Perfume también?

JUDIT.—Sí, me he puesto un poco... *(Extrañada.)* ¿Por qué se le ocurrió pensar en el perfume...?

REGENTE.—Señorita, el ser mujer, considerado en absoluto, es una superioridad. Pero en algunos detalles tiene una desventaja...

JUDIT.—¿Por ejemplo?

REGENTE.—¡Esta! ¡Que se ponen perfume! Y una simple esencia de flores, impalpable, sutilísima, con diez gotas, echa abajo toda una construcción de la inteligencia y resuelve un enigma...

JUDIT.—Termine usted, haga el favor...

REGENTE.—Anoche, al inclinarme sobre usted para sacarla de su desmayo, percibí un aroma de perfume, especial... No es raro, yo nunca ando con gente que gaste perfumes... No hay duda que usted lo llevaba... Y ahora resulta que ese perfume que han traído de casa de Judit y que usted se acaba de poner es el mismo...

JUDIT.—¿Y puede usted sacar alguna consecuencia de tan poco..., un simple olor, por el aire, que se disipa en un momento...? Además no cuenta usted con lo que hay que contar siempre..., con la casualidad... La casualidad de que dos mujeres se parezcan hasta en gustarlas el mismo perfume...

REGENTE.—Señorita, se equivoca usted. Cada vez siento más respeto por la casualidad. Tengo una sensación, profunda e inexplicable, de estar en deuda con ella. Tan es así, que he decidido ofrecerla a usted esto. *(La tiende algo en la mano.)*

JUDIT.—*(Sin cogerlo.)* ¿Qué es?

REGENTE.—La llave de la puerta.

JUDIT.—*(Asombrada.)* ¿Quiere usted decir...?

REGENTE.—Digo que sentiría mucho, muchísimo, que usted renunciara a esta hospitalidad que le ofrezco en esta casa... Que deseo vivamente que se quede usted aquí a descansar de las emociones de anoche. Pero que si decide hacer otra cosa, ésta es la llave... *(Sigue con la mano tendida, y Judit sin cogerla. Judit le mira con la misma expresión de asombro...)* Tómela... *(Judit alarga su mano, despacio, la coge y la pone encima de la mesita.)*

JUDIT.—*(En tono de extrañeza y voz grave.)* Entonces... ¿puedo irme? ¿Estoy libre? ¿No me pasará nada? Gracias..., gracias...

REGENTE.—También quiero devolverle otra cosa... ¿No la echa usted de menos?

JUDIT.—*(Con expresión ausente.)* No sé...

REGENTE.—*(Sacando la pistola del bolsillo de atrás.)* Esto. *(Se lo ofrece.)* Es suyo. Si pudiera permitirme algún exceso sentimental, me la habría guardado... en recuerdo... Aquí la tiene... Me he permitido únicamente cambiar el cargador para que tenga usted las seis balas completas.

JUDIT.—*(Coge la pistola con el mismo ademán lento y automático.)* ¡Con los seis balines!

REGENTE.—Sí, tal como usted la trajo. Es lo menos que puedo hacer. Los gastó usted en mi servicio, después de todo. *(Sonriendo.)* ¡Y quién sabe si la necesitará usted otra vez...! *(Judit deja la pistola en la butaca.)* Y ahora voy a pedirla a usted un favor... ¿Me lo hará?

JUDIT.—¿Qué favor?

REGENTE.—Quizá lo encuentre extraño... Pero... usted no me conoce..., se me figura... Yo tengo caprichos raros, muy raros... ¿Es usted buena tiradora?

JUDIT.—Creo que sí. He practicado. Por lo menos anoche hice lo que quise. Un tiro al aire, y al ver que no se detenía, un tiro en la pierna... ¿Qué quiere usted?

REGENTE.—*(Va a la ventana y la abre. Se ve el jardín, con sus árboles a pleno sol.)* ¿Ve usted aquel arbolillo del tronco blanco? ¿El aliso?

JUDIT.—Sí.

REGENTE.—El tronco es delgado más bien...

JUDIT.—Sí...

REGENTE.—Lo que quiero es una simpleza. Que usted

pruebe su puntería desde aquí. Que coloque una bala en ese tronco...

JUDIT.—Pero... ¿para qué?

REGENTE.—Por nada..., una flaqueza sentimental... Para que se quede ahí la bala, hundida, como recuerdo..., como su firma, si dijéramos... huella de su paso... No le pido otra cosa... ¿No se puede pedir a los huéspedes que firmen en un libro?

JUDIT.—*(Asombrada.)* ¡Bueno! *(Tiende la mano hacia la pistola.)*

REGENTE.—¡Espere un momento! Falta un pequeño detalle... *(Se dirige hacia la puerta que da al jardín.)*

JUDIT.—*(Con la pistola en la mano.)* ¿Qué va usted a hacer?

REGENTE.—Nada. Quiero ver de cerca su buena puntería... Voy a sentarme en el banco...

JUDIT.—¿El banco ese, el que está junto al árbol? Está muy cerca... ¡Mucha confianza tiene usted en mi tino!

REGENTE.—*(Ya a punto de salir, volviendo la cara y mirándola gravemente.)* Sí, mucha. *(Sale.)*

JUDIT.—*(Alza la pistola y apunta; se detiene, baja el brazo.)* No, no, está usted muy cerca al árbol..., no puedo... Siéntese al otro extremo del banco, un poco más allá...

REGENTE.—*(Desde fuera.)* Bueno... Qué, ¿estoy bien así?

JUDIT.—Sí. No se mueva, por favor... *(Alza el brazo, apunta con gran cuidado, despacio, entornando los ojos y apretando los dientes, como poniendo gran intensidad en lo que hace. Dispara, y apenas ha disparado deja caer la pistola al suelo y se queda rígida, en pie, apoyada en el respaldo de un sillón, con expresión de angustia, como quien ha hecho un esfuerzo. Pausa.)*

REGENTE.—*(Entrando, antes de verla.)* ¡Magnífico! ¡Qué seguridad! En el mismo centro... *(Al verla, se detiene. De pronto se va a ella y la coge entre los brazos. Ella no se resiste.)* ¡Judit, Judit! *(Se desprende sin violencia, se separa de él un poco dando un paso hacia atrás, hasta que tropieza con el respaldo del sillón. Se apoya en él echando las manos hacia atrás, y le mira derechamente.)* ¡Judit!

JUDIT.—*(Con voz clara.)* ¿Qué? *(Se oyen golpes fuertes y rápidos en la puerta. El Regente hace señas a Judit y ésta se entra en la alcoba.)*

335

La voz de Fidel.—*(Desde fuera, con tono angustiado.)* ¡Señor, señor, ¿le ocurre algo al señor?

Regente.—*(Alto.)* Nada, nada, gracias, Fidel. Estaba tirando al blanco... Pasa. *(Se abre la puerta y entra Fidel con cara de susto.)*

Fidel.—Ah, perdone el señor... Me precipité...

Regente.—Gracias, Fidel. Di al coronel que le espero...

Fidel.—Bien, señor. *(Sale.)*

Regente.—*(Volviéndose.)* Ahora... *(Al ver que ha desaparecido Judit.)* Ah... *(Se fija en la pistola que ha quedado en el suelo, la recoge, se sienta en un sillón, y empieza a jugar con ella, abstraído. Llaman a la puerta.)* ¡Adelante!

Coronel.—¡A la orden, señor! He oído un disparo...

Regente.—Sí, como me aconsejó usted tanto que tomara precauciones, quise ver si el revólver respondía... Ha respondido... El disparo que acaba usted de oír ha sido la solución de mi pequeño problema... Y ahora, tenga usted la bondad de fijarse bien en lo que le digo. Judit Velasco es lo más probable que vuelva a su casa, dentro de unas horas, quizá esta misma mañana...

Coronel.—¡Pero, señor!

Regente.—Dé usted orden de que cese su busca. Mande usted retirar toda vigilancia de alrededor de su casa... Me he dado cuenta de que todo lo de anoche, desde que usted entró en mi cuarto, ha sido un sueño... y las personas que nos hemos figurado que intervenían en él... personajes de un sueño...

Coronel.—Señor, ¿y el incidente...? ¿Y esos dos hombres...?

Regente.—Ya sabe usted que los sueños se presentan con tales caracteres de realidad que a veces hacen dudar a las cabezas más firmes. Hasta a las de los jefes de Policía... Que no se moleste, bajo ningún concepto, a la señorita Velasco. Al fin y al cabo ha sido la víctima de un sueño... Y a sus seis compañeros, que se les ponga en libertad inmediatamente, excusándose por el error, y devolviéndolos a sus casas con toda cortesía...

Coronel.—*(Con rostro violento.)* Señor, voy a dar las órdenes necesarias. Le ruego me permita advertirle que declino toda responsabilidad, y que mi dimisión...

Regente.—Coronel Urrutia. *(En voz de mando.)* Las

responsabilidades, todas, entiende usted, todas, de lo que suceda en esta república son mías. En nadie las decliné nunca. Y las dimisiones nunca las recibo, las solicito. La de usted no la he solicitado aún. Sus servicios me son indispensables. Gracias, coronel. Puede retirarse.

CORONEL.—*(Cuadrándose y saludando.)* ¡A la orden, señor! *(Sale.)*

ESCENA V

El REGENTE se sienta en un sillón junto a la ventana, con la cabeza entre las manos y mirando al suelo. Pasea un momento. Se abre la puerta de la alcoba y aparece JUDIT, con traje y abrigo de calle, sombrero y guantes. Se detiene al ver al REGENTE, que no ha oído abrir la puerta y sigue en la misma actitud. Vacila.

JUDIT.—*(Acercándose al sillón donde está el Regente, por un lado, sin llegar a ponerse frente a él.)* Perdone si le...

REGENTE.—*(Volviéndose y levantándose bruscamente, como sorprendido.)* ¡Ah! *(Al verla en traje de calle.)* Pero... ¿se va usted? ¿Ya?

JUDIT.—Sí, si usted me lo permite... ¿Le parece pronto? Llevo lo menos quince horas en esta casa. Y es mucho..., sobre todo habiendo venido sin que me invitaran... *(Sonríe.)*

REGENTE.—*(Serio.)* No sé si quince horas son mucho o son poco... Si le digo a usted que se va muy pronto no es porque ha pasado usted más o menos horas... Es porque algo se queda incompleto, en sombras..., como dice usted yéndose así... Algo falta, y quizá en media hora más podría aclararse... ¿Se va usted huyendo de mí?

JUDIT.—*(Sin mirarle y con voz débil.)* No..., no...

REGENTE.—¿Tiene usted prisa... que hacer fuera...?

JUDIT.—Sí, mis amigos...

REGENTE.—Los amigos en quien usted probablemente piensa, los detenidos de anoche, estarán ya en libertad. He dado la orden hace unos minutos y mis órdenes se cumplen pronto.

JUDIT.—*(Asombrada.)* ¿Que los mandó usted poner en libertad?

REGENTE.—Sí. Como a usted. Y me ha costado mucho

337

más trabajo mandarme a mí mismo que la ponga a usted en libertad..., y ya está libre...

JUDIT.—*(Avanzando hacia él conmovida, y parándose de pronto.)* Gracias..., muchas gracias... *(Pausa.)* Pero usted comprende que tengo que irme...

REGENTE.—Como usted quiera. Fidel la acompañará en un coche hasta donde usted le diga... Perdone usted que no lo haga yo, en persona. ¡Ya conoce usted las razones! *(Sonríe. Al mirar a la butaca ve la pistola.)* No sea usted tan olvidadiza... Quiero que se lleve todo lo que trajo, por lo menos... *(Judit se guarda la pistola en el bolso.)* Ah, y una última súplica, y muy sincera: si acaso ese grupo de ustedes decidiera un día hacerme una visita como la de anoche, les agradecería infinito, infinito, que sea usted la designada... ¡Que vuelva usted!

JUDIT.—*(Ha estado hasta ahora escuchando con la cabeza inclinada hacia un lado, y mirando al suelo. De pronto cambia, se quita el sombrero, lo tira en una silla, da una patada en el suelo. Con voz desgarrada y sollozante.)* ¿Por qué habla usted así, así, así?

REGENTE.—¿Cómo?

JUDIT.—Así, como un hombre...

REGENTE.—*(Alzando la cabeza y mirando al aire, en tono grave.)* ¡Es verdad! Soy un traidor... A usted, a mí... Hace quince horas que me estoy traicionando a mí mismo... Hablando como lo que no soy, sintiendo como lo que no soy..., como lo que no quiero ser..., como un hombre...

JUDIT.—*(Cayendo en un sillón, apartando la mirada de él y en voz emocionada y enérgica.)* ¡Mentira, mentira, mentira! ¡Es usted un hombre! Yo le he reconocido... *(Se levanta y le mira frente a frente.)* Porque sólo una mujer puede reconocer a un hombre, ¿no lo sabe usted? ¡Tenga usted valor! Míreme cara a cara y se verá usted como es... *(Está delante de él, erguida y fiera.)* ¿Usted sabe a lo que vine aquí?

REGENTE.—Sí.

JUDIT.—No. No lo sabe... Vine a matar al tirano, al monstruo, a esa figura de espantajo, que no nos deja vivir, que no me dejaba vivir. ¡Y ya está muerto! ¿No ves que ha nacido un hombre? Delante de mí nació... Todos, todos nacéis de una mujer... Nacéis de madre, o nacéis, luego, en otra, de esposa, de amante... No hay hombre que no nos nazca...

REGENTE.—*(Da un paso hacia ella con los brazos tendidos, emocionado.)* ¡Judit, Judit...!

JUDIT.—¡Déjame! Esta es la media hora que querías, la de decirse la verdad. Ahí está, tuya: dos veces te he tenido al alcance de la bala... Anoche..., allí en el diván mientras hablabas..., en la forma de tu rostro se desvanecían, de pronto, un momento, las facciones, y tu cara era el blanco..., el que yo estaba segura de no fallar... Tu cara en blanco, comprendes, la que tú quieres que creamos que es tuya..., la mentira..., la que ha estado a punto de matarme... Pero en seguida, al segundo, te volvía la cara de hombre..., la verdad... No pude disparar... Yo no venía a matar a un hombre...

REGENTE.—*(Da otro paso.)* ¡Judit, Judit!

JUDIT.—¡Espera! ¿Ves ahora quién te salvó? No fuí yo... Tampoco me lo explicaba, al principio, sabes... Te salvó el hombre que naciste siendo... el hombre que eres..., aunque no quieras... Y cuando hace un momento te ofreciste tú mismo desafiando la muerte, como un hombre, a la pistola, sentándote ahí, junto al árbol... ¿Cómo te iba a matar? Si lo que yo vine a matar no era a un hijo de mujer..., era lo inhumano, el antihombre, tu embuste. Tú, tú te has salvado contra él, tú. Y quiero que me oigas este *tú*, así, con toda mi fuerza, porque este *tú* te distingue de todo, te señala, solo, único, *tú*. Es la marca de hombre, que te pongo en el alma... Ahora ya eres de verdad... Ten cuidado..., tu mentira, el embuste..., es lo que puede matarte... *(Con voz quebrada.)* Yo... ya no...

REGENTE.—*(Va hacia ella y la toma en los brazos. Ella le abraza también.)* ¡Tú..., no!

JUDIT.—*(Se desprende.)* Y ahora déjame marcharme... *(Se mira al espejo, se pone el sombrero y se compone el peinado.)*

REGENTE.—¡Marcharte! Ahora... *(Implorante.)*

JUDIT.—Es necesario... Tengo que usar la libertad que tú me das, para sentir hasta el fondo que me la has dado...

REGENTE.—Me vas a dejar...

JUDIT.—¡Dejarte!

REGENTE.—Sí. Sientes la palabra, entera, con toda su

fuerza, ¿no? Como yo la siento... Dejar... Entonces lo que has hecho es no matarme..., nada más...

JUDIT.—¿Cómo... nada más?

REGENTE.—Sí, como los jueces... Estaba sentenciado a muerte..., me indultas..., me perdonas... pero... ¿y la vida? ¿Basta con no matar a un hombre para que viva?

JUDIT.—No. ¿Tú quieres vivir?

REGENTE.—*(Baja la cabeza.)* No sé si podré... Si pudiera... Ya debe de ser tarde...

JUDIT.—*(Con un ademán rápido va hacia él, le coge las manos, le mira con ansiedad.)* No sé..., no debía prometerte nada. No sé lo que voy a sentir en cuanto salga de aquí, de este sueño increíble... Pero vendré... Manda a alguien que me busque a casa y me traiga a... a la misma hora de anoche..., a las siete. *(Se suelta, sonriendo, va hacia la puerta, la abre mientras él permanece un instante como olvidado de todo. Al verla que va a salir adelanta un paso.)*

REGENTE.—¡Judit, Judit!

JUDIT.—*(Con la puerta entreabierta, y ya medio fuera, sonriendo.)* ¿Qué?

TELÓN

ACTO TERCERO

CUADRO PRIMERO

La escena representa el mismo salón del cuadro II del acto I, en casa del REGENTE. Hora final de la tarde.

ESCENA PRIMERA

Apenas alzado el telón se abre la puerta de la derecha y entran JUDIT y el REGENTE, los dos con abrigo de calle. El se sujeta con la mano derecha la muñeca izquierda. JUDIT, agitada, se quita el abrigo y el sombrero y los tira en una silla y toca el timbre. Ayuda a quitarse el abrigo al REGENTE.

JUDIT.—*(Agitada, mirándole a la muñeca.)* ¡Dios mío, qué susto...! ¡A ver, a ver!

REGENTE.—*(Sonriendo.)* Pero si no es nada... ¿No te he dicho que no es absolutamente nada? *(Llaman.)* ¡Adelante!

FIDEL.—*(Entra y da un paso.)* ¿Mandan los señores...? *(Al ver que el Regente tiene un pañuelo alrededor de la muñeca y observar la expresión alarmada de Judit.)* Pero... ¿le ocurre algo al señor?

REGENTE.—No, no, Fidel. Tráete agua oxigenada y algodón... Es un arañazo... *(Sale Fidel.)*

JUDIT.—¡Déjame verlo! *(Le quita el pañuelo.)* Sí, ha sangrado un poco, pero ya paró. ¡Dios mío, la suerte que hemos tenido!

FIDEL.—*(Entra con la bandeja en la mano.)* Aquí tiene la señorita. ¿Desea que la ayude?

REGENTE.—No, Fidel, no merece la pena. Más vale que tú vayas por un vaso de Porto... A la señorita le probará bien... Se ha asustado... un poco...

FIDEL.—¡Bien, señor! *(Sale.)*

JUDIT.—*(Mientras le lava y le pone una gasa.)* ¡Un poco! Si tú supieras...

341

REGENTE.—Lo que sé es que eres una enfermera diestrísima y con un instrumental *(le coge las manos y se las besa.)* maravilloso... Gracias...

JUDIT.—Sí, tómalo a broma...

FIDEL.—*(Deja en la mesita una bandeja, sirve dos copas.)* ¿Desean algo más los señores?

REGENTE.—Nada.

JUDIT.—Sí, llévese esto. *(Le da la bandejita de la cura.)*

FIDEL.—Gracias. *(Sale.)*

REGENTE.—*(Da una copa a Judit y toma él otra.)* Bebe y recobra tus ánimos. *(Sonriendo.)* ¡Después de todo, no se puede verter menos sangre en una lucha como ésta! La lucha por la reconquista del mundo... Tú eres mi gran potencia aliada... *(La mira. Judit tiene aire preocupado.)* Tienes cara de preocupación. ¿Es que te vas cansando de ser mi aliada?

JUDIT.—No, Andrés, no. Es... asombro..., a ratos..., de lo extraño, de lo sorprendente que trae la vida; nos figuramos que lo planeamos todo..., que vamos a sorprenderlo todo. ¡Y resulta que los sorprendidos somos nosotros...! Ya ves... cómo vine yo aquí... y cómo estoy...

REGENTE.—¿No te arrepientes, verdad?

JUDIT.—No, Andrés, no. Dudo. Siento la lucha..., la división. La misma división de casi todos los días desde hace un mes... Tú, por la mañana, eres todavía... eso..., lo que odio..., el Regente. Son tus horas de despacho..., de trabajo oficial... Yo en casa me distraigo, leo, escribo... Pero no dejo de sentir que estás en ese otro mundo, que eres... el que queremos matar..., que sigues siéndolo. Estamos separados mucho más que por la distancia en esa hora. Y yo he sentido miedo, día por día, de que al venir por la tarde a buscarte... no estuvieras..., te hubieses encerrado otra vez... en lo que odio...

REGENTE.—Yo también siento eso. Más que tú... Mi error es mío, tú lo ves, pero yo lo vivo. Duele más... Y estás ganando, Judit, estamos ganando... Porque después de esas mañanas vienen a la tarde nuestras salidas...; vienes tú... y el mundo se abre... por tu mano...

JUDIT.—Sí, Andrés. Pero sabes, vamos siendo imprudentes, muy imprudentes. Ya ves lo de hoy... Lo que nos ha ocurrido pudo ser...

REGENTE.—¿Pero qué nos ha ocurrido? ¡Lo que pasa

cien veces al día! Un chófer que quiere correr mucho y que cuando se le atraviesa otro coche...

JUDIT.—No me lo digas, que parece que lo estoy viendo. ¡Figúrate si no frena a tiempo..., si hay un choque... o si tú en vez de hacerte ese rasguño te hieres de verdad... Allí, yo contigo, herido, en medio de la ciudad, sin poder explicar quién eres, ni saber adónde llevarte y expuestos a que te descubran del modo más tonto... ¡Esos taxis! Se mete una en el primero que pasa, se arrellana en el asiento... como si tal cosa..., sin darse cuenta de que entrega la vida a un individuo al que no se ha visto nunca y que a lo mejor está loco o borracho o... ¡Tomar un taxi es una locura, si bien se mira...

REGENTE.—¡Y cuánto me gusta! Yo tenía no sé cuántos, ocho, diez coches en las cocheras..., negros, solemnes y, lo que es peor, alguno blindado. ¡Y eso para no salir nunca, para atravesar furtivamente la ciudad con las cortinillas echadas! Y ahora tengo millares y millares de coches..., amarillos, rojos, azules, que me desfilan por delante, para que escoja..., sólo con una seña..., y se ve todo lo que pasa y se llevan todos los cristales abiertos sin temor... Lo más que puede ocurrir es lo de esta tarde..., un frenazo y una rozadura...

JUDIT.—Andrés, tengo miedo... Estamos muy confiados... Eres muy caprichoso..., sobre todo estos últimos días...

REGENTE.—¿Caprichoso?

JUDIT.—Sí, quieres ir a todas partes, meterte en los sitios más absurdos... Lo del cine de anteayer. Un cine de barrio, de lo peor...

REGENTE.—¡Cómo lo disfruté, Judit! Yo veía películas..., sí, antes. ¿Tú sabes cómo?

JUDIT.—No. ¿Dónde?

REGENTE.—Aquí, en casa. A veces en este mismo salón. Fidel, que sabe de todo, hacía de operador. Y yo... solo, solo, era todo el público. Miraba pasar por delante de mí... gentes, bullicio, risas en imágenes falsas, y se me agrandaba más y más mi soledad verdadera, y sentía todo lo fuera que estaba del mundo... Anteanoche en aquella sala, con la gente que se reía, que se movía, que daba gritos alrededor nuestro... y un niño que lloró... ¿Tú no notaste que se me iba la mirada de la pantalla, y buscaba en la oscuridad los rostros de las gentes, sus facciones, sus cuerpos...?

JUDIT.—Y por eso volviste a casa tan alegre.

REGENTE.—Sí, Judit, sí. ¿No es eso lo que tú quieres? ¿No es ése tu plan... curativo..., aunque te horripile la palabra...?

JUDIT.—Me horroriza... Ya sabes cómo hay que llamarlo... El viaje de vuelta..., de vuelta a la vida...

REGENTE.—¡Eso es! Vuelta a tantas cosas... Las tiendas... y los objetos innumerables..., los tesoros... que nunca veía...

JUDIT.—¡Y que comprarías, sin dejar uno, si pudieses! Eres un gastador terrible...

REGENTE.—Los teatros, la calle..., sobre todo la calle... ¡Y contigo, Judit, contigo. Solo yo no habría vuelto jamás... Tú ves..., llevamos un mes saliendo, ¿no? Pues si tú no estuvieras a mi lado, o apoyada en mi brazo, o dejándome que yo me apoye en tu mirada..., yo no podría resistir ni cinco minutos entre la gente. He vivido tan por ellos, pero tan lejos y tan fuera de ellos, entre sospechas, amenazas, precauciones de mis prójimos, que cuando los veo pasar junto a mí, rozarme, cuando uno se me acerca como el otro día a pedirme lumbre..., me creo que si no me pasa nada, si no me hacen daño..., es porque a mi lado me guardas de todo... Tú sola vences ese terrible hábito de la soledad que yo mismo me impuse. Tu sola persona me quita el temor de miles y miles de gente... ¡Y al vernos se creerán que somos una pareja de novios que se divierten...! *(Pausa.)* ¿No es como una comedia todo esto que hacemos?

JUDIT.—¡Claro! Ese es mi método... Contra el embuste, la comedia...

REGENTE.—Nos portamos igual que dos muchachos que van y vienen, como jugando, despreocupados... ¡Y es verdad! Yo lo hago de verdad, Judit. ¿Y tú?

JUDIT.—¿Yo? Con toda mi alma.

REGENTE.—De verdad, y al mismo tiempo como si representara un papel doble...

JUDIT.—Sí, Andrés. Tú no puedes volver al mundo de otro modo... La vida más verdadera hay que vivirla algunas veces como luz de comedia, con palabras de comedia... Porque su verdad es tan tremenda que, vista cara a cara, nos aterraría... Hay que jugar con ella..., hacer nuestra comedia... de verdades... que se disfrazan de juegos... Vestidas de su fría razón serían insufribles. Las salvamos fantaseándolas... Y así, entrando en nuestro papel, entramos en la vida verdadera... La comedia de las verdades... para acabar con el embuste. ¿No sientes tú que cuando andamos por ahí..., callejeando, sentándonos en los bancos de los jardines, en todas estas cosas insignificantes, que por debajo de ellas hay algo profundo que nos lleva, como a dos gotas, en su caudal? Es la verdad simple de la vida que sigue su camino...

REGENTE.—¡Tienes razón! Si yo te dijera... Pero me da vergüenza...

JUDIT.—¡Vamos, vamos! *(Le da una palmadita en la cara.)*

REGENTE.—Pues que una de las claridades más grandes que me han venido a la conciencia en estos días, uno de esos momentos en que algo que se busca sin hallarlo se ve de pronto, claro, seguro... No, no, te vas a reír...

JUDIT.—No seas tonto... ¿Dónde?

REGENTE.—Pues el lugar de la revelación fué un caballito de madera, dando vueltas, y yo montado en él, y tú a mi lado en el carrousel de la feria..., la otra noche... En plena comedia... *(Judit ríe.)* Tú todavía dudas, Judit, y yo también. Aún no hemos llegado al término, pero yo siento que falta poco para que se me caiga de encima todo eso que yo me puse y se quede libre... lo que me salvó aquella noche, lo que tú viste en mí, lo que yo mismo me he negado, lo que he estado rechazando furioso..., el hombre que soy... Entonces iré a pedirte que no le separes de ti ya más, porque es tuyo... ¡Tú, que venías a matarle...!

JUDIT.—*(Conmovida, le abraza.)* No, no, a ti, no...

REGENTE.—Lo sé, Judit, lo sé. *(Le acaricia la cabeza.)* Al otro, al que está aquí todavía, prendido en mi persona, y existe en mí, aunque no lo quieres..., no le queremos... Judit, todavía no nos hemos separado él y yo... No es fácil... Precisamente tengo que hablarte de él. Dentro de un momento tengo que ser él, otra vez...

JUDIT.—*(Soltándose.)* ¿Qué quieres decir? *(En tono inquieto.)*

REGENTE.—¡Calma, calma! Mira, esta mañana, en el Consejo Privado de mis ministros me plantearon una cuestión importante. Convine en dar la respuesta al canciller esta tarde. *(Mira al reló.)* Probablemente ya estará en el despacho esperando. Pero quiero recibirle aquí, y que tú lo oigas...

Judit.—¿Pero cómo voy yo a estar delante...?

Regente.—No, tú vas a oírme, como aquella noche..., ahí..., velando como entonces... sobre mi vida... y mi muerte...

Judit.—No...

Regente.—¡Hazlo, Judit! Te lo ruego... Es la comedia de la verdad, como tú dices. *(Llama al timbre.)*

Fidel.—¡Señor!

Regente.—¿Ha llegado ya su excelencia?

Fidel.—Hace unos minutos aguarda en el despacho...

Regente.—Acompáñale aquí... *(A Judit.)* Ven. *(La lleva de la mano al hueco del mirador, la deja detrás de la cortina, sonriendo.)* Va a ser un momento nada más.

ESCENA II

Fidel.—*(Anunciando.)* ¡El señor Canciller!

Canciller.—*(Entra y hace una inclinación profunda.)* ¿Da el señor su permiso?

Regente.—Pase, señor Canciller, pase... *(El Canciller adelanta y se queda en pie, a unos pasos del Regente, de espaldas al mirador.)* Canciller, he reflexionado sobre su petición de esta mañana. Comprendo que el pueblo esté extrañado y hasta descontento por mi silencio de estas dos últimas quincenas. Las reuniones han sido siempre la base de la unidad psicológica del régimen. Las razones alegadas por el Consejo para pedirme que reanude esos mitines son poderosas. He tomado una decisión que usted, señor Canciller, se servirá comunicar al Consejo. *(El Canciller se inclina.)* El lunes que viene, esto es, dentro de seis días, volveré a hablar al pueblo...

Canciller.—Anticipo al señor la profunda gratitud del Consejo por haber accedido a su súplica. Cada una de las oraciones del señor le afianza más y más en la adhesión del pueblo a su figura. Todo se dispondrá para este lunes.

Regente.—Nada más, señor Canciller. Gracias por su visita. *(Le tiende la mano. El Canciller la estrecha inclinándose.)*

Canciller.—A las órdenes del señor. *(Sale mientras Fidel tiene la puerta abierta y sale detrás de él.)*

El REGENTE va al mirador, descorre la cortina, coge de la mano a
JUDIT, que está inmóvil, y la trae al diván.

REGENTE.—Ya has oído...

JUDIT.—Sí, el lunes... ¿Entonces?

REGENTE.—No quiero ser cobarde, Judit, vamos a hacer
la última prueba.

JUDIT.—¿Cuál?

REGENTE.—No quiero engañarte... y para eso necesito
saber si yo no estoy engañado. Los dos necesitamos la seguridad de lo que a ti te trajo a este cuarto... a matarme..., no soy yo..., está ya desprendido de mí..., a punto
de muerte. Hay que cerciorarse de que el embuste ya no
me sirve para vivir, y que para seguir viviendo tengo, que
volver a lo que tú viste aún latir en mí aquella noche. El
lunes voy a meterme otra vez dentro del embuste, a hacer
lo que siempre, a entregarme a él, a hablar como habla...
Y entonces sabré cuánto de mi ser vive aún en esa figura...
Si la voz me sale del fondo del alma... o es un eco ya de
voz muerta... Tú, Judit, vas a escucharme, como lo hiciste
otras veces. Tú también vas a hacer la prueba en ti. Oyendo
mi voz tú sentirás si aún está unida con mi persona, con
el que tienes aquí delante..., o si es puro ruido de un fantasma, de un muerto, desligado ya de mí. Entonces sabrás
si puedes quererme sin que entre tú y yo se alce aún el embuste que fué... Y si la prueba es favorable, si tú y yo, lejos,
coincidimos en sentir que ya estoy libre...

JUDIT.—¿Qué?

REGENTE.—Lo natural... Si ya no creo en lo que digo,
si lo veo como mi engaño, ya no podré engañar más a mi
pueblo... Dejaré allí, caído, el embuste, la máscara... Seré
un hombre nada más..., podré volver a entrar entre los
hombres, perderme entre ellos; otro, entre tantos. Pero a
tu lado..., contigo..., si tú quieres... ¿Aceptas la prueba?

JUDIT.—¿Dices que vas a hablar el lunes? Dentro de seis
días...

REGENTE.—Sí.

JUDIT.—*(Alza la cabeza y le mira cara a cara, sonriendo.)* Muy bien. Mañana saldré de la ciudad...

REGENTE.—*(Alarmado, la coge de las manos.)* Pero cómo, ¿que te vas?

JUDIT.—Sí. Acepto. Pero quiero que estés solo... estos días, como antes. Yo me iré a pasarlos en el Hotel, en Sierra Baja... Allí te esperaré... Vendrás o no vendrás... El lunes por la noche oiré todo lo que digas. Si al acabar tu discurso ves ya claro, del todo, en ti..., si el monstruo ha muerto..., ven a buscarme... Y si yo, después de haber oído tu voz de antes, siento que también murió... *(Se detiene conmovida.)*

REGENTE.—¿Qué, Judit, qué?

JUDIT.—Sierra Alta está a media hora de la frontera... Podemos pasarla al otro día. Un hombre y una mujer más que aceptan el mundo..., que entran en él, juntos... Si no vinieras..., entenderé que el hombre no ha podido librarse aún... *(Se levanta y le tiende las manos.)*

REGENTE.—Gracias, Judit. Sí, es una prueba... Más fuerte de lo que yo pensaba... Estos días sin ti, sin las salidas...

JUDIT.—Como debe ser... Así sabrás tu fuerza... Y ya sabes, yo no voy a separarme de ti... Voy a esperarte un poco más lejos... para una salida más larga, muy larga...

REGENTE.—*(La abraza. Se sueltan.)* Adiós, mi Judit. Hasta el... *(Judit le tapa la boca con la mano, sonriendo.)* Eso no se dice..., es un secreto... *(Salen enlazados por el talle hasta la puerta. Al pasar junto a la mesa que hay al lado de la puerta, Judit alarga la mano y sin que lo advierta el Regente levanta la tapa de la caja de música. Sale. El Regente vuelve hacia el diván y en esto rompe a tocar la cajita. Él vuelve la cabeza y la mira. Sonríe... Va hacia el mirador, se acerca y mira al sitio donde estuvo oculta Judit la primera noche y ésta. Luego, de un gesto brusco, corre las cortinas de modo que quede cerrado el hueco del mirador y se dirige a la puerta de la izquierda.)*

TELÓN

CUADRO SEGUNDO

La escena representa dos habitaciones de hotel contiguas y comunicadas por una puerta abierta en el tabique que divide la escena. La habitación de la derecha es mayor. Amuebladas confortablemente las dos. Al fondo, puerta de entrada, en las dos. En la habitación de la derecha, ventanal en el lado derecho.

ESCENA PRIMERA

Es de noche, pero la habitación está apenas iluminada por una pequeña lámpara de mesa, al fondo. Judit, sentada en una butaca, de cara a la ventana, escucha la radio. El aparato, portátil, se halla colocado en una mesita junto a ella...

Voz del Regente, en la radio.—*(Habrá de ser potente, dura, metálica.)* ...y ahora, pueblo mío, me despido esta noche de vosotros, diciéndoos como siempre: no os habla, nos os aconseja, no os ordena un hombre, una voluntad individual... Es vuestra voluntad, es vuestra voz misma, las que vibran en estas mis últimas palabras. ¡Pueblo, en pie! *(Se oye una tempestad de aplausos y gritos, luego un toque de clarines... Y otra voz, la del anunciador, en la radio...)*

Voz del anunciador.—Aquí Radio Patria, Estación Nacional. Ha terminado la oración pronunciada por el señor Regente. El pueblo enardecido y jubiloso lo ve desaparecer de la tribuna... No olvidemos ni un momento la consigna: La vida del Regente es lo primero.

Judit.—*(Cerrando la radio. Se levanta con rostro claro y alegre.)* ¡No es él, no es él! Todo mentira. Ni en una sílaba, ni en una inflexión le he conocido... Es el monstruo, el espantajo, ruido, aire, voz..., todo falso..., sin cuerpo... Y él tiene cuerpo de hombre..., rostro de hombre... *(Mira al vacío, como arrobada.)*, es un hombre... No, no son dos seres que viven en el mismo cuerpo, y si abrazo al uno tendré que sentir al otro..., no. Ni dos voces que salen de las mismas bocas... Y entonces no se la podría besar... Todo disfraz, tapujo..., y se le cae y queda él... *(Pausa.)* Vendrá... Estoy segura... Y con su mentira va a derrumbarse todo ese artificio, todo ese sufrir de tantos... Y habrá sido sin matarle a él... No con una vida menos..., con una vida, su vida, más... Vendrá... Estará viniendo a estas horas, estará en un coche, por un camino..., solo. ¿Solo? ¿Sabrá venir solo? Dice que no sabe salir... sin mí... La carretera de montaña da vueltas, y vueltas... ¿Hay luna esta noche? *(Va al ventanal. Suspira.)* ¡Qué hermosa es la luna! ¡No por lo bonita, no! Es que alumbra, alumbra bien... Que se verán mejor las vueltas... Vendrá. ¡Alegría, alegría! Te he estado conteniendo, tapándote la boca, alegría, para que no gritaras... Ya puedes gritar. *(Se calla poniéndose las manos cruzadas sobre el pecho. Expresión de dicha.)* Y ahora voy a vestirme. Bajaré a cenar al comedor esta noche... *(Llama al timbre.)* Veré gente... Y ¿a qué hora llegará? ¿A qué hora habrá salido? ¿Cómo habrá podido escaparse? *(Llaman.)* ¡Adelante!

CAMARERA.—¿Llamó la señora?

JUDIT.—Sí, que no me suban la cena hoy, bajaré al comedor... Ah, es muy probable que el señor llegue esta noche...; que esté preparada la habitación de al lado... y que tengan la llave en el mostrador para dársela... Y que me telefoneen en cuanto llegue... Gracias... Voy a vestirme... *(Se entra en el cuarto de baño... Desde dentro.)* Ah, póngame usted la radio... Quiero oír música...

CAMARERA.—*(Da la vuelta al botón.)* Bien, señora, ya está... *(Sale.)*

VOZ DEL LOCUTOR EN LA RADIO.— ...la ejecución por la orquesta de Munich del preludio y muerte de *Tristán e Iseo*, la célebre ópera de Wagner. *(Se oyen los primeros compases...)*

JUDIT.—*(Sale, con el pelo suelto y cierra la radio.)* No, eso, esta noche, no... *(Se apaga la luz en la habitación de la derecha.)*

ESCENA II

Se enciende en la de la izquierda y se ve a la CAMARERA que ha entrado por la puerta del fondo y ha encendido la luz. Se dirige a la cama... y empieza a arreglar el embozo...

CAMARERA.—¡También esto es raro..., marido y mujer y dos cuartos...! *(Llaman a la puerta. La Camarera abre.)* ¡Ah, es usted, señor gerente!

GERENTE.—*(Hombre de unos cincuenta años, de chaqué.)* Sí. *(Volviéndose hacia fuera.)* Pasen, señores. *(Entran teniente de voluntarios del Regente y viluntario 1.° Llevan traje semimilitar, polainas. Camisas verdes y unas placas en el lado derecho.)*

TENIENTE.—*(Mirando alrededor.)* ¿Este es el cuarto?

GERENTE.—No, el contiguo. Pero desde éste podrán ustedes observar los movimientos de esa persona discretamente...

VOLUNTARIO.—¿La muchacha es la camarera de estas habitaciones?

GERENTE.—Sí, señor. ¿Quieren interrogarla?

TENIENTE.—Sí, será necesario.

GERENTE.—*(A la Camarera.)* Estos caballeros pertenecen a la Policía "Voluntarios del Regente". Van a hacerle a usted unas preguntas...

CAMARERA.—Muy bien, señor. *(Los voluntarios se sientan en dos butacas. El Gerente, en otra. La Camarera, en pie.)*

VOLUNTARIO.—¿Usted ha notado algo raro en esa señora?

CAMARERA.—Yo, la verdad, no... Es muy tranquila, sale todas las mañanas y las tardes, debe de ir de excursión, por el traje, y en su cuarto siempre está leyendo... Toma las comidas aquí, siempre...

VOLUNTARIO.—Ah, ¿de modo que no baja al comedor? Es curioso... *(Toma nota.)*

CAMARERA.—Esta noche sí que ha bajado o va a bajar..., me lo acaba de decir... Y me ha dicho también que el señor, supongo que será su marido, está al llegar...

TENIENTE.—Ah, ¿conque espera al marido?

CAMARERA.—Dice que no sabe a qué hora va a venir..., que quizá llegue muy tarde. Y me ha encargado que le tengan la llave preparada en el despacho y arregle el cuarto... Eso estaba haciendo...

VOLUNTARIO.—*(Al Teniente, con satisfacción.)* Creo que hemos llegado a tiempo. Ella no es casada... ¿De modo que aguarda a un señor y a altas horas? Bueno, bueno. *(Al Gerente.)* ¿Podemos dar un vistazo al cuarto, si ha bajado a cenar?

GERENTE.—*(A la camarera.)* Vea usted. *(La Camarera sale por la puerta del fondo y se la oye llamar a la puerta del cuarto derecha, varias veces. Al ver que no contestan, abre, enciende la luz, mira en el cuarto de baño, se cerciora de que no hay nadie y abre la puerta de comunicación.)*

CAMARERA.—¡Ya ha bajado! *(Entran en el cuarto de la derecha al Gerente y la Policía.)*

VOLUNTARIO.—*(Echan una mirada alrededor, empiezan a dar vueltas y a abrir cajones y armarios.)* Aquí está el maletín. *(Coge una cartera de viaje... Registrando.)* Un pasaporte... Ah, y un arma... *(Saca la pistola de Judit y se guarda las dos cosas en el bolsillo.)*

TENIENTE.—*(Entra en el cuarto de baño, sale en seguida, registra una cómoda ligeramente. Mira los libros.)* Muchos libros. Uf, uf, en idiomas extranjeros casi todos...

VOLUNTARIO.—Bueno, ya hemos visto lo que queríamos... Vámonos. *(Pasan todos por la puerta del tabique a la habitación de la izquierda. Al Gerente.)* Puede usted retirarse. Mi compañero y yo nos quedamos un momento. Luego le veremos en su despacho... *(A la Camarera.)* A usted, la llamaremos si se la necesita.

GERENTE.—Muy bien.

CAMARERA.—No tienen más que dar al timbre dos veces. *(Salen el Gerente y la Camarera.)*

ESCENA III

Los policías se sientan.

TENIENTE.—No se ha equivocado usted.

VOLUNTARIO. — No, mi teniente. Soy muy buen fisonomista. En cuanto la vi ayer al cruzar la plaza, recordé la cara. Cuando hace un mes pasaron aquella orden urgente del coronel, para que se detuviera a esta mujer, enviaron a la dirección una fotografía, y la cara se me quedó en la memoria. ¡Es bonita de verdad! Luego vino casi inmediatamente la contraorden para que se diera por nula y no existente la orden anterior, pero lo que se queda en la memoria no se puede borrar ...

TENIENTE.—Hay que andarse con tacto... La contraorden del coronel fué terminante: que se diera por cancelada la anterior y se destruyese todo el expediente relativo a esa mujer.

VOLUNTARIO.—Desde luego, teniente. Ya sé que a ella no

se la puede vigilar... Pero para mí esa mujer es un foco de peligro. Fué muy raro lo de la orden y la contraorden. *(Saca el pasaporte.)* Un pasaporte falso... a nombre de Mercedes Saldaña... con sus señas y su retrato. Una pistola, de las buenas... Por lo menos, se la podría detener...

TENIENTE.—Eso, no. Las órdenes son órdenes. Lo que sí conviene es enterarse de quién es el individuo que va a llegar... Esperarle y en seguida...

VOLUNTARIO.—¿Aquí, o abajo?

TENIENTE.—Veremos. Vamos a hablar con el encargado. ¡Ah! *(Llama al timbre.)*

CAMARERA. — *(Desde la puerta.)* ¿Qué desean los señores?

TENIENTE.—Pase a la habitación de al lado y dé un vistazo, a ver si todo está como estaba. Es menester que la señorita no sospeche nada. ¡Y mucho cuidado con hablar! Una palabra imprudente podría deshacerlo todo. Si se entera de algo por usted, son diez años de cárcel. Ya lo sabe.... *(Salen.)*

CAMARERA.—Está bien. Buenas noches. *(Pasa por la puerta de comunicación al cuarto de la derecha y empieza a repasarlo todo, cerrando los cajones de la cómoda, arreglando los almohadones, etc.)* Diez años de cárcel... Yo podría deshacerlo todo... ¡Yo, yo! Y con la lástima que me da, con lo amable que es siempre conmigo, tan buena. Una palabra... podría deshacerlo todo... ¿El qué? ¿Qué habrá hecho...? Y yo, aquí en medio, en el centro. Una pobre criada, una ignorante... Y mi palabra podría... Ya no eres tú, Agueda, ya no eres tú, Agueda Peláez, la que vas y vienes por este cuarto. Te manejan, te mueven, te empujan... Y ella no lo sabe, y él, el que va a venir, no lo sabe. De estas idas y venidas y estas cosas que arreglo... ¿qué va a salir? ¿Para quién estoy haciendo lo que hago? *(Pausa.)* Diez años de cárcel... ¿Por qué voy a dejar que pase lo que tengo miedo que pase? Si yo no lo quiero... Ah, sí... Porque el cielo es hermoso, y padre y madre, y los muchachos me esperan a comer o a cenar todos los días... y yo subo por la cuesta Pina, a casa, oliendo el olor de los prados frescos. Eso es mi vida... En la cárcel, al entrar le quitan a uno todo lo que lleva, la vida también... Y no subiría por la cuesta Pina, y padre y madre dirían... Esta es mi vida, y así tiene que ser, y para que siga siendo aquí estoy, de acá para allá..., haciendo lo que me mandaron esos hombres. Les ayudo, sin saber a qué... Cómo me pesan las manos. ¿Qué la harán a ella? ¿Por qué las personas van siempre contra las personas? Yo no quiero ir contra ella, y aquí estoy arreglando la ropa de los armarios para que no se aperciba de nada. ¡Tan poco como soy en el mundo, tan poco como sé yo hacer!..., y ahora siento por dentro que he crecido, que he crecido..., que alguien ha entrado en mí, y hago lo que me manda y que puedo hacer mucho... o deshacer mucho..., deshacerlo todo..., como dijeron esos hombres. Yo no lo sé. Señor, ¿es justo que esté una haciendo lo que no sabe? Y si lo supiera... Diez años de cárcel... ¿Cuántos domingos son diez años de cárcel? Menos mal que ya no veré a la señorita. Cuando ella suba ya estaré camino de casa. Si la viera... Una palabra... dijeron los hombres... ¿Podría callarme una palabra, si la viera? *(Mira alrededor.)* Ya está. Cuando vuelva mirará estas cosas, y no se dará cuenta de que alguien con mis manos... ha estado hilando estos hilos, esta red de engaño... *(Va a la ventana y la abre.)* Pero ¡qué hermoso es el mundo! *(Entra la luna y se oye el pío fuerte de un pájaro.)* Si se lo pudiera decir el pájaro... *(Asomándose a la ventana.)* ¡Oye, oye, díselo, avísala, que se vaya! ¿Oyes? *(El pájaro sigue.)* Yo no puedo... Un pájaro tiene más fuerza que nosotros... *(Al ave.)* Díselo... No lo sabrá nadie. Y luego te vuelas, hay ramas y ramas en el bosque. ¡Que se salven! Tienes toda la noche, te entenderá, te entenderá si no te cansas... *(Se oye la llave en la puerta. Volviéndose.)* ¡Jesús, la señorita!

JUDIT.—*(Sonriente.)* ¿Estaba usted arreglando la cama? Subo por un abrigo, hace fresco en la terraza... *(Abre un armario y saca un abrigo.)* Ah, ha hecho bien en abrir la ventana!

CAMARERA.—Sí, señora. La noche está hermosa... *(Pausa. Judit se pone el abrigo y se detiene un momento en el espejo para ponerse polvos.)* ¡Y el pájaro, el pájaro cantando! ¿No lo oye la señorita?

JUDIT.—Sí...

CAMARERA.—¿Pero le oye, le oye?

JUDIT.—Claro que sí, mujer, ¿quién no le oye? ¿Por qué lo dices?

CAMARERA.—Porque yo abrí la ventana para eso, para

que la señorita oyese claro lo que dice... Algunas veces un pájaro puede hacer mucho bien...

JUDIT.—*(Se vuelve y al salir la da una palmada en el rostro.)* ¡Lo que dice! Eres una buena muchacha, Agueda, quiero hacerte un regalo antes de marcharme. Piénsalo y mañana me dirás lo que te gusta. *(Va hacia la puerta.)*

CAMARERA.—Gracias, señorita, gracias. ¿Le ha entendido usted bien?

JUDIT.—*(Se para y se vuelve.)* ¿A quién, mujer, a quién?

CAMARERA.—Al pájaro..., que canta..., canta para usted.

JUDIT.—Vamos, chiquilla... Qué más quisiera yo... Si entendiéramos a los pájaros, otra cosa sería... *(Sale.)*

CAMARERA.—*(Inmóvil, en el centro del cuarto, mirando a la ventana.)* No le entendió, no le entendió. Y se ha callado. Pero, Dios mío, ¿por qué yo veo y ella no ve? ¿Por qué tiene ella ciegos esos ojos tan hermosos y yo con éstos estoy viendo... viendo...? ¡No, no! Pero la Policía lo sabe todo... La vida del Regente es lo primero. *(Se arrodilla en el centro del cuarto.)* Perdóname, Señor Dios mío, perdóname por lo que venga. Tú, perdóname por no ser más que una pobre alma... que no sabe...

TELÓN

CUADRO FINAL

La misma escena del anterior. Amanecer del día siguiente. En la habitación de la derecha, JUDIT, echada en el diván, con un abrigo ligero encima. Tiene los ojos cerrados. El día va aclarando poco a poco. Se oye el cantar del pájaro.

ESCENA PRIMERA

JUDIT.—Ya te siento... Ya estás ahí, día nuevo. No necesito abrir los ojos, vienes por otro camino..., día nuevo, por dentro de mí vienes. No veré tu luz hasta que no se encuentre con la mía... No la veré hasta que envuelta en ella venga la forma que espero. ¿Días nuevos, todos, sólo porque cada día hay un amanecer? No es así... Nuevos serán para el mar, y los árboles, y las montañas, que no aguardan más que a la luz. Nosotros esperamos lo que nos trae la luz... Y la luz llega muchas veces con las manos vacías... No, esos días no son días nuevos... Lo que me vas a traer tú, luz—ya te siento en los párpados que te resisten—no me lo trajo nunca día alguno. Tú serás el nuevo entre todos, el más nuevo de la vida, y te siento crecer, cada vez más claro, onda tras onda, como el mar que se hinche y se acerca, hasta que llegue y me ponga delante la dicha que me trae, la que su marea está lentamente empujando hacia mí... No, no podía venir de noche... *(Pausa.)* Y el pájaro que no se cansa de cantar... Quizá cante cuando él llegue... Y puede que él entienda lo que dice el pájaro, como quería la muchacha... Pero ¿qué es esto? Se me abren los ojos... No puedo tenerlos ya más cerrados... Es que viene, es que está aquí... *(Se abre la puerta, aparece en el umbral el Regente, se detiene, y da un paso, de puntillas, al ver a Judit y creerla dormida. Judit abre los ojos, sonríe y le tiende los brazos, sin levantarse del diván.)* Así tenía que ser... La luz y tú. *(Se acerca el Regente y se abrazan.)* ¿Oyes al pájaro? *(Siguen sentados en el diván y miran a la ventana, enlazados por el talle.*

Va entrando más luz.) Ha estado sosteniendo la noche en alto para mí, en su pico... Te esperaba. ¿Le entiendes? *(En este momento entran cautelosamente en la habitación de la izquierda los dos voluntarios. Se acercan a la puerta de comunicación y se ponen a escuchar.)*

REGENTE.—Sí, Judit, sí. Ahora ya puedo entender a los pájaros. Ya estoy libre. ¿Escuchaste? No era yo, verdad, el que hablaba. No era este yo *(Se coge el pecho con las dos manos.)* El otro está muerto. Lo maté... porque tú me diste fuerza para que yo viniera...

JUDIT.—Sí, está muerto... En la voz se notaba...

REGENTE. — Y ahora, todo claro... Me escapé sin que nadie se diera cuenta. *(Los dos voluntarios se agitan y se hacen señas.)* Fidel hará que se guarde el secreto lo que se pueda. *(Mirando al ventanal.)* No amanece el día solo. Me amanece el mundo, se me abre, como el horizonte con la luz... Por este día entraremos en la vida, Judit.

JUDIT.—Sí, sí, pronto... Andrés... ¡De verdad! ¿Tienes todo preparado?

REGENTE.—Tengo un pasaporte en el bolsillo. Nadie me reconocerá. *(Los dos voluntarios abren la puerta de comunicación y pistola en mano se colocan en el cuarto de la derecha, delante de Judit y el Regente. Estos, sorprendidos, se levantan y retroceden. Judit quedará junto a algún mueble en el que esté su bolso. Judit y el Regente, cogidos de la mano.)*

TENIENTE.—¿Conque nadie le reconocerá a usted? No ha contado usted con los voluntarios del Regente... En su nombre queda usted detenido...

REGENTE.—¿Yo, yo? ¿Pero qué locura es ésta? ¿Ustedes saben quién soy yo?

VOLUNTARIO.—Todavía no. Pero sabemos quién es ella. *(Señalando a Judit.)* Judit Velasco. Elemento peligroso. Sospechosa. Una enemiga temible del Regente.

JUDIT.—¿Enemiga de quién?

VOLUNTARIO.—Ya lo veremos. Pero por usted hemos dado con... este hombre...

JUDIT.—¿Por... por mí? ¡No, no!

REGENTE.—¡Basta! Ustedes no pueden detener a esta señora. Hay orden rigurosa de...

TENIENTE.—¿Ah, lo sabe usted? Pues por encima de todas las órdenes está la vida del Regente. Hemos jurado defenderla a toda costa... *(Al Regente.)* ¿Quién es usted? *(Al ver que echa mano al bolsillo de la americana.)* No, el pasaporte falso, no. Ya lo hemos oído... ¿Quién es usted de verdad? *(Pausa.)*

REGENTE.—¡Avise a sus jefes! A ellos se lo diré...

JUDIT.—No, no. Eso nunca... Es la perdición... Yo se lo diré... Un momento... *(Se vuelve, coge el bolso y con un movimiento rápido lo abre y busca. Al no encontrar la pistola.)* ¿Quién...?

VOLUNTARIO.—¡No se moleste usted, está aquí! *(Saca la pistola de Judit.)*

JUDIT.—¡La pistola! ¡Canallas! *(Se va hacia el policía.)*

VOLUNTARIO.—¡Cuidado!

REGENTE.—No, tú, no... *(Se abalanza sobre el policía. Este da dos pasos atrás y antes de que llegue a él dispara con la pistola de Judit. El Regente se tambalea y cae, medio sentado en el diván. Judit se echa a sus pies, retorciéndose las manos.)*

JUDIT.—¡Yo lo maté, yo lo maté! Ya me lo dijeron: "Te lo veo en los ojos. Tú le matarás"... *(Se cubre los ojos con las manos un momento.)*

REGENTE.—*(Tendiéndola una mano.)* No..., no..., Judit, fué el otro, el que no era yo... El nos mató..., el tirano. *(Cae, mientras Judit, cogida su mano libre, llora a sus pies. El pájaro canta.)*

TENIENTE.—Señora, la vida del Regente es lo primero... *(Telón.)*

FIN DE
"JUDIT Y EL TIRANO"

EL DIRECTOR

MISTERIO EN TRES ACTOS

EL DIRECTOR

PERSONAJES

Inocencio Muedra.
Juan de la Cuadra.
Juana de la Cuadra.
Mecanógrafa.
Director.
Esperanza.

Mozo.
Jardinero.
Gerente
Policía.
Cocotte.

ACTO PRIMERO

ESCENA PRIMERA

La escena, partida. A la izquierda, sala de espera, como la de un médico, con el mobiliario usual. Tiene dos puertas, una que se supone de entrada desde el pasillo, a la izquierda del espectador, y otra, de la derecha, que comunica con la parte segunda de la escena. La cual representa un despacho, con mesa a la derecha y sillón, y cerca mesa de mecanógrafa, con su silla. Además, archivadores, ficheros. En la pared, un espejo. Una puerta de comunicación, ya señalada, con la sala de espera, y otra a la derecha, que se supone da al interior de la casa. Al levantarse el telón, cuatro personas en la sala de espera; nadie en la derecha.
Es de noche.

Inocencio.—*(Saca el reloj.)* ¡Ay Dios mío!

Juan.—¿Decía usted algo?

Inocencio.—No, yo no, usted perdone, es que... nada, dije: "¡Ay Dios mío!" Nada más.

Juan.—Dispense. *(Vuelve el silencio.)*

Juana.—Mira, vámonos y vámonos, esto es perder el tiempo.

Juan.—Pero, mujer, si ya van a ser las diez. ¿No comprendes que las diez no pueden ser antes de las diez?

Juana.—No, si no lo digo por la hora. Es todo, todo, una locura tuya venir aquí. Supersticiones, todo.

Juan.—¡Mía la locura! Pero si fuiste tú la que... *(Suenan las diez menos cuarto en una complicada sonería.)*

361

JUANA.—Oye, pues suena muy bien ese reloj, ¿has oído? ¡Qué alegre! Bueno, ya, esperaremos. *(Silencio.)*

INOCENCIO.—¡Ay Dios mío! *(Se oye fuera un timbre.)*

JUANA.—Será otro cliente. *(Un momento de escuchar.)* No, parece que es alguien de la casa. Le pasan adentro.

ESCENA II

En la parte segunda de la escena se abre una puerta y un CRIADO, severamente vestido, introduce a la MECANÓGRAFA.

CRIADO.—Tenga la bondad de sentarse. ¿Anuncio?

MECANÓGRAFA.—Ya sabe quién soy. *(Sale el Criado. La mecanógrafa saca del bolso borla y polvos, va a arreglarse y se acerca a un espejo, pero retrocede asustada.)* ¡Jesús! ¿¿Pero qué espejo es éste? ¿Soy yo ésa? ¿Soy yo ésa? Nunca me he visto ese rostro. ¡Dios mío! ¡Qué raro! ¿Para qué vine yo aquí? No, no, me voy. *(Recoge de la silla su bolso, da dos pasos hacia la puerta como para salir. En esto se abre la puerta y entra el Director. Grueso, rubicundo, aire jovial, pero frío, monóculo.)*

DIRECTOR.—¿Señorita? *(La da la mano y la invita, con un ademán, a sentarse.)* No se puede figurar lo que le agradezco que haya venido. ¡Es tan difícil encontrar una persona como usted!

MECANÓGRAFA. — ¿Como yo? Pero si usted, vamos, si usted no me conoce...

DIRECTOR.—Sí, la conozco. ¿No viene usted por el anuncio de *El Pueblo?*

MECANÓGRAFA.—Sí, señor, lo leí...

DIRECTOR.—¿Cuándo?

MECANÓGRAFA.—Hace... *(Se ruboriza.)*

DIRECTOR.—¿Hace...?

MECANÓGRAFA.—Ayer...

DIRECTOR.—No, no, diga usted la verdad. Lo leyó hace tres días.

MECANÓGRAFA.—Pues sí, es verdad. Hace tres días. Pero ¿cómo dice usted que me conoce?

DIRECTOR.—Tiene usted razón; digo mal, no tengo ese gusto, conocerla en el sentido social de la frase, que es lo de menos. Ni siquiera sé cómo se llama usted, no he leído su tarjeta, su nombre. ¡Qué más da el nombre! Pero la conozco, porque cuando yo puse ese anuncio era justamente para que lo leyese una mujer a quien ya conocía sin haberla visto, a quien yo me figuraba, y me la figuraba tanto que no sabía muy bien si era algo más que una figuración mía. El anuncio era una pura jugada, era una tentativa contra lo inverosímil, como todos los anuncios. Jugué y he ganado. Porque está usted aquí.

MECANÓGRAFA.—Bueno, señor mío, yo no creo que...

DIRECTOR.—No, no; si no es *eso*. Ya sabe usted muy bien que no es eso. Si usted hubiera sospechado que detrás de ese anuncio no había más que un galanteo vulgar, una aventura fácil, no habría venido. ¿Me equivoco?

MECANÓGRAFA.—Es verdad.

DIRECTOR.—No, lo que busca usted es lo contrario de lo vulgar, lo contrario de lo fácil. Como yo. Nos entenderemos. *(Cambiando bruscamente de tono.)* ¿Su nombre? *(Toma un papel para escribir.)* No, mejor será, para usted creo, que llene este formulario. Usted perdone, no es indelicadeza burocrática, al revés. Ya sabe usted que cuando escribimos algo sobre nosotros parece que estamos tratando de una tercera persona y se escribe con más libertad. Se miente mejor. Y sólo se conoce la verdad a una persona por lo que miente. Escriba, haga el favor. *(La da el formulario y un lápiz.)* ¿Necesitará usted mucho tiempo?

MECANÓGRAFA.—*(Recorriendo el formulario.)* No, en seguida. *(Se pone a escribir.)*

DIRECTOR.—*(Llama, viene el Secretario.)* ¿Mucha gente hoy?

SECRETARIO.—Cuatro personas. ¿Pasan ya?

DIRECTOR.—No, aún faltan cinco minutos. Avisaré.

SECRETARIO.—Bien. *(Sale. El Director se levanta, se mira al espejo que asustó a la mecanógrafa, sin la menor extrañeza, se arregla la corbata.)*

MECANÓGRAFA.—*(Dándole el papel.)* Aquí tiene usted. No sé si estará como usted quiere.

DIRECTOR.—Vamos a ver. Nombre. ¿De modo que no quiere usted dar su nombre? Bien, lo mismo me pasa a mí. No importa. ¿Veinticinco años? No los representa. ¿Huérfana desde muy joven?

MECANÓGRAFA.—Mi madre murió al nacer yo. Mi padre, hace siete años.

DIRECTOR.—Bien, bien. Dos carreras empezadas, las dos abandonadas, pequeña fortuna que la permite vivir... Un novio, medio año. Ruptura por desilusión, no sentimental, de usted. Sí, sí, está usted muy parecida.

MECANÓGRAFA.—¿Pero parecida a quién? He dicho la verdad.

DIRECTOR.—Sí, sí, por eso. Parecida a la que yo llamé en el anuncio.

MECANÓGRAFA. — Pero perdone usted, señor mío, antes de seguir quería también yo saber algunas cosas, por ejemplo...

DIRECTOR.—Entonces no se acuerda usted del anuncio.

MECANÓGRAFA.—Sí, aquí lo llevo.

DIRECTOR.—¿Quiere usted leerlo?

MECANÓGRAFA. — *(Empieza a leer.)* "Señorita independiente, desinteresada, sin profesión escogida en la vida..." *(Dan las diez. Entra el Secretario.)*

SECRETARIO.—Va a pasar el primer caso...

DIRECTOR.—Mil perdones, señorita, pero es costumbre mía el trabajar con la más absoluta puntualidad. Hacer esperar a alguien es comenzar a defraudarlo. Y yo trato de lo contrario. Si usted quiere, en cuanto acabemos la consulta podemos seguir. Aunque por mi parte no es necesario. Está usted admitida. Usted puede sentarse a esa mesa y ya irá usted dándose cuenta de lo que hacemos aquí. Pueden pasar.

ESCENA III

INOCENCIO.—*(Desde la puerta, sin entrar.)* ¿Se puede? *(El Director, distraído, no oye.)* ¿Se puede? *(Otra pausa. Se descompone, enrojece, tose.)*

DIRECTOR. — *(Alzando la cabeza.)* ¡Ah, usted perdone, adelante, adelante! Siéntese. *(Inocencio mira a los dos asientos, vacila, se sienta en uno y cambia al otro en seguida.)* Usted es don Inocencio Muedra, ¿no?

INOCENCIO.—Sí, servidor de usted.

DIRECTOR.—Usted me expondrá su caso.

INOCENCIO.—*(Balbucea, vacila.)* La verdad es que yo no sé si mi caso... Yo vine porque, verá usted... Pero...

DIRECTOR.—Un momento. *(Apaga la luz central, encien-*

364

*de una lateral, que iluminando parte de la estancia deja
en la sombra a los dos interlocutores.)* ¿No hablará usted
mejor así?

Inocencio.—*(Más animado.)* Sí, señor, sí, pues es verdad. Lo mío es muy sencillo. Tengo veintidós años, fuí siempre delicado de salud, un poco miedoso, ¿sabe usted?

Director.—Miedoso, ¿de qué?

Inocencio.—Pues miedoso... de todo, pero, más que de nada, de la gente. Siempre que veo a dos personas que hablan y miran hacia mí, me figuro...

Director.—Claro, claro, que hablan de usted. Eso es normal.

Inocencio.—¿Ah, sí, es normal? Mire, durante muchos años lo soporté bien. Era pobre, preparaba una carrera corta, nadie se fijaba en mí, yo vivía detrás de la indiferencia de todos, protegido por ella. Mis deseos no pasaban jamás de ilusiones irrealizables. Todo estaba muy lejos, pero hace unos meses un tío mío me dejó heredero. Soy rico ahora, y me pesa esa gran tentación que cae siempre sobre la riqueza. Y sobre todo, mi riqueza me lo ha puesto todo al alcance de la mano. Pero yo, sin cogerlo, deseándolo todo mucho, pero sin atreverme, no sé por qué. Todo el mundo me dice: "¿Pero qué te falta para ser feliz? El mundo es tuyo. Joven, con fortuna, independiente." Pues ya ve usted, muchas veces pienso, casi, casi, con pena, en mi antiguo estado. Yo no sé que es esto. Si usted quiere, le contaré...

Director.—No, no, ya veo. ¿Amores?

Inocencio.—Una novia, cuando era pobre. Al heredar tuve que dejarla. Me parecía que lo sabía todo antes que hubiera pasado, vamos, lo de la herencia. Que si me dijo que sí, es porque sabía que iba a heredar, antes de saberlo yo. Luego... nada. Aventuras fáciles, siempre con mi dinero, por mi dinero, a lo menos así me lo creo yo. Yo mismo las corto, bruscamente, dejando a la mujer con quien rompo lo único que creo que la interesa de mí, mi dinero.

Director.—¿Le gusta a usted jugar?

Inocencio.—Nunca. Creo que perdería siempre.

Director. — ¡Claro! ¿Qué le parecen a usted sus retratos?

Inocencio.—Le confieso a usted que esa pregunta me sorprende mucho, muchísimo.

Director.—¿Por qué?

365

INOCENCIO.—Porque eso ha sido uno de mis motivos de preocupación más grandes. Mis retratos me revelan, siempre, un rostro, una figura de los que casi me avergüenzo. Ya ve, no debía decirlo...

DIRECTOR.—Dígalo, dígalo.

INOCENCIO.—En cuanto fuí rico me encargué muchos retratos. Pero en los que me disgustaba menos veía el retoque, la adulación profesional; no podía, no quería reconocerme sino en los peores. No, no tengo confianza ni en mi fisonomía.

DIRECTOR.—¿Se querría usted mirar en ese espejo?

INOCENCIO.—¡Si es menester! Bueno. *(Va hacia el espejo, lentamente. Se mira. Se le anima la mirada. Se atusa el cabello, se arregla la corbata.)* Pues mire usted, no sé lo que será, pero... por primera vez...

DIRECTOR.—*(Riendo bondadosamente.)* Nada, eso no es nada. *(Al Secretario.)* Tratamiento naranja. Se le pasará a usted en seguida.

INOCENCIO.—¿Pero es posible? ¿Pero usted cree...?

DIRECTOR.—Estoy seguro. Será usted feliz, tiene usted lo que necesita para ser feliz. Le faltaba a usted... esto. *(Le da el sobre.)* Léalo, y si cumple usted las instrucciones debidamente, antes de dos semanas será usted otro. ¿Lo cree?

INOCENCIO.—Pues mire usted, empiezo a creerlo; no sé por qué me inspira usted una confianza...

DIRECTOR.—Salga usted mañana mismo, si le es posible.

INOCENCIO.—Sí, señor, sí. ¡Adiós, adiós, muchas gracias!

DIRECTOR.—Y sobre todo juegue, juegue sin miedo. De ahí le tiene que llegar la confianza. A la suerte nunca se la compra con dinero. Nos quiere o no nos quiere, y nada más. ¡Juegue, joven, juegue! *(Sale Inocencio.)*

SECRETARIO.—*(Entrando.)* Ahora tenemos los señores de la Cuadra. Matrimonio joven.

DIRECTOR.—Que pasen. *(Sigue inclinado sobre unos papeles, en la mesa, escribiendo.)*

MECANÓGRAFA.—*(Tímidamente.)* Pero yo podría ayudar a usted. Aunque no comprendo muy bien, pero escribir...

DIRECTOR.—Muchas gracias. Por hoy es usted sólo testigo de vista. Quiero que se dé cuenta de nuestra labor. Hay tiempo para que usted escriba, mucho tiempo. Esto mío es cosa de siglos...

MECANÓGRAFA.—¿Cómo ha dicho usted? ¿De siglos?

DIRECTOR.—*(Riendo.)* No, mujer, no, de años, he dicho. ¡De siglos! ¿Por quién me toma usted a mí?

MECANÓGRAFA.—No, usted perdone. ¡Es que estoy tan confusa! No sé...

ESCENA IV

SECRETARIO.—*(Anunciando.)* Los señores de la Cuadra. *(Entran Juan y Juana, algo intimidados. Al ver el rostro acogedor, completamente normal, del Director, se animan.)* Buenas noches.

DIRECTOR. — Mucho gusto, señora, señor mío. ¿Dónde prefieren ustedes sentarse? ¿Aquí? *(Se sientan en un diván.)* Les escucho.

JUAN.—Usted comprenderá que estos casos son delicados. Para hablar solos... *(Mirando a la mecanógrafa.)*

DIRECTOR.—Pueden ustedes hacerlo. La señorita no entiende nada de lo que oye. Es mi colaboradora inconsciente.

JUAN.—Bueno, entonces... *(Mirando a Juana.)* Tú prefieres que yo explique...

JUANA.—Sí, sí, tú, diríamos lo mismo. Y yo prefiero callármelo.

JUAN.—Pues verá usted. Nosotros nos conocemos desde niños, desde hace veintitrés años. Nuestros padres...

JUANA.—*(Se levanta, agitada.)* Usted perdone, perdona, Juan. Pero ¿no sería lo mismo que yo no lo oyese? ¿No me permitiría usted pasar a otro cuarto, salir, marcharme...?

JUAN.—Pero si tú quisiste venir conmigo... Si yo...

DIRECTOR.—*(Serio y enérgico.)* Tiene usted razón, señora. ¿Quiere pasar por aquí? *(La introduce en una habitación contigua.)*

JUAN. — Pues yo le aseguro que me hubiera gustado verla delante, que me oyera...

DIRECTOR. — *(Inclinándose hacia él, en voz baja.)* Le oirá a usted. Está escuchando detrás de la puerta. Espera que usted mienta, que usted lo cuente de otro modo. Aún tiene esperanza.

JUAN.—Entonces..., yo no sé...

DIRECTOR. — Hable francamente, diga lo que venía a decir, nada más, ¿oye usted?

367

JUAN.—Nuestros padres eran los dos militares, vivían las familias en el mismo pabellón. Jugábamos juntos, íbamos al cine. Comenzaron a gastarnos bromas de que éramos novios. Nosotros no sabíamos qué era eso... Un día, yendo por la ciudad, vimos en un escaparate un traje de novia, blanco, inmaculado, en un figurín sonriente. "¡Mira, mira, eso es una novia!" "Sí, pero está sola", me dijo Juana... *(Mientras va hablando, el Director deja caer la cabeza y se duerme. Poco a poco, la luz se apaga y aparece en el diván Juana vestida de novia. Todo el resto de la escena, en sombra.)*

JUANA.—¡Y no viene, y me dijo que a las ocho!

JUAN.—*(Que no se sabe por dónde entra, de chaqué.)* Ya, ya. Por fin se van a lograr nuestras ilusiones. Así, de novia, como aquel maniquí que viste un día cuando éramos niños, ¿te acuerdas...? Y ya reunidos para siempre, para no separarnos más; nada podrá oponerse a nuestra felicidad. *(En esta parte de la escena hablarán los dos muy enfáticamente, en tono teatral.)*

JUANA.—*(Como sin oír, y hablando sola mirando al vacío.)* Sí, reunidos para siempre... ¡Como siempre, porque apenas si hemos estado separados! Y nada se ha opuesto a nuestra felicidad, nada. Nuestros padres, contentísimos, desde el primer día de nuestras relaciones, todo saliendo a las mil maravillas...

JUAN.—Nada, nada. Lo venceremos todo con la fuerza de nuestro amor. Porque ahora es amor, ¿sabes? No es lo mismo que lo de antes, no es jugar juntos, no. Amor. Nos vamos a casar. Ese traje blanco que llevas te lo está diciendo, amor, es amor. Fíjate bien, tócalo.

JUANA.—*(Tocando el vestido.)* Sí, sí, es verdad, es amor.

JUAN.—Nos espera la felicidad, la dicha. Nos conocemos bien, nos queremos hace muchos años... *(Se apaga la luz y al volverse a encender Juana ha desaparecido y todo sigue como antes de que se durmiera el Director. Éste escucha atento y Juan habla despacio y claro.)*

JUAN.—Que nos queremos hace muchos años, ésa es la sensación horrible, ¿sabe usted? Como de ser viejos, viejísimos, de tener la vida gastada, usada ya, al borde del no ser... Sensación de habernos conocido siempre, desde niños...

DIRECTOR.—Bueno, como es, en realidad, ¿no?

JUAN.—Sí, pero más aún; quiero decir, desde antes de niños. ¿Sabe usted lo atroz, lo tremendo de nuestra sensación? Es nuestro secreto... Se lo diré en voz baja. Que parecemos uno solo. Que somos como uno solo. Que cuando ella habla, cuando su voz suena, siento que estoy hablando yo. Que no me resiste, que no me contradice nunca, su vida. Y para quererse hace falta ser dos, sentirse dos. Tan igual es a mí, que me siento solo. Al ir a comprar una cosa, lo mismo da que escoja ella o yo. Hay un objeto fatalmente predestinado a ser nuestro. El nuestro sin duda posible, y la mano que lo designa, la suya, la mía, da lo mismo.

DIRECTOR.—¿Y dice usted que llevan dos años de casados?

JUAN.—Sí, sí. Pero, ¿sabe usted?, al casarnos no era así. Nos casamos ya fatigados, de tan perfecta concordancia en todo. Eso, pensamos, era una etapa de nuestra vida, un grado de conocernos, y el amor, el matrimonio, nos iba a abrir mundos nuevos. Nosotros los necesitábamos. El mundo nuestro era ya dicho y redicho, visto todo. Seríamos otros, pugnando por salir. Nuestro error fué ése. Confiarnos a nosotros mismos un trabajo que pedía dos. Nuestro mundo era el de detrás, el recorrido. En cuanto nos casamos empezamos a retroceder vertiginosamente. El mundo de delante, el ofrecido, estaba, estará allí, pero nosotros sentimos que no le podremos recorrer juntos. O renunciar a él, o... Pero, bueno, eso, eso es lo que usted nos tiene que decir, eso es lo que veníamos a buscar. ¿Verdad? *(Dirigiéndose sin ninguna extrañeza a Juana, que durante las últimas palabras ha ido abriendo la puerta y espera en el umbral.)*

JUANA.—*(Abrazándole.)* Sí, sí, todo ha sido así. ¡No ha mentido. *(Llora.)*

DIRECTOR.—¡Ve usted cómo quería que mintiese!

JUANA. — *(Volviéndose. Otra vez con el tono enfático, falso, de antes.)* No, nunca. La verdad ante todo. Somos almas rectas, claras; queremos amar con plena conciencia, vivir con plena conciencia. El amor pide claridad. *(Entre bastidores, un coro, alegremente, con suave matiz de burla.)*

CORO.

> ¡El amor pide claridad,
> hay que amar con plena conciencia!

369

¡Hay que amar con plena conciencia,
el amor pide claridad!

DIRECTOR.—El caso de ustedes no es nuevo, pero lo interesante es lo bien que se dan ustedes cuenta de la situación. ¿Han probado ustedes alguna vez a separarse?

JUANA.—*(Siempre con voz engolada y tono de teatro.)* Nunca. Nos queremos demasiado. Nuestro deber es vivir o morir juntos. Así nos lo hemos prometido. Nosotros no queremos vivir una vida fingida. ¡Eso nunca!

CORO.—*(Desde dentro.)*

¡Vivir juntos, morir juntos,
es deber de nuestra vida!
Quien no cumple su deber
vive una vida fingida.

DIRECTOR.—Entonces, persisto en mi idea, pero no los separaré a ustedes por ahora, no.

JUAN y JUANA.—*(A una.)* ¡Gracias, muchas gracias!

DIRECTOR.—Ustedes me permitirán, para no hacerles esperar demasiado, que el tratamiento se lo envíe mañana a casa. Ustedes lo leen cuidadosamente, y si necesitan alguna aclaración, telefoneen a mi secretario para pedirle hora. Por lo pronto, vayan preparando sus cosas para un viaje.

LOS DOS.— Muchas gracias. ¿Usted cree...?

DIRECTOR.—¡Qué duda cabe, qué duda cabe...! He visto casos mucho más difíciles. Recuerdo una vez... *(Se queda hablando solo mientras ellos sin escucharle salen.)* ...una muchacha que se llamaba Julia, sí, Julia, era hace poco tiempo, aquí en Italia, de una familia, los Capuleto...

MECANÓGRAFA.—¿Hace poco tiempo, dice usted? ¿Pero no era lo de Julieta?

DIRECTOR.—Sí, eso es, Julieta... Bueno, no era lo mismo. No, no... ¡Parecido! ¡Ha visto uno tantos casos desde que el mundo es mundo!

SECRETARIO.—*(Entra.)* Señor, el último cliente. La señorita Cifuentes.

DIRECTOR.—Que pase.

MECANÓGRAFA.—¿Por qué dijo usted que no entendía yo nada?

DIRECTOR.—¡Ja, ja, ja! ¿Le ha molestado?

MECANÓGRAFA.—No, molestarme no, pero acaso entienda

más de lo que usted cree... Y luego, eso de llamarme colaboradora inconsciente... Eso, no.

DIRECTOR.—¡Igual, siempre igual! ¿Pero cuándo, cuándo se les va a acabar a ustedes esa manía de la conciencia? ¡Estoy ya harto, harto! *(En tono colérico.)* Aquí no hay más conciencia que yo!... *(Con voz más suave.)* Usted perdone, usted perdone. *(Yendo hacia ella.)* Usted perdone, quería decir... *(Entra el Secretario anunciando.)* Hablaremos luego. *(Sale un momento.)*

ESCENA V

ESPERANZA.—*(Entra, aire resuelto y seco, traje sombrío.)* Buenos días.

MECANÓGRAFA.—Buenos días, haga el favor de sentarse. El Director viene en seguida.

ESPERANZA.—*(Con retintín.)* ¿El Director? ¿De qué, me quiere usted decir?

MECANÓGRAFA.—Pues... yo... yo no lo sé.

ESPERANFA.—¿Que no lo sabe usted y es de la casa?

MECANÓGRAFA.—No, pero es que he entrado hoy, ¿sabe usted?, hace un rato.

ESPERANZA.—Sí, pero eso no es razón para que ignore usted dónde está, y quién es el Director, y qué dirige. No es usted un ser inconsciente, me parece. Ya se ve que lo que usted es es una buena secretaria. ¡De confianza! Guarda usted muy bien los secretos. ¿Secreto profesional, no? Pero ¿quiere usted que la diga una cosa, joven? Que no creo en los secretos. Que no hay secretos, que todos estamos en el secreto. Y que está perdiendo el tiempo, porque ser secretaria de un mundo sin secretos es algo como ser gran admirador de la nada.

MECANÓGRAFA.—No tengo por qué contestarla a usted a todo eso, de si hay secretos o no...

ESPERANZA.—¿Pero cómo? ¿Pero cómo? ¿Es que usted cree que los hay? ¿Será posible? Tiene usted una cara inteligente, bella, una apariencia de... pongamos alrededor de veinticinco años, ¿y aún cree usted en los secretos...?

MECANÓGRAFA.—Perdone usted, señorita, vuelvo a decirle que yo no me meto en eso, que...

ESPERANZA.—¡Pero si es que hay que meterse, sí; meterse del todo en eso de los secretos, hay que meterse para estar de vuelta, como yo, sabe usted!

MECANÓGRAFA.—Señorita, todo lo que yo quería decirla a usted, pero no me deja, es que yo no soy secretaria, sino una simple mecanógrafa.

ESPERANZA.—¡Ah, usted perdone! Yo también lo he sido. Pero me echaban en todas partes, mejor dicho, no volvía.

MECANÓGRAFA.—*(Interesada.)* ¿Por qué?

ESPERANZA.—Porque apenas me ponía delante de la máquina, expectante, tiesa, como la sibila, me sentía poseída de una fuerza interpretativa superior a mi deber profesional, y en vez de escribir al dictado, interpretaba.

MECANÓGRAFA.—¿Cómo?

ESPERANZA.—Sí, quiero decir que escribía otra cosa..., vamos, otra cosa, no. Algo que se relacionaba, más o menos directamente, con lo que estaban dictando, pero que no era lo mismo. Era mucho mejor. ¿Por qué escribir Ceylán, por ejemplo, cuando la dictan a usted Ceylán? Ceylán, para una persona de imaginación, se abre, se despliega como una flor japonesa en el agua, provoca mares de palabras. Yo las escribía tal como iban saliendo. Claro, desde el punto de vista comercial, utilitario, la carta resultaba un poco extraña, poco eficaz. Para mí, también poco eficaz. Porque me despedían; o el mismo día, eso cuando mi jefe leía la carta antes de firmarla, o cuando leía la contestación, tres o cuatro días después. ¿A usted no le avergüenza escribir al dictado?

MECANÓGRAFA.—A mí, no. Yo soy una mujer modesta. Cuando sirvo, sirvo.

ESPERANZA.—No, si no digo vergüenza de usted, no. Del que dicta, de los que dictan. Yo si me contrataba era para eso, buscando siempre alguien que dictara algo, algo suyo. Nunca lo encontré. ¡Y he pasado por todo! Hombres de negocios, políticos, escritores. Todos, todos dictan cosas sabidas. No, no hay nadie en el mundo capaz de dictar algo interesante. O, por lo menos, si lo hay, no se le dice a la mecanógrafa. Ya lo verá usted. No se lo dirá este Director, esté usted segura. Y acabará usted haciendo como yo se lo aconsejo: inventar, interpretar, si usted quiere salvar el mundo. Algún día se resistirá usted a escribir al dictado de ese Director y se lanzará usted a escribir por su cuenta. ¡Si no, al tiempo! Pero, claro, eso le costará el destino.

MECANÓGRAFA.—¿El destino? ¿Qué destino?

ESPERANZA.—Este, su destino de usted. ¿Cuánto gana usted?

MECANÓGRAFA.—¿Ganar? No sé..., vamos, no sé aún.

ESPERANZA.—¡El secreto, otra vez el secreto! Usted no sabe nada de nada. Todo me parece muy raro en esta casa. ¡Pero *(Acercándose.)* no me la dan, eh!...

MECANÓGRAFA.—¡Raro, verdad! A mí, también, me parece raro.

ESPERANZA. — Bueno, raro, es mucho decir. Tampoco creo en lo raro. Lo raro es lo que aún no se conoce bien. Pero luego... Bueno, mire usted, su Director me está haciendo esperar mucho, nada más que para dar mayor importancia a la entrevista. Lo sé. *(Entre tanto, el Director, aprovechando que Esperanza está de espaldas, hablando con la mecanógrafa, entra, se sienta y toma una postura cómoda.)*

DIRECTOR.—No, está usted equivocada. No la he hecho esperar en balde. He estado escuchando, detrás de la puerta, todo lo que dijo usted. Así me he ahorrado la molestia de interrogarla. La consulta no tiene ya para qué empezar; está acabada.

ESPERANZA.—*(Que ha tenido un momento de sorpresa y se repone.)* ¡Sí, no está mal! Confieso que no está mal. Eso no me lo esperaba. Y la mecanógrafa ha ejecutado su papel a la perfección. ¡Y decía que había entrado hoy en la casa! Claro que debo decirle a usted que, después de todo, no me sorprende. Ya al entrar me di cuenta de esa preparación... cómo diría yo para no molestarle..., dramática del ambiente. Esos cuadros de Tiziano, de Manet, *Amor y Venus, Concierto campestre, Primavera,* estas costumbres de recibir de noche, pasadas las diez, todo es para lo mismo, lo comprendo, pero a mí...

DIRECTOR.—Sí, ya lo sé. A usted no se la engaña fácilmente. ¿Y sabe usted por qué? Porque es usted la desengañada. La des-en-ga-ña-da. Y por eso está usted aquí, viva, en pie.

ESPERANZA.—¿Yo, por qué? ¿Qué quiere decir eso?

DIRECTOR. — Usted lo sabe perfectamente. Porque cree usted, y eso es en lo único que se puede equivocar, oye usted bien, cree usted que también eso de la muerte es un engaño. Y, por consiguiente, el suicidio, una pueril emboscada donde sólo caen los crédulos, los incautos. Créame, hace falta una fe inmensa para suicidarse. Ningún desesperado, ningún desengañado se suicida. Todos los suicidas creen en otra vida, la que buscan. Se figuran que huyen de ésta. ¡Mentira! Es ansia de la otra. Y usted no cree en la otra. De donde deduzco, y ésta es la respuesta a la consulta, que usted cree en ésta; sí, sí, cree aún en ésta, sabiéndolo o sin saberlo. Porque hay que creer en alguna de las dos, fatalmente. Usted ha escogido todavía la de aquí. Y lo más gracioso es que ha ganado usted. Que yo tengo, aquí en este papel, su curación, su tratamiento, su felicidad. Mire usted, por primera vez hace muchos años ha oído usted pronunciar la palabra ésta, felicidad, sin sonreír amargamente. ¿Es verdad, o no?

ESPERANZA.—*(Seria.)* No me he fijado.

DIRECTOR.—Yo, sí. Empieza usted a dudar. Y el que duda está deseando creer, está creyendo ya, lo necesita. Usted necesita creer. Haga, haga lo que la digo en ese papel, y si no le sale bien, entonces..., la otra. ¿Usted me comprende? ¡La otra! Buenas noches. *(Sale.)*

ESPERANZA.—*(Mira el papel que quedó sobre la mesa, vacila un instante.)* Bueno, ¿y por qué no? *(Lo coge.)* Buenas noches, señorita. Buena suerte en su nuevo oficio, ¿eh? Y no olvide mi consejo: no se muera sin el gusto de escribir por su cuenta. *(Sale.)*

SECRETARIO.—*(Entra con un paquete en la mano.)* Esta es la correspondencia de hoy, señorita. Muy poca. Usted va a despachar ahora con el Director.

MECANÓGRAFA.—Bien. *(Sale el secretario.)*

ESCENA VI

DIRECTOR.— *(Por la izquierda.)* ¿A usted no le importa retirarse tarde?

MECANÓGRAFA. — No, señor; recuerdo los términos del anuncio: trabajo sin límite de tiempo ni horario fijo, según las exigencias.

DIRECTOR.—¿Y está usted contenta con su trabajo, hasta ahora?

MECANÓGRAFA.—¿Mi trabajo, no he hecho más que escuchar?

DIRECTOR.—Bueno, ¿contenta de escuchar?

MECANÓGRAFA. — *(En tono seco.)* Usted lo dijo antes. No entiendo nada. Soy su colaboradora inconsciente. ¿No es así? *(Cambiando de tono.)* Empezaré a darle a usted cuenta de la correspondencia. *(Abriendo y recorriendo con la vista a medida que habla.)* Carta de Florencia, firma Román de la Cerda. Da las gracias, está mejoradísimo, ha olvidado por completo a su mujer. Tuvo noticias recientemente de que tenía un nuevo amante. No sabe aún el nombre; en cuanto lo sepa, procederá conforme a las instrucciones que usted le ha dado.

DIRECTOR.—Unir a expediente 325-A. Para contestar pasado mañana. Tome nota en el calendario.

MECANÓGRAFA.—Un telegrama. "Túnez. Situación grave, adquirida pistola. No escribe hace tres días. Instrucciones." Firma... ¿Cómo dice...? ¿"Angel 27"?

DIRECTOR.—Sí. Contestar inmediatamente: "Proceda rapidez solución 58. Director."

MECANÓGRAFA.—¿Señas?

DIRECTOR.—Esas: "Túnez, Angel 27", nada más. Es una clave. Copia del telegrama mío y unirlo al expediente 89-B. ¿Qué más?

MECANÓGRAFA.—Recortes de prensa enviados por la agencia. ¿Tengo que leerlos todos? Los hay de todas clases. Fuga del cajero del Banco Exterior, con 200.000 pesetas. Boda del conde Pinatra con la señorita de Castro, y éste..., un suicidio, una muchacha de veinticinco años, por razones que se ignoran, en...

DIRECTOR.—¿Morfina, no?

MECANÓGRAFA. — *(Levantando la cabeza, sorprendida.)* Sí, pero... ¿cómo sabe usted? *(Se interrumpe ella misma y sigue.)* ¿Qué se hace con estos recortes?

DIRECTOR.—Ese último, el del suicidio, incorporarlo al expediente 1200-H y darlo por cerrado, para archivar. Ya la dirá el secretario, mañana, cómo tiene que pasar al "Archivo de asuntos conclusos. Siglo xx, 1952. No olvide usted nunca poner el siglo. Puede haber errores. ¡Estamos tan mal acostumbrados con esto de vivir al día! ¿Nada más?

MECANÓGRAFA.—No, señor. ¿Dónde están archivados los expedientes?

DIRECTOR. — Los del siglo XX y el XIX, aquí, en esos dos armarios... Los otros... Pero eso se lo dirá a usted mañana el secretario. Ahora puede usted marcharse cuando guste. Sé que no se va usted contenta hoy, ¿no?

MECANÓGRAFA.—*(Baja la cabeza, sin contestar.)*

DIRECTOR.—Hay cosas que no se pueden explicar así, brutalmente, en el primer momento. Además, usted falta a la condición requerida en el anuncio, a la que usted debía necesariamente faltar.

MECANÓNRAFA.—¿Cuál?

DIRECTOR.—¿Recuerda usted? "Dicha persona debe carecer de curiosidad." Pues bien: ésa era la condición imposible, así la puse. Porque nadie sin curiosidad se hubiese presentado aquí, como usted lo ha hecho. Porque usted no viene aquí por ganancia, por fama, no. Usted viene por curiosidad. Pero usted se obligaba, al presentarse a mí, a asegurarme que usted no siente curiosidad. Es decir, que usted no es la que es. Y por eso, por eso, no se reconocía usted en el espejo, ¿recuerda usted? Porque se estaba mirando la que no era verdad.

MECANÓGRAFA.—Tiene usted razón. Decididamente, me interesa el trabajo. No tengo más dudas. ¿A qué hora quiere usted que vuelva mañana?

DIRECTOR.—¡Perfecto! No me ha defraudado usted. A las tres la esperará el secretario. Adiós, señorita.

MECANÓGRAFA.—Hasta mañana. *(Sale. El Director toca un timbre. Aparece el criado.)*

CRIADO.—¿Puedo cerrar ya, señor?

DIRECTOR.—Sí, y retírate. *(El Criado sale a la sala de espera, cierra la puerta y se oye la vuelta de la llave en la cerradura. El Director espera un momento, pasa a la sala de espera y abre con su llave la puerta que el Criado cerró. Sale y vuelve al momento, como dando a entender que abrió, también, la puerta de afuera. Luego se saca del bolsillo un manojo de llaves, que deja encima de su mesa, en lugar muy visible. Sale, después de apagar la luz.)*

La estancia permanece a oscuras, un momento, con vaga luz de luna. Se abre la puerta de la sala de espera y una sombra atraviesa la habitación, abre sigilosamente la puerta del despacho, en el que entra. Se alumbra con una linterna eléctrica. Una vez en el despacho, pasea el rayo de luz por los muebles, como buscando algo, y por fin lo posa en el manojo de llaves que dejó el Director encima de su mesa.

SOMBRA.—¡Qué suerte! ¡Todo abierto, y las llaves, aquí! *(Coge las llaves, va al archivador, lo abre y, sacando un paquete de papeles, se pone a leerlos, sentada a la mesa de la mecanógrafa, alumbrándose con la linterna, de modo que la figura quede en sombra, incognoscible.)*

SOMBRA.—"Día 13, primer encuentro. Previsto, pronóstico fácil. 15. Visita a la agencia. Aplazamiento de la fecha de salida. 16. Llegada de la segunda mujer. Previsto. Día 17. Desenlace vertical. Ciérrese." ¿Pero qué es esto, señor, qué es esto? "Vapor Berengaria. Salida Southampton, bien. Camarote 24. Avisar al capitán. Radio del capitán a Londres, falso. 25. En el baile por la noche. Ruptura. 26. Quitar vigilancia de cubierta. Nadie. Desenlace, conforme instrucciones. Ciérrese." Nada, nada, no entiendo nada. ¡Pero cuánto, y qué terrible, lo que presiento! Me parece que veo el mundo desde un sitio nuevo, como desde dentro. *(El Director ha entrado por la derecha, se sienta en el sillón como antes y sin alzar la cabeza de los papeles hace como que mira, enciende la luz.)*

DIRECTOR.—¡Cada vez más contento de usted! ¿Cómo pudo saber que se me olvidaba una carta urgente que dictar y que iba a volver a escribirla yo mismo, precisamente a esta hora?

MECANÓGRAFA.—¡Perdone usted! ¡Me voy! Pero, bueno, si usted sabía que era curiosa, ¿por qué me ha llamado, por qué me deja aquí? Usted tiene la culpa de todo. Es una crueldad, está usted jugando conmigo. Sí, jugando, y lo peor es que...

DIRECTOR.—¿Qué?

MECANÓGRAFA. — Que me parece que está jugando con todo el mundo, sí, con todo el mundo.

377

DIRECTOR.— ¿Y le parece a usted mal?

MECANÓGRAFA.— ¿Mal? Sí, la vida no es juego.

DIRECTOR.— ¿Está usted segura, completamente segura?

MECANÓGRAFA.— Para mí la vida nunca ha sido un juego.

DIRECTOR.— ¡Criatura!

MECANÓGRAFA.— *(Exaltada.)* Además, si usted juega con todo, con las gentes, sobre todo, es que puede usted perder. ¿No ha perdido usted alguna vez?

DIRECTOR.— Nunca... Eso es lo malo. Yo nunca puedo perder. No tengo nada que perder.

MECANÓGRAFA.— ¡Adiós! Ahora me voy. No cuente usted conmigo. No puedo volver. Todo es muy oscuro, mucho. Me gustan las cosas claras.

DIRECTOR. — Y por eso se quedará usted, por eso trabajará conmigo, sí, a mi lado. Sólo las personas a quienes les gustan las cosas claras son capaces de vivir en la oscuridad, entre tinieblas, luchando entre ellas; saben que la verdadera claridad sólo está allí, al fondo de lo oscuro. Usted se quedará conmigo. Vivirá usted entre estas cosas oscuras, precisamente porque aspira a traspasarlas. No a ver la luz esta, que está aquí delante, que ya no le importa a usted, sino la otra, la que está detrás de las tinieblas, la que yo tengo, la que le tienta sin cesar, la que venía usted a buscar, ahora, hace un momento. ¡Las cosas, claras! Y ahora siéntese, apague esa linterna y vamos a hablar. ¡Quítese el sombrero! Aquí, siéntese aquí. *(Señalando un sillón.)* ¿No es eso lo que usted quería, que hablásemos?

MECANÓGRAFA.— No, que hablásemos, no. Que hable usted.

DIRECTOR.— Pero usted sabe que únicamente es posible hablar solo, monologar, cuando no se habla con otra persona. Mi mal es no tener con quién hablar, decirlo yo todo. ¿Quiere usted que hablemos?

MECANÓGRAFA.— Sí.

DIRECTOR.— ¿Usted podría hacer memoria de una cosa que le voy a preguntar? ¿Cuántas personas felices ha conocido usted en este mundo?

MECANÓGRAFA.— Verdaderamente... es difícil...

DIRETOR.— ¿Difícil, el qué?

MECANÓGRAFA.— El recordar.

DIRECTOR.— Pero ¿usted se acuerda de los incendios que ha visto? ¿Ha visto alguno?

MECANÓGRAFA.— Sí, sí, dos, uno en el teatro Principal,

era yo una niña, y salía del colegio por la tarde en invierno. Oímos decir...

DIRECTOR.—¡Bien, bien, pero, a ver, la primera persona feliz!

MECANÓGRAFA. — Ah, eso... Vamos, personas que parecían felices, sí podría citar. Una maestra mía, profesora de Historia Natural. Se la veía la alegría al coger las flores, al explicarnos su naturaleza. Ahora que, claro, en ese caso, como en otros, nunca se sabe. A uno le parece tal persona feliz, pero vaya usted a saber si lo es.

DIRECTOR. — Veo que está usted muy poco segura de haber visto gentes felices.

MECANÓGRAFA.—No, es que nunca se me había ocurrido pensar en si la gente que parece feliz lo es o no, de verdad. Habría que preguntárselo.

DIRECTOR.—No, eso nunca. Se callarán todos. O mentirán todos. Mire usted, hay una pregunta que no se puede hacer, que no se debe hacer nunca, y es ésta: "¿Es usted feliz?" ¿Y sabe usted por qué? Porque no tiene contestación posible. Está mucho más allá del sí y del no. No, a esa pregunta se responde sí, pero es cuando no se formula. "Soy feliz" no es, jamás, una respuesta a otra boca. Es sólo respuesta a un gran silencio, a un enorme silencio, dentro de sí mismo.

MECANÓGRAFA. — Entonces no se puede saber nunca... Hay que vivir siempre así...

DIRECTOR.—No, no hay que desconfiar. Esa es mi obra, ésa es la base de mi obra.

MECANÓGRAFA.—¿Cómo, cómo? Dígame.

DIRECTOR.—Veo que empieza usted a interesarse.

MECANÓGRAFA.—Sí, sí. Hable usted.

DIRECTOR.—Mire usted, para mí la palabra felicidad está toda rodeada de errores. Es el gran equívoco. Todo lo rodea de equívoco. Sólo saben exactamente lo que entienden por felicidad los que leen esos anuncios donde se ofrece una casa, un viaje o una radio, para ser felices. Eso ya es algo, ve usted. Ya no hay equívoco. Comprar esa casa o ese mueble, emprender ese viaje, es ya tocar la felicidad.

MECANÓGRAFA.—Pero, por Dios, ¡qué cosas dice usted! ¿Eso la felicidad?

DIRECTOR.—Sí, sí, la solución desesperada de la felicidad, la gran solución jocosa, burlona, enormemente risueña de la felicidad, el suicidio de la felicidad, su reducción al absurdo. "¿Quiere usted ser feliz estas vacaciones? *(Leyendo.)* Adquiera una máquina X. Recordará usted sus momentos felices."

MECANÓGRAFA.—¡Pero todo eso es una locura! Usted habla en broma...

DIRECTOR.—No, muy en serio. Precisamente ese extremo trágico, desesperado, de la felicidad, que se encierra, se localiza en una cosa material y palpable, es lo que me ha hecho pensar en mi gran negocio, en mi Gran Academia de la Felicidad. ¿Y qué consecuencia saca de esos anuncios?

MECANÓGRAFA.—¡Yo! ¿Cuál voy a sacar? Que eso es rebajar la felicidad, desnaturalizarla..., qué sé yo, un sacrilegio.

DIRECTOR.—Eso mismo pensé yo. Mi axioma es éste: El 90 por 100 de los hombres quiere la felicidad, han oído hablar de ella, la desean, pero no tienen la menor idea de cómo se puede lograr, de dónde está, de cómo se la alcanza. Los hombres, en suma, no pueden, ellos solos, dar con la felicidad. Y por eso dicen que no existe, comprende usted, porque ellos toman por felicidad mil cosas grotescamente parecidas, que les venden los tratantes en felicidad, y que luego les salen todas malas, porque eran falsas. No. Mi principio es éste: el hombre no tiene aún órganos suficientemente desarrollados para llegar a la felicidad. A veces se orienta, emprende el buen camino, pero pronto se desvía. Y aquí llegamos, señorita, al nudo de mi negocio, de mi gran empresa: Hay que ayudar a las gentes a encontrar su felicidad, hay que enseñarles a ser felices.

MECANÓGRAFA.—Pero ¿cómo?

DIRECTOR.—Según cada caso. La felicidad es algo sumamente difícil.—El gran error es creer que se puede lograr la dicha con facilidad. Desde que se ha creído así todo en el mundo ha perdido de valor, ha bajado de tono, se ha ablandado. Y mi principio es ése: empujar al hombre hacia su felicidad, sea como sea, cueste lo que cueste, ¿comprende usted?, con las consecuencias que sea, lanzarlo violentamente hacia su felicidad. Sin temer a los golpes, ¿comprende?

MECANÓGRAFA.—Creo que empiezo a comprender. Y usted... ¿hace muchos años que se dedica a esto?

DIRECTOR.—¿Yo? Desde siempre. Es mi papel, es mi destino, digámoslo así. Todo mi poder, lo dedico a eso. Ahora, que muchas veces es uno mal comprendido. La gente desconfía. ¡Hay tantos negocios, hoy sobre todo! Se trabajaba mejor hace mil años, se lo aseguro. Ya ve usted misma, esta noche, al volver a registrar mis papeles, desconfiaba, ¿no? Pero ahora ya irá comprendiendo.

MECANÓGRAFA.—*(Cayendo de rodillas.)* Todo, todo... ¡Perdóneme usted, señor!, yo no sabía nada, no entendía nada, como usted dijo. Pero ahora empiezo a darme cuenta de toda la belleza, de toda la grandeza de su obra. Sí, enseñar a ser feliz, sea como sea.

DIRECTOR.—¡Sea como sea! Eso es lo grave, sabe usted, porque muchas veces para enseñar a alguien a ser feliz no hay más remedio que quitarle lo que él llama su felicidad, arrancársela violentamente. Y hay quien no lo resiste... Usted me comprende. Hay quien no puede vivir sino de falsa felicidad. Estos casos son muy dolorosos, se lo aseguro.

MECANÓGRAFA.—Sí, sí, ahora tengo que pedirle perdón mil veces por haber dudado. Y decirle que ahora sí que estoy a su lado, siempre, siempre, para ese fin. Aunque... ¿de qué puedo yo servirle? Me parece que es tan enorme la distancia que nos separa, que está usted tan alto, tan alto..., pero no importa.

DIRECTOR.—¡Bueno, bueno! Ahora es cuando usted tiene que comprender lo que yo pedía en el anuncio: "Desinteresada." Usted va a ayudar a la empresa de hacer felices a los demás, pero...

MECANÓGRAFA.—¿Qué quiere usted decir?

DIRECTOX.—Pero ¿y usted?

MECANÓGRAFA.—A mí me basta con trabajar a su lado, con servirle, con admirar, día a día, su abnegación, su inteligencia, todo su... Mi felicidad será... no separarme de usted, de su grandeza. Porque de todo lo que usted me ha dicho, saco yo otra cosa, que usted no me dijo, y que es la que más me admira de todo, la que más me empuja hacia usted con irresistible fuerza. No sé si lo debo decir...

DIRECTOR.—Sí, sí, dígalo.

MECANÓGRAFA.—Que usted mismo, usted, que sabe lo que es la felicidad, que conoce sus caminos, usted mismo... Pues que usted..., vamos, no se aprovecha. ¿Usted es feliz?

DIRECTOR.—*(Riéndose jovialmente.)* ¡Pero, hija mía, yo no estoy aquí para ser feliz!

MECANÓGRAFA.—Pero ¿por qué?

DIRECTOR.—Porque yo... soy yo.

MECANÓGRAFA.—Ya, ya lo sé, lo veo. No es usted como los demás. Pero usted podría tener una felicidad que no fuese como la de los demás también.

DIRECTOR.—*(Irguiéndose y en tono duro.)* ¿Y tú qué sabes si la tengo? ¿Y lo que cuesta, sí, lo que cuesta, lo que está costando, lo que costará siempre, lo cara que es mi felicidad?

MECANÓGRAFA.—No diga eso, me desconcierta, me asusta. ¿Quién es usted, quién es usted?

DIRECTOR.—¡Calma, calma, hija! Ya lo sabrás algún día.

MECANÓGRAFA.—*(Excitada.)* No, ahora, ahora, dígamelo, es usted mucho más de lo que parece.

DIRECTOR.—Pero si ya lo sabes, no te exaltes.

MECANÓGRAFA.—Dígamelo, ahora mismo, lo necesito.

DIRECTOR.—Soy... el Director, hija, el Director. Yo soy el Director. *(Cae el telón mientras él pronuncia, erguido, estas palabras, y la Mecanógrafa, en el suelo, medio arrodillada, mira angustiada a su rostro.)*

TELÓN

ACTO SEGUNDO

ESCENA PRIMERA

El escenario, dividido en dos partes. A la izquierda del espectador, el lobby *de un hotel de campo, sencillo, pero cómodo. Este* lobby *tiene una escalera practicable que lleva a las habitaciones, una puerta de entrada, la del principal, se supone, a la izquierda, y otra de salida a la terraza, a la derecha. Enfrente del espectador, el despacho del* GERENTE *y dos cabinas telefónicas. La parte derecha de la escena es una terraza de reposo que mira a un jardín, del cual se ve un poco. En la terraza, varias butacas. Se comunica con el* lobby *por una amplia puerta y en la misma pared hay una ventana desde la cual se puede escuchar desde dentro lo que se hable fuera. Al alzarse el telón, un mozo del hotel está acabando de colocar las butacas en la terraza y habla con el jardinero que trabaja en el jardín, a la derecha.*

MOZO.—Eso es, doce, no falta ninguna. Ya pueden venir los señores. ¡Qué vidita se dan! A sentarse, a descansar, a ser felices. Esa es su ocupación. ¡Y yo, ¿cuándo me sentaré? *(Al Jardinero.)* ¡Hola!

JARDINERO.—¡Hola! ¿Qué, qué tal de huéspedes? ¿Muchos?

MOZO.—Regular. Esta semana han llegado cuatro nuevos.

JARDINERO.—¿Dos parejitas, eh?

MOZO.—No, un matrimonio, una señorita y un joven. Pero ¡quén sabe, chico, a lo mejor acaban todos en parejas! Porque, como dice el gerente en los anuncios, este aire hace milagros. Ya ves éstos, no parecen los mismos. Llegaron todos alicaídos, cansados, y al cabo de unos días están... *(Sigue la conversación, sin oírla. Por la izquierda, bajando la escalera, aparece Juana. Vestida de claro, en tonos alegres y bajando a saltos la escalera debe denotar en todos sus movimientos una animación que contraste con su aspecto abatido del acto anterior. Se dirige hacia la terraza, pero al cruzar el* lobby *se detiene un momento ante el espejo que habrá en la pared de enfrente del espectador y se arregla el pelo. Sale a la terraza. Se cruza con el mozo.)*

Mozo.—Buenos días, señorita. ¿Se encuentra la señorita mejor?

Juana.—Mucho, gracias.

Mozo.—Es que este aire hace milagros.

Juana.—Sí, sí, milagros, es verdad, milagros. Debe de ser el aire.

Mozo.—Un yo no sé qué que tiene este sitio. Ya verá usted.

Juana.—Eso es, un yo no sé qué, un yo no sé qué... *(Lo va repitiendo como de un modo maquinal, mirando al vacío, mientras el Mozo sale.)* ... un yo no sé qué... *(Bajando como ella antes por la escalera y atravesando el* lobby *aparece Inocencio, vestido de claro, aire atrevido y vivaz, flor en el ojal, todo transformado y distinto del joven tímido del acto I. Antes de ver a Juana, monologando, de modo que sus palabras sean como un eco de las de ella y las digan los dos al mismo tiempo.)*

Inocencio.—Yo no sé qué tiene este sitio... *(Sale a la terraza, se dirige a Juana, precipitado la coge la mano y se la besa, reteniéndola mucho.)* Qué buena eres y qué puntual. ¡Las diez! Has llegado antes que yo.

Juana.—Ya te he dicho que lo del tuteo, no. Es muy arriesgado. Eres un temerario. Se acostumbra uno sin querer y...

Inocencio.—Eso quiero yo, acostumbrarme a ti, que lo de anoche sea nuestra costumbre, nuestra noche de toda la vida. ¿No te acuerdas? *(Cogiéndola las manos y mirándola apasionado a los ojos.)*

Juana.—*(Desasiéndose.)* No. Mientras no me llames de usted no me acuerdo de nada. ¿No comprendes que aún no tenemos pasado de tú? De tú apenas si podemos recordar. Si acaso de usted...

Inocencio.—*(Rápidamente la estrecha y la besa en la boca tres veces, sin resistencia de ella.)* Toma, tú, tú y tú. Te acuerdas ahora del tú, del primero.

Juana.—*(Sonriente, pero soltándose.)* Loco, loco, déjame.

Inocencio.—Y hoy, hoy mismo empezaremos ante todos a llamarnos de tú. Ya verás. ¡Tengo yo mucha inventiva!

(Mientras se desarrolla esta escena en la parte derecha Juan ha descendido la escalera y después de mirarse al espejo, como hizo su mujer, se sienta en un sillón desde el que no se ve la terraza, como esperando. En el momento que se besan Inocencio y Juana, aparece, por la izquierda, Esperanza, dirigiéndose a la terraza. Juan la sale al paso y la abraza y besa, por sorpresa.)

ESPERANZA.—*(Soltándose.)* Loco, loco, déjame. *(Debe decirlo inmediatamente después de decir las mismas palabras Juana, en la terraza, como un eco. Salen Esperanza y Juan a la terraza.)*

JUANA e INOCENCIO.—*(Saludando.)* ¿Qué tal desde anoche?

ESPERANZA.—Muy bien, ¿y ustedes?

JUAN.—*(Como si no hubiese visto a Esperanza antes, entrando.)* Buenos días, Esperanza; hola, Inocencio; ¿qué tal están ustedes? ¡Estupenda mañana!

INOCENCIO.—Sí, estupenda. Pero ¿no les parece a ustedes que en una mañana así caen mal tantos ustedes entre nosotros?

ESPERANZA.—¡Qué dice usted?

INOCENCIO.—Que con días así, con este sol y esta alegría, la gente no debía llamarse de usted. Este tiempo, esta luz, son un tuteo universal. La Naturaleza no conoce el usted. ¿Se figura usted a las estrellas como no sea tuteándose unas a otras?

JUANA.—Pero nosotros no somos estrellas.

INOCENCIO.—No, pero estamos ya formando una constelación: "Los cuatro amigos." ¿No les parece a ustedes? Aunque hace una semana no nos conocíamos. Pero también a mí se me figura que no me conocía hace una semana y que ahora he empezado a tratarme de tú, a mí mismo.

ESPERANZA.—*(Burlona.)* ¡Jesús, qué risa! Pero ¿se trataba usted de usted, interiormente, antes? ¿Por dentro?

INOCENCIO.—Yo creo que ni siquiera me trataba conmigo mismo. A veces tiene uno miedo, ¿no?, y se hace el distraído con esa última persona interior, con el esqueleto del alma, por decirlo así, que llevamos dentro. Pero bueno, bueno, eso es pasado. Ahora se trata de otra cosa. Presento una proposición: los aquí reunidos acuerdan renunciar al usted desde este instante y adoptar el franco tuteo con objeto de estrechar los lazos entre los componentes de la constelación. ¿Se aprueba?

Todos.—Por mí... *(Pero lo dirán por parejas, mirando Juan a Esperanza e Inocencio a Juana.)*

Esperanza.—*(Como desconfiada.)* Pero ¿no va usted muy de prisa, Inocencio? ¡Qué arrebatado! Vamos a dejarlo para más adelante.

Inocencio.—De ninguna manera. A lo sumo consiento en echarlo a cara o cruz.

Juana.—Eso, eso, la suerte.

Esperanza.—No me gusta, suena a destino. A destino barato, pero destino.

Juan.—Pues mejor, Esperancita, mejor. Si suena a destino, que suene. *(Mirándola a los ojos.)* No hay que tenerle miedo al destino. A cara y cruz, Inocencio. *(Busca en el bolsillo.)* Caramba, pues no tengo un duro aquí. Porque, claro, una cosa tan importante no podemos jugárnosla con menos de un duro.

Inocencio.—*(Buscando.)* Pues mire usted, qué causualidad, yo tampoco tengo. Pero voy por uno en seguida. *(Volviéndose.)* Ah, y que conste que yo elijo cara, que es el tuteo.

ESCENA III

Durante los últimos momentos de la conversación anterior el Gerente se ha acercado a la puerta y ha estado escuchando. Hombre alto, fuerte, parecido al Director, aire grave y reservado. Saca dos monedas del bolsillo, las examina y se guarda cada una en un bolsillo distinto. Inocencio, al ir a entrar en el *lobby*, se tropieza con él.

Inocencio.—Usted perdone.

Gerente.—¡De nada! ¿Deseaba usted algo?

Inocencio.—*(Deteniéndose.)* Hombre, sí. Usted nos puede servir, me parece. ¿Lleva usted encima un duro?

Gerente.—*(Echándose la mano al bolsillo.)* Desde luego. Y si desea usted más. Con un duro no se va a ninguna parte.

Inocencio.—Ah, sí, con éste que me va usted a dar, sí, se va muy lejos.

Gerente.—*(Saca del bolsillo una moneda, la mira con cuidado y se la da.)* Aquí tiene usted.

Inocencio.—Muchas gracias. *(Sale a la terraza. El Ge-*

rente sigue junto a la puerta como esperando, dentro.) Aquí está el destino, las cinco pesetas del destino. Me la ha dado el Gerente. Bueno, a suerte, ¿eh?

ESPERANZA.—No, no vale, tiene que echarlo al aire un neutral, porque nosotros podríamos hacer trampa sin querer, con nuestro deseo. Busquemos a alguien que no sepa nada de esto, que no tenga que ver nada con nosotros..., a...

INOCENCIO.—Mire usted, aquí estaba el Gerente. Mejor que él nadie. *(Asomándose a la puerta.)* ¿Me hace usted el favor?

GERENTE.—*(Sale.)* Con mucho gusto. Usted dirá.

INOCENCIO.—Va usted a echar esta moneda al aire. Es su duro de usted, el que usted me ha dado. Pero con los ojos cerrados, eh, no nos haga trampa.

TODOS.—*(Riéndose.)* ¡Qué desconfiado! ¡Él qué sabe!

GERENTE.—*(Serio.)* Señor, en mi oficio no se pueden hacer trampas. Y le aseguro a usted que lo siento mucho. Me costó muy cara una que intenté, hace tiempo. *(Echa la moneda al aire.)* ¡Allá va! Y que todo salga a medida de sus deseos! *(Los cuatro se inclinan a ver lo que sale. Entre tanto, el Gerente pierde por un momento su actitud servicial y atenta, se yergue, cruza los brazos y mira con ojos de superioridad y conmiseración sonriente a los personajes. Apenas éstos se levantan, recobra su actitud anterior.)*

INOCENCIO.—¡Bravo, bravo! Cara es el tú, la confianza, la camaradería. ¿No sentís cómo nos hemos acercado más todos, unos a otros, que hemos dado un paso hacia nuestro destino? Pasen, señores, pasen, ya está franca la puerta del tú. ¡Adelante, Esperanza; adelante, Juan *(Significativamente.)*; adelante, Juana!

JUANA.—¡Por Dios, reprímase usted! ¡No es para tanto!

INOCENCIO.—*(Reprendiéndola.)* ¿Cómo, de usted todavía? ¡Tú, tú y tú!

JUAN.—*(Entre tanto se ha apartado y habla con Esperanza.)* Mira, vamos a recoger el duro como recuerdo. Tiene razón Inocencio. El tú nos acerca más. Y así ya podremos llamarnos de tú delante de todos, como anoche nos llamábamos. ¿Te acuerdas, de anoche, del primer tú? *(Va a guardarse el duro y antes lo mira. Restregándose los ojos y desconcertado.)* ¿Pero qué es esto? ¿Estoy loco?

ESPERANZA.—¿Qué te pasa?

JUAN. — ¡Esta moneda, esta moneda! ¿Pero de dónde sale?

ESPERANZA.—¿Qué le pasa a esa moneda?

JUAN.—Que no tiene cruz, que tiene cara por los dos lados. ¡Es una trampa, es...!

ESPERANZA. — *(Interrumpiéndole, al ver que se acerca Inocencio.)* ¡Locuras, calla! Trae, yo la guardaré. *(Se la mete en el bolso.)*

INOCENCIO.—Bueno, ahora, para celebrar lo del tuteo, vamos de paseo hacia esa posada del buen vino, ¿queréis?

JUANA.—A mí me vais a permitir que me quede. Es la primera prueba de confianza a que me autoriza el tú, ¿no?

INOCENCIO.—*(Desconcertado.)* ¿Pero te vas a quedar aquí sola?

JUAN.—Déjala, es muy rara. Volveremos a la hora de almorzar. Subo a mi cuarto por el Kodak. Fotografía histórica: el día del tuteo. No hay que perdérsela.

ESPERANZA.—Tienes razón, voy yo por mi máquina también, a ver quién retrata mejor. *(Salen Esperanza y Juan.)*

INOCENCIO.—*(Precipitándose a Juana.)* ¿Pero qué es eso? ¿Por qué no vienes?

JUANA.—Déjame, no puedo. Tengo que soñar todo lo de anoche.

INOCENCIO.—Pero cómo, ¿soñarlo? ¡Si fué verdad!

JUANA.—Por eso. Hasta ahora nada de lo que me ha pasado en la vida me daba gana de soñarlo después. De enterrarlo, nada más. Moría sin alma, todo, sin sobrevivirse. Y hoy me sobrevive la felicidad, necesito no poner nada encima, ahora, no ahogarla.

INOCENCIO.—¡Qué prisa tienes! No seas así. La vida no tiene prisa nunca. Mira esa sombra del árbol, qué despacio va por el suelo. Déjame quedarme con la sombra de lo de anoche por mi alma, así, despacio. *(Salen Juan y Esperanza.)*

JUAN.—Bueno, vamos. Ven, Inocencio. Deja a Juana. Que goce de su soledad. Parece que le gusta.

TODOS.—Hasta luego, Juana.

JUANA.—Adiós. *(Salen los tres.)*

JUANA.—*(Sola.)* No, no, es mentira. No gozo de mi soledad. En cuanto se ha ido Inocencio mi sueño se me ha vuelto soledad. Tiene razón. La vida es lo primero. ¿Por qué no he ido con ellos? Le necesito. Pero a él, a él solo.

¿Cómo podría hacerle volver? ¿Mandarle un recado con el botones? ¿Pero qué voy a decirle? ¿Qué pretexto? *(En ese instante suena en el lobby el timbre del teléfono.)* ¡Ya está! ¡Qué idea! Mandaré al botones que le diga que le llamen a conferencia de la capital y que acuda en seguida. *(En este momento, cuando ya Juana había acabado de hablar, de modo que el Gerente no ha podido oír lo que decía, aparece en el lobby el Gerente y llama a un Botones.)*

GERENTE.—Ve en seguida a alcanzar a don Inocencio, que va por el camino de la montaña, y dile que venga, que le llaman por teléfono desde la capital.

BOTONES.—*(Sale a cumplir su encargo y al pasar por la terraza y ver a Juana allí sentada se detiene.)* Usted perdone, señorita. ¿Podría usted decirme si estará muy lejos don Inocencio?

JUANA.—No, acaban de salir, ¿por qué?

BOTONES.—Es que voy a avisarle que le llaman por teléfono desde la capital.

JUANA.—*(Sorprendida.)* ¿Que le llaman por teléfono? ¡Ah, sí! *(El Botones sale. Juana, mirando al aire.)* ¿Que le llaman por teléfono? ¡Pero si eso es lo que se me había ocurrido a mí!

ESCENA IV

En la parte izquierda, es decir, en el *lobby* del hotel. Aparece, entrando por la puerta que se supone da a la calle, la MECANÓGRAFA, con una maleta, en traje de viaje.

MECANÓGRAFA.—*(Al Portero, que la acompaña.)* Haga usted el favor de avisar al Gerente. No hace falta que diga mi nombre. De parte del Director, nada más. *(Mira curiosamente alrededor. Entre tanto, por la derecha, Inocencio, apresurado, atraviesa la terraza, camino de la cabina telefónica que está en el lobby. Al pasar, a Juana.)*

INOCENCIO.—Vengo en seguida, voy al teléfono. No te vayas.

GERENTE.—*(Sale de su despacho. A la Mecanógrafa.)* Celebro mucho su llegada, señorita. Así verá usted cómo trabajamos y cómo se cumplen las instrucciones del Director. Porque la ejecución es el todo. La felicidad de un ser humano es cuestión de tacto. Lo mismo que una pieza de piano; sale o no sale por cuestión de dedos, de pulsación, de finura interpretativa, nada más.

MECANÓGRAFA.—A mí me basta con que el Director tenga puesta su absoluta confianza en usted, para que ya le admire. ¡Porque cuidado que debe de ser difícil cumplir sus órdenes, desarrollar en la realidad eso que él concibe desde su retiro.

GERENTE.—Sí, no siempre es fácil. Pero en mí no tiene mérito. ¡Estamos tan compenetrados el Director y yo! Somos como uña y carne. No sé si será orgullo mío, pero creo que no podríamos pasarnos el uno sin el otro. Aunque no nos vemos nunca, ¿sabe usted?

MECANÓGRAFA.—¿Nunca se ven ustedes?

GERENTE.—No, nunca. El, en su sitio; yo, en el mío. Yo no puedo igualarme a él. *(Sonríe amargamente. Pausa.)* Y además tenemos un conocimiento de yo no sé cuánto tiempo, de... siglos. ¿De modo que usted viene a ayudarnos ahora?

MECANÓGRAFA.—¡Ah, no señor, qué más quisiera yo! No hace más que diez días que sirvo al Director. ¡Qué suerte encontrarle! Me parece que antes andaba descarriada, perdida, y que al encontrarle a él me empiezo a encontrar a mí. Y, sí, fuí a su oficina con ánimos de colaborar, pero...

GERENTE.—¿Se le ha enfriado a usted el ánimo?

MECANÓGRAFA.—No, nada de eso. Todo lo contrario. ¡Si viera usted el encendimiento que siento por el Director, por su bondad infinita, por su inteligencia suprema! No, es otra cosa. Es como si me hubiera ido dando cuenta en los pocos días que estoy a su lado de que la obra de ustedes es muy superior a mí, está más alta, vamos, que no puedo alcanzar a sus designios. No soy más que una pobre criatura... A lo primero sospeché, se lo digo sinceramente, me pareció que en los negocios de la agencia había demasiados secretos, me picó la curiosidad, fuí indiscreta... *(En este momento sale Inocencio con aire agitado e interrumpe el diálogo.)*

INOCENCIO.—*(Al Gerente.)* Por usted preguntaba. ¿Qué le parece, que me hagan volver diciéndome que me llaman por teléfono y luego resulta que no es a mí? ¡Qué servicio!

GERENTE.—¡Mil perdones, señor! No lo comprendo. Voy a enterarme. Lo siento muchísimo.

INOCENCIO.—*(Yendo hacia la terraza y deponiendo su*

fingido enfado.) ¡Pues bendita equivocación! Estoy de suerte, de suerte, todo me sale bien, porque así puedo quedarme con Juana. *(Sale a la terraza y se sienta a su lado. Sigue el diálogo en el lobby entre la Mecanógrafa y el Gerente.)*

MECANÓGRAFA.—Bueno, pues si usted quiere mandar que me den un cuarto...

GERENTE.—Sí, sí, perdone usted, señorita..., ¿cuál es su nombre?

MECANÓGRAFA.—Eso no tiene importancia. Llámeme usted como quiera. La criatura, por ejemplo.

GERENTE.—Bien, bien. Pero cuando ese señor nos interrumpió me estaba usted contando una cosa muy interesante. Decía usted que al principio, una noche, se introdujo usted en el despacho del Director con una linterna y...

MECANÓGRAFA.—*(Ruborizándose.)* ¿Pero yo le dije a usted eso? ¿Es posible? Si yo juraría... Me da tanta vergüenza... Pero, sí, sí, es cierto. He hecho bien en decírselo a usted, porque después esa desconfianza ante los secretos se me ha ido cambiando en una especie de respeto ante el misterio, de respeto, de asombro ante el misterio que él parece poseer. Usted me entiende, ¿verdad? Secreto no es lo mismo que misterio.

GERENTE.—Claro, secretos cualquiera los tiene. Y los guardan dos, o tres, veinte. Pero el misterio es cosa de pocos. Quizá de uno solo. Y no se descubre nunca; el que lo penetra muere, es ya otro. Nace, mejor dicho.

MECANÓGRAFA.—Eso, eso es. Por eso ya no tengo curiosidad pequeña. Espero como si fuese a nacer, a eso que usted dice, a un misterio. Y por eso se explicará usted que ya no me siente colaboradora. ¿Quién va a colaborar en un misterio? Me dan ganas, sí, pero ya estoy yo misma envuelta en él, en su misterio. De modo que vengo aquí con permiso del Director a ver nada más y a ayudar en algo si puedo.

GERENTE.—¡Muy bien! Pues ya irá usted viendo, hija mía. Por lo pronto voy a ocuparme de su instalación. *(Hace un movimiento como para salir, pero en este momento entra la Camarera, que se dirige hacia él.)* ¿Quería usted algo?

CAMARERA.—Sí, señor, darle a usted cuenta... *(Mirando hacia la Mecanógrafa.)* Pero volveré luego.

GERENTE.—No, no importa, al contrario, hable usted. *(A la Mecanógrafa.)* Así irá usted viendo cómo trabajamos. *(A la Camarera.)* ¿Qué ocurrió anoche en el piso primero?

CAMARERA.—Todo se hizo conforme a sus instrucciones, señor. A las doce menos cuarto el rayo de luna entró en la habitación de la señorita Esperanza, que estaba leyendo ese libro de poesías que usted me mandó que dejara en su mesa, ese libro de..., no me acuerdo...

GERENTE.—No importa, siga, siga.

CAMARERA.—Don Juan entonces salió a fumar un cigarro a la terraza. Mandó que rompiera a cantar el ruiseñor mejor de todos, y entonces la señorita Esperanza dejó el libro y salió también; se pusieron a hablar muy juntos y... *(Mirando a la Mecanógrafa.)*

GERENTE.—Siga. ¿No la he dicho a usted que no importa?

CAMARERA.—Entre tanto, en el jardín habíamos puesto la escalera del jardinero al pie de la ventana de la señorita Juana, muy bien iluminada por la luna, sobre el resto de la pared en sombra. Don Inocencio hacía un rato que andaba por el jardín, de vuelta de la sala de juego, donde ya sabrá el señor que ganó treinta mil...

GERENTE.—Sí, ya lo sé, ya lo sé.

CAMARERA.—Bueno, pues don Inocencio se fijó en la ventana, en esto hicimos que corrieran los surtidores de la fuente, y la señorita Juana, al oírlos, se asomó. Hablaron unos momentos y luego ya todo marchó como una seda. Don Inocencio subió por la escalera y entró en el cuarto.

GERENTE.—Por supuesto, todo estaría bien vigilado, nadie sospecharía...

CAMARERA.—Nadie, señor. Ya me he visto en muchos casos de ésos. Y tengo mucho cuidado, sobre todo desde ese lance de hace poco tiempo en que se nos desgració tan tontamente, por un descuido, don Calixto, al salir del huerto de Melibea. Todo salió a las mil maravillas. Don Inocencio dejó el cuarto de la señorita Juana diez minutos antes de que volviera el marido. Así que don Juan la encontró sola, y no pudo sospechar nada. Además él venía muy entusiasmado, claro. Esté usted tranquilo.

GERENTE.—Muy bien, es usted una excelente auxiliar, inestimable. Puede usted retirarse. Luego daré las órdenes para esta noche. *(Sale la Camarera. A la Mecanógrafa.)* Ahora sentémonos un momento aquí, tengo que decirla unas cosas. *(Se sientan en un diván que hay a la derecha del* lobby, *y junto a la ventana que da a la terraza, de modo que se pueda oír lo que en la escena siguiente dirán Juana e Inocencio.)*

ESCENA VI

INOCENCIO.—*(Con las manos de Juana cogidas.)* Y yo, yo lo mismo. Yo también he sido feliz por primera vez en mi vida...

GERENTE.—*(A la Mecanógrafa.)* Ve usted, ve usted, ya ha sido feliz, ya está. El Director ya ha cumplido su promesa. Nunca falla.

INOCENCIO.—Mira, anoche me pareció que llegaba mi hora, que era la hora de mi vida. Porque yo creo que una vida es una hora, dos, tres, nada más, aunque vivamos muchos años.

GERENTE.—Bien, bien, éste parece que comprende, que se da cuenta.

INOCENCIO.—Claro, una hora que no es de sesenta minutos, que no es de tiempo, que está hecha de otra materia distinta del tiempo. Sabes, ya en la sala de juego me empezaron a salir bien las cosas. Gané, gané sin cesar, como por arte de magia. Amontonaba los billetes. ¡Y yo, tonto de mí, que no me había atrevido a jugar hasta que vine aquí! Después, al volver a casa, esa idea de pasear un momento por el jardín... ¡Bendita suerte, bendita suerte!

JUANA.—Suerte..., sí..., claro. Pero yo no sé, Inocencio, a mí se me figura a veces que no es la suerte sólo, que nos empujan, yo no sé. ¿Quieres que te diga un secreto? Nosotros no vinimos aquí por casualidad. Como Juan y yo nos sentíamos tan desgraciados fuimos a consultar a una agencia muy rara, y allí, un señor...

INOCENCIO.—*(Interrumpiéndola.)* ¡Tontísima! Déjate de cuentos! Yo y tú, nada más, la suerte tuya y mía. Sí, ya sé lo que dices, la agencia de ese caballero que se encarga de hacer nuestra felicidad. ¡Ja, ja! Nosotros, nosotros somos los que la hacemos, tú y yo, ¿verdad? Porque la hemos hecho, anoche, al... *(Inclinándose a su oído.)*

GERENTE. — *(A la Mecanógrafa.)* ¡Pero ve, ve usted! ¡Siempre lo mismo! No se puede con ellos. Les damos lo que quieren y luego nos niegan, nos desconocen.

MECANÓGRAFA.—Pero, señor, eso no importa. Ustedes no trabajan por egoísmo, para que se lo agradezcan, ¿verdad? El Director es desinteresado.

GERENTE.—Eso... Eso, yo no lo sé. ¡Allá él!

JUANA.—Sí, la felicidad la has hecho tú para mí. Ya soy feliz. Lo he sido desde que nos encontramos aquí, y ya no me importa lo que pase, ya sé lo que es felicidad. Y ocurra lo que ocurra, aunque nos separemos...

INOCENCIO.—*(Apasionado.)* Sí, sí, importa mucho. ¿Cómo? ¿Contentarnos con esto? ¿Con un relámpago de felicidad?

GERENTE.—¿Usted ve? Son todos iguales. Lo tienen y piden más.

INOCENCIO.—No. Vamos a seguir haciéndola, contra todos, sea como sea. Mira, lo que hemos ganado anoche es el mañana, el tuyo y el mío. Porque tu pasado es de Juan o de nadie, no sé, pero tu futuro es mío, no puede ser más que mío. ¡Dámelo!

JUANA.—Calla, calla. ¿Tú crees que una puede dar el futuro?

INOCENCIO.—Sí, sí. Un ser humano no puede dar más que eso. Si no, no da nada. No hay más entrega total que la del futuro. Lo que abrazamos en el amado, es el momento de después y el otro y el otro, es el ansia del futuro. El presente es el alimento que le echamos para que viva. ¿No lo sientes?

JUANA.—Sí, sí, es verdad. Tú anoche me has dado ansia de más. Más es futuro, ¿verdad? Más es el grito del futuro. Cuando ya no se pide más, cuando ya no se grita más es que no se quiere. Pero ¿cómo, cómo vamos a tener nosotros más? ¿Me lo puedes tú dar?

INOCENCIO.—Claro. Lo puedo, lo puedo todo. Te quiero. Y ya sabes: querer es poder. Te llevaré a tu futuro, al mío. Nos espera. Te llevaré de verdad.

JUANA.—¿Pero cómo...? No, no, calla. *(Pausa. Rendida, echándole los brazos al cuello.)* ¿Cómo? ¡Habla!

INOCENCIO.—Pues muy sencillo. Escapándonos, yéndonos.

JUANA.—¿Escaparnos? Abandonar...

INOCENCIO.—Sí, al muerto, a lo muerto, a lo que ya no pide más. Tu pasado es el muerto. Mírate bien: cuando ves a Juan, ¿pides más? No, no hay nada en tu pasado. Y tu futuro lo tengo yo aquí, mira. *(La tiende las manos abiertas y juntas.)* ¿Las ves? Parece que están vacías, ¿verdad? Rayas, nada más que rayas, ¿no? Pues fíjate. Es la prueba del amor, la prueba del futuro. Cuando se le enseñan a una persona las manos, así, y las ve desnudas, vacías, es que nuestra vida no guarda nada para ella, que no la estamos destinados. Lo que se lleva en unas manos vacías, aparentemente, sólo lo ve quien nos está destinado. Todos llevamos en nosotros el futuro de alguien. A veces no se le encuentra a ese alguien, que no es más que uno, y nos quedamos con nuestro don sin dar. Pero yo te he encontrado. Míralas bien. ¿Ves algo?

JUANA.—Sí, sí, me parece que sí. Veo... ¡Si fuera posible...!

INOCENCIO.—Sí, es posible, Juana. Pero lo único posible es el futuro. El pasado ya fué. Toma, toma lo que ves en mis manos. Lo que sólo tú ves, cuando a los demás les parece que están vacías. ¿No lo quieres?

JUANA.—Sí, sí. Haremos lo que quieras. Cuando quieras. Pero pronto, pronto. No quiero verle más. El tiene guardado en su cara, en sus ademanes, mi pasado, y si le veo quizá no sepa separarme de él, y otra vez empiece a vivir hacia atrás, a deshacerme. ¡Vámonos, vámonos, pronto, donde quieras!

INOCENCIO.—Así, así me gustas, Juana. Ya eres otra, la mía. Desde anoche. Cuando una mujer se entrega, nace, es ya otra, se vive en otra. ¡Vamos! Sube a tu cuarto. Coge lo que necesites, prepara la maleta. Yo mientras voy a dar un vistazo al coche. Te espero junto al garaje, dentro de diez minutos. Ellos no volverán hasta la una. Hay tiempo, anda.

JUANA.—Sí, voy. *(Echa a andar. Deteniéndose.)* ¡Inocencio!

INOCENCIO.—¿Qué?

JUANA.—¿Es verdad? Déjame que te mire... No, no, las manos. *(Inocencio ofrece otra vez las manos abiertas.)* Sí sí, están llenas. Soy tuya. *(Sale cada uno por un lado.)*

ESCENA VII

GERENTE.—¿Qué le parece a usted todo esto?

MECANÓGRAFA.—Yo no sé... ¿Pero es de verdad? ¿Pero esto es la vida? Hace un momento me parecía una gran comedia que ustedes han armado. ¡Me da miedo, no sé!

GERENTE.—Pero, señorita, la vida, la de verdad, siempre da miedo.

MECANÓGRAFA.—¡Qué cambio! Ya ve ese hombre, hace quince días, tímido, irresoluto, sin aliento...

GERENTE.—Ya lo sé, ya lo sé, tengo el expediente que me mandó el Director.

MECANÓGRAFA.—Y ella, que se creía esclava irremediable de su pasado, que no sabía soñarse más que hacia atrás. ¡Y ahora!

GERENTE.—¿Pero gracias a quién, señorita, gracias a quién?

MECANÓGRAFA.—Ya lo sé. En él estoy pensando. Esta gente viene aquí, ve surgir un día su felicidad y se cree que se la ganan ellos, cuando todo es obra de él, que está allí, solo, solo, sin nadie... Pero sabe usted..., oyendo ahora esto..., lo que dijo la camarera... y lo que dicen ellos... me parecía todo tan extraño... que dudaba un poco de su obra..., de su intención.

GERENTE.—*(Severo.)* ¿Usted sabe lo que dice?

MECANÓGRAFA.—No, no, usted perdone, que me perdone él, no sé nada. ¿Cómo voy yo a saber lo que él, ni los caminos que toma para hacer felices a las gentes?

GERENTE.—Bueno, ya está usted más razonable. *(En este momento entra la Camarera. Dirigiéndose a ella.)* En seguida, que vayan por el atajo al garaje e inutilicen el coche de don Inocencio, que no pueda ponerlo en marcha. Dense prisa porque está en su cuarto y va a bajar en seguida.

CAMARERA.—Descuide el señor. Al momento.

MECANÓGRAFA. — *(Sorprendida.)* ¿Pero qué hace usted? No podrán escaparse. Se les estropeará el plan.

GERENTE.—¿Qué plan?

MECANÓGRAFA.—El suyo. Ya van a ser felices, ya están en el camino.

GERENTE.—¡Qué inocente es usted! ¡Ellos qué saben! A cualquier cosa le llaman un camino. Ven una carreta y, ¡hala, a correr!, sin saber adónde va. Pasan por una estación y a coger el primer tren. Si dan con un barco, pues a embarcarse...

MECANÓGRAFA.—¿Y por qué no?

GERENTE.—¿Pero usted cree que el mar es un camino? ¿Usted sabe cuántos caminos tiene el mar? ¿Lo sabe alguien? Pues eso es lo que hay que saber, ¿se va usted dando cuenta?, los caminos del mar. Parece que todos llevan a algún lado y en realidad son espejismos, dan en la nada.

MECANÓGRAFA.—¿Y usted? ¿Usted lo sabe?

GERENTE.—Yo, no. El que los sabe es el Director. Yo no hago más que ejecutar sus instrucciones. Pero estos infelices tampoco lo saben y se portan como si lo supieran. Apenas les hace entrever uno la felicidad, la entrada a la felicidad, se lanzan como locos, atropellándolo todo. Y nada más que por hacer las cosas a su gusto, a su santa voluntad. ¡No es eso, no es eso! Ellos no harán nunca nada solos, sépalo usted bien. Y se empeñan en hacerlo. Primero fingen que se entregan a nosotros, pero apenas se les suelta un poco se echan a volar por su cuenta. Y, claro, así ocurre lo que ocurre... ¿Cómo van a saber ellos en sesenta o setenta años que viven, a lo sumo, lo que es la vida? Y nosotros tenemos una experiencia de siglos, oye usted, de siglos...

MECANÓGRAFA.—Tiene usted razón... Yo, como apenas he empezado a trabajar con ustedes, no entiendo bien... Usted perdone.

GERENTE.—De nada, de nada. Pues bueno se pondría el Director si estos jovenzuelos empezaran ahora a hacer lo que les dé la gana. Aquí no hay más voluntad que la suya. El responde de todos. ¡Así que allá él! *(Sale.)*

MECANÓGRAFA.—¡Tendrá razón! Uno no sabe nada, nada...

ESCENA VIII

JUANA.—*(Baja con un maletín en la mano. Se sienta en la misma silla donde estuvo antes y empieza a repasar las cosas de dentro del maletín.)* Esto es todo lo que me voy a llevar. Así, así, muy ligera. Todo lo otro atrás, en el pasado. Inocencio dice la verdad. *(Al verle entrar.)* ¡Ah, ya estás aquí! Vamos, vamos. ¿Pero qué te pasa?

INOCENCIO.—*(Muy agitado.)* La cosa más estúpida del mundo. El coche, que no hay modo de ponerlo en marcha. No me lo explico. Un coche nuevo... Y el mecánico está en el pueblo...

JUANA.—¿Entonces?

INOCENCIO.—No te desanimes. Será esta noche. Lo del coche ya estará arreglado, y si no adquilaré uno. Mira, a la misma hora que entré anoche en tu habitación, a las doce menos cuarto, te espero en la parte de atrás del jardín. Tú te dejas durmiendo a Juan, y a las doce, ¡en marcha! No es nada, unas horas de retraso, nada más. No te vuelvas atrás.

JUANA.—¡Unas horas nada más! ¡Pero quién sabe lo que puede ocurrir en unas horas! ¡Tanto, tanto! Tengo miedo.

INOCENCIO.—¡Tonta! ¿Pero qué quieres que ocurra de aquí a la noche?

MECANÓGRAFA.—*(Dentro, desde la silla donde sigue escuchando como en la escena anterior.)* Sí, sí, yo también tengo miedo. ¡Que se vayan ahora, en seguida! Voy a decírselo. *(Se levanta.)* ¡Pero qué locura! ¡Cómo voy yo a meterme en los planes del Director! *(Vuelve a sentarse.)*

INOCENCIO. — De modo que ya lo sabes. Hasta luego. Eres mía, no lo olvides.

JUANA.—¡Olvidarlo! De aquí a la noche no estaré en ninguna parte, ni en el mundo ni fuera de él: estaré flotando, en el aire de la espera. *(Mirando hacia el camino.)* Mira, pero por ahí vienen ya Juan y Esperanza. ¿Cómo tan pronto? Vámonos, no nos vean. Cada uno por nuestro lado. Sí, sí, tuya... *(Salen.)*

ESCENA IX

ESPERANZA.—¿No les parecerá que volvemos muy pronto?

JUAN.—No. Si están aquí diremos que volvimos preocupados por lo de Inocencio, por si era algo grave. Y mira, yo voy a preparar el coche en seguida. Saldremos esta noche, de once a doce. Yo me dejaré a Juana dormida.

ESPERANZA.—¡Qué locura es todo! ¿Y por qué te creo, Juan? Pero el caso es que te creo como nunca me pareció posible creer. Y no me has dicho nada nuevo. Lo que tú me dijiste ya me lo habían dicho otros y me resbalaba por encima, sin entrar. ¡Nada nuevo!

JUAN.—Ya lo sé. El amor no necesita decir nada nuevo. Se pasa la vida repitiendo su palabra sencilla, como el cielo su estrella y el mar su onda. No le hace falta novedad, es antiguo, muy antiguo. Yo buscaba la novedad y veo que mi novedad es lo más antiguo en mí; que tú, el amor éste, es lo que llevaba dentro, desde siempre.

ESPERANZA.—Y, sin embargo, todo me parece distinto. Aunque me engañes te creo. Antes me parecía que todo engañaba. Pero ahora creo en todo, hasta en el engaño. También el engaño tiene su verdad. Hay que tener fe en el engaño, ¿verdad?

JUAN.—Déjate de engaños, Esperanza. Tenemos la verdad aquí, en nosotros. *(Abrazándola y mirándola a los ojos.)* ¿No la ves?

ESPERANZA.—*(Cerrando los ojos.)* Sí. Vamos.

JUAN.—Ya sabes, a las once en el jardín, junto al garaje. Unas horas nada más. ¡Qué son unas horas! Y luego...

ESPERANZA.—Adiós. Separémonos, no nos vea. Vete. *(Sale Juan.)* ¡Ja, ja! Me estoy acordando ahora, no sé por qué, de aquel caballero, el Director, que creía que nos iba a enseñar a ser felices con pauta, como escriben los niños. ¡Tiene gracia! Si él supiera lo que va a resultar de su famoso plan de curación! Por supuesto, después de todo se va a salir con la suya, porque me dijo que yo creía, en el fondo. Y es verdad, y voy a ser feliz, feliz, feliz... *(Sale.)*

ESCENA X

Parte izquierda del escenario. Baja el GERENTE por la escalera y se acerca a la MECANÓGRAFA, que ha estado escuchando todo en su sillón.

MECANÓGRAFA.—¡Hay novedades, señor! Me parece que todo se puede arreglar, ¿sabe usted?

GERENTE.—*(Sonriendo.)* ¡Que se puede arreglar todo! ¿Y cómo? ¡Qué inocentes son ustedes, criaturas!

MECANÓGRAFA.—Acabo de oír una conversación entre el marido de Juana y Esperanza. Se quieren ellos también, y son felices y han proyectado lo mismo que los otros, fugarse juntos esta noche, de modo que...

GERENTE.—Usted lo ha dicho: "Lo mismo que los otros." ¿Pero cuándo se les ocurrirá otra cosa? ¿No se lo decía yo a usted antes? ¿Y a eso le llama usted novedad?

MECANÓGRAFA.—*(Tímidamente.)* Yo... es que creo que ahora todo se combina. Los cuatro van a ser felices... Si Juan quiere a Esperanza y si Inocencio...

GERENTE.—Vamos, eso quiere decir que a usted tampoco se le ocurriría otra cosa, ¿no? ¿Pero por qué la gente se empeña en ser feliz así, precisamente así? ¿No se dan cuenta de que ése es el camino más peligroso de todos, que por ahí no se les puede ayudar? Y, claro, así se estrellan. ¡Y mire usted que se les dijo y se les dijo! No fué por falta de avisos ni prevenciones. "¡Cuidado con lo que hacéis! ¡Que os va a costar muy caro! ¡Que lo vais a perder todo!" Ya ve usted, y tan a gusto como estaban, al principio. Porque ¿qué más se puede pedir? Tenían un jardín hermoso, con flores nuevas, con árboles sin estrenar, con animales sin malicia... Y todo lo echaron a rodar... Pero bueno, bueno, vamos a trabajar. Dígame, ¿a qué hora se citaron y dónde?

MECANÓGRAFA.—¿Para qué quiere usted saberlo?

GERENTE.—¡Señorita, de una vez! ¿Está usted con ellos, o con nosotros? ¿A qué ha venido usted? ¿Otra vez la desconfianza? Claro, usted los compadece, ¡ésa es la cosa! Al fin y al cabo, son ustedes del mismo hueso y de la misma carne. O, en el mejor caso, de la misma alma. ¡Ja, ja!

MECANÓGRAFA.—¿Pero y usted, usted de qué es? *(Cambiando de tono y muy sumisa.)* Perdone, perdone, es que todo es tan raro... ¡Esta manía mía de querer comprender! Se citaron a entre once y doce, junto al garaje.

GERENTE. — Bien, bien. Así se colabora. Ya irá usted acostumbrándose. *(Entra el Botones y le da una tarjeta.)* Sí, que pase ese señor. *(A la Mecanógrafa.)* No, no se vaya usted. Sigue nuestro plan.

ESCENA XI

POLICÍA.—¿El señor Gerente? Mucho gusto.

GERENTE.—El gusto es mío. Usted dirá. Hable con toda libertad. La señorita es mi secretaria.

400

Policía.—Pues le diré a usted. ¿Cómo va el juego aquí este año?

Gerente.—Bien, como siempre. Ya sabe usted que sólo tenemos unas pocas mesas, para recreo de los clientes.

Policía.—No importa. El hombre que ando buscando prefiere los sitios así. Es muy ladino. Juega con cartas marcadas, ¿sabe usted? ¿Viajeros nuevos estos días?

Gerente.—Sí, todos de confianza.

Policía.—Para nosotros no hay nadie de confianza. ¿Alguna ganancia muy grande, excepcional?

Gerente. — No, vamos, excepcional, no. Anoche, por ejemplo, un cliente, el señor Grijalba, tuvo una racha buena, treinta mil pesetas en un rato.

Policía.—¡Ah! ¿Quiere usted enseñarme su hoja?

Gerente.—*(Llama al Botones y le habla en voz baja. El Botones trae un papel.)* Aquí tiene usted.

Policía.—No, no coinciden. Pero, de todos modos, este que yo busco es pájaro muy fino y se disfraza muy bien. Mire usted la baraja. *(Se la enseña al Gerente. Éste, después de examinarla atentamente, la da cambiazo por otra que saca del bolsillo.)*

Gerente.—¡Muy curioso! Bueno, pues haga lo que mejor le parezca. Le voy a enseñar la casa. *(Salen.)*

ESCENA XII

Mecanógrafa. — *(Sola un momento.)* Pero, Dios mío, ¿qué ha hecho? ¿Qué hombre es éste? ¿Es posible que sea, de verdad, un hombre de confianza del Director? ¡Qué turbio todo! Yo no sé qué hacer, no sé qué hacer...

Cocotte.—*(Entra por la puerta de la calle. Muy elegante. Belleza seductora, de mujer fatal.)* ¿No hay aquí nadie? Señorita, me hace el favor, el gerente?

Mecanógrafa.—No está en este momento, pero... *(Para sí.)* ¿Y por qué no voy yo a actuar de verdad? Empecemos. *(A la Cocotte.)* Yo soy su secretaria. Puede decirme lo que desea.

Cocotte.—Pero es usted nueva, ¿no?

Mecanógrafa.—Sí, hace poco que trabajo en esta empresa, pero vamos, lo que se dice nueva, no soy.

Cocotte.—Pues entonces habrá usted oído hablar de mí. Soy la agente 345.

401

MECANÓGRAFA.—*(Confusa.)* La... agente... 345...

COCOTTE.—¿Lo duda usted? Aquí tiene mi carnet. *(Se lo tiende.)*

MECANÓGRAFA.—*(Leyendo.)* Miss Cleopatra de Lenclos. Especialidad: seducciones de urgencia. *(Pasándose la mano por los ojos.)* Sí, sí, ya veo, su nombre me suena mucho.

COCOTTE.—Y éstas son las instrucciones del Gerente: "Asunto urgente. Entablar relaciones con Juan de la Cuadra, ganarse su amor, y arreglar una fuga para esta noche. Habrá pequeña resistencia por mediar otra persona. Emplee todos sus recursos... Es un infeliz, después de todo, y le gustará a usted."

MECANÓGRAFA.—Bien, bien, mis Cleopatra... Pues... será mejor que hable usted con el gerente en persona. Es asunto delicado... y yo...

COCOTTE.—Gracias. Creí que conocía usted mejor este caso. *(Sale.)*

MECANÓGRAFA.—*(Sola.)* Pero ¿qué es esto? Yo me voy, yo no puedo, no entiendo nada... Ese hombre, ese gerente. ¿Pero quién es, qué quiere?... ¡Se me está ocurriendo una idea terrible! Que hace traición al Director, que estropea su trabajo, a propósito. Pero ¿cómo es posible labrar así la felicidad de las gentes, quitándoles la que tienen ya en la mano? No sé, pero voy a llamar al Director por teléfono, a contarle todo, mis dudas. Me comprenderá, se dará cuenta, si me equivoco. Pero ¿cómo va él a emplear esos procedimientos? No, y no. Éste es un enemigo oculto. Se lo noto. *(Da a un timbre y viene un Botones.)* Pídeme en seguida conferencia con la capital. Número 8365. ¿Dónde está la cabina?

BOTONES.—Aquí, señorita. Yo la avisaré en cuanto den la comunicación. *(Entra en la cabina.)*

ESCENA XIII

El Gerente baja la escalera con la COCOTTE y la CAMARERA. Se detiene con ellas en el centro del *lobby*, mientras la MECANÓGRAFA sigue en la butaca con aire fatigado, a un lado, sin que se fijen en ella.

GERENTE.—Bueno, miss Cleopatra, pues a la obra. No nos ha fallado usted nunca, y ahora menos. Este hombre es un pobre infeliz: le gustará a usted. ¡Bueno, hasta luego! *(Sale la Cocotte. A la Camarera, dándola una baraja.)* Esta baraja, para ponerla en la maleta de don Inocencio, bien escondida, con cuidado. Y luego, que pasen a la habitación de la señorita Esperanza y coloquen esto en el cajón de su mesa. *(La da una pistola.)* ¡A ver, un momento! *(La coge, se cerciora de que está cargada y se la vuelve a dar a la Camarera.)* Está bien.

CAMARERA.—Perfectamente, señor *(Sale.)*

MECANÓGRAFA.—¡Pero esto es una canallada! ¿Qué trama este hombre? Yo no lo consiento, no lo consiento. Se lo diré al Director... Y si él lo aprueba... Pero no, es imposible, él no hace estas cosas ni deja que las hagan.

BOTONES.—*(Saliendo de la cabina.)* Señorita, pase. En seguida le van a dar la comunicación. *(La Mecanógrafa entra en la cabina. Al Gerente.)* ¿Está bien así, señor?

GERENTE.—Sí, di que conecten inmediatamente con el aparato de mi despacho. *(Entra en él. Las puertas del despacho del Gerente y de la cabina quedan abiertas, de modo que se ve y oye a los dos que hablan.)*

MECANÓGRAFA.—*(Al teléfono.)* ¡Hallo, hallo! El Director, llámenle en seguida.

GERENTE.—Está aquí al aparato él mismo. ¿Quién es?

MECANÓGRAFA.—Perdone, no le había reconocido en la voz. Soy la mecanógrafa.

GERENTE.—Sí, sí, ¿pero cuál?

MECANÓGRAFA.—*(Desconcertada.)* Pues... yo..., la última..., la que dudaba.

GERENTE.—Ah, sí, bueno, bueno, y ¿qué hay?

MECANÓGRAFA. — Que vine aquí, a Peraleda, al hotel, como usted me dijo, y...

GERENTE.—¿Y qué?

MECANÓGRAFA.—Que estoy loca, que no entiendo nada, no veo nada claro.

GERENTE.—¿Pero ocurre algo nuevo? Mis noticias son de que todo se cumple conforme al plan acordado.

MECANÓGRAFA. — No, no, ése no es su plan de usted, señor Director. ¡Le están engañando, le están traicionando a usted miserablemente, le engañan! *(Agitada.)*

GERENTE.—¡A mí! ¡Engañarme a mí! ¿Usted sabe lo que dice?

MECANÓGRAFA.—Pues sí, pues sí. Ese Gerente es un malvado. Ya iban a ser felices todos y él lo va a desbaratar, a destrozarlo. Yo no lo consiento. Aún podemos salvarlos. ¡Venga usted pronto, ayúdeme! *(En este momento cruzan el lobby Juan y la Cocotte. ya muy amartelados.)* ¿Lo ve usted, lo ve usted? La infamia sigue. ¡Yo no puedo, no puedo, voy a avisarles!

GERENTE.—Sí, los veo. ¡Pero calma, calma!

MECANÓGRAFA.—¿Y quién va a tener calma, viendo cómo se juega así con las infelices criaturas? Dígame usted que vendrá, yo le contaré todo, por teléfono no puedo.

GERENTE.—¡Calma, le digo! Ustedes las mujeres siempre lo mismo. ¿Pero se cree usted que el Gerente puede más que yo? Usted no sabe que...

MECANÓGRAFA.—Sí, sí, pero a todos nos pueden engañar una vez en la vida.

GERENTE.—¡Ja, ja! ¡Pero a mí no! ¿Se figura usted que yo estoy en la vida?

MECANÓGRAFA. — ¡Pues yo sí estoy en la vida, y ellos cuatro, y todos estamos en la vida! Si usted no está en la vida, si usted no sabe lo que es sufrir y gozar como nosotros, porque se mete a... ¡Hallo, hallo! ¡No corten, no corten! Dios mío, ¿qué he hecho? ¿Pero por qué dije esos disparates? Se ha enfadado, claro. *(Cuelga el teléfono y sale a la terraza, dejándose caer en una silla.)* Y ahora, ahora...

GERENTE.—*(Sale de su despacho con aire satisfecho y se asoma a la terraza.)* ¿Ah, está usted aquí, señorita? Tengo una buena noticia que darle.

MECANÓGRAFA.—*(Sorprendida.)* ¿A mí? ¿Qué es?

GERENTE.—Que el Director viene. Que llegará esta tarde, probablemente, pero en sus llegadas no hay nada seguro. Me lo acaba de decir por teléfono.

MECANÓGRAFA.—¿Pero es de veras? *(Radiante.)*

GERENTE.—Sí, mujer, sí. Como sé que usted le admira tanto, por eso he venido a decírselo.

MECANÓGRAFA.—*(Como extasiada.)* Gracias. ¡Que si le admiro! Vea usted, siempre llevo su retrato encima. *(Saca un retrato del bolso y se lo da al Gerente. Éste lo mira con atención.)*

GERENTE.—Está muy bien, muy bien. ¿Me lo deja usted un momento?

MECANÓGRAFA.—*(Dudosa.)* Sí, pero haga usted el favor de devolvérmelo. No tengo otro.

GERENTE.—¡Descuide usted! *(Va hacia el lobby.)*

MECANÓGRAFA.—*(Sola.)* ¡Qué bueno es! Va a venir. ¡Y yo que empezaba otra vez a dudar, a desesperarme! Se ve que le ha dado pena dejarme así, colgada al teléfono. *(Sigue sentada en el sillón, mirando al vacío. Entre tanto, el Gerente pasa al lobby, se detiene ante el gran espejo con el retrato en la mano, y sacando del bolsillo una careta se la pone y mirando al retrato se vuelve un momento hacia el espectador de modo que se vea que la careta reproduce exactamente la fisonomía del Director. Esto sólo dura un instante.)*

GERENTE.—¡Qué parecidos! *(Se quita la careta, se guarda el retrato y entra en su despacho.)* ¡Bueno, ahora, a esperar al Director!

TELÓN

ACTO TERCERO

ESCENA PRIMERA

La misma decoración que en el acto anterior. En la terraza, algunas mesas para el té. Es media tarde. Sentados a una de las mesas hablan JUAN *y la* COCOTTE. *En la parte izquierda de la escena, en el* lobby, *el* GERENTE, *la* CAMARERA, *la* MECANÓGRAFA *y el* POLICÍA.

POLICÍA.—Ya saben ustedes de lo que se trata, ¿eh? Es un jugador que opera con baraja señalada. Ladrón de gran mundo. *(A la Camarera.)* Yo creo que la busca debe hacerla usted sola, para que nadie dé el soplo.

GERENTE.—*(A la Camarera.)* Usted, siga en todo las instrucciones de este señor.

POLICÍA.—Ya se lo he dicho. Registrar los cuartos de los sospechosos apuntados en este papel. La baraja no la llevará encima, porque abulta mucho. Su objetivo de usted debe ser dar con ella. Y en cuanto la encuentre, nada de tocarla, ¿eh? La deja usted en el mismo sitio y viene a avisarme. ¿Se ha enterado usted bien?

GERENTE.—No se preocupe usted. Sabe hacer las cosas como es debido. ¿Tiene usted algo más que decir al personal?

POLICÍA.—Nada. Ahora voy a dar una vuelta por ahí. Siempre conviene ver las caras a la gente. *(El Gerente y la Camarera suben por la escalera. El Policía sale a la terraza y se sienta a una mesa próxima a la de Juan y la Cocotte.)*

MECANÓGRAFA. — *(Sola.)* ¡Precioso, precioso! Ahora, claro, esa sinvergüenza, que ha puesto ella misma la baraja, hará como que la descubre. Intervendrá el policía, y... Ya no me cabe duda de que este Gerente es un perfecto canalla. ¡Pero no cuenta conmigo! Le voy a deshacer el plan. ¡No engaña al Director, no le engaña! ¡Con tal de que él llegue pronto! ¡Y qué bueno es! Colgó el aparato cuando le dije aquellas impertinencias, pero en seguidita se dió cuenta y decidió venir. *(Sale a la terraza. Juan se ha marchado hace un momento y está sola la Cocotte. La Mecanógrafa se acerca a ella.)*

MECANÓGRAFA.—¿Usted no me reconoce?

COCOTTE.—Sí, es usted la secretaria, ¿no?

MECANÓGRAFA.—La misma. ¿Me permite usted que me siente un momento?

COCOTTE.—Con mucho gusto.

MECANÓGRAFA.—¿Usted sabe a qué ha venido aquí?

COCOTTE.—¡Toma, claro! ¡Qué pregunta!

MECANÓGRAFA.—¡Pues sepa usted que no será, no será!

COCOTTE.—¿Pero qué está usted diciendo?

MECANÓGRAFA.—Usted ha venido aquí para cooperar en un plan que va a destruir la felicidad de cuatro personas, ¿sabe usted?, ¡de cuatro personas! ¿Y se presta usted a ser instrumento ciego de esa canallada?

COCOTTE. — *(Con ironía.)* ¿Eso se lo ha encargado a usted que me lo diga el Gerente?

MECANÓGRAFA.—Nada de evasivas. Si usted seduce a ese hombre que estaba aquí, sepa que costará la dicha de cuatro seres humanos. No lo haga, se lo ruego. Diga usted que no puede, déjelo. Dentro de un momento vendrá el Director, el verdadero, y me dará la razón. Si usted ha hecho gastos, se la pagará. Verá usted cómo él confirma lo que yo le digo.

COCOTTE.—*(Muy seria.)* No, ya no es posible.

MECANÓGRAFA.—¿Cómo que no? ¿Por qué? ¿No tiene usted conciencia? Yo sé que a pesar de su profesión es usted un ser humano, tiene corazón...

COCOTTE.—Eso es lo malo, señorita, que tengo corazón. Es absurdo que yo se lo diga, pero no sé por qué me inspira usted confianza...

MECANÓGRAFA.—Dígame, dígame.

COCOTTE.—No sé, no sé... Pero no puedo callármelo. Mire usted, hasta hoy he trabajado siempre por dinero. El corazón, si lo había, yo no lo sentía, se quedaba a un lado. Pero hoy...

MECANÓGRAFA.—¿Qué, lo siente usted, verdad, la han conmovido mis palabras?

COCOTTE.—No, hija, no. Lo siento mucho, no es eso, es...

MECANÓGRAFA.—¿El qué?

407

Cocotte.—No se lo debo decir. Parece absurdo. Pero no puedo acceder a lo que me pide. Adiós. *(Levantándose.)*

Mecanógrafa.—¡No tiene usted alma! ¡Y todo por ese cochino dinero! ¿No le da a usted vergüenza? ¡Emplear su juventud, su belleza, en eso! ¡Si al menos lo hiciera usted por cuenta propia!

Cocotte.—*(Volviendo a sentarse.)* Pues no. Está usted equivocada. ¿Sabe usted por qué no abandono la misión que me encargaron? Sencillamente, porque ese hombre, que iba a ser mi víctima, ese hombre...

Mecanógrafa.—¿Qué?

Cocotte.—Pues me he enamorado de él, sí, enamorado, por primera vez en mi vida, ¿oye usted? En él he visto mi felicidad. ¿No hablaba usted hace un momento de la felicidad de los seres humanos? Yo también soy un ser humano, como usted, una agente de la empresa, sí, como usted, pero con derecho a ser feliz, como usted. Y ahora, señorita, ahora que he entrevisto mi felicidad, en lo que parecía una infamia más, ahora que yo veo nacer otro ser en mí, ¿cómo quiere usted que lo abandone? Ahora me juego yo también mi felicidad. Me parece que sería feliz con él y él conmigo. Y usted, que defendía antes la felicidad de unos seres humanos, ¿cómo me va usted a negar el derecho a buscar la mía?

Mecanógrafa.—¡Pero eso es imposible, eso es una farsa!

Cocotte.—¿Usted no sabe que la felicidad es una cosa muy complicada, y que muchas veces sólo se logra la de uno a costa de la de otros? Yo veo la mía, la veo, y usted me llamará egoísta, pero por eso, por haber estado tanto tiempo sin creer en el amor, hoy, que empiezo a creer en él, no lo dejaré. Mire usted la prueba. *(Saca su carnet y lo hace pedazos.)* Se ha acabado mi oficio y empieza mi vida. Respete usted mi vida también. *(Se marcha.)*

Mecanógrafa.—¡Dios mío, Dios mío! ¿Pero puede ser verdad? ¡Y parece que hablaba con sinceridad! ¡Si fuera cierto! ¡Y qué se hace, qué se puede hacer cuando dos intereses, dos felicidades se oponen! ¡Qué difícil, qué difícil es todo! Que lo arregle él, que lo arregle el Director. Yo no sé nada..., estoy llena de confusiones. *(Pausa.)* Pero no lo creo. Es imposible, es una farsante. Voy a probar por otro lado. Yo no consiento esto. *(Llama a un Botones.)* Tráeme papel de escribir. *(El Botones lo hace.)* Y no te vayas. *(Escribe unas líneas.)* Esto, al cuarto de la señorita Esperanza. Dáselo en seguida.

BOTONES.—Bien, señorita. *(Sale.)*

ESCENA III

POLICÍA. — Señorita, si no recuerdo mal, ¿es usted la secretaria del Gerente?

MECANÓGRAFA.—Sí.

POLICÍA. — ¿Usted me reconoce? ¿Le molesta que me siente un momento con usted? Acaso pueda usted darme algunos datos.

MECANÓGRAFA.—No creo. Yo no sé nada. Eso de saber se queda para ustedes. Ustedes son los que saben, aunque sea para trabajar por cuenta ajena.

POLICÍA.—Me parece que no admira usted mucho nuestro oficio. ¿Usted cree que no sabe nada? Pues a mí se me figura que sí. Lo que ocurre es que nadie se da cuenta de lo que sabe hasta que se lo preguntan como es debido. El arte de la vida consiste en saber preguntar. Y además, ¿usted se figura que no ponemos nada en nuestro oficio, que no tenemos, como cada quisque, conciencia, corazón? Pues para mí muchos de los casos en que intervengo me hacen sufrir, como ustedes, los de fuera, no se imaginan. Claro, este de ahora, no, éste es un caso vulgar.

MECANÓGRAFA.—¿De veras? ¿Conque usted me asegura que trabaja por cuenta propia, con su conciencia? *(Pausa.)* ¿Y por qué no probar? ¿Por qué no llamar a esta puerta? ¡Quién sabe! *(En voz alta.)* ¿Y si yo le dijera a usted que este de ahora no es un caso vulgar?

POLICÍA.—¿Cuál, el del jugador?

MECANÓGRAFA.—Sí, ése. *(Bajando la voz.)* Si usted quiere ayudarme, podemos evitar una injusticia atroz. Usted no sabe lo que está pasando aquí.

POLICÍA.—¡Ve usted!, ya me va usted a hacer confidencias! ¿No decía yo que todo era saber preguntar?

MECANÓGRAFA.—Déjese, déjese de vanidades. A usted le están engañando, le han engañado ya.

POLICÍA.—*(Con tono de conmiseración y condescendencia.)* ¿Y cómo, cómo, me hace usted el favor de decírmelo?

MECANÓGRAFA.—Sí. Si usted se presta a ayudarme contra él, no sólo se lo diré, sino que se lo probaré en el acto.

POLICÍA.—¿El? ¿Y quién es él?

MECANÓGRAFA.—No hace falta que le diga a usted el nombre. Ya lo sabrá más tarde. Es un malvado que se propone destruir la felicidad de cuatro personas, una felicidad que ya se va a realizar, y...

POLICÍA.—*(Con aire escéptico, y como dudando de su sano juicio.)* ¡Ya, ya, señorita, pero no se exalte usted tanto! Yo la prometo ayudarla si usted me habla un poco más claro.

MECANÓGRAFA.—*(Bajando la voz.)* ¿No le enseñó usted al gerente una baraja de esas señaladas, al llegar? ¿No ha dado usted orden de que busquen otra igual, como prueba de convicción?

POLICÍA.—Sí.

MECANÓGRAFA.—Pues esa baraja ya no está en su bolsillo, le han dado cambiazo y la de usted es la que va a servir de prueba, en el engaño que le preparan a usted y a todos.

POLICÍA.—Muy novelesco es eso, señorita. Vamos a ver. *(Se mete la mano en el bolsillo y saca la baraja, examinándola con cuidado. Mientras, la Mecanógrafa le mira con ansiedad.)* ¿Señorita, tiene usted la imaginación muy acalorada. ¿Es que lee usted novelas policíacas? La baraja es exactamente la misma, la misma. ¡Ya decía yo! Créame, en la vida no hay tantos misterios como ustedes, los profanos, se imaginan. *(Se levanta.)*

MECANÓGRAFA.—Pero ¿cómo que es la misma? Si no puede ser, si lo vi yo, con estos ojos... ¿Estos ojos? *(Tapándose los ojos con las manos.)* ¿Pero ven algo? ¿Ven algo estos ojos?

POLICÍA.—Señorita, cálmese. Ya, ya comprendo... Usted perdone. Además, veo que esta señorita desea hablar con usted. *(Esperanza acaba de llegar y espera discretamente en pie, junto a la mesa, a que se despida el Policía.)* Adiós, señorita. *(Se retira con un saludo muy cortés. Para sí.)* ¡Pues no sé de qué manicomio saca este Gerente a sus secretarias... (Sale.)*

ESCENA IV

ESPERANZA.—¿Me ha mandado usted estas líneas, no, señorita?

MECANÓGRAFA.—*(Saliendo de su estupor.)* ¡Ah, sí, usted perdone! Quería hablar con usted un momento.

ESPERANZA.—¿Quiere usted que subamos a mi cuarto?

MECANÓGRAFA.—No, será mejor el mío. O si no, mire usted, mejor estaremos aquí, me siento un poco mareada, y el aire libre me vendrá bien. *(Se pasa la mano por la frente.)* Pero dígame, con franqueza, ¿tengo yo cara de estar loca?

ESPERANZA.—¡Jesús, qué pregunta! ¿Por qué dice usted eso? ¡Cualquiera sabe quién está loco o cuerdo en este mundo! Ni usted, ni yo, ni nadie.

MECANÓGRAFA. — Usted dispense, ha sido una tontería mía. ¿Usted no me recuerda?

ESPERANZA.—Sí, me parece haberla visto a usted, haber hablado con usted, en...

MECANÓGRAFA.—En el despacho de la agencia. Yo soy la mecanógrafa, ¿no se acuerda usted?, aquella a quien usted aconsejó que escribiera un día por su cuenta, y no al dictado...

ESPERANZA. — ¡Ah, sí, de esa agencia tan divertida! Digo, no sé si le molestará a usted que la llame así. ¡Es que a mí misma me parece tan gracioso que fuéramos allí, y de buena fe, a que nos dijeran lo que hay que hacer para ser felices! Sí, ahora recuerdo que tuvimos usted y yo una conversación. ¡Pero es que se me han olvidado tantas cosas en estos días! ¡Por cierto que estuvo usted habilísima!

MECANÓGRAFA.—No, pero si yo no...

ESPERANZA.—¡Bueno, bueno! Y dígame, ahora en confianza, ¿no es verdad que ese Director es un pillo listísimo? Ya se convenció usted, ¿no? ¿Se ha salido usted de la casa?

MECANÓGRAFA. — Déjese de bromas, señorita. Si usted supiera lo que es ese hombre, lo que hace por los seres humanos, no sería tan ciega y desagradecida.

ESPERANZA.—¿Desagradecida yo? ¿Y por qué?

MECANÓGRAFA.—Vamos a ver. ¿Es usted la misma? ¿No

es usted feliz? ¿No me lo acaba de decir? Pues sepa que si usted es feliz, si lo ha sido, es gracias a él, porque él le ha puesto a usted en su camino las piezas para hacer su felicidad y usted...

ESPERANZA.—Mire usted, joven, que ya no soy la misma. Que ahora ya sé que la felicidad no se hace en una agencia, que la hacemos nosotros, los hombres y las mujeres, con nuestras almas y cuerpos, a fuerza de querer, ayudándose uno a otro, porque, sabe usted, es como un peso, un cuerpo de pájaro, de águila, que sólo se levanta con dos alas, entre dos. *(Mientras habla, ha entrado el Director y se sienta en una mesa próxima, a escuchar, sin que le vean.)*

MECANÓGRAFA.—¡Mentira, mentira, es usted una inconsciente!

ESPERANZA.—¿Una inconsciente? ¿Cuando llevo todavía en el alma, como una quemadura, como un recuerdo vivo del fuego, la huella ardiente de la felicidad mía, mía, mía? ¡Inconsciente! ¿Sabe usted lo que he aprendido? Que no hay consciencia mayor que la felicidad.

MECANÓGRAFA.—Sí, pero porque se la da a usted...

ESPERANZA.—¿Que me la da, quién? ¿Su Director? De modo que si, por ejemplo, yo me asomo al balcón una noche porque estoy cansada de leer, si hace luna, si canta un ruiseñor y pasa un hombre...

MECANOGRAFA.—Sí, sí, eso es, ¿y qué?

ESPERANZA.—¿Cómo pues y qué? ¿Será entonces que el Director, que su Director de usted, lo ha preparado todo? Que él maneja la luna, y los pájaros, y...

MECANÓGRAFA.—Sí, sí, él, eso es.

ESPERANZA.—¿Y a mí por dentro, me maneja también, no? ¿Que soy un muñeco, un juguete? ¿Y que eso que estoy sintiendo yo ahora, mi felicidad, hecha en estos labios, en este cuerpo y esta alma, ganada por mí, es como una farsa suya, y se la debo a él? Sí, o está usted loca, o se lo hace.

MECANÓGRAFA.—Usted sí que está loca. Usted no sabe que eso que tiene usted puede muy bien no ser la felicidad todavía, que...

ESPERANZA.—¿Pero cómo va usted a saber lo que me pasa a mí? ¡Usted, como su Director, es una intelectual de la felicidad! Pues que se quede él con la suya, que yo ya tengo la mía, bien apretada contra mí, y no se me escapará. Es la única, la que uno se hace, la que estalla aquí dentro, y nos quema y nos hiela, y nos deja primero vacíos del todo, para llenarnos, luego, rebosando. ¿Usted lo sabe, la ha sentido?

MECANÓGRAFA.—*(Desconcertada.)* Yo...

ESPERANZA.—Pues eso, eso es lo que hay que saber, y no esa ciencia de su director de usted. Yo sé más que usted y que él. Porque ¿quién me dice a mí que él es feliz? He aprendido una cosa, y es que en la felicidad no hay engaño, ni error. Engañarán los hombres y las mujeres, pero ella es siempre fiel a lo que fué, a su ser. No se puede borrar ni quitar.

MECANÓGRAFA.—¡Pues eso es, eso es, que la va usted a perder, que está amenazada!

ESPERANZA. — ¿A perder? ¡Qué tontería! La felicidad que se ha tenido no se pierde nunca, está salvada para siembre, libertada de todo. Es pura salvación. ¿Quién, quién me la va a quitar?

MECANÓGRAFA.—Él, él.

ESPERANZA.—¿Pero quién es él?

MECANÓGRAFA. — El que empezó a dársela a usted y...

ESPERANZA. — Ah, vamos, el director, siempre el director. ¿Pues sabe usted lo que le digo? ¡Que me la quite, ea, que me la quite! ¿A que no? *(Lo dice en tono de reto, y en pie. El Director, al oírlo hunde la cabeza en las manos, como si sollozara.)*

MECANÓGRAFA. — ¡Desgraciada, desgraciada! ¡Me da usted lástima! Se lo voy a decir todo. Sepa usted que hoy ha llegado al hotel una mujer a seducir, por orden del gerente...

ESPERANZA.—¿Qué gerente?

MECANÓGRAFA.—El del hotel *(Bajando la voz.)* Sabe usted, es un malvado y yo estoy segura de que traiciona al director; pero si usted me ayuda, podemos aún salvarles a ustedes... y...

ESPERANZA. — *(Mirándola con recelo.)* Perdone usted, señorita, pero tengo que hacer. Gracias por su buena intención. Pero veo que ese director trastorna las cabezas más de la cuenta. ¡Hasta luego! *(Sale.)*

MECANÓGRAFA.—¡Desgraciada! Ya lo dice él, no saben nada, van a ciegas, se estrellan. ¡Cuánta falta hace que venga él! Y lo necesito porque el tiempo se echa encima y ese miserable... *(Pausa.)* Y ninguno me quiere creer. Me toman por loca. *(Pausa. Pasándose la mano por la frente.)* ¿Y si estuviera loca, de verdad...?

ESCENA V

DIRECTOR.—*(Se levanta de su asiento, la pone la mano en el hombro y habla con suavidad.)* No, la loca no es usted. Los locos son ellos.

MECANÓGRAFA.—*(Al reconocerle se alza y hace ademán de echarse en sus brazos. El, con suavidad, la contiene.)* ¡Usted aquí!

DIRECTOR.—Claro, ¿no quería usted que viniera? ¿Cómo se extraña?

MECANÓGRAFA.—Es verdad, pero su presencia siempre me asombra.

DIRECTOR.—Bueno, bueno, ha estado usted un poco imprudente. ¡Eso de telefonearme esta mañana y hablar ahora de este modo en una terraza! Es usted muy joven, muy impetuosa.

MECANÓGRAFA.—*(Humilde.)* Usted perdone.

DIRECTOR.—No importa, no se apure, ya irá usted aprendiendo a conocer a la gente.

MECANÓGRAFA.—¡Y a usted, a usted, sobre todo!

DIRECTOR.—*(Riendo, benévolo.)* Eso ya es más difícil.

MECANÓGRAFA.—El caso es que tenía que decirle a usted muchas cosas, pero ahora no me atrevo..., me da vergüenza, sobre todo, hablarle a usted de ese hombre..., del gerente.

DIRECTOR.—Mire usted, lo mejor es que se confiara usted a él mismo, que hablara con él de sus dudas, y vería usted cómo...

MECANÓGRAFA.—No, no, eso no, se lo suplico, eso nunca.

DIRECTOR.—¿Pero tanto miedo le tiene usted?

MECANÓGRAFA.—No sé si es miedo. Cuando usted me dijo que era su mejor auxiliar, que le obedeciera en todo, yo creí que iba a encontrarme con un hombre como usted, tan lleno de bondad, de grandeza, tan..., vamos..., tan superior.

DIRECTOR.—¿Y no es así? *(Sonriendo enigmáticamente.)*

MECANÓGRAFA.—No, señor, eso es lo malo. Que es precisamente todo lo contrario de usted. Vamos, yo no sé si lo será, pero... la impresión que tengo cuando está delante de mí es como de ser, no lo contrario de usted exactamente, no es eso, no sé expresarme bien...

DIRECTOR.—Algo así como... el revés, quizá.

MECANÓGRAFA.—Eso, eso, usted lo ha dicho. El revés de usted. El ver a usted me inspira confianza, da aliento, impulsa a trabajar, a sacrificarse, a creer. A algo que no sé claramente lo que es, pero que eleva. En cambio, él da ganas de dudar, me inspira, no sólo miedo, repulsión, casi.

DIRECTOR.—(Pensativo.) Sí, hay que reconocer que para los espíritus simples el revés de las cosas es desconcertante. Se prenden ustedes en la apariencia más brillante, la superficial. La faz del mundo tiene muchos admiradores, hasta adoradores: todos esos que contemplan la primavera o las noches de luna, diciendo: "¡Qué bonito!" Pero hay también otros seres que al ver el rostro de las cosas y las personas miran siempre más allá, y se preguntan, angustiados, cómo será el revés de todo eso. Ansían verlo, y sueñan con que les gustaría mucho más, que ellos han nacido para mirar por ese lado. Suelen ser muy desgraciados en este mundo, porque se atormentan, y sufren y hasta se suicidan. Precisamente porque se imaginan que la muerte es el otro lado de la vida. Pero créame usted, hija mía, todo, todo necesita su revés, lo tiene, lo lleva, no puede vivir sin él, aunque lo ignore o le pese. Si yo lo tengo, como usted supone...

MECANÓGRAFA.—Pero el revés de usted no puede ser malo. El revés de la luz, yo creo que es de luz, también, no de sombra. ¡Qué hermoso debe de ser el revés de usted!

DIRECTOR.—¡Ojalá lo fuera!

MECANÓGRAFA.—Y ese hombre quiere lo contrario de lo que quiere usted.

DIRECTOR. — (Severo.) ¿Otra vez? ¿Usted sabe lo que quiero yo?

MECANÓGRAFA.—Claro que lo sé, y por eso le sirvo a usted, y le serviré. Quiere usted la felicidad de los hombres, que sean dichosos y se salven del dolor, y...

DIRECTOR.—¡Otra más! ¡Cuántos me han dicho ya lo que quiero! ¡A mí, a mí! ¡Tiene gracia! Pues ha de saber usted que lo que yo quiero, mi voluntad, lo último que yo quiero, eso no lo sabe nadie, ni lo sabrá, ¿entiende usted? Ése es mi secreto. O, si usted lo prefiere, mi misterio: lo que yo quiero.

MECANÓGRAFA.—¿Pero no me lo dijo usted aquel día? Yo necesitaba saberlo, ya lo vió usted. Para ayudarle tenía que darme cuenta de lo que usted hacía.

DIRECTOR.—Y así ha sido. ¿No está usted viendo ya lo que hace? Pero eso..., eso..., ¿qué tiene que ver con lo que quiero? Ni siquiera yo puedo hacer lo que quiero. Sabe usted de mí todo lo que puede saber. Si con eso le basta, sígame, si no, déjeme.

MECANÓGRAFA.—No, no le dejaré. Tengo fe.

DIRECTOR.—¿Está usted segura?

MECANÓGRAFA.—Sí, señor, sí. En usted. Pero no en... el otro.

DIRECTOR.—¿Y quién es el otro?

MECANÓGRAFA.—El gerente. No se fíe, señor, le traiciona. Lo he visto.

DIRECTOR. — ¡Qué disparate! ¡Traicionarme él a mí! ¡Él, mi colaborador inseparable!

MECANÓGRAFA. — ¿Su colaborador? ¿El? ¿Ese hombre?

DIRECTOR.—Sí, él, mi inevitable colaborador. El negocio está repartido entre él y yo, por mitades, necesariamente. ¿Comprende usted? Yo lo mío, él lo suyo. Y tenemos que respetarnos, aunque...

MECANÓGRAFA. — ¿Pero cómo puede usted dejarle una parte de ese negocio tan hermoso a él?

DIRECTOR. — Por desgracia, no puedo hacerlo yo todo. Así vamos, hace ya mucho tiempo.

MECANÓGRAFA.—Y... perdóneme, señor, si digo una locura. ¿Por qué no cambia usted de colaborador? ¿Por qué no le deja?

DIRECTOR.—¡Ja, ja! ¡Tiene gracia la idea! ¡Cambiar de colaborador, yo!

MECANÓGRAFA.—¿Y por qué no?

DIRECTOR.—Pues porque como yo no hay otro más que él, sabe usted, aunque sea al revés.

MECANÓGRAFA.—Pero yo pensaba que podría usted buscar otra persona, que le seguiría, le serviría, no le traicionaría nunca. (Arrodillándose ante él.) ¡Ah, si yo pudiera librarle a usted de él!

DIRECTOR.—(Compasivo.) ¡Levántate, criatura, levántate! En este mundo sólo él y yo podemos entendernos del todo. Vosotros..., tú..., sois muy jóvenes, habláis otra lengua...

MECANÓGRAFA.—Pero ¿y cuando se muera, qué va usted a hacer? Porque no será eterno, creo yo.

DIRECTOR.—¡Es gracioso! ¡Cuando él se muera! Ya veremos. Hay tiempo de pensarlo. *(Pausa.)* Figúrate si yo te dijera que cuando él se muera me moriré yo también. ¿Qué te parecería?

MECANÓGRAFA.—No, no. Líbrese usted de él.

DIRECTOR.—Mira, ya hemos hablado bastante. Cálmate. Necesito marcharme para hablar con mi enemigo, como tú dices. Y no lo olvides, para creer en mí hay que creer en él, también. Ya lo sabes.

MECANÓGRAFA.—¿Pero y esos cuatro infelices?

DIRECTOR.—¿Quiénes?

MECANÓGRAFA.—Los enfermos. Todo iba como una seda. Ya se habían encontrado, habían hallado la dicha por primera vez en la vida, iban a seguir, a liberarse, pero ese hombre les tiende un lazo infame, infame.

DIRECTOR.—¿Conque a liberarse, eh? También me suena esa palabra! ¿Pero qué saben ellos y sabes tú? Aquí no hay más liberarse que yo.

MECANÓGRAFA. — *(Sollozando.)* Pero, señor, ¿no van a ser felices?

DIRECTOR.—¿No lo han sido ya? ¿No me lo has dicho tú misma?

MECANÓGRAFA.—Sí, se lo oí decir, y hablaban de su felicidad de un modo que les tomé cariño.

DIRECTOR.—¡Claro, eso es! ¡Les tomáis cariño y luego pasa lo que pasa. Yo ya he cumplido.

MECANÓGRAFA.—¿Pero cómo?

DIRECTOR.—¿No les prometí hacerles dar con la dicha? Ya ha sido, ya la han tenido.

MECANÓGRAFA.—¿Pero y ahora?

DIRECTOR.—Ahora seguirán siendo felices...

MECANÓGRAFA.—¿De veras?

DIRECTOR.—Sí, ¡pero cuidado con las apariencias! No como les dé la gana, no. No a su modo, sino al mío; no felices para ellos, que es lo que quieren todos, sino felices para mí. Ya lo sabes. *(Llama a un Botones. Al Botones.)*

417

Di al señor gerente que se ponga al teléfono, que tengo que hablarle en seguida.

Botones.—Bien, señor. *(Sale.)*

Mecanógrafa. — *(Extrañada.)* ¿Pero qué? ¿No está aquí? ¿Se ha ido?

Director.—No, estará aquí, claro, pero es una costumbre que tenemos desde siempre. No nos podemos ver. Hablamos. Voy a hablar con él. Y no olvides lo que te he dicho. ¡No te dejes llevar por las apariencias! Una cosa es lo que pasa y otra... yo *(Sale.)*

Mecanógrafa.—*(Se queda sentada un momento mirando al vacío.)* Tendrá razón. He sido una rebelde. ¿Cómo voy yo a entrar en el misterio? ¿Y ellos? Dice que van a ser felices... a su modo... *(En este momento pasan Juan y la Cocotte, muy juntos.)* Pero, Señor, ¿así, así?

Director.—*(Que ya había llegado a la puerta. Volviéndose y haciendo bocina con las manos.)* ¡Así, así! *(Entra en el lobby y se dirige a la cabina telefónica. La Mecanógrafa se levanta y le sigue.)*

ESCENA VI

Director.—*(En la cabina.)* ¡Halló, halló! ¿El gerente? Póngame con su despacho. Aquí, el director. *(La Mecanógrafa le ha seguido y oculta escucha a la puerta del despacho del Gerente, que está abierta. Se supone que oye lo que dice éste, nada más.)*

Gerente.—¿El director?

Director.—Sí, al aparato.

Gerente.—Los casos que me mandó usted la semana pasada van muy bien.

Director.—¿Se hizo todo lo que prescribí?

Gerente.—Con toda facilidad. Se ve que son criaturas de poca experiencia.

Director. — El descubrimiento de la felicidad, ¿fué anoche?

Gerente.—Sí, conforme a las instrucciones.

Director.—¿La baraja y la pistola, en sus sitios?

Gerente. — Descuide usted, señor director, no me he apartado un punto de sus normas.

Mecanógrafa.—¡Le engaña, le engaña!

DIRECTOR.—¿El desenlace, entonces, para esta noche?

GERENTE.—Exacto, conforme a lo previsto. ¿Manda usted algo más?

MECANÓGRAFA.—¡Hipócrita! ¡Cómo finge obedecerle en todo!

DIRECTOR.—Me voy a quedar, aún, esta noche. Mi mecanógrafa, esa chica que le mandé a usted, es muy inocente y un poco impulsiva y no quiero disgustos.

GERENTE.—Sí, hace usted muy bien. Creo que no hay que fiarse mucho de la mecanógrafa.

MECANÓGRAFA.—¡Habráse visto canalla! Ya sabe que le he conocido. Y pone al director en guardia contra mí.

DIRECTOR.—¡No hay cuidado! Esta gente joven se cree que sabe hacer las cosas mejor que nosotros! ¡Adiós! Voy a dar una vuelta a ver cómo está preparado todo.

GERENTE.—¡A sus órdenes! *(El Director sale de la cabina. Un momento antes la Mecanógrafa, al ver que acaba la conversación, para que no la sorprendan se marcha escaleras arriba. El Director sube también.)*

ESCENA VII

JUAN. — *(Entra en la terraza por la derecha. Se pasea agitado y mira al reloj.)* Y después de todo, ¿qué? Juana, Esperanza, sí, ¡pobrecillas! Pero busco mi felicidad, nada menos. Y ya sé dónde está. Esperanza no era más que otro error. ¡Pero ésta! Necesito liberarme como sea.

COCOTTE.—*(Entra por la derecha también.)* Aquí me tienes. ¡A la hora! ¡Estoy preparada! Cuanto antes. ¿Y tú?

JUAN.—Sí, espera un momento, nada más. Voy a mandar esta carta.

COCOTTE.—¿Una carta? ¿A quién? Enséñamela.

JUAN.—¿Para qué?

COCOTTE.—¿No has dicho que eres mío, que no me ocultarás nada? Dámela. Quiero leerla. *(Juan se la da.)* "Perdona, Esperanza. No quiero engañarte otra vez. Nos hemos equivocado. Esa felicidad que nos ofrecíamos era falsa. Hubiera sido peor para ti y para mí. He visto claro y por eso me voy. Busca tu felicidad por tu lado. Te la deseo. Y olvida este episodio. Juan." *(Pensativa.)* Me da pena...,

419

Juan, Juan, vuélvete con ella, si quieres... Piénsalo bien.
Y si rompemos...

JUAN.—*(Apasionado.)* ¡Calla, calla! ¿Y nosotros? ¿No tenemos derecho a la felicidad? ¡Tú, tú! ¡Te ha llegado tu vez! *(Llama a un Botones.)* Esta carta, a la señorita Esperanza. Se la llevas dentro de cinco minutos, ¿eh?, antes no. Toma. *(A la Cocotte.)* ¡Y ahora, en marcha! Te espero en el coche. Y dentro de tres horas, en el barco. Y luego...

COCOTTE.—*(Pensativa.)* Luego... mi felicidad. Bastante hice la de los otros.

ESCENA VIII

POLICÍA.—*(Baja la escalera con la Camarera.)* ¿De modo que dice usted que es el cuarto 92? Bien, vamos a prevenir al gerente. *(Llama a la puerta de su despacho en el momento en que éste salía.)* ¡Ya le tenemos!

GERENTE.—¿Cómo, a quién?

POLICÍA.—Al pájaro que buscábamos. ¡Ha caído. El número 92.

GERENTE.—¿Es posible? ¿Don Inocencio? ¡El que ganó las treinta mil pesetas!

POLICÍA. — Claro, hombre. ¡Así, las gano yo también! Mire usted. *(Le enseña la baraja.)*

GERENTE.—¿Pero y dónde la han encontrado?

CAMARERA.—Yo registré la maleta del señor como me habían ustedes indicado y la encontré allí, entre la ropa, muy escondida.

POLICÍA.—Como ve usted, es un caso clarísimo. A nosotros no nos la dan. Todo se descubre. Ahora vamos a efectuar la detención. Parece que no está en la casa ahora, que anda por ahí con una señora. Al volver le haremos entrar en su despacho, señor gerente, y allí...

GERENTE.—Muy bien. Lo único que le ruego es que evitemos todo escándalo, por el prestigio del establecimiento.

POLICÍA.—Nada, nada; se hará con toda discreción. Yo espero aquí a que entre. Usted aguarde en su despacho, será mejor. *(A la Camarera.)* Puede usted retirarse, no sea que sospeche al vernos juntos. *(Esta sale. El Policía se sienta en un rincón.)*

INOCENCIO.—*(Entra por la derecha de la terraza, con Juana.)* ¡No seas tonta!

JUANA.—Tengo miedo, Inocencio, no sé de qué.

INOCENCIO.—¡Imaginaciones! Ni siquiera Juan sospecha nada. Anda muy distraído.

JUANA.—Sí, eso es lo raro, que todos parece que andamos por otro mundo, como autómatas.

INOCENCIO.—¿Autómatas? ¿Ahora que vamos a disponer libremente de nuestras vidas? ¿A conquistar nuestra felicidad? Autómatas, antes. Ahora ya somos seres humanos completos. No tengas miedo, nada puede fallar. Tú me esperas como te dije en el garaje, a las doce. ¡No me faltes!

JUANA.—¿Cómo te voy a faltar? Sin ti, ya no soy nada. Tú me llevas. Y si me faltaras tú, me caería, como un traje vacío, sin cuerpo.

INOCENCIO.—¡Vamos, vamos! *(La abraza.)* Ahora separémonos, como si nada. Sube tú primero. *(Juana atraviesa el* lobby *y sube. Inocencio entra también.)*

POLICÍA.—¿Me hace usted el favor?

INOCENCIO.—*(Sorprendido.)* Usted dirá.

POLICÍA.—¿Es usted don Inocencio Muedra, no, el huésped del 92?

INOCENCIO.—Sí, yo soy.

POLICÍA.—¿El que ganó anoche en el juego treinta mil pesetas?

INOCENCIO.—Sí, sí. ¿Pero por qué me lo pregunta usted?

POLICÍA.—Tenga la bondad de entrar conmigo en el despacho del gerente.

INOCENCIO.—¿Tiene que ser ahora mismo?

POLICÍA.—Sí, es urgente.

INOCENCIO.—¿Acabaremos pronto, no?

POLICÍA.—Sí, hombre, ya verá usted. No, usted primero. *(Entran en el despacho del Gerente y cierran la puerta.)*

ESCENA X

MECANÓGRAFA.—*(Baja la escalera. Aire agitado.)* ¡Y no la encuentro, no la encuentro a esa mujer maldita! ¡O se marcha en cuanto yo la vea o...! *(Se mete la mano en el bolsillo y saca una pistola.)* Con la amenaza bastará. Estas mujeres son cobardes. *(Al Botones que cruza.)* ¿Has visto a la señorita rubia, alta, que llegó esta tarde? La que estuvo sentada antes, conmigo, en la terraza?

BOTONES. — Me pareció verla hace un momento en el jardín.

MECANÓGRAFA.—Búscala. Le dices que la espero... No, que la espera don Juan en la sala de escribir. Que venga en seguida. *(Sale el Botones.)* Así vendrá antes. Le desharé su plan a ese malvado. Y el director se convencerá y me lo agradecerá... *(Sube.)*

ESCENA XI

GERENTE.—*(Abriendo la puerta de su despacho.)* Sobre todo, señores, nada de escándalo. A ninguno nos conviene. Si es un error, se deshará. Yo lamento...

INOCENCIO.—*(Cogido del brazo por el Poolicía.)* Es una infamia, una infamia. Aquí hay algún malvado que quiere deshacer mi felicidad. Si yo...

POLICÍA.—Vamos, vamos, ya se explicará usted. ¿Está el coche preparado?

GERENTE.—Sí, por la puerta de atrás.

INOCENCIO.—Pero, por lo menos, déjeme enviar unas líneas, una palabra, nada más, a una persona. ¡Por compasión! Mire usted que ese golpe le costará la vida. Ustedes no saben lo que hacen. Está en juego la felicidad de...

POLICÍA.—Bueno, hombre, bueno, adelante. ¡Y dale con eso de la felicidad! Todos tienen esa manía.

GERENTE.—¡Y que lo diga usted! ¡Es verdad! *(Salen el Policía e Inocencio.) El Gerente entra en su despacho y se pone al teléfono.)* ¡Halló! Cuarto del señor director. Aquí, el gerente. Todo va bien. Acaban de detener al muchacho. Ahora, a lo demás. *(En este momento se oye una detonación en el piso superior. El Gerente escucha y espera, sonriendo.)*

ESCENA FINAL

CAMARERA.—*(Baja por la escalera corriendo.)* ¡Señor, señor!

GERENTE.—*(Sale.)* ¿Qué es eso?

CAMARERA.—Ha sido en el cuarto de la señorita Esperanza, ya sabe usted..., la pistola que me mandó usted poner...

GERENTE.—Sí, sí. En seguida arriba, a decir que se ha caído un mueble, cualquier cosa, que no haya alarma ni escándalo. *(La Camarera sale. Un momento después baja alocada la Mecanógrafa. El Gerente en ese momento había salido a la terraza, y ella le alcanza.)*

MECANÓGRAFA.—¡Canalla, más que canalla! ¡Ya se salió usted con la suya!

GERENTE.—Señorita, no desvaríe, tengo prisa.

MECANÓGRAFA.—*(Poniéndosele delante.)* Yo también. Ha traicionado usted al hombre más bueno, más generoso. Le ha hecho usted creer que obedecía sus planes, mientras que usted por cuenta suya ha deshecho la felicidad de...

GERENTE.—¡Basta de locuras! ¿Usted qué sabe de todo esto? Son órdenes del director.

MECANÓGRAFA.—*(Exaltadísima.)* ¡Mentira, mentira! Ha sido usted. Y ya sé por qué. Es usted el rencoroso, el envidioso de la felicidad, el enemigo de los seres dichosos, el desgraciado eterno, eso, el eterno desgraciado. El director lo tenía todo dispuesto para que estos cuatro seres fuesen felices, pero usted es incapaz de ser feliz, le duele a usted en su alma negra la dicha de los otros y se la roba. ¡El director a crear, a hacer bien a todos! ¡Y usted, a minar su obra, a destruir, a deshacer. ¿No es eso? Y le ha engañado usted siempre, pero, claro, parece luego que el que engaña es él, que el malo es él. No, usted es el malo. Pero ya le he descubierto. ¡Y se acabó!

GERENTE.—Señorita, basta de desvaríos, el director...

MECANÓGRAFA.—No manche usted ese nombre. Es usted su enemigo, su enemigo mortal. Pero ahora mismo le voy a librar de usted. Sí, ahora mismo, así... *(Saca la pistola. En este momento, dos formas negras, salidas no se sabe de dónde, aparecen detrás de la Mecanógrafa y van a sujetarla por los brazos. Pero el Gerente les hace una señal con la cabeza, y ellos desaparecen otra vez. Se trata de entender que el Gerente pudo evitar lo que va a ocurrir, pero lo deja. La Mecanógrafa dispara. El Gerente cae al suelo.)*

MECANÓGRAFA.—¡Ya está, ya le he librado de su enemigo, del malo, ya está libre! Voy a buscarle, a decírselo...

(Al ir a entrar por la puerta del lobby *tropieza con el Director. Éste sale, tambaleándose. Lleva el pecho descubierto y lleno de sangre. Aprovechando este momento, desaparece del suelo el cuerpo del Gerente. El Director va al lugar donde aquél cayó y cae exactamente como él, quedando en la misma postura, para dar la idea de que es el mismo cuerpo. La mecanógrafa se inclina sobre él, aterrada.)*

MECANÓGRAFA.—¿Pero quién es, quién, a quién he matado? ¡Si yo a quien maté fué al otro! *(Mirando alrededor.)* ¡Dios mío, Dios mío!

DIRECTOR.—*(Alzando la cabeza un momento.)* Aquí estoy. ¿No te dije que no podíamos separarnos? Ahora..., vosotros solos, otra vez solos... *(Cae. La Mecanógrafa, con el rostro entre las manos, cae de rodillas. Desde la puerta del* lobby, *varias personas asustadas se miran, sin atreverse a moverse. Telón.)*

FIN DE
"EL DIRECTOR"
Y DEL
"TEATRO COMPLETO
DE PEDRO SALINAS"

ÍNDICE

ÍNDICE

ÍNDICE